北アイルランド政治論

The Politics in Northern Ireland:
Political Violence and Nationalism

政治的暴力とナショナリズム

南野泰義［著］
MINAMINO Yasuyoshi

有信堂

はしがき

　今日、グローバル化の進展にともない「社会の均質化傾向」が深化する時代と言われることがある。だが、ヨーロッパ連合の結成・拡大など、既成の国家枠組みを越えようとする動きがある一方で、一国内部において、強い地方分権や新しい国家の創出を追求する動きが存在している。また同時に、ナショナリティ、階級、地域、性差、宗教、世代を軸にした社会的な分断状況が現れつつある。それゆえ、人と人との「共存」のあり方、これを実現する統治のあり方があらためて問われる情勢にあると言えよう。

　本書は、1997年より蓄積された北アイルランドにおける政治的暴力とナショナリズム、そしてそれらをめぐる政治過程に関する研究の成果をまとめたものである。筆者は、政治分析にあって、権力をめぐって政治的運動体が闘争する過程とこの闘争を調停し共存する方策を模索する過程の2つの側面から対象となる問題に接近することが必要であると考える。本研究は、19世紀以来のナショナリズム運動とその政治的背景を踏まえつつ、1969年以降の北アイルランドにおける政治的暴力の実態に迫り、1998年ベルファスト和平合意の政治的性格とその限界性について分析したものである。かかる分析を通して、本書は北アイルランドにおける政治構造とナショナリズムの発現形態を政治学的枠組みから解明し、分断社会における統治の修復という課題に接近するものである。

2017年3月1日

南野　泰義

北アイルランド政治論——政治的暴力とナショナリズム／目　次

はしがき　I
凡例（略語一覧）　VII
地図　X

序論 ——————————————————————————— 3

第1章　アイルランドにおけるナショナリズムとユニオニズム —— 15
第1節　アイルランド・ナショナリズム　16
(1) ナショナリスト（16）　(2) ナショナリストとリパブリカン（18）　(3) アイルランド・ナショナリストの諸類型（21）　(4)「新アイルランド・フォーラム」とナショナリストの政治戦略（24）
第2節　アルスター・ユニオニズム　32
(1) ユニオニストとプロテスタント（32）　(2) ユニオニストとロイヤリスト（36）　(3) アルスター・ユニオニストの諸類型（40）　(4) アルスター・ユニオニストの政治的イデオロギーと政治戦略（42）
小　括　49

第2章　19世紀アイルランドにおけるナショナリズム運動(1) —— 57
第1節　ナショナリスト組織と知識人　57
第2節　大飢饉前のナショナリズム運動　62
(1) リピール協会（64）　(2) アイリッシュ・コンフェデレーション（66）　(3) その他の組織体（68）
第3節　「科学主義的国家」論と知識人　71
第4節　知識人ナショナリストの思想　80

第3章　19世紀アイルランドにおけるナショナリズム運動(2) —— 87
第1節　大飢饉後のナショナリズム運動をめぐる社会的前提　87
第2節　ゲーリック・リーグとオウン・マクニール　92
第3節　1890年代の政治情勢とゲーリック・リーグ　97
第4節　オウン・マクニールのナショナリズム論　101
小　括　105

第4章 アイルランド義勇軍とアイルランド・ナショナリズム ― 111

第1節 アルスター危機――2つのナショナリズムの相克 111
第2節 アイルランド義勇軍の結成 117
第3節 アイルランド義勇軍の目的と組織 122
第4節 アイルランド義勇軍の分裂 127
小　括 129

第5章 「イースター蜂起」とアイルランド・ナショナリズム ― 135

第1節 第1次世界大戦とアイルランド義勇軍 135
第2節 武装蜂起への道 138
第3節 イースター蜂起 144
第4節 第4次アイルランド自治法案と独立戦争 148
　(1) イギリス「連邦制」論とユニオニスト (148)　(2) 第4次アイルランド自治法案 (150)　(3) アイルランド独立戦争 (154)
第5節 「ベルファスト・ポグロム」とアングロ＝アイリッシュ協定 156
小　括 160

第6章 1918年イギリス総選挙とアイルランド ― 167

第1節 イギリス議会とアイルランド問題をめぐる情勢（1885年―1910年） 168
第2節 イギリス議会とアイルランド問題をめぐる情勢（1911年―1918年） 173
第3節 アイルランドにおける1918年イギリス総選挙 177
　(1) 1918年第4次選挙法改正 (177)　(2) アイルランドにおける1918年イギリス総選挙の問題点 (179)
第4節 1918年イギリス総選挙と選挙制度 186
小　括 191

第7章 北アイルランド政府とUUP一党支配体制の成立 ― 197

第1節 1920年アイルランド統治法下での北アイルランド 198
第2節 選挙制度改革とゲリマンダリング 201
第3節 UUP一党支配体制の成立 206

小　括　212

第8章　北アイルランド政府と UUP 一党支配体制の崩壊 ── 217
　　　第1節　「ストーモント」危機　217
　　　第2節　北アイルランド情勢の変化　220
　　　第3節　オニール改革の背景とその帰結　225
　　　第4節　公民権運動とストーモント体制の崩壊　228
　　　第5節　政治的暴力の恒常化と直接統治の導入　231
　　　小　括　235

第9章　北アイルランド紛争における政治的暴力の構造
　　　　　（1969年―1998年）── 241
　　　第1節　政治的暴力に関する研究動向　242
　　　第2節　北アイルランドにおける武装組織とイギリス治安部隊　248
　　　　（1）ロイヤリスト系武装組織（250）　（2）リパブリカン系武装組織
　　　　（252）　（3）イギリス治安部隊（256）
　　　第3節　政治的暴力の実態とその構造　258
　　　第4節　武装闘争期（1969年―1993年）における政治的暴力の傾向　269
　　　小　括　277

補　論 ── 北アイルランド自治議会選挙と武装解除問題 ── 283
　　　第1節　1998年自治議会選挙に関する予備的考察　283
　　　第2節　1998年自治議会選挙の動向と結果　286
　　　　（1）ユニオニスト票の動向（286）　（2）ナショナリスト／リパブリカ
　　　　ン票の動向（289）　（3）1998年北アイルランド自治議会選挙と1997年
　　　　イギリス総選挙との比較（293）
　　　第3節　2001年「ベルファスト合意」危機　295
　　　第4節　武装解除問題と武力闘争の行方　299
　　　小　括　305

第10章　1998年「ベルファスト和平合意」の構造 ── 309
　　　第1節　北アイルランド和平をめぐる選択肢　310
　　　第2節　和平プロセス1994年―1998年　317
　　　第3節　ベルファスト和平合意の制度的特徴と政治的意味　325

第4節　サニングデールからベルファストへ　338

小　括　346

総括──まとめに代えて ─────────────────────── 355

(1) ベルファスト和平合意以後の北アイルランド（357）　(2) EU 離脱レファレンダムと北アイルランド（362）

主要参考文献一覧　369

あとがき　389

索引　393

凡　例（略語一覧）

AFIL：全アイルランド・ナショナリスト同盟（All-for-Ireland League）
AOH：ヒベルニア協会（Ancient Order of Hibernians）
APL：アイルランド分離反対同盟（Irish Anti-Partition League）
APNI：北アイルランド連合党（Alliance Party of Northern Ireland）
BIC：イギリス＝アイルランド協議会（British-Irish Council）
BIIGC：イギリス＝アイルランド政府間会議（British-Irish Intergovernmental Conference）
CG：クマン・ナ・ゲール（Cumann na nGaedhael）
CIRA：IRA継続派（Continuity Irish Republican Army）
CLMC：ロイヤリスト合同軍事本部（Combined Loyalist Military Command）
Con：（英）保守党（Conservative Party）
CP：共産党（Communist Party）
CRF：カトリック報復隊（Catholic Reaction Force）
CSJ：社会正義運動（Campaign for Social Justice in Northern Ireland）
DAAD：反薬物直接行動（Direct Action Against Drugs）
DL：民主左翼党（Democratic Left）
DORA：国土防衛法（Defence of Realm Act, 1914）
DUP：民主ユニオニスト党（Democratic Unionist Party）
FE：フィアナ・エーラン（Fianna Éireann）
FF：フィアナ・フォイル党（Fianna Fáil）
FG：フィン・ゲール党（Fine Gael）
GAA：ゲーリック体育協会（Gaelic Athletic Association）
GL：ゲーリック・リーグ（Gaelic League）
GPO：中央郵便局（General Post Office in Dublin）
HRL：ホーム・ルール・リーグ（Home Rule League）
IC：アイリッシュ・コンフェデレーション（Irish Confederation）
ICA：アイルランド市民軍（Irish Citizen Army）
IICD：武装解除のための独立国際委員会（Independent International Commission on Decommissioning）
IIP：アイルランド独立党（Irish Independence Party）
ILP：アイルランド労働党（Irish Labour Party）
ILPU：アイルランド・ロイヤル愛国者同盟（Irish Loyal and Patriotic Union）
Ind.：無所属（Independent）
Ind.Rep：リパブリカン系無所属（Independent Republican）
Ind.U：ユニオニスト系無所属（Independent Unionist）
INF：アイリッシュ・ナショナル・フェデレーション（Irish National Federation）
INL：アイリッシュ・ナショナル・リーグ（Irish National League）
INLA：アイルランド民族解放軍（Irish National Liberation Army）
IPLO：アイルランド人民解放機構（Irish People's Liberation Organisation）

IPLO-BB：アイルランド人民解放機構ベルファスト部隊（Irish People's Liberation Organisation-Belfast Brigade）
IPP：アイルランド議会党（Irish Parliamentary Party）
IRA：アイルランド共和軍（Irish Republican Army）
IRB：アイルランド共和主義者同盟（Irish Republican Brotherhood,）
IRSP：アイルランド共和主義社会党（Irish Republican Socialist Party）
ISRP：アイルランド社会主義共和党（Irish Socialist Republican Party）
IUA：アイルランド・ユニオニスト同盟（Irish Unionist Alliance）
Lab：（英）労働党（Labour Party）
LAW：ロイヤリスト労働者協会（Loyalist Association of Workers）
LC：労働連合（Labour Coalition）
Lib：（英）自由党（Liberal Party）
LNRA：リピール協会（Loyal National Repeal Association）
LRDG：ロイヤリスト報復防衛団（Loyalist Retaliation and Defence Group）
LVF：ロイヤリスト義勇軍（Loyalist Volunteer Force）
MI5：イギリス軍情報部第5課（Military Intelligence Section 5）
NCP：中央党（National Centre Party）
NDP：国民民主党（National Democratic Party）
NICRA：北アイルランド公民権協会（Northern Ireland Civil Rights Association）
NILP：北アイルランド労働党（Northern Ireland Labour Party）
NIWC：北アイルランド女性連合（Northern Ireland Women's Coalition）
NLN：北部国民同盟（National League of the North）
NLP：国民同盟党（National League Party）
NP：ナショナリスト党（Nationalist Party）
NSMC：南北アイルランド閣僚協議会（North-South Ministerial Council）
NUPRG：新アルスター政治調査グループ（New Ulster Political Research Group）
NV：国民義勇軍（National Volunteers）
OIRA：IRA正統派（Official Irish Republican Army）
ONH：アイルランド義勇軍（Óglaigh na hÉireann）
ONH-RIRA：アイルランド義勇軍〈RIRA〉（Óglaigh na hÉireann-RIRA）
OSF：シン・フェイン党（正統派）（Official Sinn Féin）
OV：オレンジ義勇軍（Orange Volunteers）
PAF：プロテスタント行動隊（Protestant Action Force）
PAG：プロテスタント行動団（Protestant Action Group）
PBPA：利潤より人を大切にする会（People Before Profit Alliance）
PD：進歩的民主党（Progressive Democrats）
PIRA：IRA暫定派（Provisional Irish Republican Army）
PRA：人民共和軍（People's Republican Army）
Prot.UP：プロテスタント・ユニオニスト党 Protestant Unionist Party
PR-STV：単記移譲式比例代表制（Proportional Representation-Single Transferable Vote）
PSF：シン・フェイン党（暫定派）（Provisional Sinn Féin）

PSNI：北アイルランド警察（Police Service of Northern Ireland）
PTA：テロ活動防止法（Prevention of Terrorism Acts, 1974）
PUP：進歩的ユニオニスト党（Progressive Unionist Party）
RAAD：薬物に反対する共和主義者行動（Republican Action Against Drugs）
RAF：リパブリカン行動隊（Republican Action Force）
RHC：レッドハンド・コマンドー（Red Hand Commandos）
RHD：レッドハンド防衛団（Red Hand Defenders）
RIC：ロイヤル・アイルランド警察（Royal Irish Constabulary）
RIR：ロイヤル・アイルランド連隊（Royal Irish Regiment）
RIRA：真のIRA（'real' Irish Republican Army）
RLP：リパブリカン労働党（Republican Labour Party）
RSF：リパブリカン・シンフェイン党（Republican Sinn Féin）
RUC：ロイヤル・アルスター警察（Royal Ulster Constabulary）
SAS：（英）特殊空挺部隊（Special Air Service）
SDLP：社会民主労働党（Social Democratic and Labour Party）
SEA-UDA：UDA南東アントリム部隊（UDA South East Antrim Brigade）
SF：シン・フェイン党（Sinn Féin）
SF-WP：シン・フェイン労働者党（Sinn Féin the Worker's Party）
TA：イギリス国防義勇軍（Territorial Army）
TUV：「伝統的ユニオニストの声」（Traditional Unionist Voice）
UDA：アルスター防衛協会（Ulster Defence Association）
UDP：アルスター民主党（Ulster Democratic Party）
UDR：アルスター防衛連隊（Ulster Defence Regiment）
UFF：アルスター自由戦士（Ulster Freedom Fighters）
UIL：ユナイテッド・アイリッシュ・リーグ（United Irish League）
UKIP：イギリス独立党（UK Independence Party）
UKUP：連合王国ユニオニスト党（United Kingdom Unionist Party）
ULARU：アルスター・ロイヤリスト反リピール同盟（Ulster Loyalist Anti-Repeal Union）
ULP：アルスター自由党（Ulster Liberal Party）
UPRG：アルスター政治調査グループ（Ulster Political Research Group）
UPV：アルスター・プロテスタント義勇軍（Ulster Protestant Volunteers）
USC：アルスター特別警察（Ulster Special Constabulary）
UUC：アルスター・ユニオニスト評議会（Ulster Unionist Council）
UULA：アルスター・ユニオニスト労働者協会（Ulster Unionist Labour Association）
UUP：アルスター・ユニオニスト党（Ulster Unionist Party）
UUUC：統一アルスター・ユニオニスト党（United Ulster Unionist Party）
UVF：アルスター義勇軍（Ulster Volunteer Force）
UWC：アルスター労働者評議会（Ulster Workers' Council）
VUPP：前衛的ユニオニスト進歩党（Vanguard Unionist Progressive Party）
WBL：西ベルファスト・ロイヤリスト連合（West Belfast Loyalists Coalition）
WP：労働者党（Worker's Party）

北アイルランド全図

北アイルランド自治議会選挙およびイギリス総選挙の選挙区（2016年時点）

北アイルランド政治論
政治的暴力とナショナリズム

序論

　北アイルランド政治は歴史的にアイルランドとイギリス国家との関係の中に位置づけられるものであり、それはアイルランドの政治的地位をめぐるユニオニズムとナショナリズムという2つのイデオロギーの相克の中で展開してきたものである。これまでの北アイルランド政治に関する研究には、次の4つの傾向が存在した。

　第1の傾向は、北アイルランド紛争をめぐって、そこに現れる政治的暴力をテロリズムとして把握し、その対処方法に収斂するものである。この場合、アイルランド共和軍（IRA）などリパブリカン系武装勢力の暴力をテロリズムとして捉えるとともに、ロイヤリスト系武装集団による暴力を不問とするか「自衛」のものとして把握する傾向が見られる[1]。

　第2の傾向は、アイルランドの反英闘争をもっぱらイギリス政府の植民地主義に対する解放運動として位置づけようとするものである。この場合、1921年に成立した北アイルランド政府はプロテスタント系住民の優位のもとでイギリス国家のアイルランドにおける権益を維持しようとするものであった。そしてナショナリストの闘争は、ユニオニスト＝プロテスタントを中心とする政治構造に対する抵抗運動として開始されたものであり、アイルランドにおける未完の植民地解放運動の延長線上に把握されている。こうした把握を前提に、プロテスタントとカトリックとの関係、ユニオニストとナショナリストとの関係をイギリス国家による植民地主義との関連で捉え、カトリック系住民に対する抑圧と差別という問題に収斂する傾向を持った研究が存在している。そこには、イギリス国家に対する民族解放ないしは独立運動を現在の国際秩序に対する反システム運動と位置づけ、リパブリカンないしはナショナリストの行動を肯定的に評価する傾向が見られる[2]。

第3の傾向は、これまでのアイルランドおよび北アイルランドに関する歴史分析および政治・経済分析が、プロテスタントとカトリック、ユニオニストとナショナリスト、ロイヤリストとリパブリカンとの二項対立を1つのステレオタイプとして固定化してしまい、紛争に関係する政治勢力の行動を正当化する役割を果たしてきたという批判から出発するものである。これは、従来のアイルランド近代史がナショナリスト的かつ政治目的化された歴史であると同時に、研究者にも北アイルランド紛争の長期化に対する責任の一端があるとしている点に特徴がある[3]。

　第4の傾向は、17世紀以降にイギリス政府が行ったアルスター地方への入植政策との関連で、入植社会におけるコミュニティ間関係の構造に着目し、北アイルランド紛争の原因をプロテスタント系住民とカトリック系住民の間に見られる居住地域の分離とそこに現れるコミュニティ間対立に求め、住民レベルの融合を可能にする社会的条件のあり方を解明しようとするものである。この延長線上で、権力分有（Power-sharing）方式の和平プロセスを展開させていく上で、重要な問題提起を行政レベルで行った研究に、ブレンダン・オリアリを中心とした「ロンドン大学公共政策研究所」（Institute for Public Policy Research）の研究がある[4]。

　第3と第4の傾向は、観点こそ違え、いずれも北アイルランド紛争の克服、つまり暴力を廃し、いかに「善き統治」を回復するのかという問題意識を背景に持つものということができよう。北アイルランド政治研究を進める上で留意すべき点として、著者は、現実に存在する諸課題に対して、「事実を事実として認識すること」と、それに対する「実践的評価」を区別することが必要であると考える。

　そもそも「政治なるもの」は、ある行為者が他の行為者に働きかけて、自己の意思を強制し、そのように行動させる支配―服従関係を前提とするものである。そして、一定の領域において、この支配と服従の関係を固定化し維持されるためには、服従を求められる被支配者が、権力装置からの強制に対して、何ら疑問を持たず、それにしたがう正当性が必要とされる。つまり、人間を動かすためには、権力を行使する者の行為が「正義」に適ったものであり、服従者がこれを「正しいもの」として受け入れることが必要となるのである。

では、「政治なるもの」の目的は、この「正義」を実現することなのか。ここでいう「正義」とは、「○○であるべき」といった主観的に信じられた善悪を峻別する価値観やそれに基づく「理想とする社会」の実現を目的とした心情によって裏打ちされ、正当性の拠り所とされるものである。だが、「正義」への要求は、「正義」のために行動しているという使命感や名誉心のみならず、権力や財力など、何がしかの利益を得たいという欲望を含むものである。それゆえ、この要求は、自分たちの「正義」にそぐわない者や行動を非難したり、またはこの「正義」に身を置き、それにしたがうことで、自己の存在を特別視した独善となって現れることになる。マックス・ウェーバーによれば、「正義」の背後には、「憎悪と復讐欲、とりわけ怨恨（ルサンチマン）と似非倫理的な独善欲の満足、つまり敵を誹謗し異端者扱いしたいという欲求」[5]に基づく感情が存在するのである。

　こうした理解に立つと、権力をめぐって「正義」と「正義」が対立し闘争する世界が政治ということになる。それでは、国家は「正義」と「正義」が争い合う場＝ジャングルなのであろうか。バーナード・クリックは、政治なるものについて、「別々の利害と別々の伝統とが、同時に共存する事実を受け入れるところから生起する」[6]としている。そして、「社会の諸集団や諸利益の権力の確認であり、政治とは、一定の支配単位内の相異なる諸利害を、全共同体の福祉と生存とにめいめいが重要な程度に応じて、権力に参加させつつ調停するところの活動」と主張するのである。つまり、政治には、ある集団をまとまりある安定したものとして、どう統治するのかという側面が存在しているのである[7]。かくて、政治とは、政治力闘争としての側面と同時に、「共存」のために各々が権力に参加し調停する活動であり、その過程は妥協という実行可能な解決策を発見する営み＝「共存のための術」であるという側面を併せ持つものなのである。したがって、北アイルランドにおける政治過程を見る際、ナショナリストかユニオニストか、いずれに正当性があるのかという二者択一的な「実践的評価」を乗り越えるためには、政治なるものが持つ２つの側面を踏まえて問題にアプローチすることが求められていると言えよう。

　次に、北アイルランド政治をそこに現れるナショナリズムとの関連でどのように見るのか。

一般的に、ネイションないしはナショナリズムは、西ヨーロッパでは、18 世紀後半から 19 世紀ごろに登場し、ネイションの形成が資本主義発展と近代国家形成にともなう国民の創出と結びついた形で進んだがために、ネイション＝ステイトとして現れることになったと考えられてきた。今日では、ナショナリズムということばについていえば、伝統や集団を強調する言説、レイシズム（人種差別主義）的な運動、移民や難民を排除・排斥しようとする行為など、ネガティブなイメージで語られることが多いかもしれない。あるいは、19 世紀的な思想であり、グローバル化が進む現代においては「時代遅れのもの」といったイメージで語られることもあろう。だが他方で、ナショナリズムは、途上国などでは、植民地主義や大国的支配に対抗する思想として、民族解放や植民地解放の運動の原動力ともなっていた。またそれは、既存国家の中にあってマイノリティの地位に置かれてきた人々による自立と自治を求める運動の中に見出すこともできよう。その一例として、スコットランドやカタルーニャにおける分離独立の運動がある。つまり、グローバル化の中で、国家を超えて政治経済を統合しようとする動きが進むほどに、かえって、ローカルなレベルでの新たなナショナリズムの噴出と新しい国家の創出を促す動きが見られるようになってきているとさえいえるのである。

　従来の国際政治観においては、主権国家に対立するようなナショナリズムは国際社会の安定を脅かすものとして把握されることが多い。こうした主権国家中心の国際認識の背後にある考え方として、E・H・カーは「16 世紀ないしは 17 世紀以来、『ネイション』ということばは、西ヨーロッパを通じて、主要な政治単位を表すのに最も自然なことば」[8]であり、そのナショナリズムは中世的な紐帯が解体していく中で、君主を中心とした中央集権的な国家とナショナルな教会が打ち立てられる過程で培養されてきたという認識があった。そして、カーは「1919 年におけるヨーロッパの戦後処理は 2 つの新しい革命的な要求の容認を基礎としていた。つまり、人種的、言語的諸集団がナショナルな性格を持つとの理由から政治的独立と国家資格を要求し、またすべての独立国家が国際社会の実質的な構成員となることを要求した」[9]とし、それゆえ近代国家は 1 つの歴史的集団であるという。また、ハンス・コーンは「ナショナリズムは 18 世紀の終わりに、広範なヨーロッパ諸国に現れた」[10]として、「ネイションは

社会の歴史的発展の産物である」[11]と定義づけていた。このように、これまでネイションは中世的な諸関係の解体とあいまった近代の産物であり歴史的存在であるとされてきたのである。

　ジョン・スチュアート・ミルは、独自のナショナリティを持つ人間集団が同じ1つの政府のもとに服することを望み、その政府は市民にとって唯一の政府であり、無条件に帰属すべき政治単位であるとした。そこには、ネイションがゲマインシャフト的契機を前提にしつつも、市民権や政治参加とは不可分一体のものであるという理解があった。つまり、ネイション形成の問題は、ゲマインシャフト的な被制約性を受けつつも、資本主義的な統一市場の形成を前提としているがゆえに、ネイションは地域の一体性と資本主義的諸関係および生産力を総括する国家と一対のものとして理解されていたのである[12]。

　ネイションおよびナショナリズムなる概念をめぐっては、1980年代以降、学問的な研究が進められるようになる。だが、ここには、上記した19世紀的な理解の延長線上にネイションとナショナリズムを把握することができるのかどうかという論点が存在していた。そして、ネイションやナショナリズムは近代以降に成立したのか、近代以前にも存在したのかという二分法的な議論が展開されたことから、一大論争かのように語られてきた。その1つの立場が、アーネスト・ゲルナー、ベネディクト・アンダーソン、エリック・ホブズボームに代表される近代主義学派である。これは、ネイションやナショナリズムは資本主義発展を背景とした産業化、近代国家の建設、民主化、公共空間の形成という歴史的条件のもとで、創り出されたものであるとし、グローバル化の進展とともに、いずれ消滅していくものとして捉える立場である[13]。もう一方に、エドワード・シルズ、ジョン・アームストロングらに代表される原初主義学派や、エイドリアン・ヘイスティングスやスーザン・レイノルズらに代表される前近代主義学派のように、血統性や地縁性などのゲマインシャフト的な契機に対する人間の感情的な帰属意識に着目して、ネイションは必ずしも近代に限った現象ではないとする立場がある[14]。そして第3の立場として、アンソニー・D・スミスやジョン・ハッチンソンに代表されるエスノシンボリズムの議論が存在する。このエスノシンボリズム学派は、近代国家とネイションを区別した上で、ネイションは近代の産物であるとしつつ、ナショナリスト的知識人によって、

過去の事象に恣意的な意味づけがなされ、ネイションの記憶や文化的シンボルが創り出されてきた過程に着目している点に特徴がある[15]。

　これらの立場について見れば、ネイションやナショナリズム形成の過程について、その背景となる歴史的諸条件は何か、その主体ないしは担い手は誰なのか、そしてその方法はどのようなものなのかといった焦点の当て方に相違があり、そこにそれぞれの研究の特徴が存在している。それゆえ、それぞれの立場はむしろ相互に補完し合う関係にあると見るべきであろう[16]。これらの研究の到達点として少なくとも言えることは、ネイションは共通の習慣や習俗、血統や起源が客観的に事実であるかどうかは問題ではなく、政治的な創造物として、一定の領域の中でこれを構成する多数派を占める人々が自分たちは特定のネイションに所属しているという意識の産物なのである。そして、ナショナリズムは、過去の事象を利用しつつ、特定のネイションに帰属しているという意識を創り出していくための論理であり、近代国家形成、および理想とされる政治体制とその将来のあり方に、あるいはそれに対抗する政治的な運動に正当性を付与し、かかる運動に大衆を動員するイデオロギーということができる。それゆえ、ナショナリズムは、これに依拠する諸々の政治運動に「正義」のための闘いというロジックを与えることができるのである。すなわち、ナショナリズムは、特定の理想とされる政治体制を創り出そうとする心情を背景とするがゆえに、より進歩的な傾向を持つものから、狭隘で排外的な傾向を持つものまで多様な現れ方をするものなのである。本書は、このエスノシンボリズム学派のナショナリズム論をベースに、北アイルランドにおけるナショナリズムの現れ方をその政治史との関連で明らかにしようとするものである。

　次に、アイルランドにおけるナショナリズムとその運動を考える上での基本的な視点について整理しておきたい。エスノシンボリズム学派によれば、ナショナリズムは同じネイションを構成していると意識する人々によって、集団的に表現され、かつ制度的に統治されるべきものであるという信条であり、政治的正当性に関する近代的な原理であるとされる[17]。アンソニー・D・スミスは、ナショナリズム運動について、「ナショナリストというものは、単なる社会を動かす人であるとかイメージ作りの名人であるのではない。自分の活動を通じてエスニックな過去を再発見しその意味を再解釈する社会的で政治的な建築家

である」[18]とし、ゲマインシャフト的な契機とゲゼルシャフト的な契機との緊張関係を媒介としたネイション形成の過程において、「歴史の記憶」、「価値」、「神話」、「シンボル」が非常に重要な役割を果たしていると主張している[19]。

そして、スミスは、ネイション形成の過程において、国家権力による「科学主義的国家」化の過程が重要であるという。スミスによると、「科学主義的国家」とは、「効率性を追求するために科学的な技術や手法を駆使して、行政的な目的のために、国家領域内の人々を画一化に統治する体制」[20]であり、4つの特徴を持っているというのである。それは、(1)人民大衆の同化と統合、(2)周辺的エスニシティに対する差別、(3)中央集権化、(4)政府レベルの科学主義と合理主義の浸透である。スミスは、「科学主義的国家」を創出する手段として、全国に張りめぐらされた行政官僚システムの構築と社会生活への国家的介入が不可欠であるとし、資本主義的な社会秩序を構築していく過程において国家権力によって推進されるものであるとしている。すなわち、近代におけるネイションの形成は、資本主義的な合理性をベースに、血縁性、地縁性、言語、文化、慣習、歴史的な記憶やシンボルを利用し、ネイションとしての意識を国家的に培養していく過程であった。それは同時に、多数派を占める支配的なエスニック集団（エトニー）による少数派のエスニック集団に対する同化の強制が国家権力によって行われたことを意味している。アイルランドにおいては、この「科学主義的国家」化は19世紀、イギリス政府によるアイルランド併合以降、社会生活のイギリス化とともに推進されることになる[21]。

ジョン・ハッチンソンによると、アイルランドにおけるナショナリズム運動はイギリス政府の「科学主義的国家」化政策に対抗するものとして現れ、そこには2つのベクトルが見られるという。政治的ナショナリズムの運動と文化的ナショナリズムの運動である。政治的ナショナリズムの運動とは、理念型としていえば、すべての伝統主義的な障壁を破壊し、ネイションを合理主義的な観点から統合された市民によって構成される国家の建設を戦略的目標とする運動である。それゆえ、かかる運動は集権的な大衆的運動を組織し、政治的自主性の達成に向けて、国家権力の奪取を政治的方針として掲げるのである。それは、19世紀のアイルランドにおいては、ダニエル・オコンネルやチャールズ・スチュアート・パーネルらの強力な自治を求める議会主義的な運動の中に見られ

るものである。しかし、政治的ナショナリストの運動は、政治権力をめぐる対抗軸の中で展開されるがゆえに、政治情勢の変化——既存の政治権力との力関係の変化、組織の運動力量の変化——による影響を受けやすい。それゆえ、かかる運動は目標の達成に向けて、組織を拡大し、大衆的な支持と信頼を獲得するために、新しい政治的局面に対応して、ぶれることのない運動の方向性と獲得目標を示し続けなければならないのである[22]。

　他方で、文化的ナショナリズムの運動は、政治的ナショナリスト運動を媒介にして創り出されてきたものであるが、文化的ナショナリストは、ネイションを国家としてではなく、独自の歴史を持った共同体として把握し、下から草の根的に編成されていくものと考えるのである。そして、かれらは集権的な国家建設を展望しつつも、既存の権力によって強力に推し進められる近代化の圧力に対抗する方策として、自分たちのネイションと考える特定の領域の中で共通の帰属意識を再生させることを戦略的目標とし、ネイションの統一されたイメージを創り出し大衆化する活動に収斂する傾向を示すのである。それゆえ、文化的ナショナリストは、インフォーマルで非集権的な組織体を形成し、日常生活のあらゆる側面に「ネイションなる」意識を注入していくことを主たる運動方針とするのである。アイルランドでは、それは19世紀後半から20世紀初頭、労働組合、農業協同組合、スポーツ団体など様々な同人会的組織をつなぐ緩やかな連合体を形成し、運動を展開するのである。たとえば、ゲーリック・リーグの運動はこのカテゴリーの中に含まれる代表的な活動であった[23]。

　また、ハッチソンによれば、文化的ナショナリズムの運動は、政治的ナショナリズムの運動とは異なり、政治情勢の変化の影響を相対的に受けにくく、組織の盛衰はあっても地道な活動を継続することが可能であった。しかし、国家は近代世界において、政治的、経済的、文化的な力の拠り所であるがゆえに、文化的ナショナリズムは国家権力を志向する政治的ナショナリズムの運動と結合せざるを得ないというのである[24]。かくて、この2つの運動は独自の統一されたネイションの創出を課題とするものであるが、その課題を解決する方法という点で、異なる方向性を示しているのである。だが、ここで考慮すべき点がある。それは、政治的ナショナリズムの運動にせよ、文化的ナショナリズムの運動にせよ、なぜそうした運動が発生するのか、そしてそうした運動の担い手

とそれに動員される人々がアイルランドの社会的構造の中で、どのような位置に属する人々であったのかという問題である。

こうした問題意識を持って、以下の章においては、エスノシンボリズム学派の問題提起を踏まえつつ、アイルランドとイギリス政府との権力関係を通して、アイルランドのナショナリズム運動を捉え、北アイルランドにおける政治過程にアプローチしたい。

1） New Ulster Movement, *Two Ireland or One?*, Belfast, 1972; Ian Paisley, Peter Robinson and John D. Taylor, *Ulster: The Facts*, Belfast, 1982; Dennis Kennedy, *The Widening Gulf: Northern Attitudes to the Independent Irish State, 1919-49*, Belfast, 1988; Anthony Alcock, *Understanding Ulster*, Lurgan, 1994; Tom Wilson, *Ulster: Conflict and Consent*, Oxford, 1989; Padraig O'Malley, *The Uncivil Wars: Ireland Today*, Belfast, 1983; Arthur Aughey, *Under Siege: Unionism and Anglo-Irish Agreement*, Belfast, 1989.

2） Henry Harrison, *Ulster and the British Empire: Help or Hindrance*, London, 1939; Denis Gwynn, *The History of Partition, 1912-1925*, Dublin, 1950; Patrick S. O'Hegarty, *History of Ireland under the Union, 1802 to 1922*, London, 1952; Frank Gallagher, *The Indivisible Island: The History of Partition of Ireland*, London, 1957; North-Eastern Boundary Bureau, *The Handbook of the Ulster Question*, Dublin 1923; Michael Farrell, *Northern Ireland: The Orange State*, 2nd edition, London, 1980; Tom Collins, *The Centre Cannot Hold: Britain's Failure in Northern Ireland*, Dublin, 1983; Gerry Adams, *The Politics of Irish Freedom*, Dingle, 1986; *A Pathway to Peace*, Dingle, 1988; Colm Fox, *The Making of a Minority: Political Developments in Derry and the North 1912-25*, Londonderry, 1997; John O'Brien, *Discrimination in Northern Ireland: Myth or Reality?*, Newcastle upon Tyne, 2010.

3） Michael Sheehy, *Divided We Stand: A Study in Partition*, London, 1955; Earnan de Blaghd (Ernest Blythe), *Briseadh Na Teorann* (The smashing of the border), Dublin, 1955; Donald Barrington, *Uniting Ireland*, Pamphlet, No. 1, Dublin, 1959; Garret FitzGerald, *Towards a New Ireland*, London, 1972; Conor Cruise O'Brien, *States of Ireland*, London, 1972; Clare O'Hallaoran, *Partition and the Limits of Irish Nationalism*, Dublin, 1987; Desmond Fennell, *The State of the Nation: Ireland since the Sixties*, Swords, 1983; *Beyond Nationalism: The Struggle against Provinciality in the Modern World*, Swords, 1985; *The Revision of Irish Nationalism*, Dublin, 1989; D. George Boyce and Alan O'Day (eds.), *The Making of Modern Irish History: Revisionism and the Revisionist Controversy*, London, 1996.

4） Dennis P. Barritt and Charles F. Carter, *The Northern Ireland Problem*, London, 1962; Northern Friends Peace Board, *Orange and Green*, Sedbergh, 1969; Martin Wallace, *Drums and Guns*, London, 1970; Richard Rose, *Governing without Consensus*, London 1971; Barry Schutz and Douglas Scott, *Natives and Settlers: A Comparative Analysis of the Politics of Opposition and Mobilisation in Northern Ireland and Rhodesia*, Denver, 1974; Richard Rose, *Northern Ireland: A Time of Choice*, London, 1976; Dervla Murphy,

A Place Apart, London, 1978; Harold Jackson, *The Two Ireland: The Problem of the Double Minority, A Dual Study of Inter-group Tensions*, London, 1979; Frederick W. Boal and Neville H. Douglas, *Integration and Division: Geographical Perspectives on Northern Ireland*, London, 1982; Desmond Rea (ed.), *Political Co-operation in Divided Societies: A Series of Papers Relevant to the Conflict in Northern Ireland*, Dublin, 1982; Ronald Weizer, *Transforming Setter States: Communal Conflict and Internal Security in Northern Ireland and Zimbabwe*, London, 1990; Donald Akenson, *God's Peoples: Covenant and Land in South Africa, Israel and Ulster*, New York, 1992; Brendan O'Leary, Tom Lyne, Jim Marshall, Bob Rowthorn, *Northern Ireland: Sharing Authority*, London, 1993; John McGarry and Brendan O'Leary, *Explaining Northern Ireland*, Oxford, 1995.

5) マックス・ウェーバー『職業としての政治』岩波文庫、1980年、98頁。
6) バーナード・クリック『政治の弁証』岩波書店、1969年、10-11頁。
7) 同上。
8) Edward Hallett Carr, *Nationalism and After*, London, 1945, p. 1.
9) *Ibid.*, pp. 40-41.
10) Hans Kohn, *The Idea of Nationalism: A Study in its Origin and Background*, New York, 1944, p. 3.
11) *Ibid.*, p. 13.
12) John Stuart Mill, *Utilitarianism, Liberty and Representative Government*, London, 1910, pp. 359-366.
13) Ernest Gellner, *Nations and Nationalism*, London, 1983, pp. 1-8; Benedict Anderson, *Imagined Communities: Reflections on the Origin and Spread of Nationalism*, London, 1983; Eric J. Hobsbawm, *Nations and Nationalism Since 1780: Programme, Myth, Reality*, Cambridge, 1991.
14) Edward Shils, "Nation, Nationality, Nationalism and Civil Society", in *Nations and Nationalism*, Vol. 1, No. 1, 1995; John Armstrong, *Nation before Nationalism*, North Carolina Press, 1982; Adrian Hastings, *The Construction of Nationhood: Ethnicity, Religion and Nationalism*, Cambridge, 1997; Susan Reynolds, *Kingdoms and Communities in Western Europe 900-1300*, Oxford, 1997.
15) Anthony D. Smith, *The Ethnic Origins of Nations*, London, 1991; *Ethno-symbolism and Nationalism: A Cultural Approach*, New York, 2009; John Hutchinson, *Nations as Zones of Conflict*, London, 2005; Monserrat Guibernau and John Hutchinson (eds.), *History and National Destiny: Ethnosymbolism and its Critics*, Oxford, 2004.
16) Atsuko Ichijo and Gordana Uzelac (eds.), *When is the Nation?: Towards an Understanding of Theories of Nationalism*, London, 2005, pp. 10-11. 1980年代以降のナショナリズム理論の展開については、佐藤成基「ナショナリズムの理論史」大澤真幸・姜尚中編『ナショナリズム論・入門』有斐閣、2009年を参照。
17) Brian Barry, "Nationalism", in D. Miller, J. Coleman, W. Connoly and A. Ryan (eds.), *The Basil Blackwell Encyclopaedia of Political Thought*, Oxford, 1987, pp. 352-354.
18) Anthony D. Smith, "Gastronomy or Geology?: The Role of Nationalism in the Reconstruction of Nations", in *Nation and Nationalism*, Vol. 1, No. 1, 1995, p. 3.
19) Anthony D. Smith, "The Genealogy of Nations: An Ethno-symbolic Approach", in Atsuko Ichijo and Gordana Uzelac (eds.), *supra* note 16, pp. 98-99.
20) Anthony D. Smith, *Theories of Nationalism*, New York, 1983, pp. 230-236.

21) *Ibid.* マックス・ウェーバーの共同体論を援用しつつ、マルクスの再生産論との関係でナショナリズムをめぐる問題にアプローチした研究に、守本順一郎『東洋政治思想史研究』未來社、1967年および岩間一雄『ナショナリズムとは何か』西日本法規出版、1987年がある。
22) John Hutchinson, *The Dynamics of Cultural Nationalism: The Gaelic Revival and the Creation of the Irish Nation State*, London, 1987, pp. 15-17.
23) *Ibid.*, pp. 40-42.
24) *Ibid.*, pp. 12-15.

第1章　アイルランドにおけるナショナリズムとユニオニズム

　ナショナリズムなるものについて、これを同じネイションを構成する自由な人々によって集団的に表現され、かつ制度的に統治されるべきものであるという信条であり、その具体化を図ろうとする行為＝政治運動と把握した場合[1]、近代アイルランドには、連合王国の枠内でイギリス国家の一員として生きることを求める方向と、アイルランド島をベースにアイルランド・ネイションの一員として生きることを追求する方向の２つのベクトルが存在する。これらのベクトルは、少なくとも近代に至り、前者はユニオニストという形をとり、後者はナショナリストという形で相互に対峙してきた。

　アイルランドにおけるユニオニストの運動は、1795年のオレンジ・オーダー団の結成に見られるように、名誉革命以降のイングランドに対する愛国主義にその起源をさかのぼることができる。この愛国主義の立場は、国教会を中心としたプロテスタンティズムをベースに、イングランドへの完全な統合を求めるものであった。この潮流は、ナショナリストの自治要求運動のカウンターパーツとして、1801年以降のユニオン（＝連合王国）なる国家組織上の枠組みとアイルランド内部におけるプロテスタントの政治的、経済的支配を維持することを基本に、1885年に設立されたアイルランド・ロイヤル愛国者同盟（ILPU）、アイルランド・ユニオニスト同盟（IUA）、これを継承したアルスター・ユニオニスト評議会（UUC）、そして今日のアルスター・ユニオニスト党（UUP）に続くものである。

　他方で、アイルランドにおけるナショナリストの運動には、フィニアン（Fenian）として知られるアイルランド共和主義者同盟（IRB）に組織されていたリパブリカン運動の流れと、ダニエル・オコンネルやチャールズ・スチュア

ート・パーネルらを中心とした議会主義的な運動を継承し、アイルランド議会党（IPP）に至る穏健派ナショナリストの流れがある。とくに、リパブリカンの運動は、1910年代以降、運動の主流派としてアイルランドを取り巻く政治状況を左右する位置に立つことになる。

　この章で、まずユニオニストとナショナリストに大別される2つのナショナリズム運動の政治戦略とその特徴について整理しておきたい。

第1節　アイルランド・ナショナリズム

(1) ナショナリスト

　アイルランド・ナショナリズムは、その運動方針および運動形態において、様々なバリエーションが存在している。しかし、アイルランド島とアイルランド国家の領域が矛盾しない形で、1つのアイルランド・ネイションを構築し、イギリス国家に対して、アイルランド人が自決と自治の権利を行使することを求めてきた点で共通する政治姿勢をとってきた[2]。

　今日、ナショナリストの多くが、アイルランド島全体が独立すべきという主張を支持する根拠には、1918年に行われたイギリス総選挙の評価がある。この選挙は、イギリス国家において女性参政権が部分的に認められ、今日の選挙制度に近い方法で行われた。この選挙において、アイルランド独立を支持する政党がアイルランドの議席105のうち79議席を獲得し、有効得票数の70％を獲得したという結果から、ナショナリストはアイルランド人の圧倒的大多数の意思がナショナルな独立を支持していると捉えるのである[3]。

　だが、アイルランド人の自決といった場合、そもそもネイションとしての「アイルランド人」とは何者なのかという問題が生じてくる。アイルランドの歴史の中で、近代において最初のナショナリズム運動といえるものは、1790年代のユナイテッド・アイリッシュメンの運動によって組織されたと考えられている。ユナイテッド・アイリッシュメンの運動は、1780年代のプロテスタントのアイリッシュ義勇軍の運動にその起源がある。この運動はアメリカ独立革命に触発され、「アイルランド・ネイション」のためにより大きな政治的自主権の獲得を求めていた。しかし、この運動はプロテスタントを担い手とする議会

主義を通じた自治の獲得に収斂するものであったがゆえに、一部の急進的な共和主義者（リパブリカン）はフランス革命の影響を背景に、ここから分離し、ユナイテッド・アイリッシュメンの運動の母体を形成するようになる。そして、ユナイテッド・アイリッシュメンの指導者は自らをフランスのジャコバンになぞらえることにより、アイルランド島に住むすべての人民からなる1つの共和国を建設しようとしていた。つまり、カトリックもプロテスタントも、非国教徒であろうとなかろうと、同じ市民的権利を享受できる共和国の創出を展望したのである。かれらにとって、ネイションは市民的なものであり、領域的なものと理解されていた。

以来、ユナイテッド・アイリッシュメンの闘争に自己の運動の起源を求めるナショナリスト組織は、自らをリパブリカンと考えてきた。青年アイルランド党（Young Ireland）、IRB、そして今日のアイルランド共和国におけるフィアナ・フォイル党（FF）やフィン・ゲール党（FG）、北アイルランドにおけるアイルランド共和軍（IRA）やシン・フェイン党（SF）などがそれである。

ユナイテッド・アイリッシュメンの運動を経過して、19世紀に入ると、青年アイルランド党と、とくにその大衆組織であるアイリッシュ・コンフェデレーション（IC）に集うナショナリストの間では、「アイルランド人」とは、アイルランド島に他のエスニック集団が植民してくる前にアイルランドで生まれた祖先を持つ人間と定義されるようになる。ここでは、「真」のアイルランド人とは、古代ケルト文明の歴史的な記憶を共有し、ゲール語という文化的遺産を守り続けてきた人々とイメージされるようになる。この場合、ネイションとしての「アイルランド人」の定義は、古代ケルトに起原を持つゲール人の伝統を象徴するものとして、宗教的な契機に収斂する傾向を示していた。すなわち、それはローマ・カトリック教会への信仰である。カトリック教徒であるということは、アイリッシュ・アイデンティティを、プロテスタントであるということはアイルランドを征服した植民者とその子孫であることを意味するものとして理解されることになる。こうした理解は、19世紀後半におけるゲールなるものの伝統の復興を強調する非政治的なゲール語復興運動へと受け継がれ、その延長線上に、20世紀初頭、アーサー・グリフィスによって、イギリス国家からの分離と市民的諸権利の要求を柱とするSFの組織化が行われることになる[4]。ア

イルランド・ナショナリズムは、アイルランド・ネイションのイメージを、ゲールなるものの伝統とこれを象徴するカトリックへの信仰を持つ人間集団に求め、その市民的な諸権利のあり方を問題としてきたということができよう。

(2) ナショナリストとリパブリカン

アイルランドにおいて、ナショナリストなることばは、19世紀にアイザック・バットやチャールズ・スチュアート・パーネルらのIPPや全アイルランド・ナショナリスト同盟（AFIL）、そして草の根組織の活動家とその支持者に対して使われていた。これらの運動はアイルランド自治を要求するとともに、カトリック系住民の声を政治的に代弁するものとして位置づけられていた。

一方、リパブリカンなることばは、ユナイテッド・アイリッシュメンの反英闘争を起源とし、君主制と貴族制を拒否することを信条とするものであったが、現実には、19世紀の反英闘争の中では、少数派を構成するに過ぎなかった。1840年代、リピール運動の指導者たちは、かかる運動を共和主義の理念とは対立するものと考えていたし、既存の体制の中での変革を志向する傾向を強く持っていた。リピール運動と青年アイルランド党による運動が終息した後、1850年代のフィニアン運動から発展したIRBは、自らの運動の目的を「独立、民主主義、共和主義」と規定していたが、他方で、その指導者であるチャールズ・キックカムやジョン・オリアリは、象徴的な君主制の存在を容認する姿勢を取っていた。それゆえ、リパブリカンなることばに、現在のアイルランド政治において持つ意味を付与されることになるのは、1920年のアイルランド統治法（Government of Ireland Act, 1920）の制定とアイルランド自由国（Irish Free State）の成立の過程においてである[5]。

このアイルランド統治法の成立とアイルランド自由国建設のプロセスの中で、アイルランド・ナショナリストは2つの潮流に分岐していくことになる。南北分断を前提とした自由国の建設を内容とする1921年のアングロ＝アイリッシュ協定（Articles of Agreement for a Treaty Between Great Britain and Ireland, 1921）をめぐって、SFが支持派と反対派に分裂し、この対立はアイルランド内戦に発展することになる。この内戦の中で、アングロ＝アイリッシュ協定反対派は自らを「リパブリカン」と称し、支持派との立場の違いを示そうとしたのである[6]。

まず、第1の潮流は、アングロ゠アイリッシュ協定支持派（Pro-Treaty）を中心に、自由国の建設（のちのアイルランド共和国）を容認しようとする立場である。この潮流は、協定支持派SFからウィリアム・コスグレイヴを指導者とするクマンナ・ナ・ゲール党（CG）を経て、FGに継承されていく。また、北アイルランドにおいては、IPPから分岐した北部アイルランド・ナショナリスト党がジョセフ・デブリンをリーダーとする北部国民同盟（NLN）に合流し、北アイルランド議会に参加していくことになる。しかしNLNは30年代に入ると勢力を後退させ解党状態に至る。これに代わって、1936年にパディ・マックスウェルがNLNの活動方針を復活させることを目的に、北アイルランドのナショナリスト党（NP）のメンバーを巻き込む形で、アイルランド統一党（Irish Union Association）を結党し、FFとの連携を図ろうとする。IPPの流れをくむNPは、1921年のアイルランド分割は不法であるとして、議会ボイコット運動を展開するようになる。こうした議会主義的なナショナリストの系譜の延長線上で、アイルランド公民権運動の展開を受けて、1970年には、NP、アイルランド労働党（ILP）、リパブリカン労働党（RLP）、国民民主党（NDP）などのメンバーが合同して社会民主労働党（SDLP）が結成されることになる（図1-1を参照）。

他方で、1922年のアングロ゠アイリッシュ協定反対派（Anti-Treaty）を中心に、第1の潮流を北アイルランドのイギリス支配を事実上容認する性格を持つと考え、1916年のイースター蜂起での共和国宣言を重視しようとする立場が第2の潮流である。この立場は、そもそも自由国の成立によるアイルランドの分割はあくまでも暫定的なものであり、共和主義に基づいた統一アイルランドはイギリス国家による植民地支配を打ち破ることを通じて達成されるものとしていた。それゆえ、武装闘争による反英運動を容認し、またイギリス議会および北アイルランド議会のみならずアイルランド共和国議会をも認めないという立場をとってきたのである。この立場をとってきた勢力は、その基本方針を1916年と1919年の共和国宣言に依拠していることから、リパブリカンということばで把握されている。

第2の潮流が登場してくる経緯について見ると、1921年、アイルランド統治法のもとで実施された南アイルランド議会選挙において、SFは南アイルランドにおいて124議席（議席占有率97%）を無投票で獲得し、これをもとに北アイ

ルランドでの選挙での当選者と合わせて125人のSFメンバーからなる第2次アイルランド国民議会（Dáil Éireann）を編成していた。しかし、第2次アイルランド国民議会は、アングロ＝アイリッシュ協定をめぐって、分裂することになる。SF党内では、協定支持派65人、協定反対派57人、1人が賛否を保留するという状況にあった。

　アングロ＝アイリッシュ協定に基づいて1922年に実施された南アイルランド議会選挙では、SFは分裂選挙となり、マイケル・コリンズが率いる協定支持派が58議席、イーモン・デ・バレラを中心とする協定反対派が35議席を獲得するという結果になった。南アイルランド議会の構成は、協定支持の立場にあった農民党と経営者党が7議席と1議席、分裂しつつも協定支持に傾斜していた労働党が17議席、協定支持派の無所属議員5人を含めて、協定支持派が69％を占める状況となっていた。

　こうした議会内の力関係のもとで、1922年10月、第3次アイルランド国民議会が成立し、12月にはアイルランド自由国憲法が公布されることになる。協定反対派SFは、自由国憲法17条の「忠誠の誓い」（Oath of Allegiance）項目について、ドミニオンの枠内にある自由国に忠誠を誓うことは同時に、イギリス国王への忠誠を求めることにつながるとして、これを拒否し、第3次アイルランド国民議会をボイコットすることになる。かくて、SFは分裂し、内戦に突入する。内戦の後、ウィリアム・コスグレイヴは協定支持派SFメンバーを中心としたCGを立ち上げることになる。その一方で、協定反対派SFメンバーは1923年にSFを再建するが、議会ボイコット方針をめぐって分裂し、議会ボイコット方針に反対するデ・バレラは1926年、SFから離脱し、FFを結党する。議会ボイコット方針の維持を求める勢力がSFを継承していくことになる。そして、この流れの延長線上に、北アイルランド紛争時のIRAとその政治部門であるSFが存在する[7]。

　北アイルランドにおいて、SDLPはSFこそ真のリパブリカン政党であるという主張に異議を唱えてきた。それは、SDLPこそがアイルランドにおける共和主義の伝統を継承するものであり、SFはIRAによる武装闘争を容認し、これに対して謝罪する姿勢を示してこなかったという理由からであった。アイルランド共和国において、共和主義は共和国の体制のあり方として把握されてい

表1-1 北アイルランドにおけるナショナリスト政党の配置

リパブリカン的傾向が弱い ←		→ リパブリカン的傾向が強い	
			シン・フェイン党 SF（1905-70）
		ナショナリスト党 NP（1921-73）	
リパブリカン労働党 RLP（1960-73）			
		国民民主党 NDP （1965-70）	
社会民主労働党 SDLP（1970-）		シン・フェイン党（正統派） OSF（1970-77）	シン・フェイン党（暫定派） PSF（1970-） アイルランド共和主義社会党 IRSP（1974-）
		アイルランド独立党 IIP（1977-80's）	
			リパブリカン・シンフェイン党 RSF（1986-）

（出典）　筆者作成。

くのに対して、北アイルランドでは、統一アイルランドをめぐる政治戦略の手法の1つとして認識されていたのである。少なくとも、北アイルランドにおいて、ナショナリストとリパブリカンとは、イギリス国家からの完全な分離と共和主義に依拠した統一アイルランド達成という点では、目的を共有している。むしろ、現実には、この2つの立場の相違は、1920年のアイルランド統治法とこれに続く自由国建設と武装闘争に関する評価の度合いを反映したものといえるのである（表1-1）。

(3) アイルランド・ナショナリストの諸類型

ここで、南北アイルランドに共通するナショナリストの政治的立場の傾向について整理しておくことにしよう。今日、南北アイルランドにおけるナショナリストは、アイルランドの統一というナショナリストの伝統的なテーゼをめぐって、アイルランド共和国の存在に対する認識、闘争形態のあり方、イギリス国家の位置づけなどの点で一致した見解を示しているというわけではない。そこで、南北アイルランドのナショナリストの見解を分類してみると、ほぼ5つのタイプに識別することができる[8]。

第1のタイプは、アイルランド共和国の存在を積極的に位置づけ、共和国主導による統一アイルランドの実現を展望する立場が存在する。立憲的共和主義派である。この立場は主に、アイルランド共和国において見られるものであり、FFに代表されている。この立場は、自らを世俗的で市民的なナショナリストと呼んでおり、アイルランドに対する政治的、文化的な抑圧の責任は歴史的にイギリス国家にあるとしてきた。そして、アイルランド共和国憲法に依拠して、ナショナルな領域はアイルランド島であり、その再統一はアイルランド国家による積極的な外交によって達成されなければならないという立場を示してきた。

　第2のタイプは、北アイルランドでは、リパブリカンとして把握されている部分であり、ナショナルな自決とイギリス国家からの解放を武力による革命的暴力を通じて達成しようとする武力闘争的共和主義派の立場である。この勢力は大衆的な意思を達成するためには、議会闘争と武力闘争とは矛盾するものではなく、手段の問題であるという認識に立ってきた。つまり、この立場は、アイルランドのナショナルな領域がイギリス国家によって占領されており、ネイションの意思はアイルランドが分断されている限り、民主的に反映されないと考えるのである。それゆえ、武装闘争か非武装闘争かという選択肢は原則の問題というよりは戦術の問題として理解されており、当面する情勢との関連で、議会闘争と武力闘争を柔軟に使い分けるという特徴を持っている。この立場は、今日、ダブリンとベルファストの双方に拠点を置くIRAおよびSFとその支持者の中に見られる政治的姿勢である。

　第3のタイプは、宗教的な出自とその信条においてカトリックであるということを重視しようとするエスニック的立憲主義派の立場である。この立場は、一般的に、カトリックの教義の枠内であれば、政治的および経済的な体制選択の論議には柔軟な姿勢を示してきた。そしてそれは、1880年代から1918年のアイルランドの自治をめぐる闘争を闘ったIPPに主に見られるものであり、1920年代から1960年代の北アイルランドにおけるNPの立脚点ともなっていた。また、この立場は1921年から1932年のアイルランド自由国を統治した協定支持派SFおよびCG指導部、今日のFG、SDLPのナショナリストの中に見られる傾向である。

　第4のタイプは、アイルランドのすべての人々が「平等に大切にされる」と

図1-1 アイルランドにおけるナショナリスト系主要政党の概要

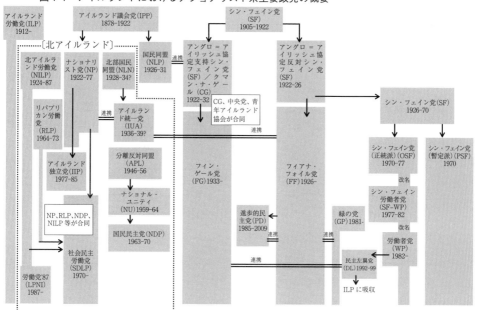

（出典）Alan O'Day and N. C. Fleming, *The Longman Handbook of Modern Irish History Since 1800*, London, 2005, pp. 323-327 より筆者作成。

いう1916年のイースター蜂起における共和国宣言の文言にそった市民的なナショナリズムを標榜するネオ・ナショナリスト派の立場である。この立場の特徴は、19世紀ヨーロッパのナショナリズムを排他主義と考え、今日のイギリス国家に含まれる諸島およびヨーロッパ連合の中で、アイルランド人の自由と平等、そして自治を保障することと、国家主権を確立することとは無関係なものであると考える点にある。この立場は、SDLPのジョン・ヒューム、FFのアルバート・レイノルズ、ILPのディック・スプリングらに代表されるものである。

第5のタイプは、現在のアイルランド共和国の存在を肯定するとともに、北アイルランド問題はナショナリズムの行き過ぎた部分によって引き起こされたと考える修正主義派である。この立場は、イギリス支配を肯定的に捉えるとともに、アイルランド・ネイションの将来について、「分断」を受け入れることを通して展望しようとするところに特徴がある。この立場は、とくに、共和国において、進歩的民主党（PD）右派、労働者党（WP）に強く見られる傾向であ

る。北アイルランドにおいては、民主左翼党（DL）左派のメンバーがこの立場を共有している。これらの政党は、たとえネイティブのアイルランド人であろうとも、自らをコスモポリタンで汎ヨーロッパ的な政治的共同体の一部分を構成するものと考え、自国への偏狭な愛国主義を批判するのである（図1-1）[9]。

(4) 「新アイルランド・フォーラム」とナショナリストの政治戦略

さて、1983年から1984年にかけて、北アイルランドからSDLP、アイルランド共和国からFF、FG、ILPなど317のナショナリスト系団体が参加して「新アイルランド・フォーラム」が行われた。ここでの論議の到達点をまとめたものが、1985年に公表された総括レポートである。ここでは、この総括レポートを手がかりに、ナショナリストが最大の政治目標として掲げてきた統一アイルランドの建設という問題について、どのような戦略を立てているのかを見ることにしよう。

統一アイルランドの建設と言った場合、少なくとも4つの論点について検討する必要がある。それは、第1に、その構成員は誰かという点である。第2には、北アイルランドが存在する現状をどのように認識しているのかという点である。第3に、統一アイルランドの樹立に向けて、どのような方法でこれを達成し、いかなる統治方法を採用するのかという点である。そして第4に、北アイルランドにおける政治的暴力をどのように理解するのかという点である。これらの論点について、「新アイルランド・フォーラム」はどのような指針を提起しているのであろうか。

① アイルランド・ネイションの構成員

まず第1の論点について、ここで重要となるのが、統一アイルランドの形成にあたって、北アイルランドにおけるユニオニストをどのように処遇するのかという問題である。

これまで、FFなどの立憲的共和主義派は、アルスター・ユニオニストはアイルランド島で生まれた人間であり、たとえアイルランド人としての意識を持っていなかったとしても、かれらには平等な市民権が付与されるべきであると主張してきた[10]。

他方で、SDLPなどに属するネオ・ナショナリストは、アルスター・ユニオ

ニストはアイルランド・ネイションとアイルランド国家の構成員になり得るし、なるべきであると主張してきた。だが、それはかれら自身の同意に基づくものとされてきた[11]。

「新アイルランド・フォーラム」の総括レポートでは、この問題を次のようにまとめている。まず、ユニオニストに対するナショナリストの政治姿勢について、(1)アイルランド・ナショナリズムは、イギリス国家からの分離を求め、イギリス国家によるアイルランド支配に反対するものであること、(2)ナショナリストの目的は、アイルランド人としてのアイデンティティを守り、発展させること、(3)統一アイルランドの達成に向けて、ユニオニストとの関係は民主主義的な政治的方法と合意のもとに構築されるべきものであること、(4)北アイルランドにおける課題は、アイルランド人としてのアイデンティティの承認と、民主主義的な政治的手法を通じて、自らの諸権利と諸要求を貫徹することとした上で、統一アイルランド国家の建設とは、宗教的な対立を克服し、合意に基づいて、すべての伝統が調和しうる社会を創出することであると述べている[12]。

つまり、これはアイルランドを1つの主権を持った政治単位として、イギリス国家の支配から離脱するにあたって、プロテスタント系住民のアイデンティティの維持は避けられないものであり、これを包摂し得る体制を構築することが、統一アイルランド建設には不可欠な条件であるという姿勢を示している。

その上で、北アイルランドのユニオニストは、(1)ナショナリストは北アイルランドがイギリス国家にとどまることに強行に反対していると考える傾向があり、(2)自分たちをイギリス人であり、イギリス君主に対して忠誠を誓った人々の末裔であると考え、(3)ユニオニストの伝統は、ローマ・カトリックが多数派を占める統一アイルランドのもとでは生き残ることができないという不安を抱いていると分析している[13]。そこで、「ユニオニストが維持したいと考えるものは何か」という問題について、①イギリス的（Britishness）であること、②プロテスタントへの信仰、③イギリス国家との結合による経済的利益の3つの要素であると整理しているのである[14]。

結論として、総括レポートは、ユニオニストは「全アイルランド的な政治機関のもとで生活するという意思を持たないにせよ、アイルランド島の住人であると自らを見なしている」[15]として、ナショナリストとユニオニストとの接点

を見出そうとしている。つまり、ユニオニストの文化や生活様式は、アイルランドに住む人々が共通に持っているものを含んでいるがゆえに、ユニオニストも統一アイルランドの構成員であり、その担い手であるという立場を示そうとしているのである[16]。

② 北アイルランド問題に関する情勢認識

次に、「新アイルランド・フォーラム」は、どのように統一アイルランドを建設し、統治しようと考えていたのであろうか。かかる総括レポートでは、まずナショナリストの政治的立場を示した上で、第3章で北アイルランド問題の起源、第4章で今日の政治課題、そして第5章から第8章にわたって、新しいアイルランド建設のための具体的な方法が示されている。まず、この総括レポートをもとに、北アイルランド問題に関するフォーラムの情勢認識について見てみよう。

「新アイルランド・フォーラム」での各党党首による冒頭発言において、FF党首（当時）のチャールズ・ホーヒーは、「北アイルランドの現状は、そこに住んでいるいかなる人々にも罪はない。数百年にわたるイギリス国家の政策の積み重ねられた影響こそが罪なのである。問題を解決しようとするのなら、イギリス政府がまず認めることから始めなければならない」[17]と語っている。ホーヒーの発言は、紛争の根本的な責任をイギリス国家に求める「イギリス責任論」に依拠しており、従来のナショナリストのテーゼを継承するものといえる[18]。

しかし、「新アイルランド・フォーラム」の議論の中では、イギリス政府にすべての責任を求める従来のナショナリストの見解とは異なる主張が展開されている。FGのギャレット・フィッツジェラルド党首（当時）は、「北アイルランドに2つの帰属意識が存在すること」[19]に問題の核心があるという見解を示し、ILPのディック・スプリングは「ナショナリストやユニオニストの伝統的な政治観は誤りであった」[20]と発言している。また、SDLPのジョン・ヒュームは「問題の核心は、この島のプロテスタントの中に、その精神がアイルランドの政治構造のなかでは生き残れないという伝統的な信条が存在することである。……プロテスタントの伝統は単に宗教上のものだけではなく、イギリス国家への政治的忠誠の強力な自己表現である。われわれは、この点を無視することは

できないし、ユニオニストがわれわれのアイルランド統一への強い意思を払いのけることができないのと同じように、われわれもこれを払いのけることはできない」[21]として、この内的矛盾をフォーラムが避けては通れない課題として提起したのである。

　こうした政党間の見解の違いを受けて、「新アイルランド・フォーラム」の総括レポートは両論併記的ではあるが、次のように、北アイルランド問題を整理している。

　第1に、1920年のアイルランド統治法に基づいて、イギリス議会によるアイルランド分断が行われたが、この法は将来、アイルランドの2つの部分が再び1つになる展望を示すものであり、アイルランド協議会を通じた統一の過程を進めることを求めていた。1920年以後、わずかな期間ではあったが、この分断は過渡的なものと見られていた。しかし、イギリス政府は、多数派を占めるユニオニストによる、ユニオニストのための北アイルランドを創り出し、ユニオニストの排他的な一党支配体制を容認した。これにより、ユニオニスト以外の人々の意思は無視されただけでなく、北部のナショナリストのアイデンティティも蹂躙された。それゆえ、北アイルランドの紛争は、1920年アイルランド統治法の趣旨が達成されなかったことに原因があり、ユニオニストに優越的な地位を与えた人工的な統治システムによって生み出されたものとしている[22]。

　第2に、かかる総括レポートは、「北アイルランドを建設しようとする意図は、ユニオニストが恒久的にマジョリティを維持することのできる地域に、政治単位を確立することにほかならなかった」[23]として、1920年に作られた国境線は新たなマイノリティを作り出すものであり、それゆえ、北部のナショナリストは北アイルランド建設による犠牲者であるという点を再確認している。

　第3に、「根本的な誤りは、ナショナリストの伝統に対して、ユニオニストの伝統を優先する北部のシステムを生み出したことにある。つまり、はじめから、2つのコミュニティがセクト主義的な忠誠を基礎にしたシステムに結びつけられていた」[24]として、北アイルランドに存在するナショナリストとユニオニストのコミュニティ間の対立関係が1920年の措置によって強化され、今日まで再生産されてきた点を強調している。

　第1と第2の整理は、ホーヒーが主張した従来のナショナリストの見解を示

すものであると考えられるが、第3の整理は、FG や SDLP の見解を盛り込む形になっている。だが、全体の基調を見ると、北アイルランド紛争の責任をすべてイギリス国家に求めるというものにはなっていない。むしろアイルランド統治法そのものにではなく、その運用に問題があったという把握になっているのである。

③ 「統一アイルランド」建設の政治戦略

以上のような情勢認識のもとで、ナショナリストは、統一アイルランドをいかにして創出し、これを統治しようとしているのであろうか。

1880年代以来、オコンネルやパーネルなどに見られるように、多くのナショナリストは、アイルランドの政治的自立に向けて、完全な分離より広範な自治が適当な落しどころと考えていた。しかし、この自治は、将来において、アイルランドが完全な主権を持つための第一歩であると位置づけられていたが、イギリス国家の統治機関の一部であるという点では、イギリス国家との関係を変更するものではなかった。それゆえ、イギリス国家からの完全な分離を求めるリパブリカンは自治という方針を受け入れようとはしなかったのである。そして、リパブリカンは19世紀から一貫して、イギリス国家の植民地主義的な支配に対して、分離独立を求めて抵抗するアイルランド人の権利を正当なものとして主張し続けてきたのである。しかし、アイルランド自由国の建設、そして共和国の成立へのプロセスの中で、リパブリカンを立憲的共和主義派と武力闘争的共和主義派の2つの方向に分裂させることになる。

1937年以来、デ・バレラのもとで、FF は暴力的な闘争を効果的な手段とは考えないという立場を採用するようになる。実際、FF は、1937年から38年にかけて、アイルランドからのイギリス海軍基地の撤退に向けた交渉を重視したように、イギリス国家とアイルランド共和国との間の双務的な交渉が北アイルランド問題を解決し、平和裏にイギリス国家の撤退を求める姿勢をとってきたのである[25]。

他方で、ネオ・ナショナリストは、アイルランドの統一は絶対的な権利とは考えていない。むしろ北アイルランド内部の変革がアイルランド統一への前提条件であると考えている。それゆえ、アイルランドの統一にはアルスター・ユニオニストとの長期にわたる協調と取引のプロセスが必要であるとしていた。

そして、暫定的な解決を模索し、ユニオニストから強い反対にさらされる「領土的な統一」を主張する代わりに、権力分有ないしは主権の分有という方法を対置させようとするのである[26]。

「新アイルランド・フォーラム」の総括レポートによると、新しいアイルランドのあり方として、(1)統一アイルランドは、単一の国家であるとし、これは合意と協調によって達成されるものであり、アイルランド島全体を包含し、ユニオニストとナショナリストのアイデンティティの双方を守り、維持するという確固たる保障を提供するものでなければならないとされている[27]。(2)その統治形態については、広範かつ包括的なアイルランド人としてのアイデンティティの構築が不可欠であるがゆえに、アイルランドの統一は「既存のアイルランド国家とも既存の北アイルランドの政治機構とも異なるものとなろう」[28]と述べている。具体的には、1920年のアイルランド統治法の成立以降の政治的・行政的現実と2つのアイデンティティを踏襲しつつ、統一アイルランド国家の枠組みの中で、アイルランドの2つの部分に自治を分け与え、共通の利益について両者が協働することを可能にする「連邦制ないしは連合国家制」という形態を採用するとしている[29]。

このように、「新アイルランド・フォーラム」の総括レポートは、アイルランド32郡の統一を最優先課題とすることを明記しつつも、イギリス政府とアイルランド政府が対等・平等な立場に立つことを前提に、北アイルランドの処遇に関して、連邦制的な措置および共同管理について多様な選択肢を模索するという姿勢を提起したのである。そして、アイルランドにおけるカトリックとプロテスタントの「2つの伝統」を持つ人々の協調を通じて、アイルランド・ネイションの統一を追求するという政治姿勢を強調する内容になっている。これは、ネオ・ナショナリストの戦略を受け入れる形になっており、従来、立憲的共和主義派が意図してきたような、アイルランドの統一を短期的な課題として捉え、既存のアイルランド共和国による北部アイルランドの吸収による統一の達成という政治戦略からの大幅な転換を意味していた。しかも、ナショナリストとユニオニストの協調と合意のプロセスを基本方針に据えるということは、アイルランドの統一を長期的な期間を要する課題として再確認するという意味を持っていたのである。

このことは、これまでの北アイルランド問題をめぐる「イギリス責任論」を修正する性格を持っていた。つまり、問題を引き起こす原因を創り出したのはイギリス国家であるとしつつも、北アイルランドにおける排他的なコミュニティ間の対立という点から現在の紛争を定義づけようとしたものであった。かくて、1985年のアングロ＝アイリッシュ合意 (Agreement between the Government of the United Kingdom of Great Britain and Northern Ireland and the Government of the Republic of Ireland, 1985) を前にして、イギリス国家が「主敵」ではなく「中立者」として把握される論理的な前提条件が与えられることになったのである。

④ 北アイルランドにおける政治的暴力に関する把握

北アイルランドにおける政治的暴力について、これを自衛的なものであり、すべての暴力はイギリス軍の駐留に原因があるという点に収斂する見解は、従来のナショナリスト各派に多かれ少なかれ見られるものである[30]。だが、「新アイルランド・フォーラム」の総括レポートでは、北アイルランドにおける政治的暴力はイギリス国家の対処とその行動の副産物であると説明している。そもそも、イギリス軍の北アイルランド投入は、ユニオニストのセクト主義的な暴力から住民を守ろうとするものであったが、現実には、ナショナリストを支持する住民に対する厳しい締めつけによって、その期待は裏切られてしまったと評価している。そして、とくに、1974年のサニングデール合意 (Tripartite agreement on the Council of Ireland: the Communique issued following the Sunningdale Conference) の崩壊は、この合意に反対するユニオニストの強硬なストライキに直面して、イギリス労働党政権がサニングデール合意の維持を断念してしまったことに原因があると批判する[31]。

こうしたイギリス国家の危機管理の方法が、武装集団の武力行為を増殖させ、北部のナショナリスト・コミュニティの疎外状況を深めてしまったと非難するのである[32]。つまり、総括レポートは、イギリス政府の不適切な対応に対するリアクションとして、北アイルランドの政治的暴力を位置づけているのである。

ここで注目すべき点は、総括レポートが「IRAの暴力が持つイギリス国家とユニオニストに対する否定的な影響」に言及し、IRAによる暴力が防衛的なものではなく、正当化されるべきものではないとした点である[33]。つまり、IRAによる暴力行為は、かえってユニオニストのリアクションを引き起こし、平和

第 1 章　アイルランドにおけるナショナリズムとユニオニズム　31

的な解決の方法を阻害してしまったというのである。そして、こうしたIRAの行為は、交渉による問題解決の可能性を閉ざす効果を持っただけでなく、強硬派のユニオニストの暴力的な抵抗を誘発し、暴力行為とは無関係なカトリック系住民の命を奪うという結果を引き起こしたと主張するのである[34]。

かくて、総括レポートは、北アイルランドにおける暴力行為が問題の政治的解決の障害となっているという認識から、これを否定する立場をとっている。そして、コミュニティ間の隔絶とそこから生み出される排他性の結果として、この紛争を理解しようとするのである。

以上が、「新アイルランド・フォーラム」の到達点である。ここでの特徴は、第1に、これまでの「イギリス責任論」を修正する性格を持っている点である。つまり、問題を引き起こす原因を作り出したのはイギリス国家であるとしつつも、現在の紛争は北アイルランドの排他的なコミュニティ間の対立という点に重点を置く論調になっていることである。そして、この論理の上に、1972年の北アイルランド自治政府の停止とイギリス政府による直轄統治の開始、1973年のサニングデール合意が位置づけられている。また、FFをはじめとして、FG、SDLP、ILPなど各政党は、1985年のアングロ＝アイリッシュ合意を受けて、イギリス国家が「主敵」ではなく、「中立者」として把握するようになるが、このフォーラムでの情勢認識は、その前提条件を与えるものであったということができる[35]。

第2に、イギリス政府を含めた問題解決の取り組みを妨害し、否定的な影響を与えたのが、1921年に設置された北アイルランド政府（ストーモント政府）の存続に固執するユニオニストの運動とIRAの暴力行為であったとする点である。この点では、1969年以降の北アイルランドにおける紛争は、南北分断以後、特権的な地位を享受してきたユニオニストとこれに対抗するIRAとの対立として現れるプロテスタントとカトリックとのコミュニティ間のセクト主義的な対立関係によるものであるという把握が行われている。つまり、ネオ・ナショナリストに見られる「内在的原因論」である[36]。

これらの点では、北アイルランドのリパブリカンとは見解を異にするだけでなく、IRAとその支持者であるリパブリカンを紛争の当事者として位置づける内容になっている。むしろ、この紛争による人的、政治・経済的リスクを回避

するという点で、イギリス国家との共通の利害が存在するという見解を示しているのである。これは、従来のナショナリストの情勢認識とは異なり、より現実的な見方を示すものとなっている。その意味では、ナショナリストの情勢認識に関する修正が「新アイルランド・フォーラム」において行われたということができよう。

第2節　アルスター・ユニオニズム

(1) ユニオニストとプロテスタント

1998年のベルファスト和平合意以降、北アイルランド自治政府が設置され、和平の具体化に向けた取り組みが始まった。しかし、和平合意反対派のユニオニストによる抵抗から、自治議会の一時停止とイギリス政府による直接統治が繰り返される状況が存在した。とくに、1998年の北アイルランド自治議会選挙後、IRAの武装解除が行われない限り自治政府からの離脱も辞さないとするユニオニストの抵抗を受けて、2001年10月23日、IRAは武装解除を受け入れる声明を発することになる。だが、ベルファスト北地区のカトリック系ホーリークロス女子小学校をめぐる登校妨害行為など、和平反対のデモンストレーションが強硬派ユニオニスト（ロイヤリスト）によって継続的に行われる情勢が生じることになる。ここでは、こうしたアルスターにおけるユニオニストの行動の背景にある政治的イデオロギーとそのアイデンティティのあり方について見てみたい。

北アイルランドにおける人口構成を見ると、1991年の国勢調査（表1-2）では、総人口は157万7,836人であり、このうちカトリック系住民は38.4％、プロテスタント系住民は50.2％であった。この数字は、1921年のアイルランド統治法成立後に行われた1926年の国勢調

表1-2　北アイルランドにおける宗派構成（％）

北アイルランド住民の宗教構成		北アイルランドにおけるキリスト教徒の宗派構成	
カトリック	38.4	カトリック	43.4
プロテスタント	50.2	プロテスタント	56.7
非キリスト教徒	0.2	総計	100.1
無回答	7.3		
なし	4.0		
総計	100.1		

（出典）　*The Northern Ireland Census-General Report*, Belfast, 1991 より作成。

第1章　アイルランドにおけるナショナリズムとユニオニズム　33

表1-3　北アイルランドにおけるプロテスタント系住民のアイデンティティ（%）

カテゴリー	1968年	1978年	1986年
イギリス人	39	66	77
アルスター人	32	22	11
アイルランド人	20	7	4
その他	9	5	8

（出典）John Whyte, *Interpreting Northern Ireland*, Oxford, 1990, pp. 67-69 より作成。

表1-4　北アイルランドにおけるカトリック系住民のアイデンティティ（%）

カテゴリー	1968年	1978年	1986年
アイルランド人	76	69	61
イギリス人	15	15	9
アルスター人	5	6	1
北アイルランド人	—	—	20
その他	4	10	9

（出典）同左。

査と比較して、北アイルランドにおけるカトリック系住民の増加を示すものである。1926年から1991年の間の人口増加はほぼ30万人であるが、カトリック系住民は18万人の増加を示しており、これにともない人口構成に見られる宗派間の比率は接近する状況になる[37]。

このように、プロテスタント系住民が相対的に多数派となっている北アイルランドにおいて、住民のアイデンティティは次のような傾向を示している。表1-3が示しているように、1978年以降、プロテスタント系住民の3分の2がイギリス人（British）であるという意識を持っていることがわかる。1968年の調査に比べて、1978年以降は急激に拡大している。アイルランド人としての意識は逆に、1978年以降、急激に減少し、1986年にはわずか4％となっている。これは、1969年以降の武装闘争の激化と1972年のイギリス政府による直接統治によってイギリス本土との行政的一体化が強められたことが影響しているものといえる[38]。

他方で、カトリック系住民のアイデンティティを見ると、表1-4が示しているように、アイルランド人であると考えている人々が1968年で76％を占めていた。しかし、1968年以降、減少傾向にあり、1986年には61％にまで減少している。1986年の調査から新たな項目として設けられた北アイルランド人というカテゴリーは20％という数字を示している点が注目される。

この数字からは、必ずしも北アイルランドのカトリック系住民が即、アイルランド人であるという意識を持ち、プロテスタント系住民が即、イギリス人という意識を持っているとはいえないのである。このことは、北アイルランドの将来の政治体制に関する意識調査にも反映している。80年代以降、北アイルランドと共和国が統一することを支持する人々は15％〜24％台、イギリス国家

表1-5 アイデンティティに関する比較調査 (1968年) (%、複数回答)

	プロテスタント	カトリック	北アイルランド全体
宗教	45	38	42
ナショナリティ	45	28	38
政党	28	16	23
階級	13	10	12

(出典) Richard Rose, *Governing without Consensus: An Irish Perspective*, London, 1971, p.389.

の一部としてとどまることを支持する人々は24%～27%台を推移しているのに対して、北アイルランドがイギリス国家からも共和国からも独立することに支持を与えている人々が37%～41%台に達しており、80年代に入って10ポイント以上の急激な増加を示している。この原因として、1985年のアングロ＝アイリッシュ合意に象徴されるように、北アイルランド住民の意思を抜きにした両政府間での問題解決のあり方に対する不満が1つにはあげられる。また、そこには、一方でイギリス国家との連合の維持ないしは共和国との統一を志向しつつも、他方で北アイルランドとしての自律性を追求するという、北アイルランド住民の帰属に関する複雑な意識が見て取れるのである。

　次に、こうした複雑な意識の背景を理解するために、プロテスタント系住民のアイデンティティのあり方について考察してみよう。自己の帰属を自覚するにあたり、表1-5が示しているように、その要素として宗教をあげるケースが北アイルランド全体で42%にのぼっている。とくに、プロテスタント系住民の場合は、45%に達しており、カトリック系住民の場合を7ポイント上回っている。プロテスタント系住民の場合、宗教的要素と並んで、ナショナリティをあげるケースが45%存在している。北アイルランドにおいては、プロテスタント系住民、カトリック系住民のいずれを取ってみても、自己のアイデンティティを自覚する要素として、宗教的要素とナショナリティをあげるケースが多く、これは北アイルランドを除くイギリス国家に見られるような階級やエスニシティといった要素を重視する傾向とは異なり特徴的である。

　こうした傾向の背景には、19世紀以降、イギリス政府による同化政策によって、エスニシティ的な要素をもって帰属を意識することが事実上困難となっていることと、もう1つは階級的な利害が、宗派的な相違に直接的に結びついている点があげられる。つまり、北アイルランドにおいては、1971年段階で、プ

ロテスタント系男性の失業率が7％であるのに対して、カトリック系の場合17％となっており、1991年ではプロテスタント系男性は、カトリック系男性の28％

表1-6 プロテスタント系住民における統一アイルランドに反対する理由 (1987年)

質問項目	回答（％、複数回答可）
イギリス人としてのアイデンティティの喪失	89.6
生活水準の低下	77.5
ローマ・カトリック教会に対する脅威	74.5
共和国では少数派となること	70.9
北アイルランドでの特権的地位の保持	66.1

（出典） Edward Moxon-Browne, *Nation, Class and Creed in Northern Ireland*, Aldershot, 1983, pp. 38-39 より作成。

に比べて12％の水準にとどまっていた。また、プロテスタント系住民の所得水準がカトリック系住民より週あたり30ポンド程度（1992年）高い水準に置かれていたのである[39]。

プロテスタント系住民に関して、アイルランドの再統一に反対する理由を調査した資料が表1-6である。これを見ると、まず第1に「イギリス人としてのアイデンティティの喪失」を反対の理由にあげるケースが大部分を占めていることがわかる。ここで注目されることは、イギリス国家において、イギリス人としてのナショナリティは、臣民としての国王への忠誠を核にしてきた点である。イギリスでは、1948年の国籍法（BNA）の成立によって市民権概念が導入されるまで、慣習的に国王への忠誠こそがイギリス人たらしめる要素と考えられてきたのである[40]。

イギリスの場合、16世紀以降、フランスの政治的影響力の排除と絶対主義体制の形成という課題とあいまって、プロテスタンティズムはイングランド人のナショナルなアイデンティティを醸成する政治イデオロギーとしての意味を持つようになる。1534年と1558年の至高法により、イギリス国王は国教会（Anglican Church）の「唯一の至高の総裁」であるとされ、教会と統治機構とが結合した支配体制が形成された。それゆえ、国王への忠誠は事実上、内面的な信仰上の忠誠を求めるという問題を内包していたのである[41]。

とくに、アイルランドの場合は、17世紀のオリバー・クロムウエルの征服によって、プロテスタント系イングランド人およびスコットランド人の政策的な入植が行われた。その最も徹底して入植政策が実施されたのが、今日の北アイルランドを含むアルスター地方であった。それゆえ、アルスター地方へ入植し

た人々は、イギリス国王の権威のもとで初めてアルスター地方における地位と特権を保持することができたのである。こうした政策的な入植という歴史的経緯が、アルスター地方のプロテスタント系住民をして、国王への忠誠を誓うということと、プロテスタントであるということを同時的に認識させる背景として存在しているのである[42]。

また、1921年のアイルランド統治法による北アイルランドの形成は、連合王国の枠組みの中で、プロテスタントによる政治支配に正当性を与えるものであった[43]。それゆえ、プロテスタント系住民にとって、プロテスタントとしての信仰に媒介された国王への忠誠を保持することと、北アイルランドでの特権的地位や経済的な豊かさを維持することとが直接的に結びつけられることになったと考えられる。したがって、ユニオニズム運動の背景には、こうした歴史的特殊性が存在している点を見ておく必要がある。

(2) ユニオニストとロイヤリスト

北アイルランド紛争の過程の中で、ユニオニストを組織する政党には、主なものだけで、必ずしもプロテスタントであることだけに価値を求めない穏健派のUUPやカトリックとプロテスタントの両コミュニティの融合を掲げる北アイルランド連合党（APNI）、プロテスタントであることに最大の価値を求めるオレンジ・オーダー団やロイヤリスト諸派と密接な関係を持つ民主ユニオニスト党（DUP）、アルスター民主党（UDP）、進歩的ユニオニスト党（PUP）など強硬派ユニオニスト勢力がある。これらの政党は、1998年のベルファスト和平合意をめぐって、UUP、PUP、APNIを中心とする和平支持派とDUPを中心とする和平反対派に分裂しており、ユニオニストとして一枚岩的な状況にはなかった。しかし、その相違は、IRAの武装解除問題に見られるように、ナショナリストに対してどの程度譲歩するのかというレベルでの相違に過ぎないのである[44]。

そもそもユニオニストの運動は、17世紀後半から18世紀ごろ、イングランドおよびスコットランドから植民してきた人々の間で、自己のアイルランドの地位はイングランド王室から保障されたものとして把握され、その枠の中でアイルランドの利益を守ろうとするロイヤリズムに起源を持つ。こうした意識は、

1795年9月、フランス革命の影響を受けて結成された「ユナイテッド・アイリッシュメン」の運動に対抗して組織されたオレンジ・オーダー団の結成となって現れる。

オレンジ・オーダー団はオレンジ公ウイリアムの栄光とかれがボイン川の戦いでジェームズ二世率いるカトリック軍を打ち破った歴史をもとに、プロテスタントであることに最大の価値を見出そうとする政治結社であった。こうした動きは1801年のアイルランド併合によって、いったんその政治的基盤を失うことになる。しかし、これが政治的に明確な形で組織化されてくるのは、1885年から1886年にかけての第1次アイルランド自治法案をめぐるホーム・ルール危機の過程であった。つまり、ホーム・ルールがプロテスタントの政治的優位を保障するものではないと反対するアルスター・ロイヤリスト反リピール同盟（Loyalist Anti-Repeal Union）[45]、ロイヤル・アイリッシュ同盟（Loyal Irish Union）[46]、ILPU[47]が結成されてからのことである。すなわち、ホーム・ルール危機を契機として、アルスター地方の経済発展に支えられたオレンジ・オーダー団と連合王国の枠組み（Union）の維持・発展を図るイギリス本土の保守勢力によって、プロテスタントの結束とイギリス人としてのアイデンティティを守ることを目的とするユニオニズムの運動が発展していくことになるのである[48]。

1891年に、ILPUのメンバーを中心に、エドワード・ジョームズ・サザーランドによってIUAが結成され、イギリス保守党と連合する。20世紀に入り、アルスターのユニオニストはUUCを結成し、アイルランド全土の自治を求める動きが活発化する中で、武装組織であるアルスター義勇軍（UVF）がアイルランド独立を主張するナショナリストに対抗して結成される。しかし、1920年に成立したアイルランド統治法を受けて、UUCはこれまでの方針を転換し、アルスター地方6郡における自治を受け入れることに同意した。このことは、ユニオニストによる北アイルランド統治がイギリス政府によって公認されたことを意味していた。この状態は1972年にイギリス政府が直接統治に乗り出すまで続くことになる。

ただし、ユニオニストの運動は、必ずしもユニオニスト即、プロテスタントという図式では把握できない複雑さを持っている。UUPに集う人々には、イギリス国家との連合によってもたらされる政治的・経済的利益を重視する者が

表1-7 北アイルランドにおける支持政党に関する調査 (1986年)

政党名	プロテスタント	カトリック
アルスター・ユニオニスト党 (UUP)	48	1
民主ユニオニスト党 (DUP)	22	0.5
その他のユニオニスト党	4	0
連合党 (APNI)	10	14
社会民主労働党 (SDLP)	0.5	41
シン・フェイン党 (SF)	0	10
アイルランド独立党 (IIP)	0	2
労働者党 (WP)	1	4
労働党 (LP)	2	3
支持政党なし	13	25

(出典) David J. Smith, *Equality and Inequality in Northern Ireland: Pt. 3, Perceptions and Views*, London, 1987, table 119 より。

多く、表1-7が示すように、カトリック系住民の14％余りがユニオニスト政党を支持しており、またUUPの党幹部の中にカトリック系知識人が含まれていることからも理解されるように、中間層を中心にカトリック系住民の一部もその支持層に包摂されているのである。他方で、UUPのような穏健派ユニオニストの政治姿勢に不満を持つ右派勢力は、反アイリッシュ、反カトリック、反ナショナリストの立場をいっそう明確にした政治集団を形成していくことになる。

この勢力は、ロイヤリストと呼ばれ、イギリス国家との連合はイングランドやスコットランドからの「入植者」であるプロテスタント系住民を保護することを意味するものと考え、イギリス議会よりはむしろイギリス王室に対する忠誠を強く主張する点に特徴がある。ロイヤリストの運動は、アルスター北東部を中心にしたプロテスタント系労働者階級を支持基盤とする運動であり、その起源は1918年に結成されるアルスター・ユニオニスト労働者協会 (UULA) にあり、1971年に自由プレスビテリアン教会のイアン・ペイズリーがDUPを結成して以降、ロイヤリスト労働者協会 (LAW) やアルスター労働者評議会 (UWC) などが組織されるようになる[49]。

こうした運動は、自らのアイデンティティをプロテスタントであることに求めるがゆえに、カトリック教徒を北アイルランドの「内なる敵」として位置づけ、武装集団を組織して反カトリック、反共和主義の運動を強め、北アイルランド紛争における政治的暴力の主体として立ち現れることになる。したがって、

北アイルランドにおいて IRA のカウンターパーツとして武装闘争を展開し、直接に政治的暴力に関与しているのはロイヤリスト諸派なのである。

イギリス国家による支配を正当と見なし、連合王国の中でイギリス人として生きることを是とする点では、ユニオニストはロイヤリストを包摂する概念である。また、例年7月と8月に実施されるオレンジ・オーダー団パレードはユニオニストとロイヤリストとを結びつける接点となっており、それぞれを独自の政治勢力として明確に区別することは困難である[50]。だが、プロテスタントであることに最大の価値を見出すことでカトリックを排斥し、直接的に政治的暴力に関与している点で、ユニオニストとロイヤリストは区別して考えなければならない[51]。

かくて、ユニオニズムは、アイルランドとイギリスの連合を正当なものとし、これを維持していくという信条である。アルスター・ユニオニストにとっては、それはまさに北アイルランドが「グレートブリテンおよび北アイルランド連合王国」にとどまらなければならないという信条にほかならないのである。そして、アルスターのユニオニストは、一方で、イギリス国家をイギリス王室への忠誠を媒介に、エスニシティ的、宗教的、文化的な相違を超えて、そこに帰属するすべての平等な市民からなる集合体として把握するとともに、他方で、アルスターはアイルランドに文明をもたらしたスコットランド人とイングランド人の末裔たちの「家」として認識しているのである[52]。

以上の点で、アルスターのユニオニズムは、共通のアイデンティティを持つと考える人々が自分たちの政治体制とその将来のあり方について展望し、その政治的な具体化を図ろうとするイデオロギーという意味で、ナショナリズムの1つの形態といえる。そして、連合王国としてのイギリスの枠組みを維持するという政治信条を核としている点で、ブリティッシュ・ナショナリズムの1つの現象形態であり、アイルランド・ナショナリズムのカウンターパーツと考えることができる[53]。

(3) アルスター・ユニオニストの諸類型

次に、イギリス国家との連合をどのような方法・形態で維持していくのかという点で、ユニオニストは多様な立場を示している。ある勢力は、アイラン

ド国家のゲール主義やカトリック至上主義を批判して、アイルランド・ナショナリズムを、文化的な側面から否定的な評価をする姿勢を示す。その一方で、イギリス国家に帰属することによる経済的、制度的利益が強調される。

アルスター・ユニオニストには、概ね2つの立場が存在している。その1つとして、権限移譲された自治的な政府を持つべきであるとする「権限移譲派」の立場が存在する。これとは対照的に、イギリス国家に所属するその他の部分と「北アイルランド」を1つの法制度、政治制度、選挙制度、行政制度によって統合すべきであるとする「統合派」の立場がある。ここでいう統合とは、多元主義的なイギリス国家に完全に吸収されることにより、宗派的な排他主義を克服しようとする考え方である。しかし、実際には、宗派的な排他主義を克服することに強い関心を示しているわけではない。この立場に立つUUPのイギリス下院議員のメンバーは、北アイルランドにおけるプロテスタント中心主義の象徴とされるオレンジ・ロッジの中核的なメンバーなのである。

この2つの立場には、それぞれ幾つかのサブタイプが存在する。まず、「権限移譲派」について見ると、4つのサブタイプがある。

第1のサブタイプは、1921年から1972年まで存在した北アイルランド議会の回復を目指す立場である。この立場に立つユニオニストは、イギリス本土において施行されているウェストミンスター型の相対多数代表制を支持する立場をとっている。この立場は、イアン・ペイズリーを指導者とするDUPに主に見られるものである。

第2のサブタイプは、相対的多数代表制に条件つきで支持を表明している修正派である。かれらは、かつてのストーモント政府を不十分なものと考え、将来、権限移譲された政府において、少数政党の役割を保障するために、比例代表制選挙や委員会制度などの補完的な導入を求めている。この立場は主にUUPの主流派（デビット・トリンブルを中心とするグループ）の中に見られるものである。

第3のサブタイプは、将来、権限移譲された政府において、行政府と立法府におけるナショナリストとユニオニストによる権力分有形態での統治を主張する立場である。これは、イギリス国家との連合の維持に強い関心を示すユニオニストと社会的公正と平等の実現に強い関心を示すナショナリストの要求を包

摂することのできる共存型の政治の実現を追求する部分である。この立場は、主として、APNI の主張の中に見出すことができる。

　第 4 のサブタイプは、EU 域内における権限移譲の動向と結びつけて、北アイルランドのみならず、イギリス国家に属する諸ネイションや諸地域に対して、広範囲に権限移譲の実施をイギリス政府に求めていくという立場である。こうした連邦主義的な観点は、雑誌フォートナイト（*Fortnight*）に集うユニオニスト系知識人層の中に見られるものであり、上記の修正派や権力分有派の見解にも理解を示す姿勢を見せている。

　次に、「統合派」について見ると、ここには 3 つのサブタイプが見られる。第 1 のサブタイプは、「法的統合派」と呼ばれているものである。この立場は、UUP や DUP の中にも見られるものである。これは、イギリス国家における北アイルランドの地位を不動のものにすることに強い関心を示す立場である。この立場は、その方法として、北アイルランドはイギリス国家の一部であるという法的な根拠づけを、イギリス政府の北アイルランド省による調整協議を介したものではなく、直接、イギリス政府が行うように求めるのである。

　第 2 のサブタイプは、「行政的統合派」と呼ばれる立場である。この立場は、北アイルランドがイギリス国家を構成するネイションの 1 つとしてではなく、イングランドの一部として扱われることを目的に、イギリス議会内に常設の特別委員会の設置を求めている。

　第 3 のサブタイプは、イギリスの主要二大政党による統治を実現することにより、イギリス国家の一部分としての北アイルランドの地位が保障されると考える選挙制度的統合派である。この立場は、イギリスの主要二大政党が北アイルランドにおいて組織を拡大し、支持調達の活動を強化することに最大の関心を示している。

　こうした北アイルランドの地位に関するユニオニストの立場は、それぞれがオーバーラップした形で政治過程に現れてくる。それゆえ、政党レベルで見れば、どの政党がいずれの立場に依拠しているのかを特定することができない難しさがある。

　他方で、カトリックと北アイルランドにおけるナショナリストに対する評価をめぐっては、ユニオニストは共通した理解を示している。すなわち、ユニオ

ニストは、カトリック系住民やナショナリストについて、自分たちの運命を受け入れることができず、非現実的な要求を掲げ続けている少数派として把握している。そして、程度の違いこそあれ、その延長線上に、カトリック系住民やナショナリストを「内なる敵」として位置づけるという傾向が見られるのである。それゆえ、アイルランド共和国による民族主義的な失地回復主義に北アイルランド紛争の原因を求めるのである。そして、北アイルランド紛争が終息しないのは、外的な影響力の「不在」、つまりイギリス政府が北アイルランドをイギリス国民のものにするための努力を怠っているからであると主張するのである[54]。

　少なくとも、アルスターにおけるユニオニズムはその主張の力点こそ多様であるが、クロムウェルによる征服以来のプロテスタントの支配的な地位とそれを担保するイギリス国家との連合を維持するという点に収斂するものであり、紛争をめぐる政治情勢の変化にしたがって、この2つの立場を使い分けする傾向がそこには見られるのである。

(4) アルスター・ユニオニストの政治的イデオロギーと政治戦略
① アイルランド共和国憲法第2条と第3条をめぐる憲法裁判

　ユニオニストは、北アイルランド問題について、イギリス政府によるアイルランド分割の決定が紛争の原因であるとするナショナリストの主張を否定し、アイルランド・ナショナリストによる失地回復主義的な行動こそ、紛争を引き起こした原因と捉えている。その根拠を1937年に制定されたアイルランド共和国憲法第2条と第3条に求めていた。

　　アイルランド共和国憲法第2条と第3条
第2条　領土は、全アイルランド島、その付属の諸島および領海で構成する。
第3条　国会で制定される法律は、アイルランド自由国の法律と同一の範囲および区域に適用され、これと同一の領域外の効力を有する。ただし、領土の再統合を留保するものとし、かつ、この憲法により樹立される国会および政府がその領土の全域にわたって管轄権を行使することを妨げない。

ユニオニストにとって、アイルランド共和国の主要政党による失地回復主義的な主張は、北アイルランド住民の合意のもとでのアイルランド統一を達成するというアイルランド政府の公式見解と矛盾するものであり、北アイルランドのナショナリストの行動を側面的に正当化するものとなっていると考えるのである。このことは、ユニオニストが 1988 年 7 月に、1985 年アングロ＝アイリッシュ合意に反対するためにとった行動からも理解される。

　かかる合意に反対するユニオニストは、アイルランド共和国憲法第 2 条と第 3 条によって、北アイルランドは共和国の一部であり、アイルランド政府がこの合意に調印することは違憲であるというリパブリカンの主張を利用して訴訟に持ち込んだのである。

　当時の UUP 党首ジェームズ・モリノーを原告として、1985 年と 1986 年にイギリスで争われたが、いずれも敗訴していた。そこで、1988 年、クリストファー・マクギンプシーとマイケル・マクギンプシーの兄弟[55]は、アイルランド島で生まれた者に対して自動的に共和国の市民権が付与されるという条件を使って、UUP の財政支援のもと、ダブリンで訴訟を起こす。そこには、アイルランドでは、イギリスとは異なり、成文憲法をめぐって、かかる合意の適法性を争うことができるという判断があった。かくて、1988 年 6 月 14 日、第 1 回公判が始まる。

　この訴訟では、マクギンプシー兄弟は、北アイルランドの地位は北アイルランド住民の多数意思によってのみ変更されるとした上で、現在の北アイルランド住民の多数意思がその地位の変更を求めていないことをイギリスとアイルランド両政府が認めた 1985 年アングロ＝アイリッシュ合意の第 1 条は、統一アイルランドが成立するまで、北アイルランドを除く、アイルランド 26 郡に対して管轄権と裁量権を有すると定めたアイルランド共和国憲法第 2 条と第 3 条に抵触するものであり、アイルランド議会の職権を逸脱していると申し立てたのである。そして、かかる合意はユニオニストを排除する差別的な内容であり無効であると主張したのである。この裁判の判決は同年 7 月 29 日に下された。いわゆる「バーリントン判決」である。それは、アイルランド憲法第 2 条と第 3 条について、異なる解釈が存在することを認めつつも、アングロ＝アイリッシュ合意の第 1 条は将来的な可能性を考慮した政治的判断を示すものであるが

ゆえに、違法とは言えないとするものであった。そして、アイルランド共和国の北アイルランドに対する法的な管轄権はアイルランド共和国憲法第2条において担保されているとしたのである。また、ユニオニストに対して差別的な内容であるとする申し立てについては、かかる合意は北アイルランドにおける2つのコミュニティの権利を尊重するものであるとして訴えを退けたのである[56]。

マクギンプシー兄弟は、この判決を不服として上告する。しかし、1990年3月、ダブリンの最高裁判所は「バーリントン判決」を支持し、原告の申し立てを棄却した。最高裁は、アイルランド共和国憲法第2条と第3条は、アイルランド島のすべての地域にわたる管轄権について、法的権利を主張したものであるとし、差別的な内容であるという点については、アイルランド共和国憲法第40条が定める「平等な処遇」の保障に何ら抵触するものではないとしたのである[57]。

この一連の裁判を通じて、アイルランド共和国憲法第2条と第3条は、南北アイルランドの統一という願望を示しているだけでなく、法的権利を主張したものであるという点が明らかにされた。そして、それはアングロ＝アイリッシュ合意第1条によって、アイルランド政府が現在の北アイルランドの地位を承認したことにはならないということを意味していたのである。

ユニオニストにとって、このアイルランド共和国司法の判断は、アイルランド共和国憲法は力による北アイルランド統合というリパブリカンを含むナショナリストの失地回復主義的な政治方針を正当化するものであるという確信を強めることになった。この確信は、1990年10月に開催されたUUP党大会において、党首のジェームズ・モリノーと原告の1人であったクリストファー・マクギンプシーの発言の中に見出すことができる。クリストファー・マクギンプシーは「アイルランド共和国憲法第2条と第3条が不合理で失地回復主義的な要求であり、IRAの武装闘争に正当性を与える源泉となっている。……アイルランド共和国が北アイルランドの解体を求めることは、チェコスロバキアに対するヒトラーの要求に等しい」[58]と述べ、モリノーは「かつては単なる集票を目的とした条項が、今やアイルランド市民にとって、憲法上の義務となっている。それはまさに、IRAに人殺しの保証書を与えようとするものである」[59]と発言した。また、DUPも、アイルランド共和国憲法第2条と第3条について、

モリノーと同様の立場をとっていた[60]。つまり、ユニオニストにとって、アイルランド共和国憲法第2条と第3条の廃止こそが、北アイルランドの安全を保障するものであり、アイルランド共和国との政治的諸関係を律する前提条件と位置づけられていたのである。したがって、この一連の裁判は、ユニオニストが主張する「内なる敵」——IRAとSF、その支持者——のナショナリズムは、人為的なものであり、共和国の政党やエリート、そしてアイルランド共和国憲法という北アイルランド外からの圧力と支援に依拠したものであるというロジックをいっそう強固なものにし、ユニオニストの行動を正当化することになったのである。

② 「北アイルランド」の地位とユニオニスト

では、ユニオニストはアイルランド共和国の北アイルランドに関する領有権の主張について、どのように理解していたのであろうか。それは、DUPの最高指導者イアン・ペイズリーの「この紛争は、イギリス政府がダブリン政府を摑まえて、『見よ、おまえは北アイルランドに対して支配権を要求することなどできないのだ』と言ったならば、終わることになろう」[61]とのする発言に象徴されている。そもそも、ユニオニストは、1921年のアングロ＝アイリッシュ協定と1925年の国境設定委員会（Boundary Commission）合意の調印者としてのアイルランド共和国には、北アイルランドに対する法的な要求を行う権利は存在しないという立場に立ってきた。ユニオニストによると、これまで、アイルランド共和国は国連をはじめとする国際的な機関で、イギリス国家の一部としての北アイルランドの地位に異議を申し立てることはなかった。イギリス国家との関係においてのみ、イギリス国家を「グレードブリテンおよび北アイルランド」として記述することを拒否してきたというのである。それでは、なぜ、アイルランド共和国は国際的な機関を通じて、北アイルランドの領有権について申し立てを行わなかったのか。それは、アイルランド共和国の北アイルランドに対する要求はそもそも違法なものであったからであると、ユニオニストの回答は明快である[62]。

なぜ、ユニオニストがこうした立場に固執するのであろうか。それは、北アイルランド紛争に対する理解の仕方に理由がある。なぜならば、ユニオニストは、北アイルランド紛争の原因を、「アルスターの多数派がなぜイギリス国家

との分離を拒否するのかではなく、アイルランド自由国がなぜグレードブリテンおよびアイルランドから離脱する決断をしたのか」[63]という点に求めているからである。モリノーは、「イギリスの島々について、その地理と歴史は相互依存的である。ノース海峡は政治的な分断をもたらすものではなく、相互交流を促すものであった。アルスターとスコットランドを別々に考えることはできない。それらはむしろ一体のものである。イギリス国家が成立する前から長い間にわたって、ノース海峡に跨って政治的な単位が広がっていた」[64]と主張し、アイルランド共和国の失地回復主義的な領土要求は、「地図の上でイメージされた自然の境界線」によって国家の領土を定めようとする立場に立つものであり、歴史的な諸条件を考慮しない主張であるというのである[65]。

　つまり、ここには、北アイルランドがイギリス国家の植民地であるというナショナリストの見解を拒否するとともに、1921年以前についても、アイルランドはイギリス国家の植民地であったとする見解には与(くみ)しないという特徴が見られる。そして、ユニオニストは、アイルランドはイギリス国家に統合された一部分であり、同じ立法上の手続のもとで統治されてきた地域であると理解するのである。それゆえ、1921年のアイルランド自由国の成立は、植民地解放ではなく、単なるイギリス国家からの離脱に過ぎないということになるのである[66]。

　③　「国内植民地」論とユニオニスト

　しかし、ユニオニストは、1972年以降、北アイルランドをイギリス国家の「国内植民地」であると主張するようになる。なぜなら、それは、北アイルランド政府の廃止とイギリス政府による直接統治の導入により、かれらが政治的な自主性を喪失したからにほかならない。だが、ユニオニストが「国内植民地」ということばを使用したとしても、それは、イギリス政府による直接統治という政治情勢の中で、ナショナリストの見解に傾斜したことを意味するものではない。むしろナショナリストの見解と一線を画する意味を持たせるために用いられている点が重要である。なぜならば、ユニオニストにとって、「国内植民地」なる状況を解決する方法は、イギリス国家の一部として政治的な自治を保障させることであったからである。

　さらに、ここから、アイルランドはアイルランド人からなる1つのネイションであり、これをユニオニストが宗派的なセクト主義によって分断していると

するナショナリストの主張に対して、ユニオニストは次のように答える。アイルランド共和国はその憲法前文においてカトリックの教義の優越を謳い、1972年まで、ローマ・カトリック教会に特権的な地位が付与されてきた点を取りあげて、アイルランド共和国こそ宗教的セクト主義に立っており、それは世俗的な政治体とはいえないローマ教会による統治を具体化したものに他ならないと捉えるのである。つまり、アイルランド共和国こそが、その宗派性ゆえに、アイルランドに分断と分裂をもたらしている元凶であると理解するのである。それゆえ、ユニオニストは、ナショナリストの行為そのものがユニオニストの行動の正当性を証明してきたと考えるのである[67]。

④ 北アイルランドにおける政治的暴力とユニオニスト

北アイルランドにおける政治的暴力の発生について、ユニオニストはナショナリストの失地回復主義にその原因があり、1921年以降のカトリック教徒に対する差別によるものではないと主張する。とくに、リパブリカンによる暴力は、カトリック教会と結合したアイルランド政府の教育政策に見られるカトリック至上主義と共和国憲法および共和国政治家によって正当化されてきたと主張するのである。たとえば、アイルランド共和国では、1916年のイースター蜂起におけるIRBとアイルランド義勇軍の武力行為を賞賛し、これを愛国的行動として神話化している。このことが北アイルランドのカトリック教徒によるイギリス国家への忠誠を抑制していると考えるのである[68]。

ユニオニストは、1969年以降のIRAの武装闘争が1956年から1962年にかけての武装闘争に比べて持続性を持っている理由として、アイルランド共和国政府が北アイルランド行政当局との協力関係の改善に積極的に取り組まなかったことに求めている。その事例として、アイルランド政府は1950年代とは異なり、北アイルランドにおいて1972年に導入された非常拘禁制度（Internment）に対して歩調を同じくしなかったことをあげる。この対応によって、アイルランド政府はIRAをはじめとする武装集団に安全な避難場所を提供したと理解するのである[69]。

同時に、ユニオニストは、北アイルランドにおける政治的暴力の責任をイギリス政府に求めている。イーノック・パウエル[70]によると、北アイルランドにおける政治的暴力は、イギリス政府が北アイルランドの治安維持に積極的に関

与してこなかったことに原因があるという。つまり、本当に、イギリス政府は北アイルランドが連合王国の一部分であるという確信を持っていたならば、アルスターにおける反乱を鎮圧することができたし、むしろイギリス政府の北アイルランド政策がかかる政治的暴力をより悪化させることになったと主張するのである。そして、1972年の北アイルランド政府の廃止、サニングデール合意[71)]に見られる権力分有型の行政機構設置の追求、選挙制度改革、北アイルランド問題への共和国政府の関与——いわゆるアイリッシュ・ディメンション——の容認などは、ナショナリストにとって、有利な条件をもたらすものであった。それゆえ、イギリス政府が北アイルランド問題に直接的に関与し、断固たる姿勢を示さなかったことが、IRAの武装闘争を容易にし、SFの政治的活動を可能にしたというのである。その上で、ユニオニストは、1985年のアングロ゠アイリッシュ合意は、紛争の根本的な原因を強めるものであって、紛争解決の手詰まり状態をさらに加速させたに過ぎないと理解するのである[72)]。結果として、ユニオニスト政党はアングロ゠アイリッシュ合意に基づく和平交渉への参加を拒絶し、ダウニング街宣言に関しても、同様の姿勢をとることになる。

　このようなイギリス政府とアイルランド共和国による政府間協議とIRAの武装闘争に関わるユニオニスト政党の態度からすると、アイリッシュ・ディメンションを含む和平協議は、北アイルランドに対するイギリス国家の主権を侵食するものであり、IRAの停戦も非現実的なものとして理解されたのである。

　以上のように、ユニオニストは、アイルランドはイギリス国家の一部であるがゆえに、政治的に独立した権力を持ったアイルランド国家の形成に反対することを基本理念としている。そして、それは17世紀以降に入植したプロテスタント系住民に対する政治的な優越と階級的な利害の保障をイギリス政府に要求するものであり、それを体現する体制の確立に収斂する運動であった。かくて、ユニオニストは、イギリス国家との連合の枠内において、プロテスタンティズムに媒介されたイギリス人としての意識とともに、アルスター人ないしは北アイルランド人として相対的な政治的自律性を追求するという二重のアイデンティティを示していた。それは、北アイルランド紛争をめぐって、(1)イギリス国家の一部としての北アイルランドを維持すること、(2)アイルランド共和国の北アイルランドへの関与を拒否すること、(3)ユニオニストによる北アイルラ

ンド支配を実現することに収斂する政治的信条となって現れてきたということがいえよう。

小 括

　最後に、ベルファスト和平合意に示された北アイルランドの帰属と統治に関わる基本的な枠組において、(1)イギリス国家とアイルランド共和国が北アイルランドに対して領有権を主張しないこと、(2)北アイルランドの帰属は将来において、北アイルランド住民の意志に委ねられること、(3)かかる帰属が確定するまで、北アイルランドをカトリック系、プロテスタント系の各政治勢力による権力分有形態による自治政府のもとに置くことが合意された。この合意にそって、イギリス国家は新設される北アイルランド自治政府に対して統治権限の移譲を行い、アイルランド共和国は憲法第2条と第3条の改正に踏み切ったのである。アイルランド政府は、ベルファスト和平合意の賛否を問う住民投票において、表1-8のように憲法第2条と第3条の改定を確認した[73]。

　アイルランド共和国憲法の改定では、第2条について、これまでアイルランド国民とは、アイルランド島に生まれた人々すべてを指していたのに対して、アイルランド島で生まれたということは、アイルランド国民となる資格要件の1つとされている点が重要である。つまり、アイルランド国民を定めるにあたって、アイルランド島で生まれたという事実とは別に、個々人のアイデンティティの所在を考慮する内容となっている。また、第3条については、北アイルランドを含むすべての領域について、これまでアイルランド政府の法的な統治権限が及ぶことを前提にしてきたのに対して、北アイルランドにおける統治機関を承認した上で、必要とされる部分について権限を行使できると改定されたのである。これは、北アイルランド自治政府樹立とその法的な権威を承認するものであり、同時に、アイルランド共和国と北アイルランドおよびイギリス政府との各協議体〈南北アイルランド閣僚協議会、イギリス＝アイルランド協議会、イギリス＝アイルランド政府間会議〉におけるアイルランド政府の位置づけを示したものである。この位置づけは、1998年の憲法改定で新たに追加された憲法第29条の第7項において規定されることになった。

表1-8　改正後のアイルランド共和国憲法第2条と第3条

	改正後
第2条	アイルランド国民の一員であることは、アイルランドに属する島嶼及び海域を含むアイルランド島に生まれた全ての者の資格及び生得の権利である。アイルランド国民の一員であることは、また、これ以外に法によりアイルランド市民としての資格を付与された全ての者の資格である。アイルランド国民は、さらに、アイルランド国民と文化的な同一性及び伝統を共有しつつ、海外に暮らし、アイルランド人を祖先とする人々との特別の親近性を尊重する。
第3条	1. 統一アイルランドは、アイルランド島の双方の管轄権内で民主的に表明された人民の過半数の同意を伴う平和的な手段によりもたらされるべきである旨を承認して、出自及び伝統の多様性の下にあるアイルランド島の領域を共にしている全ての人民を調和及び友好のうちに統合することは、アイルランド国民の不動の意思である。この時まで、この憲法により設置される議会が定める法律は、この憲法の施行の直前まで置かれていた議会が定めた法律と同様の適用範域を有するものとする。 2. 双方の管轄権の間で共有される執行権限及び職務を有する組織を、明示された目的に対しそれぞれが責任を有する機関により設立することができ、当該組織はアイルランド島の全部又はその一部に関して、当該権限及び職務を行使することができる。

　この改定により、北アイルランドの帰属問題が将来的な政治課題として、権限移譲を通じた地方分権化の枠内で処理されたことは、イギリス政府にとって、連合王国としての領土的枠組みの維持を意味していた。

　また、アイルランド共和国にとっては、北アイルランドに対する領有権を将来の政治的な課題として国際社会に提起することができた点で、マクギンブシー裁判で示されたアイルランド共和国の立場をより明確なものにすることができた。そして、北アイルランド自治政府およびイギリス政府との協議体を通じて、北アイルランド問題へのアイルランド政府の関与を法的な権利として明記させたことは、アイリッシュ・ディメンションの容認を国際的な協議の場で勝ち取ったということを意味しており、一定の成果を示すものであった。

　ユニオニストからすれば、アイルランド共和国憲法第2条と第3条の改正は、明らかに北アイルランドに対するアイルランド共和国の領有権を制限するという意味を有していた。しかし、他方で、アイリッシュ・ディメンションの容認と権力分有形態による自治政府の設置により、ユニオニストによる統治を実現できなかった点で、不十分な内容であった。それゆえ、ベルファスト和平合意の締結を受けて、DUPは住民投票当日の1998年5月26日に、「アルスターへのアイルランド共和国の違法な要求に反対する」とする声明[74]を発表し、共和国憲法第2条と第3条の破棄なくして、現実的な交渉はあり得ないと主張した。

そして、和平合意の内容はイギリスと北アイルランドの連合を弱体化させるものであるという見解を明らかにしたのである。

和平合意を不十分なものとする DUP など反対派は、そもそもなぜアイルランドが南北に分割されたかを問い、ユニオニストに共通する一致点として、ナショナリストの失地回復主義の象徴である IRA に関する武装解除問題を浮上させたのである。

かくて、IRA の武装解除なくして、和平合意の具体化はあり得ないという論点をもって、ユニオニストは団結を回復し、和平合意の具体化にブレーキをかけ見直しを迫ろうとする行動に出たのである。こうした和平合意反対派ユニオニストの動きは、和平合意支持派ユニオニストの行動を抑制することとなり、2001年7月の北アイルランド自治政府首相デビット・トリンブルの辞任に端を発する政治危機をもたらす結果を招いたのである。

1) Brian Barry, "Nationalism", in David Miller, Janet Coleman, William Connolly and Alan Ryan (eds.), *Encyclopaedia of Political Thought*, Oxford, 1987, pp. 352-354.
2) North-Eastern Boundary Bureau, *Handbook of the Ulster Question*, Dublin, 1923, p. vi.
3) Richard Sinnott, *Irish Voters Decide: Voting Behaviour in Elections and Referendums since 1918*, Manchester, 1995, pp. 25-26.
4) Brendan O'Leary and John McGarry, *The Politics of Antagonism: Understanding Northern Ireland*, London, 1997, pp. 70-72, 90.
5) D. George Boyce, *Nationalism in Ireland (2nd edition)*, London, 1991, pp. 176-177.
6) Richard B. Finnegan, Edward T. McCarron, *Ireland: Historical Echoes, Contemporary Politics*, Oxford, 2000, pp. 203-203.
7) Richard Sinnott, *supra* note 3, pp. 28-31.
8) John McGarry and Brendan O'Leary, *Explaining Northern Ireland*, Oxford, 1995, pp. 18-21; Richard Sinnott, "The North: Party Image and Party Approaches in the Republic", in *Irish Political Studies*, No. 1, 1986, pp. 15-32; Paul Power, "Revisionist 'Consent': Hillsborough, and the Decline of Constitutional Republicanism", in *Eire-Ireland*, No. 25, 1990, pp. 20-39; W. Harvey Cox, "Who wants a United Ireland?", in *Government and Opposition*, Vol. 1, No. 20, 1985, pp. 29-47; W. Harvey Cox, "Politics of Unification in the Irish Republic", *in Parliamentary Affairs*, Vol. 38. No. 4, 1985, pp. 437-454.
9) アイルランドにおける修正主義派とその論争については、D. George Boyce and Alan O'Day (eds.), *The Making of Modern Irish History*, London, 1996 を参照。
10) *Dail Debates*, Vol. 115, col. 786: 10, May 1949.
11) Ian, McAllister, "Political Parties and Social Change in Ulster: The Case of The SDLP", in *Social Studies*, Vol. 5, No. 1, 1976, pp. 75-89.
12) New Ireland Forum, *Report*, Dublin, 1984, para. 4.8.

13) *Ibid.*
14) *Ibid.*, para. 4.9-4.10.
15) *Ibid.*, para. 5.1(9).

北アイルランドにおけるカトリック系住民のアイデンティティ (%)

	プロテスタント	カトリック
イギリス人	84	16
アイルランド人	13	81
どちらでもない	3	3
アルスター人	72	57
イギリス人	26	15
どちらでもない	2	28
アルスター人	85	17
アイルランド人	9	77
どちらでもない	6	6
イングランド人	21	3
アイルランド人	50	93
どちらでもない	29	4

(出典) Joseph Boyle, J. Jackson, B. Miller and S. Roche, *Attitudes in Ireland: Report*, No. 1, Belfast, 1976, p. 18.

　上記の北アイルランドにおけるカトリック系住民とプロテスタント系住民のアイデンティティに関する調査を見ると、カトリック系住民はアイルランド人としてのアイデンティティとカトリックとしてのアイデンティティが対応する傾向にあるのに対して、プロテスタント系住民の場合は、イギリス人としての意識を強く持っている一方で、アルスター人としての意識も強いことがわかる。また、イングランド人かアイルランド人かという選択肢を見ると、アイルランド人であるという回答が50％にのぼっている。

16) *Ibid.*, para. 4.13, 5.3.
17) New Ireland Forum, *Report of Proceedings*, Dublin, 1983-84, No. 1, p. 8.
18) 北アイルランドの問題は少なくとも17世紀以降のイギリス国家の行動と1920年のアイルランド島の分断という行為が生み出したものと考える見方がある。この考え方は、1920年代のアイルランド自由国が設立した「北東国境委員会」(North-Eastern Boundary Bureau) や1949年にダブリンで開催された「南北分断に反対する全政党会議」(All-Party Anti-Partition Conference) において、繰り返し主張されてきたものであり、南部アイルランドにおけるナショナリストの政治戦略の基礎となるものであった。North-Eastern Boundary Bureau, *supra* note 2, p. vi; Frank Gallagher Papers, *Documents Relating to Publications on Partition by Gallagher and the All Party Anti-Partition Conference: Including Correspondence, Accounts, Copy of Agreement between Gallagher, Others and the Committee of the All Party Anti-Partition Conference 1949-56*, in National Library of Ireland (Dublin), Ms. 18, 372; *Hansard*, HC, Deb, 02 July 1984, Vol. 63 cc. 23-106.
　この立場は、SFのジェリー・アダムズ党首の「まさにその性格からして、イギリス国家の支配は正当なあるいは平和的な支配ではないし、いかなる場合でもそうではなかった。それゆえに、イギリス国家とアイルランドの人々の関係はまったく刺々しいものになっているのである。アイルランドにおける暴力の根本的な原因が排除されたとき、まさにその時、暴力は終息することになろう」(Gerry Adams, *The Politics of Irish Freedom*, Dingle, 1986, p. 86.) という主張にも見られるように、北アイルランドのリパブリカンにおいて最も強調されているものである。

19) New Ireland Forum, *supra* note 17, p. 6.
20) *Ibid.*, p. 19.
21) *Ibid.*, p. 23.
22) New Ireland Forum, *supra* note 12, para. 3.6.
23) *Ibid.*, para. 3.3.
24) *Ibid.*
25) John Bowman, *De Valera and The Ulster Question 1917-1973*, Oxford, 1982, pp. 114-120.
26) Ian, McAllister, *The Northern Ireland Social Democrats Labour Party: Political Opposition in a Divided Society*, London, 1977, p. 56.
27) New Ireland Forum, *supra* note 12, para. 5.7.
28) *Ibid.*, para. 5.4.
29) *Ibid.*, para. 7.1-7.2.
30) SFのジェリー・アダムズ党首は、北アイルランドの政治的暴力について、「紛争は1966年にUVFによるカトリック教徒暗殺行動によって始まった。それは、紛争の初期の段階で、ロイヤリストとロイヤル・アルスター警察（RUC）による公民権運動活動家への攻撃へと続いた。そして、デリーやベルファストのカトリック居住地区では、ロイヤリストとRUCが一体になった攻撃に発展していった」（Gerry Adams, *supra* note 18, p. 51.）のであり、「この時期のIRAの抵抗は、RUC、ロイヤリスト、イギリス軍の連合した攻撃に対する防御的な目的を持ったものとして始まった。IRAは帝国主義的な力を持った怪物に立ち向かう普通の人々なのである」（*Ibid.*, p. 69.）と説明している。
31) New Ireland Forum, *supra* note 12, para. 3.14-3.16.
32) *Ibid.*, para. 3.18.
33) *Ibid.*, para. 3.20.
34) *Ibid.*, para. 3.20-3.21.
35) The Forum for Peace and Reconciliation, *Policy Papers Submitted to the Forum for Peace and Reconciliation: Paths to a Political Settlement in Ireland*, Belfast, 1995, pp. 103-105.
36) Brendan O'Leary, "Explaining Northern Ireland: A Brief Study Guide", in *Politics*, Vol. 5, No. 1, 1985, pp. 35-41; Alliance Commission on Northern Ireland, *What Future for Northern Ireland?: Report of Alliance Commission on Northern Ireland*, London, 1985, para. 2.1; New Ireland Forum, *supra* note 12, para. 5.1.11; Kevin Boyle and Tom Hadden, "How to Read the New Ireland Forum Report", in *Political Quarterly*, Vol. 55, Issue 4, 1984, pp. 402-417.
37) Northern Ireland Census 1991 ― Religion Report, Belfast, 1993 を参照。
38) John Whyte, *Interpreting Northern Ireland*, Oxford, 1990, pp. 67-71.
39) Kevin Boyle and Tom Hadden, *Northern Ireland: The Choice*, London, 1994, pp. 44-54.
40) Fiorella Dell'Olio, "The Redefinition of the Concept of Nationality in the UK: Between Historical Responsibility and Normative Challenges", in *Politics*, Vol. 22, No. 11, 2002, pp. 10-12.
41) 梅川正美『イギリス政治の構造――伝統と変容』成文堂、1998年、40-42頁。
42) Brendan O'Leary and John McGarry, *supra* note 4, pp. 60-62.
43) Jennifer Todd, "Two Traditions in Unionist Political Culture", in *Irish Political Studies*, Vol. 2, 1987, pp. 12-13.
44) *Ibid.*, pp. 1-3.

45) この運動は、アルスターの大土地所有者や実業家、そしてプロテスタント系聖職者が主たる担い手となり、当時のグラッドストン自由党政権の弱体化を図ろうとするイギリス保守党のランドルフ・チャーチルの支援のもとに1886年に結成される。
46) ロイヤル・アイリッシュ同盟は、トマス・ベイトソン卿、ハミルトン侯爵、ロバート・オニール下院議員（保守党）らによって、1885年に結成され、同年のイギリス総選挙において保守党と連携するなど、アイルランドにおける保守党の地方組織の役割を果たしていた。1886年には、アイルランド・ロイヤル愛国者同盟に吸収される。
47) アイルランド・ロイヤル愛国者同盟は、1885年に、反リピール運動を組織する政治団体としてダブリンで結成され、1885年の総選挙ではロイヤリストとして、コーク中央、ドニゴール北、ゴールウェイ・バラ、ケリー南、ウォーターフォード東、ウェストミース南の各選挙区に候補者を立てているが議席を得るには至らなかった。この運動は1891年に結成されたアイルランド・ユニオニスト同盟に継承されていく。
48) Jennifer Todd, *supra* note 43, pp. 3-5.
49) *Ibid*., pp. 12-13.
50) Peter Taylor, *Loyalists*, London, 1999, pp. 29-30.
51) ポータダウンのカトリック系住民組織（GRRC）のスポークスマンであるブレンダン・マクキョニーはインタビューの中で、ユニオニストとロイヤリストとを区別して考える必要があると述べている。マクキョニーは、ロイヤリストがプロテスタントであることに最大の価値を求めて、イギリスへの帰属を正当化しようとする点を強調している。そして、政治的暴力のきっかけとなってきたプロテスタントによるオレンジ・オーダー団パレードが1921年以降に強化されていったことから、1921年に成立した北アイルランド政府をユニオニスト政府として理解するよりも、イデオロギー的にはロイヤリスト的な方向性を持つ政府であったと述べている。Brendan MacCionnaith, in the interview with author at Garvaghy Road Residents Coalition Office, 12 August 2000.
52) D. George Boyce, *supra* note 5, pp. 19-20.
53) *Ibid*., pp402-403.
54) John McGarry and Brendan O'Leary, *supra* note 8, pp. 90-96.
55) クリストファー・マクギンプシーとマイケル・マクギンプシーの兄弟はいずれもUUPのメンバーである。とくに、マイケル・マクギンプシーは1998年6月に実施された北アイルランド自治議会選挙にUUP公認候補としてベルファスト南選挙区から立候補し当選している。かれは、一時期、デビット・トリンブルの後継者と目されていた政治家であり、2011年まで北アイルランド自治政府の保健相として入閣していた。
56) McGimpsey and McGimpsey v. Ireland, High Court, 29 July 1988. アイルランドの憲法裁判制度については、元山健「アイルランドにおける憲法裁判の展開」『東邦大学教養紀要』第25号、1993年を参照。
57) McGimpsey and McGimpsey v. Ireland, Supreme Court, 1 March 1990.
58) *Irish Times*, 29-30 October 1990.
59) *Ibid*.
60) Ken Maginnis, "Implication and Repercussions: Recent Ireland Court Cases", in *Ulster Unionist Information*, Summer, 1990 を参照。
61) *Toronto Star*, 31 October 1993, F2.
62) Democratic Unionist Party, *DUP's Opposition to Irish Republic's Illegal Claim on Ulster*, Belfast, 26 May 1998.
63) *Irish Times*, 29-30 October 1990.
64) *Ibid*.

第 1 章　アイルランドにおけるナショナリズムとユニオニズム　55

65) Hugh Roberts, *Northern Ireland and the Algerian Analogy: A Suitable Case for Gaullism?*, Belfast, 1986, p. 29.
66) Brian Faulkner, *Memories of a Stateman*, London, 1978, p. 157.
67) John McGarry and Brendan O'Leary, *supra* note 8, pp. 100-101.
68) Authur Aughey, *Under Siege: Ulster Unionism and the Anglo-Irish Agreement*, London, 1989, p. 58.
69) Tom Wilson, *Ulster: Conflict and Consensus*, Oxford, 1989, pp. 271-273.
70) イーノック・パウエルは、元保守党員であり、マクミラン保守党政権時代には、1960年から1963年までイギリス保健相に就任している。1974年総選挙で、UUP公認候補として南ダウン郡選挙区で当選（～1987年）。1998年に死去するまで、南ダウン郡ユニオニスト協会の指導者として、UUCに対して強力な影響力を行使し続けていた。
71) 1973年12月6日から9日にかけて、イングランド・バークシャーのサニングデール・シビルサービス・カレッジで開催されたサニングデール会談において発表された共同コミュニケを通常「サニングデール合意」と呼んでいる。この会談の参加メンバーはイギリス政府（ヒース首相）、アイルランド共和国政府（コスグレイヴ首相）、UUP（フォークナー党首）、SDLP（フィック党首）、APNI（ネーピア党首）であった。サニングデール合意は20項目から構成されている。つまり、SFなどのリパブリカンとハリー・ウエスト、イアン・ペイズリー、ウィリアム・クレイグを中心とするユニオニスト強硬派およびロイヤリストの代表者はこの会談に召集されていない。その内容は主要には、(1)北アイルランドの住民の多数が望まない限り現在の地位に変更はないこと、(2)南北閣僚によるアイルランド協議会の開設、(3)北アイルランド議会と権力分有形態の行政府の開設、(4)各政党は、テロリズムに対抗する協力関係を確立することの4つの点に要約できる。この合意は、アイリッシュ・ディメンションの容認を明確にしていることと、権力分有形態の政府の開設が事実上、プロテスタントとカトリック両派による混合政府の形成を意味したがゆえに、ユニオニスト強硬派の強い反発を引き起こした。そして、1973年5月15日にプロテスタント系のUWCはサニングデール合意の廃棄を求めて、ゼネストに突入した。サニングデール合意をめぐるユニオニスト強硬派とロイヤリストによる反対闘争の結果、かかる合意に基づいて成立した権力分有形態の北アイルランド地方政府はわずか5ヶ月で崩壊することになる。
72) Peter Utley, *Lessons of Ulster*, London, 1975. pp. 146-147.
73) ベルファスト和平合意に関するユニオニストの動向については、元山健『イギリス憲法の原理―サッチャーとブレアの時代の中で』法律文化社、1999年、第7章；松井清「聖金曜日の和平合意とユニオニストの選択」『明治学院論叢』第639号、1999年；堀越智「北アイルランド和平プロセスの二重路線」峯陽一、畑中幸子編著『憎悪から和解へ』京都大学学術出版会、2000年を参照。アイルランド共和国憲法の邦訳については、衆議院法制局（編）『各国憲法集：和訳（続1-26）』衆議院法制局、1957年と国立国会図書館調査及び立法考査局『各国憲法集(2)：アイルランド憲法』国立国会図書館、2012年に依拠した。
74) Democratic Unionist Party, *supra* note 62.

第2章 19世紀アイルランドにおける
　　　　ナショナリズム運動(1)

第1節　ナショナリスト組織と知識人

　ナショナリズムの運動を考える場合、歴史的な展開の中に現れる運動体がそのナショナリズムを主導する担い手を誰に求めていたのか、ネイションをどのようなものとして把握していたのか、そして、その具体化に向けていかなる戦略を設定して大衆動員を図ろうとしていたのかという問題にアプローチする視点が必要となる。ナショナリズム運動に関する歴史的な展開を縦軸と考えるならば、この視点は横軸ともいうべきものである[1]。

　そこで、アンソニー・D・スミスは、19世紀のナショナリズム運動を考える場合、「ナショナリズムは、しばしば知識人——詩人、小説家、芸術家、学者——の知的でロマン主義的なサークルの中から生まれてくることが多い。この段階では、ナショナリズムはまだ文化的な運動にとどまっているが、ナショナリズムが政治的勢力となるためには、自由主義的な専門家層——医師、弁護士、ジャーナリスト、教師——を多数動員しなければならない。新しいナショナリズムは知的で専門的技能を持った知識人、つまり博学であるとともに、自分こそ知識人であるという自負を持っている人々を核にしている」[2]とし、かかる運動の担い手を中間層、とくに知識人層に求めている。また、アーネスト・ゲルナーは「知識人ナショナリストは、われわれが、われわれだけが統治するにふさわしい」[3]という意識が、かれらをナショナリズム運動に駆り立てていったのであると指摘している。問題をアイルランドに転じてみると、1840年代における知識人ナショナリストのリーダーの1人であるトマス・デービスは、「私たちが生まれ育った社会の人々、私たちがともに生活する社会の人々、私たちは

かれらに最大限の親近感を持っている。かれらこそが、私たちが統治してあげるべき人々なのである——つまり、かれらを知識と良識のある、栄光と幸福のあるものにするための統治である」[4]と述べている。ジョン・ハッチンソンも、知識人をナショナリズム運動の中で、知的な指導性を発揮し行動する人々として捉えている[5]。

このように、スミスにせよハッチンソンにせよ、ナショナリズム運動の担い手として知識人の役割が強調されている。だが、なぜ知識人とナショナリズムが結合するのかという点については十分に明らかにされていない。

ここで、知識人という概念を定義する場合、次の点に留意する必要がある。まず、層としての知識人は、1つの社会的階級として構成されているものと考えることは必ずしもできない。なぜなら、知識人が社会的な背景とその出自をそれぞれ異にしているからである。そうした多様な出自を持つ知識人を1つの集団として取りまとめることのできる要素は、専門的な職業に就くことを可能にする大学やその他の高等教育機関で教育を受けているという点にある。しかし、知識人はあらゆる時代にすべての社会に存在しているともいえる。歴史的には、世俗的な知識人が、社会的に台頭してくるのは宗教改革後のことであり、自分たちの社会において批判勢力としての地位を持つようになったのは、18世紀の啓蒙主義時代のフランスにおいてであったといわれている[6]。ヒュー・シートン・ワトソンは、知識人を伝統的な前近代社会において、大学教育を通じて近代的な理念に接触し、その結果において社会的な批判勢力として行動するようになった人々であるとし、歴史的範疇として定義している。そして、かれは、知識人の社会的な意味は政治的理念や運動に貢献する階層であるという点にあるがゆえに、農業的停滞的な社会から近代工業と都市社会へ至る社会発展の移行期において最も重要な役割を果たしたのであると指摘している[7]。

アイルランドにおけるナショナリズム運動は、18世紀のユナイテッド・アイリッシュメン協会（Society of United Irishmen）の運動にさかのぼることができる。そもそもユナイテッド・アイリッシュメンの運動は、アイルランドにおける自治権の強化を求める国教会派プロテスタントの運動として始まったものである。当時、1495年のポイニングス法によって立法権を制限されていたアイルランド議会は1782年の同法廃止にともない立法府としての地位を回復した

かに見えた。しかし、自治議会として成立したグラタン議会が短命に終わると、国教会派プロテスタントを中心に、アイルランド自治を求める運動が組織され、1798年には蜂起するまでにイギリス政府とアイルランドの対立は深まっていた。その結果、1801年にアイルランドはイギリス国家に併合されることになる。以後、アイルランドのナショナリズム運動が高揚を見せるのは1840年代に入ってからのことになる[8]。この点について、ジョン・ハッチンソンは、ユナイテッド・アイリッシュメン協会など一連のナショナリスト運動が活発化する18世紀末をアイルランドにおける政治的ナショナリズムの第1次高揚期と把握し、1840年代を前後する時期を第2次の高揚期として位置づけている[9]。なぜなら、19世紀中葉は、1846年に起こった大飢饉を前後して、イギリス政府の主導のもとでアイルランドにおける近代化と工業化が急速に進められ、政治的、経済的、社会的価値に大きな転換が生じたことを受けて、アイルランド・ナショナリズム運動の再編成がもたらされた時期であったと考えられるからである[10]。

まず、19世紀半ばのアイルランドにおける知識人の位置と規模について見てみよう。アイルランドは総人口の4分の3をカトリック住民が占める社会であったが、カトリック系住民は高等教育を受ける機会は著しく制限された環境に置かれていた。1849年に王立大学が設置されるまで、アイルランドにはトリニティ・カレッジ・ダブリンが唯一の大学であった。この大学はイギリス国教会に属する教育機関であり、すでに1793年にはカトリック系住民にも入学の門戸が開かれていたが、学位を得るためには国教会への信奉が必要であった。1845年段階で、トリニティ・カレッジに学んでいるカトリック系学生数は100人ほどで、全校学生に占める割合は10分の1程度であったといわれている。トリニティ・カレッジ以外の高等教育機関として1814年に設立されたベルファスト・アカデミー・インスティチュートがあったが、これはプロスビテリアン派の学生を対象とした機関であり、カトリック系学生はほとんど入学を認められていなかった[11]。短期間ではあるが、メイノースにカトリック系の学院が開設されたが、1817年には閉鎖されている。カトリック系住民にとって、こうした高等教育を受けることが日常に困難な状況は、知識人層に入っていく可能性を閉ざすものであり、それゆえ、高等教育や各種の専門的教育が求められる職業にカトリック系住民が参入していくことを阻んでいたのである[12]。

リプセットは、知識人という概念について、ヨーロッパでは、文化を創造する役割を担う人々、それを分配する役割を担っている人々、またはかかる文化を活用した職業に従事している人々と3つのグループに分けて把握している。かれは、知識人の中で文化を創造していく役割を担っている第1グループに属する職業として、学者、芸術家、思想家、文筆家、そして新聞の編集者をあげている。また、教師、新聞記者、芸能者などは文化を分配していく役割を担う第2グループに属する職業として把握している。そして、医師や弁護士など、文化を職業の中に生かして生活している専門家を第3のグループとしている[13]。

こうした3つの職業分類から、1840年代におけるアイルランドの知識人の構造を見てみると、まず、第1のグループは、1841年の国勢調査によると、ほんの一部のイングランド系の人々に独占されている現状が見られた。第2グループでは、当時、新聞記者という職業はまだアイルランドにおいてはまれであり、少数の新聞社に雇用されている人々に限定されていた。この国勢調査によると、3,230人の女性を含む1万1,778人が教師の職業に採用されており、かなりの数の学校教師が存在していたことを示している。その他の職業としては、技術者（434人）、建築家（293人）などがある。ここで重要なのは、そうした教師、技術者、建築家は少なくとも大学ないしは専門的な教育機関を卒業した学歴を有している点である。とくに教師については、19世紀になってから専門的職業として資格の取得が必要とされるようになっていた。そして、すでに専門的な資格を有する職業として聖職者、法律家、医師、薬剤師などがあり、これらが当時の知識人の中心部分をなしていた。同じ国勢調査によると、聖職者が5,279人、法廷弁護士が754人、事務弁護士や法的な代理業務に携わる法律家が2,604人存在していた。医師と薬剤師（3人の女性を含む）は3,824人と記録されている。

この1841年の国勢調査は宗派別の統計を記しているアイルランドで最初のものであった。当時、法廷弁護士の28％、事務弁護士の36％がカトリック系であり、医師と薬剤師を含めた医薬系職業の場合には35％がカトリック系であった。また、1861年の国勢調査では、カトリック系聖職者は全体の48％とされている。プロテスタント系の知識人たちは、必ずしも特権的な国教会に所属する人々に限られてはおらず、プレスビテリアン派プロテスタントは法律関

係の職業においては全体の7％程度であったが、医薬系の職業についていえば、70％を占めていた。そして、プロスビテリアン派プロテスタントは文筆家の14％、新聞記者の22％を占めていたのである。文筆家や新聞の編集者に限っていえば、カトリック系が29％と45％を占めていた[14]。

当時のアイルランドにおける知識人の規模は10％程度と考えられているが、1841年の国勢調査をもとにすると、当時のアイルランドには、上記の専門的な職業に就いている数は3万5,161人（9,289人の女性を含む）であり、当時の有効就労者数の1％に過ぎないことがわかる。また、当時は、5歳以上の人口のうち50％程度しか読み書きができなかったといわれていることを考慮すると、アイルランドにおける知識人は、実際にはさらにほんの一握りの小規模なグループであったと考えられる[15]。

次に、知識人がアイルランド・ナショナリズムに対して指導的な役割を果たしていたとする仮説を検証するためには、かれらがどの程度ナショナリズム運動に関わっていたのかを明らかにする必要がある。そこで、全国レベルのナショナリズム運動の組織に参加していた知識人の規模とその役割について見てみよう。当時、アイルランドにおけるナショナリズム運動を全国レベルで展開していた組織には、オコンネルらを中心とするリピール協会（LNRA）と青年アイルランド党のメンバーを中心とするアイリッシュ・コンフェデレーション（IC）がある。これらの組織は中央執行委員会が公式の政策を起案するとともに、集権的に地方の執行部を統括し、各レベルの執行機関および特別委員会にかける議案を提起するといった組織原則を確立していた。それゆえ、中央執行委員会のメンバーであるということは、政策の立案や重点課題の設定などを決定するにあたって、直接的に影響力を行使しうる立場にあったと推測できる。そして、これらの組織の場合、全国大会ないしは総会の代議員を選出するにあたっては、中央執行委員会にその任命権が委ねられていたのである。この点で、18世紀のユナイテッド・アイリッシュメン協会の運動が、地方分散型の組織形態をとっていたのとは対照的に、19世紀に見られるナショナリズム運動は中央集権的な組織形態を持った運動体としての体裁を整えつつあったということができよう[16]。

第 2 節　大飢饉前のナショナリズム運動

　まず、19 世紀初頭のアイルランドにおけるナショナリズム運動の展開を簡単に振り返ってみよう。今日、シン・フェイン党（SF）をはじめとするナショナリスト諸政党はアイルランド・ナショナリズム運動の出発点を 1791 年のユナイテッド・アイリッシュメン協会の結成に求める傾向がある。このユナイテッド・アイリッシュメン協会は、1791 年 10 月 18 日、ベルファストにおいて、ウルフ・トーン、トマス・ラッセルらの呼びかけで結成され、11 月 9 日にはダブリンでも組織化が行われた。

　ベルファストのユナイテッド・アイリッシュメン協会は主にプロスビテリアン派プロテスタントの中間層が中心であり、ダブリンではカトリックとプロテスタントがほぼ半々の構成であった。フランス革命の影響を受けたアントリム、ダウン、ダブリンの急進的なプロテスタント、とくにプロスビテリアン派プロテスタントは共和主義的な志向性を持っていたとされ、ベルファストとダブリンを活動拠点としていた。ユナイテッド・アイリッシュメン協会の代表的な指導者であるウルフ・トーンは、「わたしたちの忌まわしい政府による専制を覆し、わたしたちすべての政敵の源であるイングランドと決別し、わたしたちの国の独立を達成すること。これらはわたしの目的であります。アイルランドのすべての人々を統一し、すべての過去の諍いの記憶を消し去り、カトリック、プロテスタント、非国教徒という宗派ではなく、アイリッシュメンという共通の名前に置き換えること。これらがわたしの手段であります」[17]と述べ、ユナイテッド・アイリッシュメン協会の政治的戦略と方針を語っている。つまり、かかる運動は、イギリスからの政治的自律、カトリックの解放とプロテスタントとの融合、男子普通選挙など政治参加を求める要求を掲げ、カトリック系住民を包摂する政治的なナショナリズム運動として展開するようになる。

　ユナイテッド・アイリッシュメン協会に見られる政治的なナショナリズム運動に先行して、1740 年代からダブリンのトリニティ・カレッジの研究者やカトリック系聖職者を中心にして、アイルランドにおけるケルト的伝統を再評価する動きが出てくる。たとえば、チャールズ・オコナー、シルベスター・オハ

ロラン、チャールズ・バランシーなどが代表的である。この動きは、1785年のロイヤル・アイリッシュ・アカデミーの結成に結実し、外科医のオハロランや数学者のローワン・ハミルトン、画家のジョージ・ペトリー、眼科医のウイリアム・ワイルド（作家オスカー・ワイルドの父）らが参加していた。歴史家のチャールズ・オコンナーは、ローマ帝国統治下以前のゲール的アイルランドのイメージを創り出すとともに[18]、カトリック委員会を結成してカトリック刑罰法に反対するキャンペーンを展開した。このカトリック委員会には、ウルフ・トーンやエドモンド・バークの息子リチャード・バークらも参加していた。こうした文化的な復興運動の延長線上に、ユナイテッド・アイリッシュメン協会の成立を見ることになる。

　ここで注目される点として、当時のナショナリスト運動において指導的な役割を果たしていた主要な部分は、アイルランド生まれの非国教会派プロテスタントの知識人であったことである。その多くが北部のプロスビテリアン派プロテスタントであった。非国教会派プロテスタントがナショナリズム運動に大量に参加していた背景として、まず第1に、1603年にスコットランド王ジェームズ6世がジェームズ1世としてイングランド王を継承したことにより、イングランド、スコットランド、アイルランドの三つの王室を束ねる政治権力が出現することになる。アイルランドへのプロスビテリアンの入植は、クロムウエルのアイルランド征服後に入植を本格化する国教会派の場合と異なり、ジェームズ1世がスコットランドのローランド地方の住民をアルスター地方に植民する政策をとったことに始まる。主な入植先はまず、キャーバン、ドニゴール、アーマー、コールレイン、ファーマナー、ティーロンであり、イングランドからの入植者とのバランスを考慮したものとなっていた。続いて、アントリムとダウンへの入植が行われた。ここでの入植者は、圧倒的にプロスビテリアンによって占められていた。

　しかし、1688年の名誉革命により、ジェームズ2世が退位すると状況は大きく変化することになる。1704年の異教徒刑罰法において、公職に就く場合、国教会による認証が必要であるとする審査律が導入されたが、それはカトリックをターゲットにしたものではなく、むしろプロスビテリアンをアイルランドの公職から排除することを目的としたものであったといわれている。つまり、名

誉革命体制のもとで、国教会派による公職の独占が進められたのである。当時の対立構造を見ると、特徴的なのは、国教会派プロテスタントに対抗する勢力として、スコットランド系入植者のプロスビテリアンとカトリックが連帯して対峙するという構造を示していたことである。

次に、1840年代のアイルランドにおけるナショナリズム運動について見ると、1840年代に組織されたナショナリスト団体には、代表的なものとしてLNRA、IC、アイリッシュ・アライアンス（Irish Alliance）、82クラブ（Eighty-Two Club）、アイリッシュ・リーグ（Irish League）などがある。

(1) リピール協会

LNRAは、法廷弁護士であるダニエル・オコンネルらによって、1840年4月15日に設立された政治結社であった。この運動が目的としたものは、1800年に成立した連合法（Act of Union, 1800）の撤廃であり、連合法成立とともに廃止されたアイルランド議会の復活であった。これは、イギリス政府に対する政治参加と自治を求める大衆的な民主化運動の初期の事例と考えられている。オコンネルは、LNRA設立前の1834年に、イギリス下院において連合法の撤廃（リピール）のための議論を開始するよう求める動議を出していたが、これは連合法撤廃反対523に対して賛成38で否決されていた。そして、1843年には、連合法撤廃要求を掲げた大集会が持たれたが、これは脱法的な行為であるとして糾弾され、オコンネルは投獄されることになる。

かかる運動はイギリス国家との決別を志向するものではなく、イングランド王室との関係を維持しながら目的を実現しようとする立場にあった。オコンネルにとって、アイルランド議会の復活は、とくに多数派を占めるカトリック系住民の地位の改善を実現する「アイルランドの正義」を保障するための最善の手段と考えられていた。オコンネルは、アイルランドにおける自由主義的改革の必要性を強調し、LNRAを貴族層の一部をも巻きこんだアイルランドのすべての社会階層からなる組織にするために、イギリスのホイッグ党との協力関係の構築を追求し、LNRAの中央執行委員会もこれに同調する立場をとっていた。このように、LNRAは、アイルランドにおける自由主義的な改革を志向するとともに、イギリス国家の影響力を維持しつつ議会を通じた自治を追求するとい

表2-1 リピール協会のメンバー構成

	(1) 1840年〜49年までのメンバー総数（ダブリン市およびダブリン州）	(2) 1840年の中央執行委員会のメンバー数（アイルランド全土）	(3) 1840年の中央執行委員会の指導的メンバー数（アイルランド全土）	(4) 1840年に行われた3回の中央執行委員会に参加したメンバー数（アイルランド全土）	(5) 1842年〜1845年の特別部会に参加したメンバー数（アイルランド全土）
執筆家、編集者	9	3	1	3	5
芸術家	3	0	0	0	0
教師	1	0	0	0	0
聖職者	38	0	0	1	1
法廷弁護士	60	11	3	16	28
その他の法律専門家	31	2	0	1	2
医薬師	16	3	1	1	3
軍人	4	0	0	1	2
技術者	0	0	0	0	0
建築家	0	0	0	0	0
学生	2	0	0	2	0
知識人総数	164	19	5	24	41
郷紳層、資産家	40	4	0	3	10
商人	231	12	2	0	2
事務職員	12	1	1	1	1
労働者層	16	0	0	0	0
その他	46	5	0	1	5
総　数	509	41	8	29	59

（出典）Jaqueline R. Hill, "The Intelligensia and Irish Nationalism in the 1840s", Studia Hiberunica, Vol. 20, Dublin, 1980, pp. 78-79 より作成。

う方針を持った組織であった[19]。

　表2-1に見られるように、LNRAの支持者は主にダブリンの都市部とその郊外地域に住む上流階級と中間階級であったといわれている。実際、中央執行委員会において実動的な活動を担っていたメンバーは、社会的地位や地理的条件にしたがって任命された人々であった。そして、LNRAの支持者の約3分の1が知識人によって占められていたのである。1840年当時の中央執行委員会には、すでに知識人が多数派を構成するようになっており、LNRAが発行している「ネイション」誌への執筆状況から見ても、かれらがその実動的な役割を担っていたと考えられる。1843年には、LNRAは200人のメンバーを持つ勢力に発展していた[20]。そこには、連合法の撤回を主張する国会議員、企業家や貿易

商人、医師や法律家などのナショナリストが含まれていた。

注目すべき点は、実動的な役割をしているメンバーの活動状況である。1844年から1846年の間に3回の中央執行委員会が持たれている。これに参加したメンバーの職業について見てみると、表2-1の(4)が示すように、29人中24人が知識人であり、そのうち16人が法廷弁護士であった。また、同じ時期に5つの専門部会が開催されている。表2-1の(5)によると、59人中41人が知識人であり、そのうち30人が法廷弁護士ないしは法律専門家であった。これらの専門部会が実務的な役割を果たしていることを考慮すると、法廷弁護士を中心とする法律専門家がLNRAの最も活動的な分子であった。これに対して、聖職者はダブリンの国教会派聖ピータース教会に所属するエドワード・グローブを除いて、各委員会においてそれほど重要な役割を果たしていなかった。当時、LNRAで積極的な活動を行っていた知識人54人のうち44人がカトリックであり、10人が国教会に所属するプロテスタントであった。また、知識人以外には、表2-1の(1)が示すように、産業界に出自を持つメンバーが相対的に積極的な役割を果たしていたのである。

LNRAは1849年末までのほぼ10年間にわたって活動を展開してきた。しかし、実際には、リピール要求を実現することなく、大飢饉のさなかの1847年5月にオコンネルが死去すると、組織は求心力を失い、1848年7月から1849年10月まで中央執行委員会は召集さえされず、事実上崩壊状態に至り解体することになる。その一方で、オコンネルが政治活動の第一線から退く1846年12月以降、青年アイルランド党のメンバーを中心とする武力闘争をも容認するロマン主義的な傾向を持ったナショナリスト運動が台頭してくるようになる。

(2) アイリッシュ・コンフェデレーション

ICは、青年アイルランド党によって1847年1月に設立された組織である。青年アイルランド党はICを結成する6ヶ月前に、路線対立の結果、LNRAから離脱したグループによって結成された少数精鋭型の組織であった。この青年アイルランド党に参加した活動家は、1844年以降、LNRAの中で、最も活動的な部分のうちの6分の1を占める分派を形成していた人々である。LNRAの機関紙であった「ネイション」の記事からして、こうした活動的な部分はオコン

ネルと密接な関係を維持しながらも、アイルランドのすべての階級・階層からなるアイルランド人の団結を呼びかける文化的、ロマン主義的ナショナリズムを代弁する立場にあった。こうした傾向は青年アイルランド党の指導者の一人であるトマス・デービスのもとで、党方針として理論化されていくことになる。デービスもまた法廷弁護士であるとともに、ジャーナリストでもあった。青年アイルランド党の主張には、LNRAのような「改革と正義」という視点は後退し、むしろ民族的独立による精神的、道徳的な利益を強調するところに特徴があった。そして、青年アイルランド党は、LNRAのごとく、イギリス国家との関係を維持した形で対内的な改革を志向することは、民族的独立という根本的な目的から大衆を引き離すことになるという認識に立っていた。それゆえ、1846年、オコンネルの指導のもとで、LNRAが自由主義的改革を優先してイギリスのホイッグ党政権との共闘を画策するようになると、青年アイルランド党は、この方針に強く反発する。そして、協会の後衛に追いやられることになる[21]。

　青年アイルランド党は、ICの設立にあたって、この組織の目的を連合法の撤廃とアイルランドの民族的独立に置き、LNRAのような組織の目的や基本方針にぶれが生じないように、強いリーダーシップの構築を目指していた。それゆえ、ICは、活動方針についての論議や意思決定は少数精鋭からなる執行部に委ねられ、末端組織に指令を下すという厳格な組織運営を採用していた[22]。

　かかる組織体のメンバー構成は、1847年から1848年の間について見ると、表2-2の(1)が示すように、知識人は組織全体の3分の1程度しか占めていないことがわかる。それにかかわらず、表2-2の(2)と(3)に示された指導部における職業の構成を見ると、知識人が多数派を構成していたことがわかる。さらに、最も活動的な指導部メンバーの構成を見ると、知識人が圧倒的な多数派を形成していた。その中でも、弁護士が最も活動的な指導部メンバーの3分の1以上を占めていた。ここでも、LNRAの場合と同じように、指導部における聖職者の役割は小さいものになっている。そして、知識人メンバーのうち51人が指導部に参画していたが、そのうち4人だけがプロテスタントであり、47人がカトリックであった。

　ICは1847年のイギリス総選挙に3人の候補者を立て、ウィリアム・スミ

表 2-2　アイリッシュ・コンフェデレーションのメンバー構成

	(1) 1847年~48年までのメンバー総数（ダブリン市およびダブリン州）	(2) 1847年の中央執行委員会に参加したメンバー数（アイルランド全土）	(3) 1848年の中央執行委員会に参加したメンバー数（アイルランド全土）	(4) 1847年~1848年の中央執行委員会に参加した指導的なメンバー数（アイルランド全土）
執筆家、編集者	6	3	1	3
芸術家	0	0	0	0
教師	4	0	0	0
聖職者	7	0	0	1
法廷弁護士	24	11	3	16
その他の法律専門家	32	2	0	0
医薬師	16	3	1	0
軍人	3	0	0	1
技術者	1	0	0	0
建築家	1	0	0	0
学生	5	0	0	2
知識人総数	99	19	5	24
郷紳層、資産家	13	4	0	3
商人	44	12	2	0
事務職員	7	1	1	1
労働者層	4	0	0	0
その他	164	5	0	1
総数	331	41	8	29

（出典）　*Ibid.*, pp. 82-83 より作成。

ス・オブライエンとトマス・アンスティの2人を当選させている。だが、トマス・フランシス・マハー、ウィリアム・スミス・オブライエン、ジョン・ブレイク・ディロンら青年アイルランド党の急進的な部分が1848年7月29日に南ティペラリー郡バリンガリーで武装蜂起する。しかし、それは失敗に終わる。そして、1848年反逆重罪法（Treason Felony Act, 1848）のもとで、指導的な活動家は投獄されるか、アメリカまたはヨーロッパ大陸に逃亡することとなり、組織は離散してしまう。

(3)　その他の組織体

1840年代のナショナリスト組織には、上記の2組織のほかに、全国的な指導部と活動方針を持つ組織された政治結社としては、アイルランドの上流階級の

ナショナリストが中心となって1844年に設立された82クラブ、1848年にオコンネル派と青年アイルランド党の一部が和解して設立されたアイリッシュ・リーグ、そして1849年にチャールズ・ガーバン・ダフィを中心に、アイルランドにおける立法府の復活を活動目的に掲げて設立されたアイリッシュ・アライアンスの3団体がある。

82クラブの場合は、主にプロテスタント郷紳層と貴族層を組織した団体であった。この団体は、1845年4月にダブリンで、1782年の武装蜂起とグラタン議会の設立の記憶を偲んで結成された。そこから82クラブと命名された。設立集会には、トマス・デービス、チャールズ・ギャバン・ダフィ、ダニエル・オコンネルが来賓として招かれている。この団体は、メンバーシップの取得に際して、厳格な審査を課すとともに、既存のメンバーが投票し承認するという手続をとっていた。しかし、表2-3が示すように、郷紳層の組織化にはある程度成功していたが、貴族層については、フレンチ卿やクロンカリー卿などごくわずかしか組織されていなかった。そして、その武装闘争の容認と記念的行事を単発的に開催するなどのイベント志向から、比較的年長者の知識人層に人気があったといわれている。また、このクラブの指導部について見ると、弁護士を中心に知識人層が圧倒的多数派を形成していた。指導部には少なくとも10人のプロテスタントが含まれており、かれらのうち6人が知識人であった[23]。

アイリッシュ・リーグの場合について、この団体はオコンネル派の運動方針を基本的に継承した組織であったが、1848年1月からわずか3週間ほど活動しただけの短命なものであった。表2-3(3)によると、存在期間中に2度の総会を開いているが、これに参加したメンバーのうち約50％にあたる34人が知識人であった。また、指導部のメンバー構成を見ると、3分の2以上にあたる20人が知識人であった。その中に、弁護士が10人含まれており、全指導部メンバーの3分の1を占めていた。指導部メンバーのうち9人はLNRAやICに参加した経験を持っていた。しかし、指導部メンバーに参加していたプロスタントはわずかに3人であった[24]。

アイリッシュ・アライアンスの場合、知識人に関して見ると、全メンバーの6分の1に過ぎない。しかしながら、表2-3の(5)によると、この団体の指導部には、約50％を占める知識人が参加していた。そして、プロテスタント系知識

表 2-3 その他のナショナリスト組織のメンバー構成

	82' クラブ		アイリッシュ・リーグ		アイリッシュ・アライアンス		
	(1)	(2)	(3)	(4)	(5)	(6)	(7)
	メンバー総数（アイルランド全土）	中央執行委員会メンバー数（アイルランド全土）	メンバー総数（アイルランド全土）	中央執行委員会メンバー数（アイルランド全土）	メンバー総数（アイルランド全土）	中央執行委員会メンバー数（アイルランド全土）	各種特別委員会メンバー数（アイルランド全土）
執筆家、編集者	6	1	5	3	2	1	2
芸術家	0	0	0	0	1	0	0
教師	0	0	0	0	2	0	0
聖職者	0	0	2	3	15	1	0
法廷弁護士	42	16	6	8	11	2	4
その他の法律専門家	15	3	11	2	5	1	2
医薬師	11	3	7	1	17	4	4
軍人	3	2	0	0	0	0	0
技術者	0	0	0	0	0	0	0
建築家	0	0	0	0	0	0	0
学生	0	0	3	3	1	1	1
知識人総数	77	25	34	20	54	10	13
郷紳層、資産家	25	5	6	3	29	3	6
商人	23	2	12	2	198	5	6
事務職員	3	0	2	0	23	2	1
労働者層	0	0	0	0	5	0	0
その他	113	12	46	3	33	4	12
総　数	241	44	100	28	342	24	38

（出典）　*Ibid.*, pp. 86-87 より作成。

人は 2 人であった。また、指導部の外に土地問題や教会問題などの特別委員会が置かれていた。ここに参加しているメンバーの 50％ が知識人であった。ただし、他の団体と異なる点は、弁護士が占める割合が相対的に小さいということである[25]。

以上の 5 つのナショナリスト団体についていえることは、各団体のリーダーシップに知識人が強く関与していたということである。この点について、マルコム・ブラウンは、弁護士、医師、ジャーナリスト、教師、詩人、技術者といった中間階級に所属する知識人がそれぞれのナショナリスト団体の指導部において、活動方針の作成に強い影響力を行使していたと主張している[26]。ここでの特徴は、リプセットが分類する第 2 と第 3 のグループにカテゴライズされる

知識人によって、ナショナリスト組織のリーダーシップが担われていたことである。そして、それぞれの団体において、圧倒的な多数を形成していたのが法律専門家であった。したがって、1840年代のアイルランドにおけるナショナリスト組織の中核的な担い手は、医師や弁護士など、リプセットによるところの「文化を職業の中に生かして生活している専門家」（第3のグループ）によっていたといえる。

第3節　「科学主義的国家」論と知識人

　ここで問題となるのが、なぜ知識人が1840年代にアイルランド・ナショナリズム運動に大量に参加し、指導的な役割を果たしていたのかという点である。とくに法律専門家がいずれの団体においても多数派を形成していた点をどのように理解すべきなのかという問題が残されている。この知識人とナショナリズムの結合を考える場合、伝統社会に対する近代化のインパクトを出発点にする議論がある。アーネスト・ゲルナーは、この問題を工業化と近代化の不均等なインパクトから生じた現象であると把握する[27]。これに対して、アンソニー・D・スミスは、知識人に対する「科学主義的な国家」の影響を強調している。そして、科学主義的国家を創出する手段として、全国に張りめぐらされた官僚システムの構築と社会生活への国家的介入が不可欠であるとしている[28]。

　国家の社会生活への全面的な介入という問題は、資本主義国家の形成期における本源的蓄積過程に見られる現象である。マルクスは「本源的蓄積の諸種の契機、……これらの諸契機は、イギリスでは17世紀末に、植民制度、国債制度、近代的租税制度、保護貿易制度として体系的に総括される。……どの方法も、封建的生産様式から資本主義的生産様式への転化過程を温室的に促進して、過渡期を短縮するために、社会の集中され組織された強力である国家権力を利用する」[29]と述べている。また、こうした介入主義的な国家の遂行すべき役割として、アダム・スミスは、(1)対外防衛、(2)治安維持、(3)公共土木事業や教育のための公共施設の設置と維持をあげている[30]。(1)と(2)の役割は国家の政治的機能を示すものであるが、(3)の役割は国家のイデオロギー的機能をなす部分である。本節の目的との関係でポイントとなるのが、(3)の役割である。アダム・ス

ミスは、国家のイデオロギー機能について、「国家は下層民大衆の教育から無視しがたい利益を引き出す。かれらは教育されればされるほど、無知な国民の間に往々にして最も恐るべき無秩序をもたらすような熱狂や迷信にとらわれることがなくなる。……かれらは国家の施策に対する理由のない不必要な反対へとまどわされることがなくなる」[31]として、国民教育のための公共施設の設置を強調している。ここからいえることは、資本主義国家への移行期において、資本＝賃労働関係の確立と資本主義的な社会秩序を生み出すにあたって、国家が社会に対して積極的に介入していく傾向を持っているという点である。

アンソニー・D・スミスは、こうした国家よる社会への介入について、中央集権化と世俗化を重視している。つまり、この世俗化という点では、脱宗教的な手法として科学主義的な方法を採用し、国家によって管理された全国的な教育制度の構築が追求されることになる[32]。

だが、イギリスはヨーロッパ諸国の中でいち早く工業化を果たした国であったにもかかわらず、教育制度については、プロイセンなど他の後発工業国に比べ遅れをとっていた。イギリス本土において、初等教育から中等教育にわたる教育制度が確立するのは、1902年の教育法の制定を待たなければならなかったのである。そうしたイギリス国家において、世俗的な公教育がまず試みられたのがアイルランドであった。アイルランド支配を安定させるにあたって、国家による社会秩序の管理は不可欠の課題であった。そこでは、カトリック系アイルランド人のイギリス化が急務の課題とされていた。プロテスタントとカトリックとの対立構造が存在したがゆえに、宗派主導のボランティア的な教育システムを廃して、世俗的な教育システムの導入が急がれたのである[33]。

ここで、アンソニー・D・スミスの仮説をアイルランドのケースに当てはめて考えてみると、次のようになる。

スミスは、古い王政国家から18世紀のヨーロッパにおける革命運動の展開の中で登場してくる科学主義的な国家について、4つの特徴を示している。(1)人民大衆の同化と統合、(2)周辺的エスニシティに対する差別、(3)中央集権化、(4)政府レベルの科学主義と合理主義の浸透である。そして、イングランドの場合は、産業革命が「科学主義的な国家」へ移行する起動力となるものであったというのである[34]。

こうした転換は、伝統社会においては、これまでの人格的および階層序列的な支配＝被支配関係を脅かすものであり、支配層の既得権益を損なうものであった。たとえば、言語についていえば、科学主義的な国家は、社会的に異なる言語が存在している場合には、行政上、コミュニケーションの公的な手段として共通語を創出しようとして、標準的な教育の普及を追求する。スミスは、知識人の多くは、伝統的な社会の解体と新しい社会の構築を推進する担い手として、科学主義的な国家のインパクトを受けた最初の層であるという。しかし、こうした政府は宗教的ないしは階層序列的な秩序の中で生活する人々が持つ伝統的な世界観に挑戦するとともに、そうした伝統社会の中で職業的特権や政治的地位を保障されていた知識人の立場を切り崩していくものでもあった。つまり、政府による標準的な教育の施行は、単一の言語の普及とあいまって、知識人にとって、国家と大衆との間を取り持つ仲介者としての役割を失うという危険性と、知的領域における独占的地位、ステイタスの高い職業や政治的権力を行使できる職業に就く条件を失うという危険性を意味していたのである[35]。

その一方で、科学主義的な政府は、これまでの差別的な秩序ではなく、市民生活に対して国家を媒介とした公正性の導入を意味していた。それゆえ、旧来の秩序のもとでは周辺部に置かれていた知識人にとって、１つのネイションとして独立することが、かれらの政治的地位を維持し、高い職業に就くことができる条件を保障するものとして期待されたのである[36]。そして、それは同時に、ナショナリズムは、伝統的社会を支えてきた古い信条や価値観を破壊する国家権力に対する抵抗の論理として理解されたのである[37]。

アイルランドでは、プロテスタント優位の体制のもとで、1780年から1840年の間に、中央集権化と地方行政機関の整備が進められた。1801年連合法の成立以後、イギリス政府はアイルランド人の「イギリス化」を促す統合政策を強化するようになる。これにともない公共部門の近代化が進められる。こうした政策は連合法以後わずか５年でアイルランドないしは知識人に影響を及ぼすようになる。とくに、教育分野に関しては、初等教育を中心にして学校制度が整備され、1831年には全国教育委員会が設置された。この委員会は宗派を区別しないことと英語による教育を中心とした学校制度の構築を追求していた[38]。当時の知識人たちは、この制度について、18世紀的な伝統的な生活を駆逐してい

く効果を持つものと考えていた。トマス・デービスは、こうしたイギリスによる教育制度改革について、「……われわれは過渡期にいる。人々が持つ知識や習慣、迷信、期待は変化しつつある。われわれが失うであろうものに、愚かにも憂え悲しむことに何の益も意味もない。……それが良いことであろうとなかろうと、われわれは先人をなぞることはないのである」[39]と語っている。

また、市民的権利という点では、国教会はイングランドにおいても、アイルランドにおいても依然として支配的な教会であったが、1828年の審査律の撤廃により、法律上はプロテスタント系住民に限られていた政府や地方公共団体の公務員採用がカトリック系住民にも門戸が開かれるようになった。その翌年のカトリック解放令によって、カトリック系住民にも参政権が与えられ、アイルランド総督と大法官以外の公職にも門戸が開かれたのである。これらのイギリス政府の政策は、国教会派住民がほんの一握りの少数派でしかないアイルランドにおいて、政治的ないしは合理主義的な根拠に基づいて、国教会派プロテスタント系住民に与えられていた特権が形式的に廃止されたことを意味していた[40]。

大法官職についていえば、1846年にメイザー・ブラディが任命されて以降、アイルランド出身者がこのポストに就くことが慣例となっていった。それゆえ、このようなイギリス政府の同化政策は、弁護士などの知識人にとって高い地位の公職や職業選択の幅を広げるものとして受け入れられていたのである[41]。しかし、1843年にダブリンで行われた法律家を対象とした集会で、オコンネルは、「皆さん、現在の国家が既存のものとして、あるいは今後において継続するものとして考えた場合、すべてのオフィスはイングランド人やスコットランド人によって占められることになるでしょう。つまり、私たちには何の仕事もなく、職に就くことさえ困難になります。実際には、かれらはすべての法律業務をイングランドに移してしまうことでしょう。法は完全にアイルランドからなくなります。たとえ連合法が撤廃されないとしても、すべてイングランドに行ってしまうことでしょう」[42]と法律業務に関するイギリス化に対して警告を発している。アイルランドの知識人、とくにナショナリスト的知識人の側からすると、中央集権化にともなう同化は、アイルランド生まれの知識人から公共的な職業に就く機会を奪うものと考えられていたのである。

当時、高い学歴と専門的能力を持った知識人は、教師や一般公務員などの社会的ステイタスの低い職業に就こうとはしなかった。むしろかれらは、救貧法事務局のコミッショナーや警察署長などイングランド出身者やスコットランド出身者によって占められていた高い地位の公職に強い執着を持っていたといわれている。つまり、弁護士などの法律専門家にとって、1801年以降に創出された雇用は、かれらのステイタスを維持し、拡大するものでは必ずしもなかったのである。政府の中央集権化にともない、公共サービスや行政機関において、専門分野に特化した職種の拡大が進行したことにより、高い教育と技術を持った人材が必要とされるようになっていた。しかし、こうした政府や地方公共団体における専門主義化が拡大したにもかかわらず、イングランド出身者やスコットランド出身者がそうした専門職を独占しているという実態が、アイルランド生まれの知識人にとって反政府感情をかき立てる引き金になっていたのである[43]。

また、連合王国内においては、アイルランドの知識人は宗派を問わず、1829年以降、イギリス国内はもとより帝国内で雇用の機会を求めることができた。だが実際には、アイルランド以外で成功した知識人はまれであった。キャッスルロー卿やウェリントン卿などの例外を除いて、ほとんどのアイルランド出身の知識人はイギリス議会では大臣格の職に就くことはできなかった。司法職についても状況は同じであった。また帝国内の植民地でも、主な要職はイングランド出身者とスコットランド出身者が独占していたのである[44]。

では、なぜアイルランド出身者がこのような不利な条件のもとに置かれていたのか。それには2つの理由があった。第1が法的制約である。法廷弁護士の場合、1870年にダブリンの法曹学院が設置されるまで、アイルランドにおいて法律家として必要な能力を身につける教育機関は存在していなかった。それゆえ、アイルランドで法廷弁護士になるためには、1541年の法令により、イングランド法曹学院に1年以上在学することが義務づけられていた。また、かれらがイングランドの法廷に立つためには、イングランド法曹学院に8年以上在学しなければならなかったのである[45]。

第2の障害は、公共サービス部門の採用に関する制約である。競争試験による採用は現業職に限られており、しかも国教会派聖職者などの身元保証人によ

る推薦が必要とされていた。1807年の官職売買の禁止と1821年から10年間続いた官職数の削減により、身元保証人の影響力はより強いものになっていた。高い学力を持った学生を輩出しているとされたダブリンのトリニティ・カレッジの学生でさえ例外ではなく、政府や地方公共機関に影響力のある有力者——聖職者や学部長など——の推薦を必要としたのである。公共サービス部門の各機関において競争試験が導入されるのは1850年代になってからのことである。競争試験の導入により、トリニティ・カレッジや新しく設立された王立大学は学生たちを公共サービス部門に大量に輩出することが可能になった。プロテスタント系はもちろんのことカトリック系もかかる試験の効用を享受できた。こうした競争試験の導入により、法的には宗派的な差別構造が緩和されるかに見えたが、採用に関わる身元保証人の役割を大きく変容させることにならなかったのである。希望する職場に採用されるためには、依然として身元保証人の推薦が必要であったし、身元保証人として影響力を行使できる者も国教会派の人々に独占されていたのである[46]。

　1861年の国勢調査によると、非国教会系プロテスタントの住民について雇用機会の拡大が見られる。当時、非国教会系プロテスタントがアイルランドの人口に占める割合は36％であった。非国教会系プロテスタントの中でもプロスビテリアン派はすでに公共サービス部門への進出を果たしていた。プロスビテリアン派以外の非国教会系プロテスタントの住民は全人口の3％を占めるに過ぎなかった。だが、このうち、アイルランドにおける知事や市長などの官職に就いていた者は3％であり、治安に関わる機関の職員として採用されていた者が6％、また11％が政府機関の職員として採用されていた。アイルランドにおけるプロスビテリアン派を除く非国教会系プロテスタントの場合、その規模からして公共サービス部門への進出は相対的に進んでいたといえる。他方、カトリック系住民が公共サービス部門に進出するようになるのは、リピール運動が高まりを見せる1830年代後半になってからであり、それはホイッグ党政権によるリピール運動への政策的対応であった。この点について、1840年に、オコンネルは「官職への展望が開けたことは、法律専門家がリピール運動を支持していることを毛嫌いしてのことである」[47]と指摘している。

　しかし、1841年にロバート・ピール卿を首班とするトーリー党政権が誕生

すると、カトリック系住民を積極的に登用するという政策は終わりを告げる。1841年から43年の間に、アイルランドにおいてトーリー党政権によって任用された28の官職について見ると、そのうちカトリック系出身者の任用はわずかに3つの官職にとどまっていた。その内訳は、法廷弁護士補助、裁判所職員、有給治安判事の各1人であった。また、この時期、2人のカトリック系出身者が明確な理由を示されることなしに職を解かれている[48]。

1847年段階で、LNRAは「カトリック系出身者は公共サービス部門において一定の進出を見ているが、そのほとんどが低い身分の職ばかりである。高い身分を有する職にはほとんど進出していない」[49]とするレポートを発表している。つまり、カトリック系住民の場合、カトリック解放令以後、約20年を経過した段階にあっても、公共サービス部門の中で重要なポジションを得ることができていなかったのである。公共サービス部門への採用にあたっては、競争試験の導入にもかかわらず、身元保証人の影響力が維持されていたという点が重要である。トーリー党はウェリントン内閣のもとでカトリック解放令を発布したが、大衆レベルにおいてカトリック系住民の支持を調達するには至っていなかった。むしろ、1830年代に進められたオコンネルとホイッグ党政権との連携がトーリー党に対して「反カトリック、反アイルランド」という立場を明確にさせるきっかけとなっていた。そして、カトリック系住民がトーリー党の党員になることさえ困難な政治状況が生み出されることになる。しかも、アイルランドにおけるトーリー党員が国教会派を中心としたプロテスタントで占められているという状況は、同時に国教会派に独占されていた身元保証人の影響力にも反映していたのである[50]。

こうした状況について、1841年10月27日のナショナリスト系の日刊紙「フリーマンズ・ジャーナル」は、「エリオット卿は、リピール協会指導部の準会員となった後、かれがいつも行っているような一連の身元保証に相当するサービスを何もリピール協会に提供していないことは確かである。こうしたことは、エリオット卿に限ったことではない。われわれは告発する。没落しつつ破廉恥な支配者層の手中に統治の古臭い手法が排他的に握られているのである」[51]と指摘している。

他方で、当時の首相ピールはLNRAと決別することに躊躇していた。かれは、

アイルランド総督のド・グレイ卿に宛てた手紙の中で、カトリック系住民の要求に対してもっとリベラルになるよう促し、反カトリックの政治キャンペーンをやめるように働きかけている。しかし、ド・グレイは「カトリックのような無能な者に何をしてやれというのか」[52]と反論している。このことは、イギリス政府によるアイルランドのイギリス化にともなう同化政策が、アイルランドでこれまで行われていた政治システムと真っ向から対立する側面を持っていたことを意味している。アイルランドにおける18世紀的な政治システムの担い手であった国教会派プロテスタントが、その政治的利益の維持を図るために、イギリス政府の政策に対立する姿勢を強めたとき、トーリー党政権はホイッグ党との政権抗争の中で、かれらの要求に屈するほかなかったのである。なぜならば、イギリス政府のアイルランド政策が国教会派プロテスタントに依拠しており、国教会派プロテスタントの離反は連合王国の枠組みそのものを脅かしかねない性格を持っていたからである[53]。

かくて、19世紀におけるアイルランド政策は、スミスのいう「科学主義的国家化」の方向性を示しつつも、現実には、国教会派プロテスタントが特権的な地位を享受し続けることのできる政治システムを保障し、連合王国の枠組みを維持しようとするものにほかならなかったのである。

こうしたイギリス政府の政策に対するアイルランドの知識人の反応には、おおよそ3つのパターンが見られる。第1のパターンは、イギリス政府の「科学主義的国家化」方針に積極的に従おうとする人々である。この対応は国教会派の知識人に多く見られる傾向である。かれらからすると、国教会のメンバーとして享受できる特権的地位が維持されている限り、新しい労働秩序に順応するだけでよかったのである。つまり、かれらはアイルランドの人間であるというだけでイギリス政府から政治的にも法的にも差別的な立場に置かれていたがゆえに、アイルランド内部における特権的地位は重要な意味を持っていたのである。なぜならば、かれらにとって、ナショナリストの立場に立つということは、併合以前から保持してきた国教会派プロテスタントとしての特権を失うことにほかならなかったからである。

非国教会系のプロテスタントの場合も、これと同様の行動パターンをとる傾向が見られる。かれらは国教会派プロテスタントとの関係で差別的な立場に置

かれていたが、カトリックに対しては優越的な立場にあった。非国教会系の中でも、プロスビテリアン派の場合はアイルランドのプロテスタントの中で最大宗派であり、アルスター地方においては国教会派をしのぐ勢力を確立していた。とくに、プロスビテリアン派はアイルランドにおいて唯一産業革命を経験している都市ベルファストに集中しており、かかる産業革命の担い手でもあった。しかも、プロスビテリアン派プロテスタントは自由貿易体制に強い利害を感じており、イギリス国家との密接な関係のもとでかれらの経済的利益を保障しようとする意識が強かったのである[54]。

第2のパターンとして、イギリス政府による科学主義的な国家形成を、宗派に基づく特権的な権利、18世紀的な政治システムや社会秩序をなし崩しにするものであると理解する人々が存在した。このパターンに属する人々は、主に聖職者層であった。聖職者層の場合は、プロテスタントかカトリックかを問わず、一般的に、伝統的な秩序を守ろうとする傾向が強く見られた。たとえば、国教会派および非国教会系プロテスタントの聖職者の場合、カトリック系住民に市民的権利を与えることは神への信仰を蔑ろにするものであると考えていたのである。

第3のパターンは、人間の諸権利や生活条件の改善を保障しうる合理的な国家権力の構築に強い関心を示すグループである。しかし、イギリス政府が追求する科学主義的な国家に対しては、否定的な立場を持っていた。なぜならば、かれらはイギリス国家においては、あくまでも「よそ者」であり、連合王国という枠組みの中では科学主義的な国家がもたらすであろう利益を享受できないと考えていたからである[55]。これは、伝統的な社会に対する科学主義的な国家の追求という論拠と、イギリスに対する政治的、文化的な自主権の主張という論拠をもって、アイルランドのナショナリズムと反英闘争を正当化する立場であり、アンソニー・D・スミスが指摘するところの「二重の正当化」と呼ばれるものである[56]。

こうした行動パターンは、とくにカトリック系のナショナリストに多く見られた。つまり、このことは、かれらが併合以前の伝統的な秩序からも宗派的理由で、それ以後の近代的な秩序からもアイルランド生まれであるという理由で、差別的な地位に置かれてきたことを反映している。他方で、プロテスタント系

知識人の場合も、これまで享受してきた宗派的な特権がアイルランド生まれであるという理由で失われてしまうかも知れないという危機感が、ナショナリストの立場に立たせる契機となっていたのである。その意味で、プロテスタント系知識人の場合、先に述べたイギリス国家の枠の中で自らの地位を改善しようとする部分（第1のパターン）とアイルランド人の国家を形成することを通じて、自らの地位を保障していこうとする部分（第3のパターン）に分岐しているのである。だが、宗派的に見ると、この第3のパターンに属するプロテスタント系知識人の多くは、国教会派およびプロスビテリアン派以外のプロテスタントであった。

第4節　知識人ナショナリストの思想

　知識人ナショナリストの要求は、より良い職業の獲得や競争試験においてイングランド人とスコットランド人との競合を緩和することなどの具体的な要求とともに、信条の自由や権威の保障といった精神的な要求とが結びついたものであった。これは、先に述べた「二重の正当化」といわれる状況を反映したものである。

　青年期のオコンネルにも同様の傾向を見て取ることができる。それは、オコンネルが1796年から1797年にかけて編集した雑誌にその形跡を見出すことができる。その中で、かれは、世界の創造主たる神は人類の幸福を増進するあらゆる行為を容認するものであるとして、科学主義や合理主義の原理に強い関心を寄せていた。かれ自身は、ユナイテッド・アイリッシュメン協会のメンバーであったが、1798年の蜂起には加わらず、アイルランド議会の独立性を平和的な手段によって拡大しようとする穏健派に身を置いていた。だが、オコンネルは、思想的には、無知や宗教的な差別など、人間の潜在能力の発展を阻害する障壁を克服できる状態を「自由」と考えており、蜂起を企てたユナイテッド・アイリッシュメン協会の急進派が代表していた啓蒙思想に強い親近感を抱いていたといわれている。実際、オコンネルは1809年までカトリック教会のミサに積極的に参加することはなかったが、この年を境に、再びカトリック教会との関係を強めていく。そして、「カトリックこそ、アイルランド人の道徳的優

越性を歴史的に証明するものである」として、カトリック教徒と神の特別な関係を重視するようになる[57]。

　オコンネルは、当時のアイルランドの現状について、カトリック系住民は抑圧的な状態に置かれているが、かつてそうであったように再び神の祝福を受けることができると考えるようになる。そして、人間は神との関係を重視し、神の摂理に身を任せることを通じて、自らの運命をコントロールすることができるとしたのである。それゆえ、プロテスタントが支配するイギリス国家がアイルランドを併合しているがゆえに、カトリック系アイルランド人は自らの運命をわが物とすることができないと論理づけたのである。そこで、オコンネルは、カトリック系アイルランド人の解放は、科学主義的かつ合理主義的な原理をカトリックの伝統に接合することを通じて可能となると結論づけたのである。そして、その前提条件としてリピールを位置づけたのである[58]。

　このように、オコンネルの思想には、カトリック解放という戦略的課題が明確に位置づけられている。しかし、かれのリピール運動がプロテスタントに対して不寛容であったわけではない。オコンネルは、プロテスタント系住民に対してもリピール運動への支持を訴えることに熱心であった。オコンネルは、リピール運動の成功を勝ち取るにあたって、カトリックの解放という目的をリピール後の課題と位置づけ、戦術的にはアイルランドの政治的な独立の達成という点でプロテスタント系住民の不満分子を組織しようとしていたのである。オコンネルの戦略は、カトリック中心主義的傾向と啓蒙主義的傾向との接合という微妙なバランスの上に構築されたものであった。それゆえ、オコンネルはリピール運動を組織していくにあたって、戦略と戦術を巧みに使い分けることにより、このともすれば半ば相反する2つのベクトルの調和を図ろうとしていたと考えられる[59]。

　他方、オコンネルのリピール運動から離脱して、青年アイルランド党を組織していく活動家にトマス・デービスがいる。1830年代、まだ学生であったデービスは、オコンネルの啓蒙主義的な部分に影響され、のちのリピール運動結成に参加している。だが、かれはアイルランドにおいて支配的な地位を占めていた国教会派プロテスタントであった。かれもアイルランド人としてイギリス国家においては二級市民としての地位に置かれていた1人であった。デービスは、

イギリス国家、とくにイングランド人による支配のもとで、中央集権化と画一的なイギリス化が進み、アイルランドとしての独自性や地方の文化は駆逐されつつあるという現状認識を持っていた[60]。このアイルランドに関するデービスの認識は、アイルランドに対する地域的愛着という非合理な意識から発したものであった。それゆえ、かれの思想的な方向性は、イギリス国家による中央集権化および画一的なイギリス化に対して不満を持つ広範な知識人の支持を調達することができたのである[61]。

デービスがナショナリスト的な傾向を強めていく背景には、知識人として伝統的な宗教的秩序と、アイルランド人としてイギリス政府が推進する科学主義的な秩序の双方から疎外されているという認識があった。デービスの場合も、オコンネルと同様に、アイルランド人の過去の栄光を信じ、未来において失われた栄光を復興できると疑わない人物であった。しかし、オコンネルのように、特定の宗教的伝統に依拠した人々が過去の栄光を復興させる担い手になりうるとは考えてはいなかった。むしろデービスは、その担い手をアイルランド人としての共通性を持ったすべての人々に置いていた。つまり、アイルランド人の伝統の所在を、特定の宗教ないしは宗派に依拠したものではなく、政治的制度、文化、言語などの共通性に求めていたのである。それゆえ、デービスは、イギリス国家に抑圧された現状を克服するためには、科学主義と合理主義の原理に則して、アイルランド人の共同性とネイションとしての伝統を再生する必要があると主張したのである。これは、アイルランドの歴史、制度、文化、言語といった要素に訴えかけることにより、アイルランド人として共通の帰属意識を培養しようとしたものにほかならない。かれの場合も、このアイルランド人としての共通の帰属意識を高めていく過程において、ネイションとして政治的な独立を達成することが不可欠な条件と位置付けられていたのである。つまり、アイルランド人の運命をわが物とする第一歩として、イギリス国家からの分離・独立を掲げたのである[62]。

アイルランドでは、思想的には、ゲマインシャフト的な契機とゲゼルシャフト的な契機との緊張関係をはらみつつ、そのバランスの上にナショナリスト運動が組織されていくことになる。先にも述べたように、そうした組織の中にあって最も活動的なメンバーは20代から30代の青年層に集中する傾向を示して

いた。とくに、ナショナリズム思想は若いカトリック系知識人の支持を集めていた。当時、ナショナリスト運動に参加していたカトリック系知識人の多くはまだ幼少であったか、さもなければ成人前に、併合直後のカトリックに対してとられた寛容政策を経験している。つまり、イギリス政府による中央集権化とイギリス化の過程で、1830年代から40年代初頭のホイッグ党政権時代の公教育の推進、救貧法の制定などの政策は、制度上、20代から30代前半までの青年層に対して、公職への門戸を開くとともに、職業選択の幅を広げる作用を持っていた。それにもかかわらず、かれらは、40年代のトーリー党政権下では、カトリック系知識人の社会的な上昇を事実上、阻止しようとする反カトリック・キャンペーンの中にさらされることになった。他方で、30代以上の世代も、社会的上昇の可能性という点で、イギリス政府の中央集権化とイギリス化政策の恩恵に与ることができた。それゆえ、逆に、1840年代のトーリー党政府は、ホイッグ党政権時代のカトリックへの譲歩を行き過ぎたものと批判し、ホイッグ党政権以前の状態に戻すと迫ることによって、1830年代に職を得た世代がリピール運動に参加ないしは支持したりすることを抑止し、保守化させることができたのである。このように、カトリック系知識人が世代的に分断されたことが、ナショナリスト運動における20代の台頭を促した理由の1つと考えられる[63]。

　ナショナリスト運動に指導的な役割を果たしていたプロテスタント系知識人の場合には、かれらは中央集権化の過程で、アイルランド人であるという理由で、トップの要職には就けないという二級市民的な位置に置かれていた。それゆえ、かれらはイギリス政府のアイルランド統治それ自体に不満を持つ傾向があった。青年アイルランド党は、プロテスタントがアイルランド文化を創造するにあたって大きな貢献をしてきたとして、アイルランド・ネイションを構成する重要な要素の1つとしてプロテスタント系住民を位置づけていた。それゆえ、リピール運動が勝利するまで、プロテスタントの優位を破壊してしまうことのないように配慮することが必要であると考えていた[64]。それにもかかわらず、プロテスタント系知識人はリピール運動をカトリック解放の第一段階として位置づけていたオコンネルの立場を支持する傾向を示していたのである。

　プロテスタント系知識人を全体として見れば、トーリー党に親近感を持って

おり、保守的な傾向が強かったとされている。しかし、そうしたプロテスタント系知識人の中で、イギリス政府のアイルランド政策に失望した部分が、ナショナリストとなって、カトリック系知識人が多数派を占めるオコンネルのLNRAに参加していたものと考えられている。こうしたプロテスタント系知識人のナショナリストの多くは、政治的には「穏健派」と呼ばれるスタンスにあった。エドワード・グローブやエドワード・クレメンスに代表されるように、かれらは自らを「改革派」と呼んでおり、チャーチスト的な要求を掲げている青年アイルランド党を急進派と見なし、選挙を通じた「改革」を重視するという点で、オコンネルの穏健路線に近い立場をとっていた。つまり、プロテスタント系知識人のナショナリストがリピール協会に親近感を持った前提には、青年アイルランド党よりもオコンネルの方針のほうがより穏健であるという考えが存在していたのである[65]。

また、プロテスタント系知識人の中には、イギリス政府による中央集権化と画一的なイギリス化に反対していくという点では、ナショナリストの立場をとりつつも、科学主義的ないしは合理主義的な傾向を受け入れない「保守派」も存在していた。そうした組織には、1840年に設立されたアイルランド考古学協会や1845年に結成されたケルト協会などがあった[66]。

1) John Hutchinson, *The Dynamics of Cultural Nationalism: The Gaelic Revival and the Creation of the Irish Nation State*, London, 1987, pp. 15-17, 40-42.
2) Anthony D. Smith, *Nationalism in the Twentieth Century*, New York, 1979, p. 158.
3) Ernest Geller, *Thought and Change*, London, 1964, p. 170.
4) Thomas Davis, *An Address Read before the Historical Society*, Dublin, 1840, p. 44.
5) John Hutchinson, *supra* note 1, pp. 3-4.
6) Ernest Geller, *supra* note 3, p. 170.
7) Hugh Seton-Watson, *Neither War nor Peace*, London, 1960, p. 185.
8) Brendan O'Leary and John McGarry, *The Politics of Antagonism: Understanding Northern Ireland*, London, 1996, pp. 71-74.
9) John Hutchinson, "Cultural Nationalism, Elite Mobility and National-building: Communitarian Politics in Modern Ireland", in *British Journal of Sociology*, Vol. 38, No. 4, 1987, pp. 483-486.
10) Brendan O'Leary and Gerry McGarry, *supra* note 8, pp. 74-79.
11) *The Report of the President of Queen's College*, XXIV, Galway, 1858-59, pp. 659-679.
12) Theodore W. Moody and James C. Beckett, *Queen's Belfast 1845-1949: The History of*

a *University*, London, 1959, pp. xliv-xlv.
13) Seymour M. Lipset, *Political Man: The Social Bases of Politics*, New York, 1960, p. 300.
14) Census of Ireland 1841, General Report.
15) Jacquline R. Hill, "The Intelligentsia and Irish Nationalism in the 1840s", in *Studia Hibernica*, Dublin, Vol. 20, 1980, p. 77.
16) *Ibid.*, pp. 77-78.
17) Seán Cronin and Richard Roche (eds.), *Freedom the Wolfe Tone Way*, Tralee, 1973, p. 78.
18) Charles O'Conor, *Dissertations on the History of Ireland: To which is Subjoined, a Dissertation on the Irish Colonies Established in Britain*, Dublin, 1766.
19) Gearoid O. Tuathaigh, *Ireland before the Famine 1798-1848*, Dublin, 1972, pp. 160-162.
20) *Nation*, 9 December 1843.
21) R. Dudley Edwards, "The Contribution of Young Ireland to the Development of the Irish National Idea", in Seamus Pender (ed.), *Feilscribhinn Torna: Essay and Studies Presented to Professor Tadhg Ua Donnchadha*, Cork, 1947, pp. 115-133.
22) *Nation*, 16 January. 1847.
23) Irish Press (ed.), *History and Proceedings of the '82 Club*, Dublin, 1945.
24) *Freeman's Journal*, 12 July 1848.
25) *Freeman's Journal*, 21 November 1849.
26) Malcolm Brown, *The Politics of Irish Literature from Thomas Davis to W. B. Yeats*, London 1972, p. 27.
27) Ernest Gellner, *supra* note 3, p. 166.
28) Anthony D. Smith, *Theories of Nationalism*, New York, 1983, pp. 230-254.
29) マルクス『資本論』第1巻、『マルクス=エンゲルス全集』第23巻(b)、大月書店、980頁。
30) Adam Smith, *An Inquiry into the Nature and Causes of the Wealth of Nations*, 1776, edited by the Modern Library, New York, 1937, p. 651.
31) *Ibid.*, p. 740.
32) Anthony D. Smith, *supra* note 28, pp. 230-236.
33) 松塚俊三「リテラシィから学校化社会へ」岩波講座『世界歴史22』1998年、246、254-255頁。
34) Anthony D. Smith, *supra* note 28, p. 232.
35) *Ibid.*, pp. 234-235.
36) *Ibid.*, pp. 235-236.
37) Ernest Gellner, *supra* note 3, p. 172.
38) Emmeline W. Cohen, *The Growth of the British Civil Service 1780-1939*, London, 1941, p. 70.
39) Thomas Davis, *Literary and Historical Essays*, (edited by Charles Gavan Duffy), Dublin, 1845, p. 208.
40) Oliver MacDonagh, *Ireland: The Union and its Aftermath*, London, 1977, p. 41.
41) *Ibid.*, p. 41.
42) *Nation*, 4 November 1843.
43) R. Barry O'Brien, *Dublin Castle and the Irish People*, Dublin, 1909, pp. 10-17.
44) Peter Jupp, "Irish M. P. s at Westminster in the Early Nineteenth Century", in J. C. Beckett (ed.), *Historical Studies*, Vol. 7, London, 1969, pp. 65-80.

45) Vincent T. H. Delany, *The Administration of Justice in Ireland*, Dublin, 1970, pp. 79-80.
46) Emmeline W. Cohen, *supra* note 38, pp. 75-153.
47) O'Connell Papers, August 1840, MS. 13649, No. 2735, in National Library Ireland (Dublin).
48) Jaqueline R. Hill, *supra* note 15, pp. 99-100.
49) *Pilot*, 23 April 1847.
50) Gilbert A. Cahill, "Irish Catholicism and English Toryism", in *Reviews of Politics*, Vol. 19, No. 1, 1957, pp. 62-76.
51) *Freeman's Journal*, 27 October 1841.
52) Peel to De Gray, 22 August 1843, Add. MS 40478, in British Museum.
53) Kevin B. Nowlan, *The Politics of Repeal: A Study in the Relations between Great Britain and Ireland*, 1841-50, London, 1965, pp. 59-60.
54) William Sharman Crawford to Smith O'Brien, 8 September 1847, in *Smith O'Brien Papers* (National Library Ireland), MS. 439, No. 1984.
55) Jaqueline R. Hill, "The Protestant Response to Repeal: The Case of the Dublin Working Class", in Francis S. L. Lyons and R. A. J. Hawkins (eds.), *Ireland under the Union: Varieties of Tention*, Oxford, 1980, pp. 35-68.
56) Anthony D. Smith, *supra* note 28, pp. 236-241.
57) Raymond Moley, *Daniel O'Connell: Nationalism without Violence*, New York, 1974, pp. 34-35.
58) John Hutchinson, *supra* note 1, pp. 102-103.
59) *Pilot*, 15 May 1840.
60) John Hutchinson, *supra* note 1, pp. 97-98.
61) *Ibid.*, pp. 97-100.
62) *Ibid.*, pp. 104-106.
63) *Ibid.*, pp. 100-102.
64) Jaqueline R. Hill, "Nationalism and the Church in the 1840s: Views of Dublin Repeaters", in *Irish Historical Studies*, Vol. 19, No. 76, 1975, pp. 391-395.
65) Jaqueline R. Hill, *supra* note 15, pp. 108-109.
66) James C. Beckett, *The Anglo-Irish Tradition*, London, 1976, pp. 100-102.

第3章 19世紀アイルランドにおける
　　　　ナショナリズム運動(2)

第1節　大飢饉後のナショナリズム運動をめぐる社会的前提

　大飢饉以後、アイルランドのナショナリストの運動は、1つの転機を迎えることになる[1]。それは、アイルランド共和主義者同盟（IRB）の台頭である。この運動は、武力闘争を積極的な手段として位置づける傾向を持ち、1865年と1867年に武装蜂起していた。しかし、いずれの武装蜂起も失敗に終わったものの、組織そのものはジョン・ディボイやマイケル・ダビットらによって維持されていく。

　1858年に設立された新しい革命的なナショナリスト運動、すなわちフィニアン運動は、アメリカ合衆国に移住した青年アイルランド党のメンバーを中心としていた。この運動は、アメリカ合衆国とアイルランドに二重の指導部を持つ組織であり、アイルランドにおける共和国の建設を大衆的な運動を通じて推し進めようとするものであった。この組織は1867年蜂起において、諸々のカトリック系組織の連合王国に対する不満を駆り立てるとともに、アイルランド問題を国際的な問題にする作用を持っていた[2]。

　大飢饉以後、主要な争点は、1つに土地問題にあったが、もう1つ重要な争点として、この時期、カトリック教会による教育改革要求が浮上してくる。それは、主に初等、中等学校と大学において、プロテスタントが持つ特権を撤廃させることに目的があった[3]。こうした情勢を受けて、イギリス政府はアイルランドにおける新しい改革――アイルランドのイギリス化、つまり同化政策――をいっそう強化するようになる。そこでイギリス政府は、アイルランドの近代化推進とあいまって、教育を受けたカトリック系住民をイギリス国家の中

に体制内化するための政策を進めるようになる[4]。

　イギリス政府は、こうした政策の一環として、1869年に、チャーチ・オブ・アイルランドに対して、これを国教会として特別扱いすることを中止する。そして、1870年には、アイルランドにおいても競争試験が本格的に導入されるようになる。このことは、行政サービス部門における職員採用に際して、カトリック系住民にその門戸が開かれることを意味していた。同時に、教育や専門職養成に関わって、1878年に、アイルランド中等教育法が導入されると、カトリック系の子供たちに対して中等教育を受けるための資金を補助する制度が整備されるようになる。そして、1897年には、ロイヤル・ユニバーシティ・オブ・アイルランドと7つの師範学校の設置が行われた。これらはスコットランドやウェールズと同様に、イギリス的な教育を受けたカトリック系中間層を生み出し、イギリス化することを目的とした政策であった[5]。

　表3-1を見ると、カトリック系住民の上級学校への進学は、1891年から1911年にかけて飛躍的に拡大していることがわかる。

　カトリック系住民が中等教育課程に進学する割合は、1871年から1911年の間に、50％から73％と拡大し、実数ではほぼ2.5倍以上にまで増大している。そして、これにともない、専門的な職業に就く割合も増大する傾向を示しつつあった。表3-2は、1861年から1911年の間に、カトリック系住民が、法律家、医療関係、教師、公務員など一定の教育水準を必要とする職業に占める割合が高まっていることを示している。当時、クロンゴウスやキャッスルノックなどのカトリック系のカレッジでは、競争試験のための特別クラスを編成するという状況が生まれていた。そして、1899年から1900年の間に、専門的な職業訓練のためのカレッジに約900人の学生が就学していた。ただし、カトリック系住民が大学に進学することについては、依然として限られたものであった[6]。

　1861年の国勢調査を見ると、カトリック住民は全人口の77.69％を占める最大宗派であった。当時、治安に関わる機関に採用されていたカトリック系住民は18％であり、政府機関の職員には39％程度が採用されていた[7]。

　イギリス政府は、教育制度改革に照応して、カトリック系住民の行政サービス部門への進出を促す政策を進めようとする。かかる政策の一環として、4つの行政機関が設置されている。それは1881年の土地委員会、1891年の人口過

表3-1　1871年―1911年におけるカトリック系生徒の中等教育への進学状況

	1871年	1881年	1891年	1901年	1911年
中等教育機関に進学するカトリック系生徒数	12,274	12,064	15,430	25,647	31,742
進学率（％）	50	50	55	68	73

（出典）　John Hutchinson, *The Dynamics of Cultural Nationalism: The Gaelic Revival and the Creation of the Irish Nation State*, London, 1987, pp. 260.

表3-2　1861年―1991年におけるカトリック系知識人の就労状況（％）

	1861年	1871年	1881年	1891年	1901年	1911年
法律専門職	34	35	40	41	44	44
医療関係	35	34	39	39	43	48
公務員	39	50	54	53	59	61
教師	57	62	64	62	62	69
建築家、会計士、技術者	31	43	45	42	42	46
アイルランドにおけるカトリック系住民人口数	4,505,265	4,105,867	3,960,891	3,547,307	3,308,661	3,242,670
人口比（％）	78	77	77	75	74	74

（出典）　*Ibid.*, p. 262.

密地域委員会と農工教育局、1911年の全国保険委員会である。これらの機関は1914年段階で、その50％となる5,000人あまりの職員をカトリック系住民から採用していた[8]。アイルランドにあるその他の行政諸機関において採用されている者を加えると約2万4,000人相当になり、そのうち2万人は郵便局職員として採用されていた[9]。

　表3-2によると、最も顕著な伸びを見せているのが、公務員であり、1870年の競争試験導入の効果が見られる部門である。かかる部門では、1861年段階では、39％（420人）であったものが、1911年には61％（5,998人）と10倍以上の拡大を示している。そして、上級の機関でポストを得ていたカトリック系の職員は29％程度存在していたと見られている。そのほか、法律職を見ると、1871年段階で、全体の35％（736人）であったものが、1911年には44％（999人）に拡大している。また、医療関係についても、同様に、1871年から1911年にかけて、34％から48％に拡大していたのである。しかもこの数字は、イギリス本土と帝国内において職を得た者の数は含まれていない。これを含めると、少なく見積もっても、アイルランドでの数字の1.5倍程度にはなると考えられている[10]。

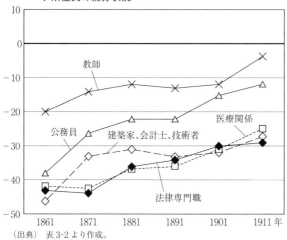

図 3-1　全人口に占めるカトリック系人口から見たカトリック系住民の就労状況

（出典）表 3-2 より作成。
（備考）1861 年から 1911 年までのカトリック系人口を基準値 0 として、各 5 つの分野でのカトリック系住民の就業率を試算した。

しかし、現実には、そうした教育を受けたカトリック系中間層はイングランドやその他の地域に専門的な職を求めて移動せざるを得なかったという実態がある。図 3-1 によると、1911 年まで、カトリック系住民はかれらがアイルランドの全人口に占める割合に比例して、専門的な職種で雇用されていたとはいえない実態があった。カトリック系住民にとって雇用状況の改善が見られたのは、下級の公務労働、教師、社会的に評価の低い専門職、事務職に限られていたのである。高い専門能力を必要とする職種はプロテスタントに限られていたし、公務員の場合を見ても、1906 年まで約 1600 の上級ポストについても同様の傾向を示していたのである[11]。

また、表 3-3 が示しているように、民間部門を見ても、ホワイトカラーとされる職種においては、カトリック系住民の占める比率は人口比を下回る傾向を示していた。19 世紀後半、アイルランドでは、金融部門、商業部門、交通部門の拡大を見ていたが、採用にあたって、プロテスタント系住民と同等の教育を受けていたとしても、カトリック系住民を排除するような条件が存在していた。たとえば、銀行業の場合では、入行を希望する銀行に一定の預貯金があるかどうかや 6 ヶ月から 1 年の無給による試用期間を設けるなどの条件がつけられていた[12]。また、その他の部門においても、多くの場合、売り子などの不安定な雇用条件のもとに置かれていたのである。そして、のちのゲール語復興運動を大衆的に支える母体層となっていくのが、こうした不安定な雇用条件のもとで働く教育を受けたカトリック系住民であった[13]。

表3-3　1871年—1911年における民間事業所におけるカトリック系の就労状況（%）

	1871年	1881年	1891年	1901年	1911年
民間事業所に就労するカトリック系事務職員数	51	53	46	48	48

（出典）　John Hutchinson, *The Dynamics of Cultural Nationalism; The Gaelic Revival and the Creation of the Irish Nation State*, p. 273.

　当時、カトリック系住民は、条件つきではあっても法律家や医師など伝統的に地位ある職業に就くことが形式的に可能になっていた。実際、20世紀初頭のユニバーシティ・カレッジ・ダブリンでは、こうしたカトリック系中間層を多数輩出するようになっていた[14]。だが、それゆえ、職業のポスト数に対して就労希望者数が上回るという問題が生ずることになった[15]。

　この時代、カトリック系の中間層は社会的上昇の可能性を獲得したかに見えたが、そこには、過剰な競争と宗派的な差別の問題が実態として存在していたのである。結果として、中等教育以上の学校を卒業したカトリック系住民は、高い失業率の中で、自分の能力を活かすことのできない職業か希望しない職業に就くのかという選択を迫られていたのである[16]。しかも、カトリック系住民はその全人口に占める人口比の高さから、プロテスタント系住民やイギリス本土からやって来た者に比べ、はるかに厳しい過剰な競争を強いられていたのである[17]。

　たとえば、医師の場合は、イギリス本土および帝国内で職を探すことができたが、公務員職の場合は必ずしも良い条件のもとにはなかった。公務員職において、カトリック系住民には3つの障害が存在していた。第1は、アイルランドにおける競争試験が過剰競争になっていた点である。第2は、採用にあたっての宗派的な制約である。当時、カトリック系住民を排除するために、カトリック系学校の卒業生よりもトリニティ・カレッジのプロテスタント系卒業生が有利になるように、競争試験の科目として、ラテン語、英語、法学が加えられていた[18]。第3に、行政機関の各部門のトップにはイギリス政府から派遣された者が任用されていたため、現地採用のカトリック系中間層の昇進の機会は著しく制限されていたのである[19]。

　とくに、カトリック系中間層の進路として注目されるのが教師職である。この分野においても、志望者の社会的過剰という問題が存在していた。そして、

処遇や給与、昇進、終身雇用の保証などの点で、プロテスタント系住民やイギリス本土からやってきた者に比べて、著しく劣悪な状態に置かれていた。しかも、職務上、アイルランドの歴史や文化に関するカリキュラム作成には関与できない地位に置かれていたのである[20]。当時、教師の職にあった女性活動家のハンナ・スケフィントンは、こうしたアイルランドのカトリック系知識人が置かれている実態について、「大学を卒業した人たちが、腕の良い調理師なら鼻であしらうような賃金しか受け取っていないことを私は知っている」[21]と述べている。すなわち、教育を受けた中間層のカトリック系住民にとって、イギリス国家は平等な機会を獲得できる場所ではなかったのである。カトリック系住民に対して、形式的に社会的な上昇の可能性が広がったことが、同時に政府に対する抵抗運動を引き起こす前提条件を提供することになったのである。

第2節　ゲーリック・リーグとオウン・マクニール

　大飢饉以降、アイルランドにおいて、文化的ナショナリズム運動の先駆けとなったのは、1876年に設立されたアイルランド・ゲール語保護協会（Society for the Preservation of the Irish Language）と、1878年にスタンディッシュ・ジェームズ・オグラディの『英雄の時代』（*The Heroic Period*）の出版であった。そして、こうした動きは、1884年のゲーリック体育協会（GAA）の設立、1885年のダブリン・ユニバーシティ・レビューの刊行、1883年にロンドンで結成されたサザーク・アイルランド文芸クラブ（Southwark Irish Literary Club）とこれを継承した1891年のアイルランド文芸協会（Irish Literary Society）、1892年にダブリンで結成されたアイルランド全国文学協会（Ireland National Literary Society）など、1890年代までに、散文詩作家や民俗研究家を巻き込み、1893年のゲーリック・リーグ（GL）の結成と1899年のアイルランド文芸劇場の設立に至ることになる。これらは、政治的な要求や党派性を正面に掲げるような運動形態を採用していなかったが、ケルト文化の再興とアイルランド島西海岸に住む50万人にのぼるアイルランド・ゲール語話者とその習慣を守ることを主たる目的とした大衆運動であった[22]。

　こうした諸々の運動の中でも、アイルランドのナショナリズム運動史におい

て重要な役割を果たしたと考えられている組織がGLである。GLは、アイルランド・ゲール語とゲール的伝統の復興を主たる目的とした組織であった。アイルランドやイギリスにおけるGLに関する研究の多くに、その創始者とされているダクラス・ハイドを19世紀後半のアイルランドにおける文化的ナショナリズム運動の代表的な活動家として取り上げる傾向が見られる[23]。しかし、文化的ナショナリズムの運動と政治的ナショナリズムの運動の相互関係から問題を立てると、GLの設立に携わり、のちにアイルランド義勇軍を結成し総司令官として活動したオウン・マクニールの存在を忘れてはならない。

IRBの幹部メンバーであったパトリック・サースフィールド・オヒガーティは、マクニールについて、「アイルランド義勇軍結成の功績はオウン・マクニールに帰するものである。かれは絶好の機会に行動し、運動が生み出された。1893年のGL結成において重要な役割を担ったように、今、かれは真に重要な役割を果たしている人物である」[24]と発言している。このオヒガーティの発言について、マクニールの政治的役割を把握するという文脈からすれば、文化的ナショナリズム運動と政治的ナショナリズム運動との相互関係において、マクニールは2つの運動を結びつける接合点に位置する活動家と考えることができる。

ここでは、オウン・マクニールの活動を中心にGLの活動を見ることにしたい。GL結成の契機は、ダグラス・ハイドが行った1891年のニューヨークでの講演に求められることが多い。この講演において、ハイドが提起した問題はアイルランドの脱イギリス化であり、のちにGLの基本理念として確認されていくものであった。しかし、この講演は当時、必ずしも支持されたわけではなく、むしろ非現実的なものであると理解されていた[25]。

状況が動き出すのは1893年である。アメリカのカトリック系アイルランド人を主たる読者とするゲーリック・アメリカン紙に掲載されたハイドの講演録に刺激されたマクニールは、「アイルランドの脱英国化」を基調とした論考("A Plea and a Plan for the Extension of the Movement to preserve and Spread the Gaelic Language in Ireland")を自らが編集する月刊誌ゲーリック・ジャーナル(*Gaelic Journal*)に掲載する。これが発端となって、ダブリンのグレート・ノーザーン鉄道の重役ジョセフ・H・ロイドがマクニールに対して財政支援を行うように

なる。そして、マクニールはダグラス・ハイドをはじめとしてロイヤル・アイリッシュ・アカデミーのメンバーや教会関係者に向けて、新しいアイルランド・ゲール語復興運動の結成集会の開催を呼びかける書簡（1893 年 6 月 12 日付）を送付する。マクニールが仕掛けたこの運動は、1893 年 7 月 31 日、ダブリンで集会が持たれ、GL が結成される。かくて、この集会でリーグの指導部が選出され、ダグラス・ハイドを総裁に、マクニールが事務局長、そしてロイドが財政部長に就任することになる[26]。

マクニールは 1867 年 5 月 15 日、アルスター地方アントリムのグレンアームでベイカーリー店を営むアーチバルド・マクニールとロゼッタ・マコーリーの四男として生まれた。かれの父親であるアーチバルドはダニエル・オコンネルの支持者であり、グランアームでのオレンジ・ロッジのデモに反対して起訴された経歴を持つナショナリスト支持者であった。また、かれの伯父にあたるチャールズ・マコーリーはカトリックの神学者であったが、ゲール的な伝統に強い愛着を持つ人物であった。マクニールは、こうしたナショナリスト的な家庭環境の影響を強く受けつつも、中等教育課程に進み、公務員になるための競争試験の受験を目指しており、イギリス的価値観への適応と過度な競争の中に置かれた当時のカトリック系中間層の若者の 1 人であった[27]。

マクニールは公務員採用の希望を実現することができたが、過度な競争と採用されたとしても下級業務に位置づけられるという状況の中で、既存の教育制度と官僚システムに反発し、アイルランドの習慣や言語に強い関心を寄せるようになる。そして、マクニールはダブリンの役所において下級書記官の職を得た直後の 1887 年に、アイルランド・ゲール語の習得を決意する。その後、当時のロイヤル・ユニヴァーシティに進み経済学と法制史を修め卒業すると、カトリック教会の聖職者たちが集うアイルランド史研究の活動に参加するようになる。そして、政治的には、マイケル・ダビットの土地同盟が採用した路線に深く心酔するようになる。かれをナショナリズム運動に駆り立てたのは、他のナショナリストと同様に、イギリス政府によってもたらされたカトリック系住民に対する社会的な不平等への不満であった[28]。

そこで、かれは、1890 年から 1895 年にかけて、エドモンド・ホーガン師のもとで、中世に書かれたアイルランド・ゲール語の書物を研究し、アイルラン

ド史研究の第一人者として認められるようになる。のちに、かれはメイノースでアイルランド・ゲール語の教授となり、ゲーリック・ジャーナル誌の編集長であったユージーン・オウグロウニーの勧めで、アラン島に赴く。そして、マクニールは、イギリス国家と英語の影響力から隔絶されたこの島をゲール文化復興の精神的な拠点と考えるようになる[29]。

ここでポイントとなるのは、GL の組織内におけるマクニールの位置である。GL の結成以降、マクニールは GL の書記局長に就任するとともに、1894 年から 1897 年までゲーリック・ジャーナル誌の編集長を兼務することになる。そして、GL の機関紙[30]の編集を指導し、1895 年には、アイルランド・ゲール語のテキスト、ゲール音楽や楽器の販売を手がけるようになる。事実上、マクニールは、GL の運動方針や思想状況を左右できる立場にあったと考えられ、ダブリンにおける GL メンバーの人脈を掌握するとともに、ロイドを介する形で組織財政に影響力を持つ位置にあった。そして、マクニールはカトリック教会の聖職者とのネットワークを仕切るなど、カトリック教会との間に強いパイプを構築し、GL に対するカトリック教会の支持を取りつけることに成功していた[31]。これらの点から見て、ダブリンから離れたロスコモンを拠点としていたハイドは GL の代表として指導部に参加をしていたが、実際には、GL の組織運営を握り指導的な役割を担っていたのはマクニールであったと考えられるのである。

GL のスタンスを考えるにあたり、2 つの事件が重要である。第 1 に、GL は、1890 年代、学校教育におけるアイルランド・ゲール語の必修化を進めるキャンペーンを展開していた。この活動は、1899 年、トリニティ・カレッジの学寮長であったジョン・ペントランド・マハフィーが中等教育の教育課程からアイルランド・ゲール語を排除しようとしたことにより始まった反対闘争を機に、大衆的に認知されるようになる[32]。だがこの動きに対して、議会主義的な政党やカトリック教会などは GL と距離を置く姿勢をとっていた。かかる反対運動は、GL の指導のもと、都市の下位中間層を支持母体としていた。その活動は、ゲールタハト地域[33]に息づいている地域文化や生活様式を理想化する傾向を強く持っていたのである。

第 2 に、1909 年、新しく再編されたナショナル・ユニヴァーシティにおける

入学要件について、アイルランド・ゲール語を必須とすべきかどうかをめぐって、2つのナショナリスト勢力が対立していた。この2つの勢力は、GLとジョン・ディロンが指導するアイルランド議会党（IPP）であった。ディロンはアイルランド・ゲール語に対しては心情的な理解を示しつつも、「必須」とすることには反対していた。ディロンにとっては、アイルランドのネイションとしての自律性を担保するものは、アイルランド人による自治政府の樹立にほかならなかった。それゆえ、アイルランド・ゲール語を過度に強調することは、プロテスタントとカトリックを分裂させるばかりか、アイルランド・ゲール語と英語の話者を分断することになり、統一した政治運動を組織できなくなるという立場に立っていた[34]。これに対して、GLはディロンらが主張する自治政府の樹立に対しては支持の立場をとっていたが、GLにとって、アイルランド・ゲール語はアイルランドにおけるゲール的伝統と歴史的なネイションとしてのアイルランドを示す生命線であったがゆえに、「必須」化は避けられない要求であった[35]。

　マクニールは、アイルランドの政治的自立とアイルランド・ゲール語との関係について、「私の立場からすると、アイルランド人のナショナリティは他と区別されるアイルランド文明を意味するものではないとしたら、アイルランドの国家的独立にそれほど大きな価値を見出さないであろう。私自身、個人的な自由を求めるとしても、それは私自身がそうあり、私自身の人生を自分らしく生きるためであり、他人の使い古した古着を着て生きることではない。たしかに、人間の自由について、人は模倣者であるかもしれない。しかしそれは自由を自主性もなく使うことではない。もし私がわが民にナショナルな自由を求めたならば、それはかれらがかれら自身のやり方でかれら自身の人生を歩むためであり、かれら自身のナショナリティ、かれら自身の他と区別される文明空間を維持し発展させるためである」[36]と述べている。

　GLは、政治性と党派性の排除を運動の原則としていたがゆえに、プロテスタントやユニオニストからの支持を取りつけることができていたが、このマハフィー問題とナショナル・ユニヴァーシティの大学入学要件問題は、GLの運動に政治的な色彩を与えることになる[37]。

第3節　1890年代の政治情勢とゲーリック・リーグ

　大飢饉以後、アイルランドにおける政治的ナショナリストの運動には2つの潮流が見られる。1つは、武装闘争も視野に入れたIRBから20世紀のシン・フェイン党（SF）につながるリパブリカンの流れである。もう1つは、議会主義的なナショナリスト運動を継承し、IPPに至る主流派ナショナリストの流れである。

　まず、リパブリカンについて見ると、この潮流は、大飢饉以降、主にアメリカで設立されたフィニアンとして知られるIRBに組織されていた。1865年と1867年の武装蜂起の失敗を受けて、アイルランドにおけるフィニアンは、1868年以降、ジョン・ティボイとマイケル・ダビットが革命的煽動と農民への啓発、議会主義勢力との共同という新しい方針のもとで、運動の再建を進め、1878年にはダビットを軸にして土地同盟が設立された。当時、IRBは、アイルランドにおける土地問題をめぐる闘争は革命的ナショナリストの政治的運動を促進するものであるという認識に立っていた。そして、アイルランドの独立を目指す議員グループを組織するとともに、イギリス議会から議員を引き揚げさせるというボイコット戦術を採用していたのである[38]。その後、IRBは1883年のイングランドでの爆弾攻撃運動に失敗し、主要な指導者は投獄またはアメリカへ脱出する。これにより、IRBの運動は大きく後退することになる。

　以上のように、リパブリカンの運動が後退する状況下にあって、アイルランド政治の中で重要な位置を占めることになるのが、議会主義的なナショナリストの潮流である。この潮流は1840年代のダニエル・オコンネルのリピール運動を源流に持つものである。そして、プロテスタントを中心としたホーム・ルール（アイルランド自治）要求が政治課題になってくる1870年代、アイザック・バット、ジョージ・バーナード・ショウ、ウイリアム・ショウの指導のもとにホーム・ガバメント・アソシエーション（Home Government Association）[39]およびホーム・ルール・リーグ（HRL）[40]の運動が現れてくる。

　ここで留意すべき点がある。それは、1870年代に展開されるアイルランド自治を求める運動がカトリック系のナショナリスト勢力からではなく、プロテス

タント系ナショナリスト主導で展開していくことにある。それは、イギリス政府によるカトリック解放政策の進展と密接に関連していた。アイルランド自治要求は大飢饉とオコンネルのリピール運動の崩壊を受けて、2つのベクトルを持つようになっていた。それは、イギリス国家からの完全な分離を展望するリパブリカンと、漸進的改革を重視し1860年代には自治要求を半ば放棄するに至っていた修正主義的なナショナリストである。後者の運動は、アイルランドの改革はイギリス議会から獲得されるものであり、連合王国内にとどまることにより改革をスムーズに進めようとする立場をとっていた。この立場はポール・カレン枢機卿らを中心として1860年代に運動の拡大を見る。その帰結が、1869年のアイルランド教会法の成立であった。このことは、1829年のカトリック解放法ともあいまって、プロテスタント勢力にとって、イギリス政府との特権的な関係が解体されるとともに、とくにプロテスタント系中間層からすると、カトリック系中間層と同様に厳しい社会環境のもとに置かれることを意味していたのである[41]。

　こうした情勢を反映する形で、1870年に、アイルランド生まれのプロテスタントを軸にホーム・ガバメント・アソシエーションが結成される。この団体は1800年以前の状態に回帰することを目的としていたわけではなく、カトリックをめぐるアイルランド社会の変化を前提に、プロテスタント勢力がそれにいかに適応していくべきかという立場に立っていた。むしろ、イギリス政府が頭越しにアイルランドの改革を進めていることに対する反発から、政治的な意思決定に関わる自主権の獲得を主たる課題に置いていた。しかし、現実には、大衆的な要求はむしろ土地改革、雇用拡大、カトリック系大学の設置などにあった。それゆえ、1870年代の運動方針には、第1に土地問題が位置づけられており、自治問題は二次的課題とされていた[42]。

　1880年総選挙で、HRLの議長であったチャールズ・スチュアート・パーネルが3選挙区で当選するなど、ナショナリストの勢力が拡大すると、ナショナリストの協力を得た第2次グラッドストン自由党政権は1881年にアイルランド土地法を成立させた[43]。パーネルらのナショナリストはこの土地問題による勝利を受けて、運動の再構築を求められることになる。そして、新たな局面での運動方針には、アイルランド自治の達成が最も重要な政治課題として位置づ

けられるようになる。

　こうした情勢の中、1882年10月、アイルランド系アメリカ人の家系を持ちプロテスタント系地主階級出身であるパーネルが総裁を務めるアイリッシュ・ナショナル・リーグ（INL）をベースに、HRLを巻き込む形でIPPが結成される。つまり、1880年代、IPPはアイルランドの政治的ナショナリズムの本流に位置する政党であったということができる。また、この政党はそれまでの政治結社が緩やかな組織形態をとっていたのとは対照的に、厳格な党則と集権的指導を原則とした近代的な組織政党であった。そして、この政党はカトリック教会との密接な関係を背景に592の支部を全国に持つとともに、全国に1,262支部を持つINLに支えられた党であった[44]。

　1880年から90年代、アイルランドの政治的ナショナリストの運動は大きくその配置を変容させることになる。土地問題に一定程度目処がついた時点で、ホーム・ルール法案問題が、自由党の動向ともあいまって、争点となって浮上してくる。この局面において、IPPの議会主義的なナショナリストは、自由党と保守党の間にあって、キャスティングボートを握るという状況を作りつつも、現実には、自由党と保守党の政権争いにアイルランド問題が左右される関係にあり、問題解決に向けたイニシアティブを取れる状況にはなかった。

　このことは、1889年を前後して発生したパーネルをめぐる政治危機からも明らかである。この危機はパーネルとキャサリン・オシェイの不倫問題との関係で説明されることが多い。しかし、この危機の背景には、自由党の圧力が存在していた。自由党は1886年の第1次ホーム・ルール法案の否決と党の分裂、野党への転落という事態に直面し、党が下野した原因をIPPとの協力関係を重視するあまり、性急にホーム・ルール法案を提出したことに求める見解が大勢を占めるようになる。そして、こうした事態を招いたグラッドストンの責任を追及する動きが強まる。こうした党内情勢の中で、自由党指導部はIPPに対して、自由党との協力関係を継続する前提として、ホーム・ルール法案の成立に強い執着を持つパーネルの退陣を強く求める態度に出たのである。これは次期選挙で政権獲得に必要な議席の致命的な部分を失うことを覚悟しての決断であった。つまり、自由党は党の団結を優先し、パーネルのスキャンダルを利用する形で、IPPに圧力をかけたのである。自由党の強い要求に対してカトリック

教会と IPP メンバーはパーネルが退陣せず、党総裁として指導的地位にとどまることは、将来のアイルランド自治の達成を妨げる障害物になるという見解を出し、党副総裁のジャスティン・マッカーシーを党首に押す動きをとる。グラッドストンは、1890 年 11 月、マッカーシーに対して、パーネルの退陣がなければ、自らの指導力も失われ、ホーム・ルール法案は棚上げにされるであろうと伝え、パーネルに退陣を迫ることを約束させている。しかし、パーネルは自由党の要求を拒否し、指導者としての地位にとどまったのである。こうしたパーネルの行動は、党内の親パーネル派と反パーネル派の軋轢にいっそう拍車をかける契機ともなった[45]。

このように、ホーム・ルール問題について目処が立たない情勢の中、議会主義的ナショナリストの運動方針はホーム・ルール法案の扱いによって左右され、結果的には自由党の動きに従属する関係におかれていた。このことが、リパブリカンや非主流派のナショナリストのみならず、IPP メンバーをして議会主義的運動に対する焦燥感と無力感を拡大させる契機となっていた。こうした状況に追い討ちをかけるように、1892 年総選挙で成立した第 4 次グラッドストン自由党政権が提出した第 2 次ホーム・ルール法案が再度否決されると、IPP はその求心力をいっそう弱めることになる。

1892 年、IPP は分裂の危機に立たされる。ジョン・レドモンドの親パーネル派とディロンの反パーネル派との分裂である。すでに、1891 年のディロンによるアイリッシュ・ナショナル・フェデレーション（INF）の結成にその兆候が現れていた。そして、1895 年には、IPP の指導者の 1 人であったウィリアム・オブライエンが離党し、ディロンの支援を受けて、ユナイテッド・アイリッシュ・リーグ（UIL）をメイヨー郡ウエストポートで結成する。他方で、ジェームズ・コノリーのアイルランド社会主義共和党（ISRP）やアーサー・グリフィスの SF の結成に向けた動き、またジェームズ・ラーキンらによる社会主義運動の拡大など、新たな運動の組織化が進む。かくて、IPP はその求心力を失う中で、土地同盟期のように、リパブリカンを含むナショナリスト諸勢力を包摂し得る運動を展開できず、それゆえ政治的ナショナリスト諸派はセクト的分裂状況に至っていた[46]。

ここで翻って、このようにナショナリストの団結が弛緩し、運動が後退しつ

つある局面の中で、GL の結成とその活動の政治的な意味を把握することが重要である。GL は非党派性を原則とした。このことは戦略的目標、運動方針、組織原理に関して厳しい縛りを持たず、かつ文化的・教育的領域に限定された活動に拠点を置いていたがゆえに、多様なスタンスをとるナショナリストを巻きこむ前提条件となっていた。それゆえ、GL は、政治的な要求やイデオロギー上の相違を内包しつつも、アイルランドの伝統と言語を守り、育て、発展させるというナショナリストにとって否定しがたい目標、その一点において結束し得る場を提供することができたのである。つまり、政治的ナショナリストがセクト的分裂状況に至る中で、その受け皿としての役割を GL が担ったと考えることができるのである。

第 4 節　オウン・マクニールのナショナリズム論

ここで、マクニールのナショナリズム論を検討するにあたり、「アイリッシュ・アイルランド」なる概念が重要な意味を持つことになる。この概念は、1840 年代のトマス・デービスや青年アイルランド党の文書の中にも見られるものであるが、1890 年代に入り、ダグラス・ハイドの「アイルランドにおける脱英国化の必要性」を説いた講演とその講演録が契機となって、定式化が行われることになる。そのモチーフは、アイルランドの文化的、経済的な自立を図る上で、政治的な自主性は不可欠のものであるというスタンスに立つものであった。それゆえ、アイルランド的な価値を侵食し破壊している源をイギリス国家に求め、反英闘争の手段としてアイルランド・ゲール語の復興とアイルランド的社会秩序の積極性を再確認するという点に収斂するものであった[47]。これは、GL を経由して、デイヴィッド・パトリック・モーランらカトリック系知識人を中心に、アイルランドにおけるプロテスタント優位の打破を目的としたアイリッシュ・アイルランド運動の理論的前提を提供することになる[48]。

さて、マクニールは、まずアイルランドにある独自の共同性を強調することによって、アングロ＝ノルマンの侵入以来、アイルランド・ゲール語を社会発展の過程から排除したイギリス国家を擁護する人々を攻撃することから出発する。そして、ネイションを国家権力と結びつけようとする合理主義的な考え方

に警告を発し、アイルランドのネイティブな人々の起源を強調するのである。マクニールは、その代表的な著書の中で、「われわれは、ばらばらの人々から形作られた1つのネイションという明確な概念を知っている。だが、そうした人々が、自分たちが生まれた大地にその起源を求めることによってこそ、1つのネイションが創られるのである」[49]と主張している。つまり、マクニールにとって、アイルランド・ネイションに関するイメージを創り上げていく前提として、ネイションは自然と文化の単位であり、ナショナルな意識は大衆の下からの自発的な覚醒によって生み出されるべきものであった[50]。

そこで、マクニールは5つの点からアイルランド・ネイションのイメージを定式化している。まず、第1に、アイルランド・ネイションの起源について、アイルランド島に侵入したケルト人が先住民を征服し、そののちブリテン島とガリアからの移住者と融合したことに求めようにする[51]。

第2に、かれはネイションとして成立するのは5世紀末以降のことと考えていた。なぜならば、それは5世紀末までのアイルランドはケルト人とケルト侵入以前からの先住者とにいまだ分裂しており、内部的な混乱の時期であったからだとする。そして、この混乱を取り除いたのが聖パトリックの「奇跡」であり、ケルト文化とキリスト教的エートスとが融合したのを契機に、アイルランド・ネイションの独自性が創り出されていったと考えるのである[52]。

このように、アイルランド・ネイションの起源をケルト的なるものにそのまま流しこむのではなく、キリスト教的エートスによって陶冶されたという契機を重視するのである。

第3に、6世紀から8世紀にアイルランドの「黄金時代」が到来したとし、アイルランドはヨーロッパの中で、ナショナルな文学を創造する先駆けとなったと主張する[53]。そして、その担い手をキリスト教聖職者に求めるのである[54]。

第4に、この「黄金時代」に形作られたネイションとしての共同性とその規範たる「アイルランド法」はその後、ノルマン人が持ち込んだ商業や封建制度を包摂し自分たちのものに変えていく生命力を持ち続けたと主張するのである[55]。そして、なぜアイルランドのゲール的な性格が失われていったのかという点について、マクニールはその原因を17世紀のイングランドによるアイルランド征服に求めるのである。この征服により、アイルランド・ゲール語は排

除され、合理主義的な理念が注入される過程で、アイルランドはそのゲール的性格を失うことになったとするのである[56]。

　第5に、アイルランドの独自性を象徴するものとして、知識人階級や教育を受けた層がアイルランド・ゲール語を捨てていったにもかかわらず、農村地域において、イギリス国家による同化の圧力にも耐え生き残っているアイルランド・ゲール語の存在を強調するのである。そして、この生きた言語であるアイルランド・ゲール語を近代的で大衆的な文化に高めることこそが、アイルランドの再生の鍵であると位置づけるのである[57]。

　このように、マクニールはアイルランド・ネイションの性格をアイルランド・ゲール語とキリスト教的エートスに求めようとしたのである。マクニールは、17世紀以降にアイルランドが置かれた状況を打破する方法を、地方の大衆レベルで生き残っているアイルランド・ゲール語とそれに基づく地方文化をナショナルなものに高めていくことが必要であると考え、排除されつつある言語をアイルランド全体の大衆的な生きた言語に変え、これを近代化推進の触媒とすることに求めたのである。マクニールにとって、アイルランド・ゲール語の復興は、ゲール的なアイルランド・ネイションの再生のために不可欠な手段であり、アイルランド生まれのプロテスタントをも包摂し得るものと考えられていたのである。

　しかし、主にプロテスタントの側から語られるような、アイルランド、ウェールズ、スコットランド、そしてブルターニュを含むケルト・ネイションの再生を念頭に置いた汎ケルト主義に対しては否定的な姿勢をとっていた。つまり、それは、こうした汎ケルト主義はケルト的なるものとカトリック教会とを切り離すものと理解していたからであった[58]。それゆえ、アイルランド・ゲール語の復興運動を推し進める指導的役割をカトリック教会の聖職者たちに求めようとするのである。この点で、マクニールのアイルランド・ゲール語復興の要求は、カトリックとプロテスタントを分かつ契機を内包するものであったといわなければならない。

　また、マクニールは人間の肉体的な特徴に結びつけたネイションの定義を否定し、ナショナルな性格は人間の精神的な部分に属するものと考え、「ネイションは血縁関係に基づくものというよりは、養子縁組関係のようなものであ

る」[59]とし、「血縁意識はアイルランド人のアイデンティティを形作る生きた力ではない」[60]というのである。

　マクニールはかかる運動を具体化する方策として、GLの設立などを通して、初等教育からアイルランド・ゲール語とアイルランドの歴史を教えることのできる教育制度の構築を求める運動を組織しようとするのである。

　1851年国勢調査によると、アイルランドにおいて話されている最大の言語は英語であり、76.7％がアイルランド・ゲール語を話すことができなかった。当時、アイルランド・ゲール語話者はアイルランド人口の23.3％であったと考えられている。そのうち、英語を使うことができず、アイルランド・ゲール語のみを使う者が人口の4.9％であった。1891年国勢調査では、アイルランド・ゲール語話者は14.5％にまで減少しており、85.5％がアイルランド・ゲール語を話さないと回答している。各カウンティでアイルランド・ゲール語話者が減少している中で、ドニゴールでは、人口に占める話者の割合が28.7％から33.4％に増加する傾向を示していた。この時点で、まとまった話者が存在するのは、クレア、コーク、ドニゴール、ゴールウェイ、ケリー、メイヨー、ウォーター・フォードの各カウンティの中の一部の地域に限られるようになっていた。

　1911年国勢調査には、ダブリンなど都市部においてアイルランド・ゲール語への関心やその普及の兆しも見られたが、このことはGLが高等教育を受けた知識人と都市部の下級中間層を基盤としていたことと関係していた。だが、1911年国勢調査では、アイルランド・ゲール語の話者は13.3％であり、アイルランド・ゲール語のみを使用する者も2.9％まで減少していた。アイルランド・ゲール語話者のうち、日常的に使用している話者はゲールタハトと呼ばれる地域に限定されていた。とくに、この調査は、ゲールタハト地域におけるアイルランド・ゲール語話者の傾向的減少がより確実なものとなっていることを示していた。その主たる原因の1つに、アイルランド西部地域において、アメリカ合衆国やイギリス本土への移住者が増加したことと、それにともなう人口の著しい減少という問題が存在していた[61]。

　このことは、GL指導部の危機意識をいっそう深めることになる。GL指導部は、1911年国勢調査の結果を受けて、アイルランド・ゲール語話者である西部地域の零細農民層の流出を防ぐ手立てとして、かかる地域の物質的な生活条件

の改善を求める運動に踏み出し、ゴールウェイ地域において、住居条件と生活水準の向上を図るためのアクション・プランを作成する。しかしながら、この種の動きは、一部のリパブリカン分子によってすでに実行され、社会運動化されていた。また、GLのメンバーであり、月刊誌ザ・リーダー（*The Leader*）を主幹していたデイヴィッド・パトリック・モーランのように、「アイリシュ・アイルランド」のための運動は、アイルランド自治の獲得なしには実現し得ないと考え、ナショナリスト政党に物質的な支援を行う部分も存在していた。そうした中で、GLはより政治的な要求を掲げる運動へと傾斜する動きを強めることになる[62]。

　こうした状況にあって、マクニールは、GL各支部の教育活動の怠慢を非難するとともに、運動の原点に立ち返ることを訴え、ゲールタハトにおいて生きた言語であるアイルランド・ゲール語の保護をあらためて強調するのである[63]。ここで少なくともいえることは、マクニールによる「アイルランド的なるもの」の定式化とその実現に向けた活動は同時に、国家権力の奪取を志向する政治的なナショナリズム運動を刺激する効果を持ったということである。マクニールにおいて、政治権力の掌握という政治的目標は「アイルランド的なるもの」の再生という問題に媒介された課題として把握されていた。それゆえ、かれは非党派的な文化的ナショナリズム運動をベースにしつつ、1913年のアイルランド義勇軍の創設者として、政治的ナショナリズムの活動に強く傾斜していくのである。

小　括

　19世紀後半、大飢饉以後におけるアイルランドのナショナリズム運動は、イギリス政府による「科学主義的国家化」政策の推進とそれにともなう同化傾向の進展を背景に、カトリック系中間層の形式的な社会的上昇が可能となったことと、プロテスタント系住民の優越的地位が解体されるという状況の中で、「アイルランド的なるもの」とイギリス支配を対置させる形で立ち現れてくる。ここまでの検討で、少なくともいえることは、議会主義的ナショナリストの運動が分裂し、GLの運動がその受け皿として位置づいた。それにより、第1に、

アイルランドのナショナリズム運動を主導する主体としてカトリック系知識人がイニシアティブを取る状況が生まれてきたこと、第2に、アイルランド問題の解決の方向性が連合王国の枠内での自治獲得要求から分離主義的要求に向けられるようになったこと、第3に、その過程で、多様なスタンスを持つ政治的ナショナリストの運動を結びつける接着剤としての役割を文化的ナショナリストの運動として始まったGLが担ったということである。

　マクニールの活動は、イギリス支配下での政治的発展を拒絶し、ゲール的価値への回帰を促す契機を与えることになった。だが、より重要なことは、文化的ナショナリズム運動に依拠したマクニールの主張と活動は同時に、政治的なナショナリズム運動を刺激する効果を持ったということである。マクニールの主張は、これまでの体制内的なナショナリズム運動に不満を持ち、かつプロテスタントによる経済的・政治的優位を打破したいと考えているカトリックの知識人階級の若い世代にとって、分離主義的な政治的方針とその活動に正当性を付与するものであった。

1) 19世紀アイルランドにおける大飢饉（1846年から1851年）は、アイルランドにおける政治的、経済的な分水嶺といわれている。この時期を境に、アイルランドの人口構成や階級構成に著しい変化があった。この大飢饉によって、1841年当時、817万5,124人のアイルランド人口は、1851年には、655万2,385人まで減少した。それは、大飢饉を原因としたアメリカやカナダなどへの大量の移民に加え、農業労働者や零細農民に見られる高い死亡率によるものであった。1846年から1851年の死亡者数は、約108万2,000人にのぼる。とくに、西部のコナハトでは、人口の40.4%が飢饉により犠牲となった。その中でも、メイヨー郡は58.4%、スライゴ郡で52.1%、ロスコモン郡で49.5%という高い数字が記録されている。
　　また、1845年から1855年の間のアイルランドを脱出した者は、約210万人いたとされている。こうした大飢饉による死亡者と移民者の激増は、とくに、メイヨー、スランゴ、ロスコモン、ドニゴール、リムリックなどアイルランド北西部および西部に大きな影響を及ぼすことになる。つまり、これらの地域はゲール語を媒介にしたゲール的な伝統的社会が残っていたところであり、これがほぼ崩壊するという状況が生じたのである。James S. Donnelly Jr., "Excess Mortality and Emigration", in William E. Vaughan (ed.), *A New History of Ireland V: Ireland under the Union I・1801-1870*, Oxford, 1989, pp. 350-356; William E. Vaughan and André J. Fitzpatrick (eds.), *Irish Historical Statistics: Population 1821-1971*, Dublin, 1978, p. 3.
2) Brendan O'Leary and John McGarry, *The Politics of Antagonism: Understanding Northern Ireland*, London, 1996, pp. 85-86.
3) *Ibid.*, p. 85.

4) Thomas Joseph Durcan, *History of Irish Education from 1800*, Bala, 1972, pp. 40-41.
5) *Ibid.*, p. 76. 行政サービス部門における競争試験の導入は、1855年、インドにおいて実施され、1870年には、イギリス本土とアイルランドで採用されている。
6) *Ibid.*
7) Jaqueline R. Hill, "The Intelligentsia and Irish Nationalism in the 1840s", in *Studia Hibernica*, Vol. 20, 1980, pp. 99-100.
8) Robert McDowell, *The Irish Administration (1800-1914)*, London, 1964, p. 35.
9) *Ibid.*, p. 27.
10) John Hutchinson, *The Dynamics of Cultural Nationalism: the Gaelic Revival and the Creation of the Irish Nation State*, London, 1987, p. 261.
11) Robert McDowell, *supra* note 8, pp. 35-37.
12) John Hutchinson, *supra* note 10, p. 272.
13) *Ibid.*, p. 287.
14) Susan M. Parkes, "Higher Education, 1793-1908", in William E. Vaughan (ed.), *A new History of Ireland VI: Ireland under the Union II・1870-1921*, Oxford, 1996, pp. 567-568.
15) Robert McDowell, *supra* note 8, pp. 37-38.
16) *Ibid.*, p. 39.
17) *Ibid.*, pp. 39-41.
18) Michael Tierney, *Eoin MacNeill: Scholar and Man of Action 1867-1945*, Oxford, 1980, p. 9.
19) Robert McDowell, *supra* note 8, pp. 35-37.
20) Thomas J. McElligott, *Secondary Education Ireland 1870-1921*, Dublin, 1981, pp. 93-113.
21) *Ibid.*, p. 93.
22) *Ibid.*, pp. 114-115.
23) Janet Egleson Dunleavy and Gareth W. Dunleavy, *Douglas Hyde: A Maker of Modern Ireland*, Berkeley, 1991; David Pierce, "Cultural Nationalism and the Irish Literary Revival", in *International Journal of English Studies*, Vol. 2, No. 2, 2002; Seán Ó Lúing, "Douglas Hyde and the Gaelic League", in *Studies: An Irish Quarterly Review* Vol. 62, No. 246, 1973.
24) Michael Tierney, *supra* note 18, p. 101. ゲーリック・リーグに関する研究については、小田順子「ゲーリック・リーグの拡大：19世紀末アイルランド社会の一考察」中央大学人文科学研究所編『人文研紀要』第33号、1998年；同「アイルランドにおけるゲーリック・リヴァイヴァルの諸相」中央大学人文科学研究所編『ケルト復興』2001年、第3章を参照。
25) *Ibid.*, p. 21.
26) *Ibid.*, p. 24. その他の幹部会メンバーは、C・P・ブッシュ、J・M・コーガン、ウィリアム・ハイデン、P・J・ホーガン、マーチン・ケリー、パトリック・オブライエン、T・オニール＝ラッセルである。この組織はダブリンのカレッジ・グリーン4番地にあるアイルランド文芸協会の施設内で、毎週水曜日の午後8時に会合が持たれ、会費はダブリン在住の会員は6シリング、その他の地域在住者は2シリング6ペンスであった。
27) *Ibid.*, pp. 1-9.
28) *Ibid.*, pp1-6.
29) Brian Farrell, "MacNeill in Politics", in Francis X. Martin and Francis J. Byrne (eds.), *The Scholar Revolutionary: Eoin MacNeill, 1867-1945, and the Making of the New*

Ireland, Shannon, pp. 183-184.
30) GL機関紙「クレイヴ・ソリッシュ」とは、アイルランド・ゲール語で「光の剣」という意味である。
31) Brian Ó Cuiv, "MacNeill and the Irish Language", in Francis X. Martin and Francis J. Byrne (eds.), *supra* note 29, pp. 3-4, 6-7.
32) *Ibid.*, p. 57.
33) ゲールタハト地域とは、アイルランド・ゲール語を話す地域の総称である。1922年段階、アイルランド・ゲール語はウォーターフォード、コーク、ケリー、ゴールウェイ、メイヨー、ドニゴールの各カウンティにおいて主に話されている言語とされていた。クレアやキルケニー、ルースの各カウンティにも部分的に話されていたが、ゲールタハトとは考えられていなかった。1970年には、ゴールウェイ・カウンティのキャスルローにアイルランド・ゲール語のラジオ局が開設され、1979年には、政府によりゲールタハト地域の開発機関が設置された。だが、現実にはアイルランド・ゲール語話者の減少の中で、ゲールタハトという概念が成り立つのかどうか疑問視する声もある。
34) Brian Ó Cuiv, "Irish language and literature, 1845-1921", in William E. Vaughan (ed.), *supra* note 14, 1996, pp. 407-408.
35) Eoin MacNeill, *Irish in the National University of Ireland: A Plea for Irish education*, Gaelic League Pamphlet, Dublin, 1909, pp. 9-10.
36) Eoin MacNeill, "Irish Educational Policy", in *Irish Statesman*, No. 5, Dublin, 1925, p. 168.
37) Michael Tierney, *supra* note 18, pp. 67-59.
38) John McGarry and Brendan O'Leary, *supra* note 2, p. 86.
39) ホーム・ガバメント・アソシエーションは、IRBの影響下のもとで、1870年5月19日にダブリンでアイザック・バットによって結成されている。設立会合には、6人のIRBメンバーを含む61人が参加している。
40) ホーム・ルール・リーグは、1873年11月に、1870年に結成されたホーム・ガバメント・アソシエーションをより政治性の強い組織に再編成したものである。そして、1874年のイギリス総選挙に候補者を立て、59議席を獲得している。
41) Francis S. L. Lyons, *Ireland since the Famine*, London, 1985, pp. 195-201.
42) *Ibid.*, pp. 158-152.
43) John McGarry and Brendan O'Leary, *supra* note 2, pp. 86-87.
44) David Fitzpatrick, "The Irish in Britain, 1871-1921", in William E. Vaughan (ed.), *supra* note 14, pp. 678-679.
45) F. S. L. Lyons, *supra* note 41, pp. 195-201.
46) *Ibid.*, pp. 198-204.
47) John Hutchinson, *supra* note 10, pp. 163-164.
48) *Ibid.*, pp. 175-176.
49) Eoin MacNeill, *Phases of Irish History*, Dublin, 1919, p. 97.
50) *Ibid.*, pp. 95-97.
51) *Ibid.*, pp. 31-35.
52) *Ibid.*, pp. 222-224.
53) *Ibid.*, pp. 153-155.
54) *Ibid.*, pp. 224-226.
55) *Ibid.*, pp. 320-322.
56) Eoin MacNeill, "Why and how the Irish Language is to be Preserved", in *Irish Ecclesiastical Record*, Vol. 7, Dublin, 1891, pp. 1099-1102. 〈http://www.archive.org/detail

s/3sp2irishecclesi12dubluoft〉(最終検索日 2008 年 9 月 25 日)
57) *Ibid.*, pp. 1103-1106.
58) Eoin MacNeill, *supra* note 49, pp. 4-5.
59) *Claidheamh Soluis*, 5 October 1907, pp. 7-8.
60) *Claidheamh Soluis*, 26 September 1908, p. 9.
61) Census of Ireland 1881: General Report, 1882 および Census Ireland 1911: General Report, 1912-1913 より算出した。
62) John Hutchinson, *supra* note 10, p. 188.
63) *Ibid.*, p. 187.

第4章　アイルランド義勇軍とアイルランド・ナショナリズム

　20世紀初頭、アルスターにおけるユニオニスト勢力の武装化に対抗する形で、ナショナリスト勢力はゲーリック・リーグ（GL）の運動の延長線上に、「アイルランド義勇軍」結成＝武装化に向けた動きを強めることになる。こうした文化的ナショナリズム運動から政治的ナショナリズム運動への展開の過程において、この2つの運動を接合する位置に存在する活動家に、GLのオウン・マクニールとアイルランド共和主義者同盟（IRB）の指導者の1人であるバルマー・ホブソンが存在する。本章では、この2人の活動家の行動に注目し、アイルランド義勇軍の結成過程を検証することにしたい。

第1節　アルスター危機──2つのナショナリズムの相克

　1910年当時、アイルランドにおけるナショナリストは、3つの潮流から構成されていた。第1の潮流は、議会主義派のナショナリストである。この潮流はアイルランド問題の当面の解決にはホーム・ルール法案をイギリス議会で可決成立させ、大英帝国内で強力な自治権を獲得することを目指していた。この勢力は、ジョン・レドモンド、ジョン・ディロン、ジョセフ・デブリンの指導下のアイルランド議会党（IPP）のもとに結集していた。第2の潮流は、議会主義的な政治方針と対峙する分離主義的なナショナリストである。かれらはイギリスからの分離とともに、アイルランドに自主的な軍隊を打ち立てることを求めていた。この勢力はアイルランドの伝統を代表するものとして自らを位置づけ、とくに農村部において支持を広げていた。この勢力の中心的な政治組織はIRBであった。IRBは、1883年のイングランドでの武装蜂起に失敗して以後、ほぼ

20年の間、地下に潜伏する状態が続いていたが、1907年にトマス・クラーク[1]がアメリカから帰国すると、活動を本格化させるようになる。しかし、そのメンバーは2,000人程度であった。この組織は、秘密結社としての性格を持ち、様々な大衆運動に入りこみ支持拡大を図る少数精鋭の細胞集団といえるものであった。

第3の潮流は、議会主義的なナショナリストと分離主義的なナショナリストの間にあって、武力ではなく、合法的な方法で、アイルランドの独立を達成しようとする制度的ナショナリストである。この勢力は、組織された政治団体を持つものではなく、分離主義的なシン・フェイン党（SF）をはじめとして、GLに集う文化的ナショナリストまで多様な立場にある人々を包摂していた。たとえば、アーサー・グリフィスのように議会主義的な政治方針には反対の姿勢をとる者から、マクニールのようにアイルランドの独立を強く主張しつつも、レドモンドの政治方針に賛同する者まで含んでいたのである[2]。

こうしたナショナリスト諸勢力の状況に対して、ユニオニスト勢力の動向を見てみると、1910年に、ウォルター・H・ロングに代わってアルスター・ユニオニスト評議会（UUC）の指導者となっていたエドワード・カーソンは、「もしアイルランドの自治がイギリス法令全書の中に持ちこまれるのであれば、ユニオニストはそれを無視し、王室に忠誠を誓う地方的な政府を設置するであろう」[3]と主張し、ホーム・ルール導入を阻止するために、アルスターは抵抗しなければならないという姿勢を示していた。さらに、1911年11月には、アーサー・バルフォアに代わって、アルスター長老派に属するアンドリュー・ボナー・ローが保守党／ユニオニスト連合の指導者に就任する[4]。UUCは1911年9月には、臨時政府樹立の用意があることを表明し、1913年1月、アルスターにおいて、プロテスタントからなる武装集団――アルスター義勇軍（UVF）――を結成する[5]。UVFは同年11月には、合法的な組織として7万6,757人を組織するまでに成長していた[6]。このように、ホーム・ルール法案をめぐるユニオニストの抵抗は保守党の下支えのもと、ついに武装集団結成へと展開する。

UUCは、1912年9月28日、機関紙アルスター・デイに、「アルスターにおける神聖同盟と誓約」を発表し、かかる誓約への署名を呼びかける。この署名は21万8,206筆にのぼった。この文書には、「ホーム・ルールがアルスターお

よびアイルランド全体の物質的利益を損ない、われわれの市民的、宗教的自由を破壊し、われわれの市民的権利を打ち砕き、帝国の統一を脅かすということを、われわれの良心にかけて悟った。ここに神の恩寵により、国王たるジョージ5世の忠臣であり、ここに署名したアルスターの民であるわれわれは、連合王国において等しく与えられた市民権を守り、そしてアイルランドに自治議会を設置するという当面する陰謀を打ち破るために必要とされるあらゆる手段を行使し、……われわれ自身とわれわれの子供たちのために、お互い手に手を取り合って立ち上がらんことを、神に誓うものである。このような議会がわれわれに押しつけられるのであれば、われわれはこの権力を認めないことを、神とわれら自らの前で厳粛かつ相互に誓う」[7]とあり、これは自由党が準備しているアイルランド自治法案を力によって粉砕することを宣言するものであった。

ここで重要なのは、ユニオニストの運動拠点はベルファストを中心にアルスター地方にあった点である。これは、ユニオニストの運動が17世紀以降のイングランドによる植民政策の帰結である「入植社会」の形成と密接に関わっているがゆえに、ユニオニストとナショナリストとの間の対抗軸はアルスター地方の政治的地位をめぐる問題に収斂していく。ここに20世紀におけるイギリス＝アイルランド関係をめぐる基本矛盾が組織的な対立関係となってより明確化されることになる。

アルスター・ユニオニストがホーム・ルール反対運動を活発化させた背景には、IPPのジョン・レドモンドをはじめとするナショナリストの要求は、アルスター・ユニオニストによる国家を分断しようとする行為であり、無法なものであるという認識が存在した。その一方で、イギリス本土の保守勢力は、当時の自由党政権を権力の座から引きずり下ろす格好の機会と捉えていたのである[8]。

当時の政治情勢は、ナショナリスト勢力をいっそう厳しい局面に立たせることになる。つまり、主流派ナショナリストはカーソンを中心としたアルスター・ユニオニストの動向に対処する手段を持ち合わせておらず、IRBもナショナリストを束ねてアルスター・ユニオニストに対峙するだけの求心力を持ち得ていなかったのである。1911年には、ベルファストの一部のナショナリストの中から、ユニオニストに対抗して武装組織の結成を呼びかける動きが現れてくる。しかし、アルスターにおいて、政治的立場にとどまらず、宗派的憎悪が絡

む内乱状態に至るのを望まなかったジョセフ・デブリンはこれを拒否し、ベルファストのナショナリストに事態を静観するよう求めたのである[9]。

他方で、パトリック・ピアースは1912年4月2日にダブリンで、私的な集会を開催し、武装組織の結成を呼びかける提案をしていた。この集会には、IRBのメンバーも出席していたが、IRBはピアースの提案を時期尚早であるとして、組織として支持する立場をとっていなかった。しかし、1912年4月から5月にかけて、IRB機関誌アイリシュ・フリーダムにザ・オライリ（マイケル・ジョセフ・オライリ）の署名による「ナインティ・エイト」と題した一連の論文が掲載された。その中で、4月に発刊された論文に、ザ・オライリは「すべての政府が依拠する基礎は武力の保持であり、これを使用する能力である」[10]と述べ、武装組織の結成を呼びかける態度を示したのである。ザ・オライリは当時、IRBのメンバーではなかったが、SFの幹部であった。こうした武装勢力結成に向けた動きの背景に、当時、イギリス政府はヨーロッパ大陸での情勢いかんによってはアイルランドに駐留させている部隊を4分の3程度削減し、これをヨーロッパ部隊に編入するというプランを持っていた。このことはアルスターのユニオニストにとって脅威であったが、分離主義的なナショナリストにとっては好機として受け止められたのである[11]。

1913年1月、UUCがアルスター義勇軍結成を決定したのを受けて、1913年1月20日のSF全国中央委員会は、ザ・オライリとトマス・ケントの提案に基づいて、武装勢力の結成に踏み切る結論を出した[12]。マクニールは、ナショナリストによる武装集団の結成は、「実のところカーソンの功績である」[13]と指摘している。こうしたSFの動きに対応して、IRBは秘密裏に武装組織結成に向けた動きを始めることになる。当時、IRBの議長であったバルマー・ホブソンは、1913年7月、IRBのダブリン中央委員会を招集し、義勇軍組織の結成を公然と主張すべき時期が来たと述べ、IRBのメンバーが武装組織結成の運動に積極的に参加し指導的役割を果たすよう指令を下している[14]。そして、武装組織結成に向けた準備作業が秘密裏に、ホブソンの盟友であるパトリック・オライアンの父親が管理人を務めるパーネル街41番地のアイリッシュ・ナショナル・フォレスターズで始まった。この作業部会を指導した主なメンバーは、マイケル・ローナガン、パトリック・オライアン、コン・コルバート、イーモ

第4章　アイルランド義勇軍とアイルランド・ナショナリズム　115

ン・マーチンであり、かれらは 1902 年にホブソンがベルファストで組織した第 1 次フィアナ・エーラン（FE）の幹部メンバーであった[15]。

　第 1 次 FE は、バルマー・ホブソンが、1902 年 6 月 26 日に、ベルファストを拠点に結成した青年組織である。この組織は当初、ゲーリック・ゲームのリーグ戦に参加するなど、アイルランドの言語や音楽、スポーツに親しむことを主たる目的としていた。1904 年にホブソンが IRB に入党し、その後ダブリンに移ると、この組織は自然消滅してしまう。しかし、ダブリンで、ホブソンはスライゴのマルキエヴィッチ伯爵夫人と結合する。マルキエヴィッチ伯爵夫人は SF 党員であり、女性ナショナリスト運動「アイルランドの娘たち」の組織者であると同時に戦闘的な分離主義者であった。ホブソンとマルキエヴィッチ伯爵夫人は、ベルファストでの FE の経験をダブリンでも実践することを考え、1909 年 8 月 16 日、共和主義的な青年組織の結成に向けた集会が持たれ、第 2 次 FE が結成される。この集会には、この 2 人のほかに、コン・コルバート、パトリック・オライアン、ショーン・マクギャリーが参加していた。いずれも IRB のメンバーである。そして、1910 年に第 1 回総会が開かれ、ここで、ホブソンが総裁に選出され、マルキエヴィッチ伯爵夫人は副総裁となった。ホブソンにとって、マルキエヴィッチ伯爵夫人はその人脈と資金力からして、理想的な指導者であった。そして、1912 年ごろから、元イギリス軍人のショーン・カヴァナを招聘し、コン・コルバートとイーモン・マーチンが中心となって、イギリスの軍事教書をもとにした軍事教練を開始するようになる[16]。

　1913 年 8 月から 9 月にかけて、全国規模の軍事組織の結成を促す事態が発生する。その 1 つが 8 月 26 日にダブリンで起こった大ロックアウト事件である。もう 1 つはアスローンにおいてミッドランド義勇軍が結成されたことであった。まず、大ロックアウト事件は鉄道労働者のストライキから端を発し、新聞社、炭鉱、港湾の労働者、そして農業労働者へと拡大していった。8 月 26 日のベレスフォード・パレスでの大集会をはじめとして、労組による抗議集会がダブリンで断続的に開催され、警官隊との緊張は高まっていた。雇用者連合はこの事態に反応して、まずアイルランド交通・一般労働者同盟（ITGWU）に加盟している労働者をはじめとして約 2 万 5,000 人を職場から締め出した。こうした状況の中で、8 月 31 日、シャックビル街で開催された大集会に対して、ロイ

ヤル・アイルランド警察（RIC）の武装警官隊が武力によって集会を中止させようとし、2人の労働者が死亡するという事態に発展した。いわゆる「血の週末事件」である[17]。これらの集会を組織していたのは、ジェームズ・ラーキンであった。ラーキンは、ベレスフォード・パレスでの大集会において、抗議行動に対して繰り返される警官隊による暴力や威嚇を非難するとともに、「もしアルスターの人間が武器を持つことが正義に適っており合法的であるというのであれば、なぜダブリンの人間が自らを守るために武器を手にすることが正義に適っており合法的であるといえないのだろうか。皆さんはそれを望んでいる。……皆さんは私がこのように発言し、何を行おうとしているかを知っている。そう、武力である。私は武装する。……もしエドワード・カーソンの如く、アルスターの人間がアルスターに暫定的な政府を作ることが正義であるというのであれば、私が皆さんにダブリンに暫定的な政府を作ろうと呼びかけても良いはずである。だが、皆さんが暫定的な政府の樹立を求めようが求めまいが、皆さんは武装することが必要なのです」[18]と武装闘争の必要性を訴える演説をしている。

　このラーキンの訴えは、8月31日の事件を契機に、いっそう緊急性を増すことになる。そして、1913年11月23日、アイルランド市民軍（ICA）が結成される。その初代司令長官はアルスター出身のプロテスタントであり、ボーア戦争に従軍した元イギリス軍人のジャック・ホワイトであった。この部隊は、ダブリンのクロイドン・パークにある交通労働者組合を拠点とし、第2次FEで訓練を受けたメンバーによって軍事教練が施されていた[19]。

　ICAの組織はダブリンに限定されたものであり、ダブリンの労働者階級を守ることを第一義的な目的とし、入隊者も労働組合員にとどまっていた。だが、大ロックアウト事件からICAの結成への一連の展開は、第2次FEを下支えし、アイルランド義勇軍結成の物理的な前提条件を準備する作用を持っていたのである。

　次に、ミッドランド義勇軍の結成について見ると、この組織はアスローンを拠点に編成された武装集団である。この組織については不明な点が多く、少なくともいえることは、アスローンの労働組合を拠点に、反カーソンのスローガンを前面に押し出していたことである。この組織はウエストミース・インディ

ペンデント紙の編集者であるマイケル・マグダーモット＝ヘイズが指導し、パトリック・ダウニーが司令官を務めていたとされている。10月に発表された「国王に忠誠を誓う義勇軍宣言」では、アルスターのカーソンの動きを分離主義的策動と捉え、1つのアイルランドを守り、イギリス国王への忠誠とIPPを強く支持する立場を示していた。つまり、大英帝国の枠内にとどまり、自治を実現するという立場に立った組織であった。それゆえ、カーソンとは異なった文脈で、アイルランドのイギリスからの分離を主張する共和主義者とも一線を画すものであった[20]。

マグダーモット＝ヘイズがウエストミース・インディペンデント紙において報じたミッドランド義勇軍結成の記事は、ダブリンのナショナリストの間で、大きな期待をもって受け止められた。マクニールはこの行動を大いに歓迎する書簡をザ・オライリに送り、モーランもリーダー紙の中で、アスローンの歴史的な行動はナショナリストの模範であるとの評価を与えている[21]。しかし、現実には、ミッドランド義勇軍はウエストミース・インディペンデント紙が報じたような5,000人規模の組織ではなく、50人足らずの組織であった。そして、第1次世界大戦が始まると、メンバーのほとんどがイギリス軍に転身し、この組織は消滅してしまう。ここで重要なのは、ミッドランド義勇軍が現実に存在しどの程度の影響力を持ったかではなく、政治的なスローガンを持った軍団が結成されたという誇張された「情報」そのものなのである。つまり、大ロックアウト事件とそれに続く武装組織結成を求める気運の高まりとICAの結成、そしてアスローンにおいてミッドランド義勇軍が結成されたという「情報」は、武装組織結成を容認する大衆的な気分感情を刺激し、IRBが義勇軍結成に踏み出す好条件を生み出す作用を持ったのである[22]。

第2節　アイルランド義勇軍の結成

以上のように情勢が動く中で、1913年11月1日付けのGLの機関紙クレイヴ・ソリッシュに、マクニールは'The North Began'[23]と題した論文を発表し、義勇軍組織の結成を呼びかける。かくて、アルスター義勇軍の形成や大衆運動の組織化を進めるユニオニストの行動は、IRBの活動家をして義勇軍の編成を

決意させることになる。義勇軍結成に向けた準備会合は、11月11日と14日に、ダブリンのウェインホテルで開催された。準備会合の開催にあたって、ホブソンとザ・オライリは、マクニールに対して義勇軍の幹部会代表に就任するよう要請する。そして、あらかじめ承諾を得た上で、幹部会メンバーとなる12人のナショナリストをリストアップしている。そのメンバーは、バルマー・ホブソン、オウン・マクニール、パトリック・ピアース、ショーン・マクディアマダ、トマス・ケント、ザ・オライリ、ジョセフ・キャンベル、ジェームズ・ディーキン、ショーン・フィッツギボーン、ピアラス・ビースライ、デイヴィット・P・モーラン、ウイリアム・P・ライアンであった[24]。

11月25日の午後8時、ダブリンはパーネル街にあるザ・ロタンダの大コンサートホールにおいて、第1回公式会合が開かれ、ここに正式にアイルランド義勇軍（ONH）は結成されたのである[25]。

ONHは司令長官のオウン・マクニール（GL）、ローレンス・J・ケトル（AOH）、財務長官ザ・オライリ（SF）とジョン・ゴア（AOH）を中心に、30人で構成される暫定委員会が指導部としての役割を果たしていた。

この暫定委員会のメンバー構成を所属組織別に見ると次のようになる[26]。

IRB所属のメンバー：
　ピーダー・マッケン（GL、SF）、ピアラス・ビースライ、トマス・ケント（GL、SF）、リアム・メロウーズ、バルマー・ホブソン（FE）、シーマス・オコンナー、マイケル・ローナガン、ロバート・ペイジ、ショーン・マクディアマダ（アイリッシュ・フリーダム紙）、コン・コルバート（FE）、イーモン・マーチン（FE）、パトリック・オライアン（FE）

SF所属のメンバー：
　ザ・オライリ、ショーン・フィッツギボン（GL）、リアム・ゴーガン

IPP党所属のメンバー：
　ジョン・ゴア（AOH）、トマス・ケトル、ローレンス・J・ケトル、モーリス・ムーア（GL）

AOH所属のメンバー：
　マイケル・J・ジャッジ、ピーター・オライリ、ジェームズ・レネハン、

第4章 アイルランド義勇軍とアイルランド・ナショナリズム 119

ジョン・ウォルシュ
その他の組織所属とされているメンバー：
ロジャー・ケースメント（GL）、コルム・オローリン、パトリック・ピアース（GL）、トマス・マクドナー、ジョセフ・M・プランケット（アイリッシュ・レヴュー）、オウン・マクニール（GL）、ピーダー・ホワイト（ケルト文芸協会）

　かかるメンバー構成を見ると、IRBのメンバーが12人（SFメンバー5人のうち2人はIRBのメンバー）であり、残りの非IRB系メンバーはIPP系メンバー4人を含む18人であった。しかし、IRBおよびSFからなる急進的なナショナリストは30人中15人であったが、さらに1914年秋までに、トマス・マクドナー、ジョセフ・M・プランケット、パトリック・ピアースがIRBに結合することにより、この委員会構成は逆転し、18人が急進派ナショナリストによって占められることとなった。これまで議会主義的なナショナリストと武装闘争を視野に入れた急進的なナショナリストに距離を置いてきたマクニールが、義勇軍結成の提唱者として現れてきた背景には、IRBとSFの水面下での活動が存在した。そこで注目すべきはバルマー・ホブソンの活動である。

　ベルファスト出身のバルマー・ホブソンはクエーカー教徒の家庭に生まれ、父親はグラッドストンと自由党の支持者であった。だが、ホブソンはナショナリストの運動に親近感を持っており、GLとGAAに加盟するようになる。そして、1904年、ホブソンはデニス・マッカラーの推薦で、IRBに入党している。ホブソンとマッカラーはその後、ベルファストでIRBの組織再建に乗り出す。1908年、ホブソンはショーン・マクディアマダなど青年メンバーとともにダブリンに移り、1909年の第2次FE設立後、1910年にはアイリッシュ・フリーダム紙を刊行し、1911年に、IRBの最高幹部会のメンバーに選出されている。そして1913年の半ばまで、IRBのダブリン中央委員会議長を務めていたのである。そして、バルマー・ホブソンは、大衆運動として義勇軍運動を組織するにあたり、特定の政治集団に与（くみ）せず、超党派的性格を持つ指導者の擁立を模索するようになる。結論的には、ホブソンは、ザ・オライリを仲介者として、非党派的でかつ分裂状態にあるナショナリスト諸勢力が結集できる場を提供した

GL の指導者であるオウン・マクニールの擁立を画策し、その仕組みを作る行動に出たのである[27]。

マクニールは、IPP に対して、「この危機において、議会の指導者は選挙されているという権威をもって、アイルランドの諸問題を取り扱うための明確な力があることを自ら宣言すべきである」[28]と主張していたが、ジョセフ・デブリンはその責任はあまりにも大きすぎるとマクニールの提案を拒否する回答していた。マクニールは、この回答に対して、IPP は「まったく期待できない」組織である証であると考えるようになる[29]。

それにもかかわらず、ホブソンはマクニールを指導者に招くにあたって、「マクニールはレドモンドの公然たる支持者である」[30]と言い切っている。そこには背景と理由があった。その1つに、ホームルール法案をめぐる政治情勢の変化が存在していた。それは、カーソン率いるアルスター・ユニオニストがUVF を結成し、反ホーム・ルールをスローガンとする大衆運動の組織化を進める中で、ナショナリストの団結とアルスター・ユニオニストに対してカウンターパーツとなる統一的な組織の形成に迫られていたという点である。同時に、当時のナショナリスト運動の現状に関わる問題が存在していた。当時、アルスター・ユニオニストの動向に対峙する勢力として、ジョン・レドモンドを中心とする議会主義的ナショナリストがその求心力を低下させる中で、ホブソンなどの分離主義的ナショナリスト、ラーキンなどの社会主義的なナショナリスト、GL をも包摂する穏健な制度的ナショナリストなどの諸勢力がそれぞれセクト主義的に分立し、統一性のある運動を展開する状況にはなかった。それゆえ、すべてのナショナリストの団結を引き出し、全国的で統一的な運動に結実させることなしに、アルスター・ユニオニストの反ホーム・ルール運動に対峙できない情勢にあった。こうしたナショナリストの運動の立ち遅れをいかに克服するのかが、ナショナリスト・サイドにとって、当時の最大の課題であった。

そこで、ホブソンは「私は誰からも過激なナショナリストと見られている」[31]として、1913 年 11 月 11 日の第 1 準備会合への出席を差し控えている。このことは、義勇軍結成にあたって、セクト主義を排除し、ナショナリスト勢力の大同団結を促す必要から、この準備会合が大衆運動として開催されているという形を取ろうとしたのである。また、ホブソンは、主流派のレドモンドの

支持なくしてナショナリストの統一的な組織を結成することができないことも十分理解していた。それゆえ、かれの行動はレドモンドを刺激しないための配慮であったともいえよう。つまり、ホブソンはSFの重鎮でありマクニールと親交のあったザ・オライリを巻きこみながら、義勇軍結成問題を通じて、ナショナリスト諸組織の団結と統一を背後から図ろうとしたのである。すなわち、議会主義的な運動を乗り越え、ナショナリスト諸勢力のセクト主義的活動形態を克服し、情勢に対応した運動の構築がホブソンの主たる課題であった。

　こうしたマクニール擁立に向けた動きは、ピアースの発言からも明らかである。ピアースは「私が1913年11月の声明を執筆したとき、私が接触を持ったナショナリストのグループはアイルランド義勇軍の結成をすでに決めていた。われわれとは異なり、『進歩的』と考えられていない、そして人々の同意を促すことのできる指導者を慎重に探していた。もちろんそれはわれわれの支持者の間においてである。私が1913年12月の声明を書いているとき、オウン・マクニールが『クレイヴ・ソリッシュ』紙に 'The North Began' なる論文を掲載した。そして、われわれはマクニールを指導者に迎えることで一致した」[32]と回想している。ここからも、ホブソンたちの間で、セクト主義を乗り越えることのできる指導者を模索していたことが看取される。

　マクニールは、ONH司令長官に就任するにあたり、「私は、アイルランド問題をめぐって、アイルランドの将来を決定するような危機が訪れたと考えている。そして、とくに重要なこととして、私はゲーリック・リーグの運動とその原理・原則を重要視してきたわけだが、それだけでは、アイルランド人が来(き)たるべき政治的闘争にともに立ち上がることは困難であると、私は考えている」と述べ、「ゲーリック・リーグの運動を通して、私はアイルランドのほぼあらゆるところで知られるようになった。そして、穏健な見解を持つ人間として見られているようである。物理的な力の行使を求める勢力の要求は常に限定された範囲に止めおいてきた。これまで疑いを持って横目で見てきたような行動計画を、教育活動に携わる聖職者やそれ以外の人々をはじめとして、そうした勢力に属さない多くの人々としっかりした関係を持つ私のような人間だからこそ、よりうまく務めることができるのかもしれない。たとえ、この行動計画が極端な急進派と呼ばれるような人々の求めに応ずるものであったとしても。これは、

物理的な力の行使を擁護する人々がとってきた立場ではあるが、全体として見れば、私が今こそ役に立つと考えることなのであり、確信を持っている」[33]と発言している。

　GLの指導者であり大学教師であったマクニールは、主にアイルランドの歴史や言語に関わった教育現場での活動に従事してきたがゆえに、政治的な党派性が必ずしも明確な形で見えてこない存在であった。このことは、政治的ナショナリストにとっては重要な意味を持つものであった。マクニールの政治的役割は、かれが明確な党派性を持たないがゆえに、政治的ナショナリストのセクト主義的な対立や不統一を乗り越え、共通の課題のもとで大同団結を図ることが可能であったという点に求められよう。

第3節　アイルランド義勇軍の目的と組織

　1913年11月17日に発行されたフリーマンズ・ジャーナル紙に、ONHの基本方針が掲載されている。これは11月14日の会合において確認されたものである。そこには、この新しい運動はUVFに対峙するものであり、その名称を「アイルランド義勇軍」とするとした上で、3つの基本方針が示されている。それは、⑴アイルランドのすべての人々に共通する諸権利と自由を守り保障することが目的であること、⑵この目的を達成するために、アイルランド義勇軍は武装し、訓練され、軍紀を高めること、⑶この組織は、草の根的であり、いかなる階層的・差別的性格を持たない民主主義的な組織原則を基本とすることの3点である。そして、暫定委員会は義勇軍の活動を支援するものであるが、決してこの組織を指揮する機関ではないという点、義勇軍を構成する個々の部隊は自発的かつ自治的な性格を持つものであるという点を強調している。また、この組織は大衆的な組織であり、特定の政党や政治勢力の一部をなすものではなく、IPPやAOH、その他の組織に指導され、これらに従属する組織であってはならないとしている[34]。つまり、義勇軍運動の非党派性と大衆的性格を強調するスタンスをとっていたのである。

　だが、現実には、暫定委員会はIRBメンバーが多数派を形成しており、事実上IRBの指導下にあった。それゆえ、ここに示された組織原則は、IRB以外の

政治勢力による指導、介入を許さないという明確な意思表示とも考えることができる。

　ホブソンによると、暫定委員会の会合が11月14日以降、3回持たれ、11月20日には、ダブリンのすべてのナショナリスト組織を対象に、個人宛に、マクニールとローレンス・J・ケオルの署名入りの招請状が送付されている。この招請状はマクニールの執筆によるものとされているが、義勇軍結成の趣旨や根拠は述べられておらず、アイルランド情勢を憂慮する有志が暫定委員会を結成したこと、ダブリンに義勇軍を設立し、これを全国規模に拡大する取り組みを進めていることのみが記載されていた[35]。そして、11月25日の会合において、ONHの基本綱領がローレンス・J・ケトルによって読み上げられ、義勇軍運動の全体像が明らかにされることになる。この基本綱領は作成段階において、マクニールが下書きをし、トマス・ケトルが部分修正した原案を暫定委員会のメンバーによる修正を受けて、11月25日に公開されたのである[36]。

　この基本綱領（第1次）は、「（イギリス政府の方針転換は、）ネイションとしてのわれわれの権利を否定するだけではない。われわれに関するいかなる事柄も、武力を振りかざすことで地位と権力に与（あずか）っているイギリス下院の多数派によって統制されているとしたら、それは明らかに、『連合法体制』のもとで、われわれに与えられているわずかな市民的諸権利さえも取り上げようとするものである」[37]として、イギリス議会におけるホーム・ルール法案の採決を前にして、イギリス政府および保守党がアイルランド問題に対する態度を転換させたことへの批判が基調となっている。つまり、義勇軍結成の根拠をイギリス政府と保守党の方針転換に置く構成になっているのである。それゆえ、ミッドランド義勇軍の場合とは異なり、イングランド国王に対する忠誠を問うような文言は含まれていないばかりか、アルスターのオレンジ・オーダー団やUVFについて直接的に言及する文言さえ使われていないのである[38]。かかる文書は、「アイルランド義勇軍の目的は、アイルランドのすべての人々に共通する諸権利と自由を守り保障することである。その役目は防衛的なものであり、身を守るためのものである。そして如何なる抑圧も支配も意図するものではない。この軍隊は、思想・信条、政治的見解、社会階級の違いなく、すべての健康なアイルランド人民に開かれているのである」[39]として、ONHの防衛的かつ民主主義的な

性格を強調することにより、ユニオニストの特権的な政治的地位とかれらのアルスターにおける義勇軍運動を間接的に批判する形をとっているのである。ここには、イギリス政府および保守党を主敵とすることにより、イギリス議会を必要以上に刺激することなく議会内部に楔を打ち込むとともに、同時にレドモンド派の動揺を最小限にとどめ、ナショナリスト勢力の分裂を回避するという配慮がなされていたのである。

ここで、ONH の組織形態について見てみよう。その場合、オウン・マクニールとローレンス・J・ケトルの署名および「1913年12月16日　ダブリン」とする日付が記載された『義勇軍暫定規約』および『義勇軍結成のための訓令』が重要である。これらの文書は 1913 年 12 月、『義勇軍基本綱領（第 1 次）』と『資金調達のためのアピール』とともに、4 頁からなる小冊子ボランティア・ガゼットにまとめられ、全国的に配布されている。かかる文書には、アイルランド義勇軍の目的と方針、そして組織体制の詳細が示されている。

まず『義勇軍暫定規約』を見ると、義勇軍組織について、以下のように 5 つの基本原則が示されている。第 1 に、義勇軍を代表する機関が構築されるまで、ONH の指導は暫定委員会が行う。第 2 に、義勇軍諸部隊を速やかに全国規模で編成し、地方司令部を構築する。第 3 に、暫定委員会は各ディストリクトおよびカウンティの地方指導機関を承認し、この地方指導機関は中央指導機関の指導のもと、地方での活動を推進する。第 4 に、中央指導機関は各ディストリクトおよびカウンティの地方指導機関の権限を定め、基本方針と足並みのそろった活動を推進する権限を持つ、そしてこの目的を実行するに必要な権限を持つ。第 5 に、義勇軍の基礎単位は 79 人からなる中隊であり、これらは中央指導機関直属の組織であるとされている[40]。

『義勇軍編成のための訓令』文書では、義勇軍兵士が守るべき規約が 12 項目にわたってまとめられている。その概要は、以下の通りである。第 1 条：この義勇軍規約の学習に努め、これに違反してはならないこと。第 2 条：有能な教官の指導を確保し、すべての退役軍人を可能な限り役立たせること。第 3 条：義勇軍の参加をすべての組織に呼びかけ、この規約と基本綱領を認めるアイルランド人民は義勇軍に入隊することを妨げられない。第 4 条：暫定委員会は、アイルランド人民からなるすべての部隊を可能な限り代表するものであり、義

第4章　アイルランド義勇軍とアイルランド・ナショナリズム　125

勇軍内部において、ある特定の部隊がその他の部隊に対して政治的優越を得ようとするいかなる策動や意図と闘うものである。第5条：すべてのアイルランド人民に共通する諸権利を保障し堅持するという義勇軍の目的が、大衆に理解されるよう努めること。第6条：上記の目的に確信を持つ人々には、義勇軍への参加を勧めること。第7条：中央指導機関において定められた指導に従うこと。第8条：義勇軍兵士は必要な経費を賄うための所定の金額を週単位で納めること。第9条：義勇軍兵士は各々で制服と銃を購入しなければならないこと。なお、それ以外の支出が生じた場合は公的な支援金や中隊への還元金によって補塡されるものとする。第10条：各部隊は、地方指導機関が設置されるまで中央指導機関直属とし、中央指導機関は各部隊に対して指導し、必要な助言を行う。第11条：義勇軍兵士は軍の規約を守り、これに敵対する行動は行わないこと。第12条：中央司令部と恒常的かつ定期的なコミュニケーションを維持すること。かかる司令部は可能な限り的確で迅速な助言と支援を行うことと定めている[41]。

　そして、義勇軍組織の編成について、義勇軍兵士は分隊、小隊、中隊、大隊、連隊に配属され、それぞれの単位は以下のように組織されている。(1)分隊は、8人から編成され、そのうちの1人は伍長として行動すること。(2)小隊は、2つの分隊から編成され、軍曹の指揮下に置かれること。(3)中隊は、4つの小隊から編成され、大尉の指揮下に置くこと。なお、通常は、中隊はそれぞれ2つの小隊から編成される左翼隊と右翼隊を単位として行動し、左翼隊と右翼隊はそれぞれ、中尉ないしは少尉の指揮のもとに置くこと。中隊には、ラッパ手または鼓手2人、工兵1人、軍旗護衛曹長1人、信号手4人を置くものとする。1個中隊は、大尉1人、中尉または少尉2人、軍旗護衛曹長1人、軍曹4人、伍長8人、兵卒56人、ラッパ手または鼓手2人、工兵1人、信号手4人の79人で構成する。(4)大隊は、8個中隊で編成され、大佐の指揮下に置かれ、補佐官を置くものとすると記載されている[42]。

　このように、ONHは、理念的には、中隊を基礎にした自治的な連合体としての組織形態をとりつつも、実質的には、分派を許さない一枚岩的かつ集権的な組織原理のもとに組織された集団であったと考えられる。このことは義勇軍の存立基盤の脆弱性を反映したものであった。つまり、その背景として、結成

当時、義勇軍兵士の中で武器の使用に手馴れた者は1％に過ぎず、兵士の軍事教練が緊喫の課題であったことと、『資金調達のためのアピール』に見られるように、財政的に厳しい条件のもとに置かれていたのである[43]。

　何よりも、ナショナリスト勢力の団結を確保するという課題は、義勇軍の呼称をめぐる議論の中でも重要な意味を持つことになる。ウェインホテルにおける準備会合段階では、国民的な義勇軍の編成を強く主張するマクニールの意向を受けて、義勇軍運動に国民的性格を持たせようとする試みが議論されており、名称をアイルランド国民義勇軍とする案が出されていた。しかし、ロタンダでの会合では、この国民的性格は後退し、ナショナルという呼称は削除されている。ここには、アルスターにおけるユニオニストの義勇軍運動に対する直接的な言及は避けられてはいたが、国民的性格を前面に立てないことにより、反ユニオニストおよび反プロテスタントの意味合いを運動に込めようとする意図が見られる。つまり、アルスターにおけるユニオニストの行動に明確に対峙する姿勢をとれるか否かという問題を避けては、義勇軍運動を進めることができないという判断がホブソンらIRBメンバーの間に存在していた。分離独立の方針とするリパブリカンが指導権を握る準備会において、アルスター問題に関する意思表示をしないことはリパブリカンの団結を乱すものであり、譲ることのできない一線であった。したがって、ONHは、形式的には民主主義とアイルランド人民の諸権利の保護を謳いつつも、UVFのカウンターパーツとしての性格を本来的に持つものであった[44]。

　かくて、アルスターをめぐって、ユニオニスト＝プロテスタントとナショナリスト＝カトリックの2つの勢力が明確に峻別され、対峙する構図が出来上がることになる。

　こうしたホブソンとマクニールの義勇軍結成の動きに対して、1913年11月の段階では、レドモンドらの議会主義的ナショナリストからの表立った反発は見えてこない。だが、IPPのゴールウェイ北選挙区選出のリチャード・ヘイズルトン下院議員は、マクニールの義勇軍運動を不適切な行為であるとして、慎重な対応を求める書簡をレドモンドに送っている。つまり、レドモンドをはじめとする主流派勢力は義勇軍運動の動きを慎重に注視する姿勢をとっていたのである[45]。

だが、ONH は、1914 年の復活祭以降、レドモンドが議会主義派ナショナリストの義勇軍への接近を黙認する態度に出たことにより、IPP 支持者を中心に義勇軍への入隊者が飛躍的に拡大することになる。結成当初は約 1,850 人であった義勇兵は 1914 年 9 月には、約 18 万人を組織するまでに成長していったのである。この時点で、義勇軍内部の党派構成はレドモンド支持派がリパブリカン支持派を上回り、多数派を構成する状況となっていた[46]。すなわち、ONH の勢力拡大は、皮肉にも、議会主義的ナショナリストと分離主義的ナショナリストの対立を組織内に持ちこむことになったのである。

第 4 節　アイルランド義勇軍の分裂

 こうして動き始めた ONH であったが、その統一性は政治情勢の急激な変化の前に危機に立たされることになる。すでに述べた点であるが、マクニール自身、必ずしも IPP を積極的に支持する姿勢をとっていなかった。むしろ懐疑的にその活動を見ていたといってよい。マクニールの IPP に対する不信感は、2 つの争点において、ナショナリストの分裂を引き起こす契機となる。第 1 の争点は、第 3 次アイルランド自治法案について、その修正案を呑むかどうかという問題であり、第 2 の争点は、ONH の第 1 次世界大戦への参加の是非をめぐる問題であった。

 まず、第 1 の争点について見てみよう。1912 年 4 月に下院に提出された第 3 次アイルランド自治法案は、グラッドストンが提出した第 2 次アイルランド自治法案とほぼ同じ内容であり、連合王国のもとで権限移譲に基づいた自治を認めようとするものであった[47]。ここで重要なのは、ウィンストン・チャーチルが同年 8 月に、ロイド＝ジョージとレドモンドに送った書簡である。その内容は、アイルランドのいずれかの郡について、5 年ないし 10 年の間、自治法から適用除外するというものであった。これはロイド＝ジョージによって、「カウンティ・オプション」として 1914 年に提案されたプランのほぼ原型をなすものであった[48]。

 1913 年 1 月に行われたデリー／ロンドンデリー市の補欠選挙で、IPP が勝利したことにより、アルスター 33 選挙区のうち 17 選挙区を自治法案支持派議員

で占めることになった。アルスター選出の下院議員の過半数が第3次アイルランド自治法案を支持するという情勢が生まれたのである。こうした中、アイルランド自治法案は、同月、下院を最初に通過した。しかしその後、上院は2度、これを否決したのである。この法案は、原案のままであったならば、議会法にしたがって、1914年7月には成立し、新しいアイルランド議会は1915年7月までにダブリンに設置される運びであった。保守党党首ボナー・ローとエドワード・カーソンのラインは、あくまでもアルスターないしはアルスターの一部分を自治法案から除外させようと抵抗し続けたのである[49]。7月の上院による2度目の否決を受けて、10月、アスキス内閣は国王の仲介で上院および保守党との合意形成のための調整に動き、法案の修正に応じようとした。IPPのレドモンドは、民族自決原則に基づいたアイルランド全体に対する処理案であれば、修正に応じる準備があるとしていた。こうした動きの中で、1914年2月、ロイド゠ジョージ蔵相は法案の中に、「カウンティ・オプション」条項を盛りこむことを提案したのである[50]。

　この提案は、アルスター諸郡のいずれかについて、6年の間、自治法から適用除外し、その後の帰属を住民投票で決定するという内容であった。レドモンドは3年間の「カウンティ・オプション」であれば受け入れられるという立場をとっており、IPPの下院議員からの同意を得ていた。しかし、カーソンは、イギリス下院に「カウンティ・オプション」が提起されたとき、この修正条項に対して、「6年間の執行猶予を与えられた死刑」[51]を宣告するものであると批判し、これを拒否していた。これを受けて、ウィンストン・チャーチルは、アルスターが「カウンティ・オプション」を拒否するということは、かれらが投票用紙より銃弾を選択することであると主張し、ユニオニストに対して妥協を迫ったのである。これには、6年間の猶予期間中に、少なくとも2回の総選挙が実施される可能性があったからである。保守党のボナー・ローは、この点を踏まえて、次期総選挙で保守党が政権に復帰したならば、一時的な除外ではなくそれを恒久的なものにすることができると考えていた。それゆえ、自由党政府と保守党の議論はアルスターのどの郡を自治法案から除外するのかという論点に絞られていくことになる[52]。

　第2の争点について、レドモンドが1914年の第1次世界大戦の勃発を受けて、

イギリスの対外政策に協力する方針を打ち出し、ONH をイギリス軍に編入させる決断をする。そして、レドモンドは、UVF を中心に構成された第 36 師団に対抗して、レドモンド支持派の義勇軍兵約 18 万 4,000 人を第 10 師団と第 16 師団に動員することになる[53]。マクニールは ONH の司令官として、イギリス政府がこの運動を抑圧しようものなら、その場合にのみ武力的抵抗は正当化されるという条件を示した上で、レドモンドの提起を受け入れ、第 1 次世界大戦への参加を承諾する[54]。

このことは、「イングランドの危機は、アイルランドの好機」という観点に立つリパブリカンの反発を引き起こし、ナショナリスト勢力を分裂に導く契機となったのである[55]。

かくて、1814 年 9 月、マクニールは、レドモンド派が多数派を占める ONH から分離して、新たな義勇軍組織を編成することになる。

小　括

以上、オウン・マクニールとバルマー・ホブソンの行動を軸に、1911 年から 1914 年における ONH 形成期の政治過程とその背景について検討した。文化的ナショナリズム運動から政治的ナショナリズム運動への移行期において、オウン・マクニールの存在はこの 2 つの運動を結びつける象徴的な意味を持つものであった。だが同時に、水面下でマクニールの活動を補完し、ナショナリストの要求を政治的かつ組織的な運動に発展させるポジションに存在したのがバルマー・ホブソンであったという点を見ておく必要があろう。ここで少なくともいえることは、第 1 に、この時期、アルスター危機の背景に見られるイギリス政府とアルスター・ユニオニストの巻き返しを前にして、政治権力に対抗する手段を持たない文化的ナショナリズム運動の限界が明らかとなり、文化的ナショナリズム運動は政治的ナショナリズム運動への転換を余儀なくされたということである。第 2 に、アルスター・ユニオニストの義勇軍運動を契機に、ONH が結成されたことにより、アルスターをめぐって、ユニオニスト＝プロテスタントとナショナリスト＝カトリックの 2 つの勢力が対峙するという構図が創出されたことである。つまり、このアルスター危機を画期として、現在の北アイ

ルランド問題の基本的な対抗軸が構築されたと考えられるのである。第3に、ONH の形成・展開・分裂の過程を通して、アイルランドにおけるナショナリズム運動が、連合王国の枠内での自治獲得要求を中心とした運動から分離主義的要求を軸とした運動に明確にシフトし、これが主導権を握る状況が生まれてきたということである。

1） トマス・クラークは 1916 年の共和国宣言の起草者の1人である。アメリカ合衆国に移住後、クラン・ナ・ゲールのメンバーとなり、1883 年の爆弾攻撃運動に参加し、逮捕され終身刑を受けている。1898 年に保釈され、アメリカに戻っていたが、1907 年にアイルランドに帰還後、IRB の軍事評議会の創設者の1人として、アイルランド義勇軍と関わり、1916 年のイースター蜂起計画に関与した。
2） Francis X. Martin, "MacNeill and the Foundation of the Irish Volunteers", in Francis X. Martin and Francis J. Byrne (eds.), *The Scholar Revolutionary: Eoin MacNeill, 1867-1945, and the Making of the New Ireland*, Shannon, pp. 111-112.
3） *The Times*, 11 October 1911.
4） Jeremy Smith, *The Tories and Ireland 1910-1914: Conservative Party Politics and the Home Rule Crisis*, Dublin, 2000, pp. 78-79.
5） Eoin MacNeill, "How the Volunteers Began" (from unpublished *Memoirs* of Eoin MacNeill,1932, pp. 65-73), in Francis X. Martin (ed.), *The Irish Volunteers, 1913-1915: Recollections and Documents*, Dublin, 1963, pp. 74-79. オウン・マクニールの回顧録である *Memoir* は、1932 年から 1940 年の期間に口述筆記されたものであり、マクニールの長女であるアイリーン・ティアーニーの所有である。
6） Alan O'Day, *Irish Home Rule 1867-1921*, Manchester, 1998, p. 258.
7） Ulster Day, Saturday, 28th, 1912. "Ulster's Solemn League and Convenant", in Arthir Mitchell and Padraig O. Snodaigh (eds.), *Irish Political Documents 1869-1916*, Dublin, 1989, p. 136.
8） Denis Gwynn, *The Life of John Redmond*, London, 1932, p. 232.
9） Francis X. Martin, *supra* note 2, p. 112.
10） *Irish Freedom*, April 1912, p. 2.
11） *Ibid.*, p. 7.
12） Marcus Bourke, *The O'Rahilly*, Tralee, 1967, p. 69.
13） Eoin MacNeill, *supra* note 5, p. 74.
14） Francis X. Martin, *supra* note 2, p. 115.
15） *Ibid.*, p. 116. フィアナ・エーランという名前は、アイルランド・ゲール語で「エールの戦士」の意味である。ホブソンが設立した第1次フィアナ・エーランは 1902 年6月 26 日に西ベルファストのフォールス街にあったカトリック・ボーイズ・ホールで設立された。
16） *Ibid.*, pp. 118-119. マルキエヴィッチ伯爵夫人（コンスタンス・ジョージャイン・マルキエヴィッチ）は、1868 年にヘンリー・ゴア＝ブース准男爵の長女としてロンドンに生まれ、女性参政権協会全国連盟（National Union of Women's Suffrage Societies, NUWSS）に参加の後、パリ在住を経て 1903 年にダブリンに移り、そこでジョン・バトラー・イエ

第4章 アイルランド義勇軍とアイルランド・ナショナリズム　131

ーツ（W・B・イエーツの父）や画家のウォルター・オズボーン、そしてダグラス・ハイドなどと交流を持つ中で、1908年、SFに参加する。この年のイギリス下院のマンチェスター北西部選挙区の補欠選挙において、女性参政権に反対の姿勢をとっていた候補者ウィンストン・チャーチルの選出を阻止するためのネガティヴ・キャンペーンを妹のエバ・ゴア=ブースとともに指導している。Anne M. Haverty, *Constance Markievicz: Irish Revolutionary*, London, 1988; Anne Marreco, *The Rebel Countess: The Life and Times of Constance Markievicz*, London, 1967.

17) Francis S. L. Lyons, *Ireland since the Famine*, London, 1985, pp. 282-283.
18) Richard M. Fox, *The History of the Irish Citizen Army*, Dublin, 1944, p. 2.
19) *Ibid.*, p. 47. 1913年11月13日のベレスフォード・パレス集会で市民軍結成の必要性が提起され、11月18日のカスタム・ハウス集会において入隊者の募集が行われた。
20) Francis X. Martin, *supra* note 2, pp. 124-125. Sean O'Mullany, "Athlone started the volunteer movement", in *The Athlone Annual*, 1963, pp. 23-25.
21) ザ・オライリは「ミッドランド義勇軍が新聞記事以外に現実に存在しているかどうかは、大いに議論の余地があり、疑わしいものだと思われる。アイルランド義勇軍の組織者は、ウェインホテル集会以後、アスローンないしはミッドランド地域に何らかの義勇軍の存在を見出すことができなかったことは確かである」と述べている。Michael Joseph O'Rahilly, *The Secret History of Irish Volunteers*, Dublin, 1915, p. 3.
22) *Police Record for Ireland*, CO904/14, Part 1（October, 1913）, The National Archives, Kew.
23) Michael Tierney, *Scholar and Man of Action*, Clarendon Press, Oxford, 1980, p. 103. マーカス・バークは、マクニールの 'The North Began' 文書について、「アイルランド義勇軍の結成に直接導いたとされるマクニールの歴史的な論文は、オライリによって促されたものであることに疑いの余地はない。当時、マクニールは病床にあり、そこにオライリが機関誌の最新号に寄稿してもらうためにマクニール邸を訪問した。その際、上記の論文の骨子を指示したのでないか」と推論を立てている。その真偽は定かではないが、少なくともいえることは、ザ・オライリが親交のあるマクニールに当時の政治的情報や機関紙の編集長として執筆の機会を提供したことは事実である。Marcus Bourke, *supra* note 12, p. 17.
24) Francis X. Martin, *supra* note 2, pp. 161-163. なお、幹部会メンバーとして指名された12人のうち、デイヴィット・P・モーランは辞退し、ジョセフ・キャンベル、ジェームズ・ディーキン、ウイリアム・P・ライアンは11日の第1回会合には出席した後で脱落している。11日と14日の準備会に出席した主なメンバーは、バルマー・ホブソン、オウン・マクニール、パトリック・ピアース、ショーン・マクディアマダ、トマス・ケント、ザ・オライリ、ジョセフ・キャンベル、ジェームズ・ディーキン、ショーン・フィッツギボーン、ピアラス・ビースライ、シーマス・オコンナー、ロバート・ペイジ、コルム・オローリン、イーモン・マーチン、ウイリアム・P・ライアン、マイケル・J・ジャッジ、モーリス・ムーアなどである。Bulmer Hobson, *A Short History of the Irish Volunteers*, Dublin, 1918, pp. 17-18; *An Poblacht/Republican News*, 26 November 1998. を参照。
25) D. George Boyce, *Nationalism in Ireland*, London, 1982, pp. 282-283. ロジャー・ケースメントは、「あなたがダブリンの労働者を鍛え規律のもとに組織する運動を始めたと考えています。これは健全かつ当然の運動です。私をこの運動を支持したい。アイルランド人のたくましさを示し、ナショナルな大目的がまったく持って正しいことを証明するために、このアイルランド義勇軍が広範な全国的な運動になること期待しています」とする書簡をマクニールに送っている。

26) National Library of Ireland, "Eoin MacNeill and the Irish Volunteers", in *The 1916 Rising: Personalities and Perspectives*, p. 10. 〈http://www.nli.ie/1916/exhibition/en/content/stagesetters/force/eoinmacneill/index.pdf〉(最終検索日 2016年10月5日); Francis X. Martin (ed.), *supra* note 5, pp. 30-31.; Bulmer Hobson, *supra* note 24, p. 19.
27) Francis X. Martin, *supra* note 2, pp. 115-116.
28) Brian Farrell, "MacNeill in Politics", Francis X. Martin and Francis J. Byrne (eds.), *The Scholar Revolutionary: Eoin MacNeill, 1867-1945, and the Making of the New Ireland*, Shannon, p. 191. 1913年12月13日付のジョン・ホーガンに宛てた書簡には、「私は、公然たる政治家ではない。あなたには、私がまったくもって、政治の指導者になろうという意思も野心もないことを関係するすべての人々に明らかにしてほしい」とある。John J. Horgan, *Parnell to Pearse: Some Recollections and Reflections*, Dublin, 1948, pp. 228-229.
29) *Ibid.*, pp. 191-192.
30) Bulmer Hobson, *Ireland: Yesterday and Tomorrow*, Tralee, 1968, p. 43.
31) Francis X. Martin, *supra* note 2, p. 138.
32) Desmond Ryan (ed.), *Collected Works of Padraic H. Pearse: Political Writings and Speeches*, Dublin, 1922, pp. 141-142. ダーマッド・リンチによると、かかるピアースの発言から1913年の夏ないしは秋には、ピアースはナショナリストと接触を持っていたと考えられる。その時点で、かれが接触していたナショナリスト・グループはアイルランド義勇軍の結成を決めていたとされている。しかし、ピアースは1913年11月まで、IRBのメンバーではなかったといわれており、12月のIRBの総会に初めて現れたことが記録されており、これ以前の詳細については定かでない。Michael Tierney, *supra* note 23, p. 102; Diarmuid Lynch, *The IRB and the 1916 Rising*, Cork, 1957, p. 23.
33) Brian Farrell, "MacNeill in Politics", in Francis X. Martin and Francis J. Byrne (eds.), *supra* note 2, p. 190.
34) *Freeman's Journal*, 17 November 1913, p. 4.
35) Bulmer Hobson, *supra* note 24, pp. 25-26.
36) *Ibid.*, pp. 29-30.
37) *Ibid.*, pp. 31-32.
38) *Ibid.*, pp. 29-33.
39) *Ibid.*, pp. 29-30.
40) *Ibid.*, p. 40.
41) *Ibid.*, pp. 36-38.
42) *Ibid.*, pp. 38-39.
43) *Ibid.*, pp. 41-42.
44) *Ibid.*, pp. 17-18.
45) *Ibid.*, pp. 43-45.
46) Francis X. Martin, *supra* note 2, pp. 178-179.
47) Denis Gwynn, *The History of Partition 1912-1925*, Dublin, 1950, p. 238.
48) A. T. Q. Stewart, *The Ulster Crisis: Resistance to Home Rule 1912-1914*, London, 1967, p. 66.
49) Hansard, HC, Deb, 11 February 1914, Vol. 58, cols. 157-156.
50) Hansard, HC, Deb, 9 March 1914, Vol. 59, cols. 906-908.; Michael Laffan, *The Partition of Ireland 1911-1925*, Dundalk, 1983, pp. 35-38.
51) *Ibid.*, cols. 933-934.

第4章　アイルランド義勇軍とアイルランド・ナショナリズム　133

52)　*Ibid.,* cols. 906, 913-916, 934-936.
53)　Leon O'Broin, *Revolutionary Underground: the Story of the Irish Revolutionary Brotherhood,1858-1924*, Dublin, 1976, p. 115.
54)　Michael Tierney, *supra* note 23, pp. 150-155.
55)　Jeremy Smith, *supra* note 4, pp. 156-157; Edmund Curtis and R. B. McDowell (eds.), *Irish Historical Documents 1172-1922*, London, 1943, pp. 292-297.

第5章 「イースター蜂起」とアイルランド・ナショナリズム

第1節　第1次世界大戦とアイルランド義勇軍

　第1次世界大戦の勃発は、アイルランドにおける自治問題の行方をより複雑なものしていく。第1次世界大戦前夜の1914年4月3日、イギリス下院での第3次アイルランド自治法案の審議の中で、アイルランド議会党（IPP）のジョン・レドモンドは、アイルランドからのイギリス軍の撤退を求め、その代わりにアイルランド義勇軍（ONH）とアルスター義勇軍（UVF）がアイルランド島を守備することを提案していた[1]。1914年9月20日、レドモンドは、ウィックロー郡ウッデンブリッジで、第1次世界大戦の勃発を受けて、ONHをイギリス軍に参加させる演説を行う[2]。そこには、第3次アイルランド自治法案がまだ議決されていない段階で、当時の自由党内閣の対ヨーロッパ戦争に協力する姿勢をとることによって、アイルランド自治法の成立と実施を促そうとする意図が存在していた[3]。

　1914年段階において、アイルランドのナショナリストは、イギリス軍に志願することに対して否定的な立場をとっていた。だが、すでにブール戦争当時から、イギリス軍に参加することはアイルランドの自治獲得にとって有利な条件を与えるものであるという考え方がナショナリストの間には存在していた。ブール戦争では、アイルランド人がイギリスの戦争に参加したということだけではなく、ジョン・マクブライドのように、ブール側についてイギリス軍と戦ったアイルランド連隊が存在した。ナショナリストの間では、このアイルランド連隊に対するシンパシーが潜在的に存在していたといわれている[4]。リパブリカンのサイドでは、イギリス軍新兵募集には応じないという姿勢をとっており、

1905 年に結成されたシン・フェイン党 (SF) はこの姿勢を党の基本方針として
いたのである。そして、こうしたイギリス軍の新兵募集反対ないしはイギリス
軍そのものに対する嫌悪感情は、とくにゲール体育連盟 (GAA) やゲーリッ
ク・リーグ (GL) に関わるナショナリストに強く見られた。それゆえ、公然と
イギリス軍の新兵募集に反対する活動家は、治安当局によって、反政府的ない
しは反王権的と見なされていた[5]。

1914 年以降、アイルランドにおいてイギリス軍に志願した人々の構成は、イ
ギリス政府の作成した資料によると、1915 年段階で、ONH に参加している者
が 1 万 794 人、UVF に所属している者が 8,203 人であった。そして、カトリッ
ク系住民が 3 万 1,412 人、プロテスタント系住民が 1 万 9,729 人であった。こ
のように、この時期にイギリス軍の新兵募集に応じた者のほぼ 61％がカトリ
ック系住民であった[6]。

1914 年 8 月 4 日、イギリス政府はドイツ政府を中心とする枢軸国に宣戦布
告すると、8 月 8 日に国土防衛法 (DORA) を導入する。こうした中で、イギリ
ス国内における大衆レベルでの戦争協力ムードが急速に高まる。アイルランド
も例外ではなかった。1916 年段階でイギリス軍に所属するアイルランド人 15
万 183 人のうち、9 万 9,837 人が 1914 年 4 月以降に入隊したものであった。
開戦後の 6 ヶ月間で、5 万人超が入隊していたのである[7]。

しかしながら、アルスターとそれ以外の地域では、状況は異なっていた。大
戦勃発後に、アイルランドからイギリス軍に動員された者のうち、レドモンド
派義勇軍（国民義勇軍〈NV〉）から入隊した者は約 2 万 4,000 人、UVF からは約
2 万 6,000 人、義勇軍運動に関わっていなかった者は約 8 万人であった[8]。ア
イルランドの地域別に見ると、アルスターはイギリス本土並みの 23％程度で
あったのに対して、アイルランド全体で見ると 6％程度であった[9]。イギリス
軍のアイルランド人に対する新兵募集に反対の姿勢をとってきたナショナリス
トの対応は、必ずしも積極的なものではなかったのである。イギリス政府は、
こうしたナショナリストの姿勢を打ち破るために、アイルランドで大規模な新
兵募集キャンペーンを開始する。このキャンペーンには、(1)ドイツの残虐性、
(2)ドイツによるアイルランド占領の恐怖が軸に据えられていた。これらは、ベ
ルギーにおける一連のカトリック教会の破壊や修道女に対するレイプ、プロテ

スタント（ルター派）によるアイルランド支配と結びつけられ、アイルランド人の道徳性や勇敢さに訴えかけるよう工夫がなされていた。1914年6月には、アイルランドのあるカトリック教徒が「反軍隊という反愛国的な立場に屈することなく、戦士の血を引く子供たちはその先祖がそうであったように、祖国の自由と権利を守るためにすべてを捧げようとしている」[10]と発言したというような記事が掲載されるようになる。

こうしたイギリス軍によるプロパガンダは、アイルランド人の勇敢さや愛郷心に訴えかけるものであったが、それは同時に、イギリス軍の新兵募集を支持するレドモンド派ナショナリストから、同じトーンの文言を介して、アイルランド＝「小民族の守護者」としての位置づけが与えられることになる。

8月6日には、レドモンド派の新聞であるフリーマンズ・ジャーナルに最初の新兵募集広告が掲載され[11]、それ以降、ナショナリスト系の新聞には、戦争における英雄的な死を報じる記事が掲載されるようになる。同時に、修道女に変装したドイツ軍スパイの記事など、ドイツ人の不誠実性がカトリック信仰を媒介にした形で訴えかけられるようになる[12]。こうした記事はどこまで事実かは不明であるが、噂のレベルを超えないものも少なくなかった。こうした論調はますますエスカレートしていく。そして、ドイツ皇帝は自国のルター派プロテスタントを住まわせるためにアイルランドを欲しがっているという記事がアイリッシュ・カソリック紙に掲載される[13]。これは、カトリック教徒にとって、プロテスタントに自分たちの土地を奪われることであり、それはイングランドによる17世紀のアルスター入植とオーバーラップするものであった。

こうした一連のプロパガンダは、アイルランドのナショナリストを政治的な面からではなく文化的ないしは情緒的な面から戦争に動員しようとするものであった。ここに、アイルランドを守ることは同時に、「小民族の守護者」として、ベルギーやフランスのカトリック教徒を解放することに結びつけられ、そのためにはイギリス軍に協力することが重要であるという大義が立てられることになる。それゆえ、アイルランドのカトリック教徒にとって、イギリスへの戦争協力は信仰上の義務の1つとされたのである。

アルスターでは、1913年の夏以降、カーソンがUVFの拡大を図っていた。ベルファストからドニゴールに至る地域で、義勇兵の募集をかけ、その対象は

アルスター・ユニオニスト評議会（UUC）に参加するメンバーが中心とされていた。ロイヤル・アイルランド警察（RIC）のレポートによれば、1913 年 4 月段階で 4 万 1,000 人、9 月には 5 万 6,651 人、11 月には 7 万 6,757 人まで拡大し、1914 年春には、8 万人を超える部隊に成長していたのである。その司令部は、ジョージ・リチャードソン中将、ウィリアム・ハッケット・ペインら元イギリス軍将校と下院議員のトマス・E・ヒックマンやユニオニスト・クラブの活動家メイジャー・フランク・ホールらの政治家によって担われていた。ベルファストでの新兵募集について見ると、約 4 万 6,000 人がイギリス軍の新兵採用に応じていた[14]。

第 2 節　武装蜂起への道

　ホーム・ルール危機の最中、「カーラ反乱」なる事件が発生している。これは、1914 年 3 月 20 日、キルデア郡のカーラ駐屯地で発生した事件である。アスキス内閣は、「カウンティ・オプション」を盛り込んだアイルランド自治法案に強く反対するカーソンらユニオニストと保守党の抵抗に対して、同年 3 月にアイルランドのイギリス軍を強化する措置をとっていた。こうした情勢の中で、アスキスは、当時審議中のアイルランド自治法案が仮に成立し、アルスターを含むアイルランド全土に適用された場合、1912 年のベルファスト蜂起のごとく、これに反対する UVF が武装蜂起する可能性があるという認識を持っていた。それゆえ、1913 年 10 月頃から、アイルランドのイギリス軍司令部は UVF が蜂起した場合の対処をめぐって揺れていた。1914 年 3 月 20 日、UVF による武装蜂起が切迫しているという認識のもとで、ヒューバート・ゴフをはじめとする 61 人の将校が、アイルランド駐留イギリス軍の最高司令官アーサー・パジェットを介し、陸軍省に対してアイルランドに駐留するイギリス軍がこれを鎮圧する命令が下された場合、退役すると迫ったのである[15]。

　また、この事件の後、カトリックとプロテスタントの扱いの違いを象徴的に示す事件が発生する。それは、各義勇軍による武器弾薬のアイルランド持ちこみ事件であった。イギリス政府は各義勇軍が独自にアイルランドに武器・弾薬を持ちこむことを禁止していたことから、いずれの場合も非合法な形で行われ

たものである。1914年1月段階において、UUCはアイルランド自治法案の可決に反対することを目的に、準軍事組織活動を展開する方針を持つようになっていた。そしてこの方針のもと、1914年4月24日から25日にかけて、UVFは独自にドイツから2万5,000丁のライフルと弾薬を買いつけ、ラーン、ドナガディー、バンゴールに陸揚げすることに成功していた。一方で、「カーラ反乱」以後、ONHのアリス・ストップフォード・グリーン、ロジャー・ケースメント、ダレル・フィッグス、オウン・マクニールら幹部メンバーの間で、独自に武装強化する方針が立てられることになる。そして、同年7月26日に、ザ・オライリの資金援助を受けて、ハンブルグの武器商人を通じて買いつけたドイツ製1871型マウザーライフル900丁をダブリン郊外のホウスに陸揚げしようとした。この行為に対して、アイルランド駐留のイギリス軍とダブリン警察は、これを阻止・接収する行動に出たのである。そして、イギリス軍所属のキングズ・オウン・スコティシュ・ボーダラーズの部隊がバチェラーズ・ウォークで陸揚げされた武器を守ろうとする非武装の支援者に発砲する事件が発生した。その結果、支援者3人が死亡し、38人が負傷した[16]。

また、イギリス軍内部においても、ONHとUVFでは、その扱いは異なっていた。第36アルスター師団はUVF出身者だけで組織されていたが、ONH出身者は、第10師団と第16師団にそれぞれ組織されていた。これらの師団はイギリス軍がアイルランドで独自にリクルートした新兵約20万との混成部隊であった。イギリス軍による新兵訓練についても、第36アルスター師団と同じ内容の訓練を受けることができず、昇進もままならなかった。とくに、カトリック教徒のための従軍聖職者も十分ではなかったことは、ONH出身の兵士の間に、イギリス軍に対する不満と不信感を募らせることになった。それは同時に、イギリス軍の中に、ホーム・ルール支持派と反対派という対立関係を持ち込むことになったのである[17]。元イギリス・インド軍の将校でUVFの司令官であるリチャードソン将軍の「アルスターの人々は軍隊に結集しなければならない。なぜならばイギリス軍は争いが日常化したアルスターを救うためにやって来たからである」[18]といった呼びかけは、穏健なナショナリストの不信感を刺激することになった。このように、軍に参加したカトリックおよびナショナリストを取り巻く環境には、「カーラ反乱」やラーンとホウスでの事件に見ら

れるように、宗派的な差別主義が根強く存在していたのである[19]。

　レドモンドがNVのイギリス軍への入隊を積極的に求める方針を明確にした1914年4月以降、ナショナリストによる義勇軍の組織率は減少する傾向にあった。マクニール派のONH、コノリーのアイルランド国民軍（ICA）が組織した義勇兵の数は、ONHがレドモンド派とマクニール派に分裂した1914年9月の1万2,000人から、変動はあるもののイースター蜂起前夜の1916年4月には1万5,000人まで勢力を拡大していた。しかし、ナショナリストによる義勇軍運動全体から見た場合、急進的なナショナリストの割合は、1914年10月の5％から1916年4月には12％を超えるまでに拡大していたが、レドモンド派義勇軍とマクニール派義勇軍を合わせた勢力は、1914年4月の約18万人超から、1916年4月には12万1,000人までに減少していたのである。レドモンド派NV兵士のイギリス軍への入隊による減少を考慮しても、この減少幅は大きい。

　NVのイギリス軍への入隊の実態を見ると、3万1,500人程度の義勇兵がイギリス軍に志願し、第10師団と第15師団に入隊したのは2万4,000人程度（NV全体のほぼ16％）であり、残りの7,500人は各予備大隊所属であった。しかも、NVの義勇兵のほぼ80％が入隊を拒否していたのである[20]。このことは、レドモンドが義勇兵を統率することができない状況にあったことを示している。そこには、主流派ナショナリストであるレドモンドの戦争支持方針と、自治法案をめぐるカウンティ・オプションの容認やその先送りなど、ホーム・ルール問題の処理のあり方に対する不満が存在していた[21]。したがって、イースター蜂起を前にして、ナショナリストの運動は全体として縮小する傾向にあったということができよう。

　1914年9月18日、「カウンティ・オプション」の採用を求める修正条項を盛りこまない形で、第3次アイルランド自治法は成立したが、併せてその施行を一時停止するための法案が可決されていた。こうした中で、ONHは分裂する。レドモンド派に反発するマクニール派の約1万1,000人の義勇兵がレドモンド指導下の義勇軍から離脱することになる。当時、レドモンド支持派15万人の義勇兵は「NV」と名乗っており、マクニールを中心とする勢力は自らを「ONH」を称していた。

このONHの分裂の過程について見てみると、この軍団は、1913年11月25日にマクニールを司令官に結団されたものであり、バルマー・ホブソンらアイルランド共和主義者同盟（IRB）の指導下で増勢が図られてきた。この義勇軍運動は、アイリシュ・ボランティア紙を通じて全国的に情宣され、義勇軍はアイルランド・ナショナリズムを象徴する存在となっていた。そこで、レドモンドは、1914年6月10日に、フリーマンズ・ジャーナル紙に公開書簡を発表し、ONH暫定委員会にIPPの代表者を入れるよう要求した。暫定委員会を指導する立場にあったホブソンは、ナショナリストの分裂を恐れて、レドモンドの要求に応える対応をする。そして、6月16日夜、暫定委員会は18対9でレドモンドの要求を受け入れる判断をする[22]。これを受けて、新しい委員会メンバーにはIPPからレドモンドの息子であるウィリアム・レドモンドやジョセフ・デブリンらが入り、ONHはIPPの指導下に入ることになる[23]。

　だが、IRBのメンバーはホブソンのこの判断を良しとせず、レドモンドの要求を受け入れることは、暫定委員会内でのIRBの影響力を低下させることにつながると考えていた[24]。6月17日、レドモンドの要求に反対投票した8人の委員は会合を持ち、暫定委員会の決定に反対する声明（9月24日）の準備に取りかかる[25]。そして、ホブソンの行為を裏切りと見なし、かれを組織から追放するよう求めたのである。その結果、ホブソンはIRBの最高幹部会メンバーを辞任せざるを得ない状況に至る。そして、9月9日、ラットランド・スクエア（現在のパーネルスクエア25番地）のゲーリック・リーグ図書館において、トマス・クラーク、ショーン・マクディアマダ、ジョセフ・プランケット、パトリック・ピアース、トマス・マクドナー、トマス・ケント、ジェームズ・コノリーら後に共和国宣言に署名する7人と、アーサー・グリフィス、ジョン・マクブライド、ウィリアム・オブライエンが会合を持つ。それは、1916年4月24日に発せられた共和国宣言に署名した上記の7人が初めて一堂に会した会合でもあった。ここで、戦争期間中にイギリス政府に対して蜂起することと義勇軍はその前衛部隊であるということが確認されたのである。つまり、ONHの分裂は、武装蜂起に踏み出す契機となっていたのである。

　急進派ナショナリストの間での武装蜂起の計画は、第1次世界大戦の開戦とほぼ時を同じくして議論されるようになる。1914年9月5日のIRBの最高幹

部会において、アイルランド独立にはドイツの支援が必要であることと、そのためには戦争が終結する前までに蜂起する必要があることが確認された。そして、武装蜂起の計画立案に関する責任者に、トマス・クラークとショーン・マクディアマダが任命されていた。1915年5月、IRBの中に軍事委員会が設置され、武装蜂起に向けた計画が練られることになる。この軍事委員会のメンバーには、トマス・クラーク、ショーン・マクディアマダ、ジョセフ・プランケット、パトリック・ピアース、トマス・ケントが参画していた。そして、ここにジェームズ・コノリーとトマス・マクドナーが加わることになる。この委員会における事実上の実権はクラークが握っており、計画立案作業は1916年1月まで秘密裏に進められた。当時のIRB総裁のデニス・マッカラーや義勇軍最高司令官のオウン・マクニールでさえ、その具体的な内容は知らされていなかった。1916年の3月頃に、IRBの軍事委員会は、マクニールに無断で、1916年のイースター・マンデーに蜂起を行うことを確定し、マクドナーがその実施に向けた準備を任されるようになる[26]。

　こうした計画立案と並行して、アメリカにおいて活動していたジョン・デニスは、1914年11月、ドイツ政府にアイルランド独立の支援を要請するためにロジャー・ケースメントをドイツに派遣し交渉にあたらせている。ケースメントは、アイルランドとドイツとの連携を模索し、12月には、ドイツ軍の捕虜となっているアイルランド人兵士によってアイルランド連隊を結成し、イギリス軍と戦うことをドイツ側に提案していた。これはブール戦争時において、ブール側に立ってイギリス軍と戦ったアイルランド連隊をモデルにしたものであった。しかし、ケースメントは、リンブルグ捕虜収容所のアイルランド人捕虜2,200人を組織してアイルランド連隊の創設を目指していたが、現実には56人程度しか組織することができず、1915年4月頃には断念せざるを得ない状況となり、この工作は失敗に終わる[27]。なぜならば、ドイツ軍の捕虜となっていたアイルランド人兵士は、レドモンド派の元義勇兵やイギリス軍に直接リクルートされた者が大部分を占めていたからである。つまり、穏健派のナショナリストが中心であったがゆえに、アイルランド連隊を結成する核となる部分を欠いていたのである。

　また、ケースメントを支援するためにジョセフ・プランケットが1915年4

第5章 「イースター蜂起」とアイルランド・ナショナリズム　143

月にドイツ入りする。ここで、プランケットは、ケースメントとともに、「アイルランド・レポート」なる覚書をドイツ当局に提案するが、これはまったく受け入れられなかった[28]。だが、かれらのドイツ工作は、結果として、ロシア製ライフル2万丁と機関銃10丁の支援を得ることに成功する[29]。問題は、これらの武器弾薬をイースター・マンデーまでにアイルランドに陸揚げすることができるかどうかであった。ノルウェー商船に偽装した輸送船（リバウ号、カバーネームはアウド号）は、4月20日（聖木曜日）、ケースメントらに武器弾薬を引き渡すケリー西海岸のフェニットに到着したもののイギリス海軍によって拿捕され、クイーンズタウンに曳航される途中、リバウ号の船長カール・シュプリンドラーによって武器弾薬は海中に沈められてしまう。また、リバウ号の到着に合わせて、ドイツ軍潜水艦（U-19）でケリー海岸に向かっていたケースメント、ロバート・モンティス、ケネス・ベイリーの3人もケリー郡バンナ・ストランド海岸で地元のRICによって逮捕されてしまう[30]。

　1916年4月17日、IRBの軍事委員会が開催され、ここで共和国宣言の文書が確定されている。19日、ピアースは、指揮官として蜂起に加わるメンバーに対して、4月23日午後6時30分に蜂起を決行するとの指令を出している。義勇軍はこの指令に従って23日の蜂起に向けた準備を進めることになる。これを知ったホブソンは、20日深夜、マクニールとともに、セント・エンダに滞在していたピアースと会見し、蜂起を思いとどまらせようとする。そして、マクニールは、翌朝、蜂起に向けた準備が整っていないという認識から、ホブソンやザ・オレイリらの支持を背景に、4月23日の蜂起を延期する判断を行う。ここでマクニールは、ピアースによって出された指令を無効とし、これ以降、マクニール自身が出す指令にのみ従うように義勇兵に命令する。そして、蜂起を中止させるためにジェレミア・ジョゼフ・オコンネルがコークに派遣される[31]。

　マクニールの延期指令が出されたすぐ後に、ショーン・マクディアマダは、ドイツからの武器支援が見込まれる以上、武装蜂起の実施は可能であるとして、マクニールに蜂起延期の命令を撤回するよう迫り、マクニールはこれに屈し延期命令を取り消すことになる。そして、マクディアマダは、その夕刻に、この計画を妨害する恐れのあるホブソンを拘束するよう命令を出し、ホブソンは

IRB のメンバーによって、ダブリン郊外フィブズバラのカブラ・パーク 76 番地に幽閉されてしまう[32]。

ケースメント逮捕の知らせは、22 日に、ケリーの義勇軍兵士からコノリーに伝えられ、早速、軍事委員会が開催された。だがここで、この情報をマクニールには伝えないことが確認される。そして、その午後になって、ドイツからの支援物資輸送が失敗にしたことが軍事委員会に報告されている。だが、ドイツからの支援物資輸送失敗とケースメント逮捕の情報がマクニールに伝えられたのは土曜日の夕刻であった。これを受けて、マクニールは、ピアースとの会見後、シーマス・オケリーの自宅で 23 日の武装蜂起を中止する決定を行う。そして、マクニールは、23 日早朝、アイリッシュ・インディペンデント紙を通じて、23 日に予定されていた蜂起の中止を指令する。このマクニールの指令を受けて、23 日の午前 9 時から、IRB 軍事委員会が持たれ、4 時間にわたる議論の末、武装蜂起を 24 日の月曜日まで延期することを決定し、「共和国宣言」の最終文書を承認し、最高指揮官にピアースを、ダブリン連隊の指令官にコノリーを選出したのである[33]。

第 3 節　イースター蜂起

イースター蜂起とは、1916 年 4 月 24 日、IRB の計画のもと、パトリック・ピアースの ONH とジェームズ・コノリー率いる ICA、そしてマルキェヴィッチ伯爵夫人を中心とするアイルランド女性連盟（Cumann na mBan）がダブリンにおいて決行した武装蜂起を指すものである。これに参加した義勇兵は約 1,100 から 1,300 人程度であったと考えられている。しかし、その実態としては、当時の ONH はアイルランド全土に 1 万 8,000 人の兵士を組織していたが、ICA は 200 人足らずであり、ヒベルニアン・ライフル隊も 60 人程度であった。そして、24 日の段階で武装した義勇兵は、ONH ダブリン旅団第 1 大隊 120 人、第 2 大隊 150 人、第 3 大隊 130 人、第 4 大隊 150 人、第 5 大隊 39 人、ICA 180 人、ヒベルニアン・ライフル隊 20 人など、969 人であったといわれている[34]。ダブリンでの蜂起に呼応して、ダブリン郡北部のフィンガルでトマス・アッシュ指揮下のダブリン連隊第 5 大隊の 60 人、ベックスフォード郡エニスコーシーで

第5章 「イースター蜂起」とアイルランド・ナショナリズム

表5-1 イースター蜂起における死亡者数

死亡者の分類	イースター蜂起期間（4月24日～29日）							左記の期間以外での死亡者	合計
	4/24	4/25	4/26	4/27	4/28	4/29	小計		
イギリス軍関連	26	7	30	15	8	21	107	19	126
義勇軍関連	11	8	13	7	7	12	58	24	82
市民	15	22	28	32	42	45	184	76	260
警察	3	0	2	0	9	0	14	3	17
合計	55	37	73	54	66	78	363	122	485

（出典）　Glasnevin Trust, *1916 Necrology 485*, Glasnevin Cemetery Museum, Dublin 2015 より作成。この資料はグラスネヴィン墓地の歴史家である故ショーン・マクトマスによって調査が開始され、これを引き継いだコーナー・ドットとジャック・キャバナによって編纂されたものである。

　ロバート・ブレンナン、シーマス・ドイルらに率いられた約200人、ゴールウェイでリアム・メローズ指揮下の約500から700人の義勇兵が蜂起している[35]。

　これに対峙するイギリス軍は、4月24日段階のダブリンにおいて、第6予備騎兵連隊886人、ロイヤル・アイルランド連隊第3予備大隊403人、ロイヤル・ダブリン・フェイリアーズ第10大隊467人、ロイヤル・アイルランド・ライフル隊第3予備大隊671人、ダブリン守備隊2,427人などからなる4,027人が駐留していた。そして25日には、ここにベルファストの第15予備歩兵旅団が投入され、総勢6,627人からなる兵力が動員された。そして、さらに25日から27日にかけて、イギリス本土から第59（第2北ミッドランド）歩兵師団に所属する第178旅団（ノッティンガム／ダービーシャー）、第177旅団（リンカン／レスター）の約1万の兵士が投入された[36]。

　この蜂起は、共和国宣言を発し、臨時共和国政府の樹立を宣言するものの、蜂起からわずか5日後の4月29日には鎮圧される[37]。投降したパトリック・ピアースをはじめとする主要メンバーは5月3日から12日（5月3日：パトリック・ピアース、トマス・マクドナー、トマス・クラーク、5月4日：ジョセフ・プランケット、ウィリアム・ピアース、エドワード・デイリー、マイケル・オハンラハン、5月5日：ジョン・マクブライド、5月8日：イーモン・セアント、ウィリアム・マーリン、ショーン・ヒューストン、コン・コルバート、5月9日：トマス・ケント、5月12日：ジェームズ・コノリー、ショーン・マクディアマダ）にかけて処刑された。

　グラスネヴィン墓地協会の資料によると、かかる蜂起において、485人の死亡者と約2,600人の負傷者が出たとされている。その内訳として、市民が260人（53.6％）、イギリス軍関連（イギリス軍兵士120人、新兵指導員5人、カナダ軍兵

1人）が126人（25.9％）、義勇軍関連では、ONHが64人、ICAが15人、アイルランド女性連盟の義勇兵が3人の82人（16.9％）、警察官17人（3.5％）がこの蜂起で死亡している（表5-1）。そして、公安当局によって、3,509人が検挙されている[38]。

　ここで、イースター蜂起の過程を見てみよう。第2節で述べたような義勇軍指導部の指揮の混乱の中で、4月24日午前11時、義勇兵はリバティーホールに集結した義勇兵はグランド・キャナルに向けて進軍し、キングストン港、アミエス・ストリート駅、セント・スティーブンスグリーン、フォーコーツ、中央郵便局（GPO）を占領する。そして、アシュボーン、アセントリー、エニスコーシーでも義勇軍が決起するが、それぞれが個別の動きをとり、連携した動きをとっていなかった。GPOを占領し、ここに司令部を置いた理由は論争的であるが、それはイギリスのアイルランド支配の象徴であるとともに、ダブリンの中心街に位置し、アイルランド人のイギリス嫌いを蘇らせる最大限の流血を引き起こすのに都合の良い場所であったからといわれている。ここで、ピアースは、共和国宣言を読み上げ、アイルランド共和国の樹立を宣言する。ピアースは、この宣言を通じて、イギリス支配に抵抗するアイルランド人の闘いの歴史の延長線上にこの蜂起を結びつけようとしたのである[39]。

　イギリス軍の対応は、25日から本格的に行われる。この日、アイルランド総督府は、ダブリン市とダブリン郡を戒厳令下に置く。これに基づき、蜂起鎮圧に動員されたイギリス軍のボーアン＝コルトラスト将軍は、フランシス・シーリー＝スケフィントン、トマス・ディクソン、パトリック・マクアンティアーを逮捕し、翌朝にはこの3人を銃殺にしている。フランシス・シーリー＝スケフィントンはダブリンの商店に対する略奪を阻止する活動をしていた人物で、義勇軍とは無関係な市民であった。ディクソンは週刊アイ・オープナー誌の編集者であり、マクアンティアーは反ラーキン派機関紙であるサーチライト紙の編集者であった。いずれも義勇軍の支持者ではなかった。そして、26日早朝に、イギリス海軍の哨戒艇による砲撃が始まる。この砲撃により、最も被害の大きかったGPOに接するザックヴィル通りでは、大規模な火災が発生し、47件の一般大衆の家屋が破壊された[40]。これ以外にも、28日の金曜日の夜から29日の早朝にかけて、ノース・キング・ストリート住宅街において、ここに住む一

般市民 15 人がイギリス軍サウス・スタフォードシャー連隊によって殺害されるなどの事件が起こっている[41]。

　金曜日までに、イギリス軍は 1 万 8,000 から 2 万にまで増強され、土曜日の午後、ピアースは無条件の降伏を受け入れる。義勇軍の指導者は逮捕され、リッチモンド兵営などに連行された。蜂起の終結を前に、IPP の副党首であり下院議員であったジョン・ディロンがレドモンドと連携しつつ、義勇軍に対する処罰が最小限になるようアスキス首相に要請している。これは、義勇軍の行為に対するシンパシーというよりは、IPP の政治的正当性を維持し、1914 年自治法の施行を促すためであった。しかし、ピアースなど 17 人が首謀者とされ、DORA 法が停止された戒厳令のもとで、軍法会議にかけられることになる。この軍法会議を任されたのがマックスウェル将軍であった[42]。

　マックスウェル将軍は、ピアースの遺体を遺族に引き渡すことを強く固辞し、アスキスに助言を求めている。それはあまりもの凄惨なものであるがゆえに、ピアースの遺体は殉教者として扱われ、「アイルランド人の感傷が墓地を殉教者の聖地に変えること」を恐れたからといわれている[43]。アスキスは、レドモンドとディロンの要請もあり、マックスウェルにこれ以上の処刑を行わないよう返信している[44]。

　こうした一連の処刑執行は、イースター蜂起のイメージを形作ることに作用する。たとえば、トマス・クラークについていえば、処刑までの留置中に、裸にされ、隣接する病院の看護師の前を裸で歩かされたという逸話までがまことしやかに噂された。また、ジェームズ・コノリーについても、戦闘中に膝を打たれ重傷を負っていたことから、処刑を容易にするために椅子に縛り付けられて銃殺されたなどの噂が流布されるようになるのである[45]。

　ヒュー・シェアマンは、1916 年のイースター蜂起について、アイルランドの歴史上、最も大きな時代を画期する出来事であるが、それはこの蜂起が達成した獲得物にではなく、この行為が象徴となった点にあるという[46]。そして、蜂起そのものについていえば、明らかに失敗であったが、蜂起した義勇兵の死がアイルランドの人々に自らを 1 つのアイルランド・ネイションであるという意識を創出したところに、この蜂起の歴史的意味を見出すことができると結論づけている[47]。すなわち、イースター蜂起なる出来事が「神話化」され、イギリ

ス支配の残虐性とともに、アイルランド・ネイションの存在とこれに依拠したアイルランド国家の建設を正当化するためのシンボルとして、政治的なイデオロギー性を持たされることになったというのである。

かくて、この蜂起により、リパブリカンを中心とした急進的なナショナリズム運動は組織的に壊滅状態となったばかりか、議会主義的なナショナリズム運動の後退は決定的なものとなった。すなわち、それはホーム・ルール獲得に収斂する20世紀初頭からの政治的ナショナリズム運動の終焉を示すものであった。しかし、この一連の事件を通して、議会主義的運動と自治要求の限界が明らかになると同時に、アイルランド・ネイションの再自覚化、つまり文化的ナショナリズムに回帰する傾向が見られるようになる。それゆえ、この蜂起は、第1次世界大戦後のアイルランド・ネイションのイギリス国家からの分離独立を政治目標とする急進的なナショナリズム運動を準備するものであったということができよう[48]。

第4節　第4次アイルランド自治法案と独立戦争

(1) イギリス「連邦制」論とユニオニスト

ホーム・ルールをめぐる議論の背景には、イギリスの国家組織そのものについての改革論議が存在していた。それは、1886年に第1次アイルランド自治法案がイギリス議会に提出されて以来、取り上げられることになるイギリス国家の連邦主義的改革の問題であった。連合王国に連邦主義を導入するという考え方は、中央政府とイングランド、スコットランド、ウェールズ、アイルランドとの関係を、住民投票的な二者択一的方法によって決定するのかどうかという問題と結びついていた。つまり、保守党のオースチン・チェンバレンが「連合王国全体に同じ形態でのホーム・ルールを適用することによって、アイルランドのナショナリストの分離主義的な要求を回避し、アルスター・ユニオニストの要求を緩和することができよう。すべてのイギリス国民は同じように扱われるのである」[49]と述べているように、連邦制の導入は、いかにして「連合(Union)」を維持するのかという問題でもあった。この連邦主義的改革の問題は、第1次世界大戦後、再び議論されるようになる。それは、アイルランドにおい

てホーム・ルールを施行するということは、イギリス国家の連邦化の第一歩と見なされたからであった。カーソンは、1918年に、セルボーン卿に宛てた手紙の中で、アイルランドにとって最善の道は、連合王国全体を1つの議会がすべてのことに対して責任を持つというような現行の仕組みから、連邦制のもとに置くことであると記している。なぜならば、それはアルスターが1つの統治の単位として存在することと、イギリス国家なるもう1つの統治単位にアルスターが帰属することの両方を満たすことを可能にするものであったからである。この当時、挙国一致派に所属する院内幹事長であった自由党のフレデリック・エドワード・ゲスト、保守党のオースチン・チェンバレンとウォルター・H・ロングら120人程度が連邦主義派と見られていた[50]。

この連邦主義派の立場は、連合王国を中央政府の持つ統治権限の一部移譲（デボリューション）という原則に基づいた国家組織に再編成することを目指すものであった。それゆえ、アイルランドにおける自治は、特権的なドミニオンとしての地位を付与することでも、アイルランドにのみ自治権を認めることでもなく、連合王国の統治のもとで、イギリス国民の権利として、イングランド、スコットランド、ウェールズと同じ自治権を持つことを意味していた。ロングは、1918年4月23日、内閣に対して、「連合王国に連邦制を導入することと合わせてであれば、第3次アイルランド自治法の修正案は容易に下院を通過することでしょう」[51]と述べている。そして、6月には、連合王国の連邦制導入に向けた提案文書を作成している。それは、現行のイギリス下院の議員定数を350に縮小した上で、帝国議会のもとに、イングランド、スコットランド、ウェールズ、アイルランドに同形態の議会をそれぞれ設置するというものであった[52]。

だがこの提案は、アイルランドへの徴兵制の拡大を求めるロイド＝ジョージ挙国一致内閣がアイルランドへの徴兵制導入とホーム・ルールの施行とを結びつけたことから発生した「徴兵制危機」の深化の中で立ち消えとなる。ロイド＝ジョージはそもそも連合王国に連邦主義を導入することに消極的であった。かれは連合王国への連邦制導入という国家組織全体に関わる問題の中に、アイルランドのホーム・ルールを位置づけることに否定的な見解を持っていたのである[53]。

1919年11月に提出されたロング委員会の第1次報告書によると、ナショナ

リストが同意するのであれば、アイルランドの北部と南部に議会を設置し、これに統治権限を与えることは、アイルランドの統一性を犠牲にする代わりに、アイルランドが連合王国の一部分であることをより確実なものにするという利点があるとして、連邦制導入の必要性を説いているのである。1920年、政府は下院議長のもとに、連合王国全体を対象としたホーム・ルール適用の可能性について検討する委員会を設置した。しかし、この委員会がまとめた連邦制改革案は4つの新しい議会を設置する費用などの点で、下院議長によって却下されてしまう[54]。

(2) 第4次アイルランド自治法案

北アイルランドは、第1次世界大戦後のアイルランド南北分割によって実体化する。アイルランドの分割は、戦前においては、ホーム・ルール法の適用をめぐって、一時的にアルスター地方をアイルランド議会から除外するのか、それともホーム・ルールそのものを拒否するのかの争点の中に位置づけられるものであった。だが、第1次世界大戦後、アイルランドにおけるホーム・ルール問題の処理は、上記した連邦主義的改革論の影響ともあいまって、戦前のものとは3つの点で異なった形態をとるようになる。表5-2に整理したように、まず第1に、ダブリンとともに、ベルファストに新たに権限移譲された政府を設置するという点であり、新しく設置される南アイルランドおよび北アイルランドの議会は1914年アイルランド自治法よりも独立性の高いものとなっていた。第2は、南北アイルランド政府の上に、両政府の利害を調整することを目的としたアイルランド協議会（Council of Ireland）が設置されるという点である。そして第3に、南アイルランドと北アイルランドの分割については、「カウンティ・オプション」という考え方はとられておらず、時限的なものというよりはより恒久的なものとして位置づけられている点である。つまり、アイルランド32郡からアントリム、アーマー、ダウン、ファーマナー、デリー／ロンドンデリー、ティーロンの6郡を切り取る形で北アイルランド国家が編成されたのである。これは1918年のイギリス総選挙におけるユニオニストの勢力分布を概ね反映したものであり、ホーム・ルール危機時のアルスター・ユニオニストの要求を取り入れたものとなっている。

表 5-2　1914 年アイルランド自治法と 1920 年アイルランド統治法

1914 年アイルランド自治法	1920 年アイルランド統治法
①イギリス国王のもとに、アイルランド議会を設置し、かかる議会はダブリンに設置し、上院 40 人と下院 164 人から構成されるものとする。 ②イギリス議会はアイルランド議会に対して優越するものとする。 ③アイルランド議会は、もっぱらアイルランド内の問題を扱うものとし、王権、外交、軍事、国土防衛、徴税、警察などに関わる立法権限を有しないものとする。 ④アイルランド選出のイギリス議会下院議員は 42 人とする。 ⑤アイルランド総督職を維持し、そのもとにアイルランド行政府を置くものとする。 ⑥アイルランド総督は、アイルランド政府の大臣を任命し、大臣はアイルランド枢密院のメンバーでなければならない。また、大臣はイギリス議会の議員または元議員でない限り、6 ヵ月以上その任に就くことはできないものとする。 ⑦上院議員はアイルランド総督に任命された 40 人で構成されるものとする。 ⑧下院議員 164 人は、単記移譲式比例代表制によって選出されるものとする。 ⑨アイルランド財政は、イギリスの国家財政とは分離したものとする。合同財務省委員会でその額を決定するものとする。徴税はイギリス政府の権限のもとで行い、イギリス財務省に納入された上で、毎年アイルランド財務省に支出されるものとする。これに加えて、アイルランド政府は所得税に限り、独自に税を徴収する権利を有するものとする。 ⑩宗派的平等を侵害する法の制定の禁止。アイルランド行政府は、宗派的な信条を持ついかなる者に対しても不利益となるような利益供与や特権の付与を行わないものとする。	①イギリス国王のもと、権限移譲された北アイルランド（Northern Ireland）国家は、アントリム、アーマー、ダウン、ファーマナー、デリー／ロンドンデリー、ティーロンの 6 郡から構成されるものとされ、それ以外の 26 郡をもって南部アイルランド（Southern Ireland）国家とする。 ②アイルランド総督のもとに、南アイルランド政府と北アイルランド政府を置くものとする。 ③ダブリンに南アイルランド政府および議会を、ベルファストに北アイルランド政府および議会を設置するものとする。 ④南北両アイルランド政府は、この法の停止または廃止する権限を含むイギリス議会の立場に影響を及ぼすものではなく、各アイルランド議会に対して、イギリス議会での決定が優先されるものとする。アイルランド選出のイギリス議会下院議員は南アイルランド 33 人、北アイルランド 13 人とする。 ⑤各アイルランド議会について、ダブリンに設置される南アイルランド議会は、上院 61 人（アイルランド総督による任命が 17 人、アイルランド教会大主教およびアイルランドのカトリック教会の大司教、アイルランドにおける納税者であるイギリス貴族、アイルランド在住もしくは資産を有するアイルランド枢密院メンバー、そして各カウンティ・カウンシルから選出される者が 44 人）と下院 128 人、北アイルランド議会は上院 26 人（下院議員による選挙によって選出 24 人）、下院 52 人で構成されるものとする。 ⑥各議会において、下院議員は、単記移譲式比例代表制によって選出されるものとする。 ⑦南北アイルランド自治政府の上に、両政府の利害を調整することを目的としたアイルランド協議会（Council of Ireland）を置き、この協議会のメンバーは、アイルランド総督が任命する 1 人（議長）と南北両議会から各々上院 7 人、下院 13 人の 40 人から構成され、ここで議決された法は南北両アイルランドに適用されるものとする。なお、南北アイルランドが統一する日に、かかる協議会は廃止されるものとする。 ⑧各々の議会は、平和的な秩序維持、公正な統治を行う限り、立法権を有するものとする。なお、王権およびアイルランド総統に関わる事項、戦争に関する事項、陸海空の軍隊に関わる事項、外国との条約および王室自治領（Dominion）との関係に関わる事項、階位・尊号に関わる事項、国事犯罪に関する事項、外国との交易に関する事項、貨幣制度に関わる事項などは、除外または制限が加えられるものとする。 ⑨南北両アイルランド政府はそれぞれに財務省を置き、それぞれ独自の財政を持ち、イギリスの国家財政とは分離したものとする。それぞれの議会は、関税を除く徴税権を持つものとする。 ⑩宗派的平等を侵害する法の制定の禁止。南北アイルランド両政府は、宗派的な信条を持ついかなる者に対して不利益となるような利益供与や特権の付与を行わないものとする。

（出典）　Government of Ireland Act 1914 と Government of Ireland Act, 1920 より作成。両法とも、Legislation.gov.uk より入手した。〈http://www.legislation.gov.uk/ukpga/Geo5/4-5/90/enacted〉（最終閲覧日：2016 年 10 月 1 日）

第4次アイルランド自治法案の論議をめぐっては、ナショナリストの側でも、第1次世界大戦後のアイルランドにおいて、全面的なホーム・ルールの適用はリスクを伴うものであるという認識が存在していた。つまり、イースター蜂起の教訓がナショナリストの主張に変化をもたらしていたのである。その結果として、IRB を吸収した SF は分離独立を要求に掲げる政党として 1917 年に再建される。そして、補欠選挙において、IPP を破ったことに象徴されるように、レドモンド派の議会主義的な自治路線に対して、リパブリカンの分離独立路線が台頭する状況が生まれてくる。イースター蜂起の後、アスキス首相はロイド＝ジョージを通じて、ナショナリストとユニオニストの仲裁を進めようとする。レドモンドは、ロイド＝ジョージと、少なくともファーマナー、ティーロンについては、大戦中は保留とした上で、アルスターを除くアイルランドにホーム・ルールを適用することで合意していた。しかし、挙国一致内閣のもと、保守党の巻き返しによって、この妥協は崩壊してしまう。いかなる形にせよ、1914 年アイルランド自治法は施行されることがなかったのである。すなわち、レドモンドら IPP はファーマナーとティーロンを犠牲にしたにもかかわらず、ホーム・ルールの実施を勝ち取ることができなかったのである。1917 年 7 月から 1918 年 4 月のアイリッシュ・コンベンションにおける政党間交渉の失敗は、IPP の大衆的支持の喪失を決定的なものにした。そして、1918 年 12 月のイギリス総選挙を迎えることになる。ここで、IPP は壊滅的な敗北を喫し、SF がアイルランドのナショナリストを代表する地位を獲得することになる[55]。

　アイルランドにおける 1918 年イギリス総選挙の動向については、第 6 章で詳しく見ることにしたいが、アイルランドにおける選挙結果の概要は、IPP は得票率 21.74％ の 6 議席にとどまり、SF が得票率で 46.88％ を獲得し、全アイルランド 105 議席中 73 議席を占めるという圧倒的な勝利を得たのである。ナショナリスト・ブロックについていうと、得票率で 69.43％、全アイルランド 105 議席中 79 議席を占めるという結果になっていた。こうした結果を受けて、SF がイギリス下院の議席を拒否し、アイルランド国民議会（Dáil Éireann）の設置を強行し、ダブリン城において独立共和国の行政組織を編成し始めることになる。これにより、イギリス下院でのナショナリスト勢力は 6 議席となり、1910 年（12 月）総選挙後の勢力（84 議席）を大きく後退させることになる[56]。他

方で、この選挙では、挙国一致派が過半数を制し、ロイド＝ジョージは政権を維持することに成功したが、ロイド＝ジョージ率いる自由党は127議席で与党第2党であり、挙国一致政府の筆頭には保守党・ユニオニスト連合（332議席）が就くことになる。

　1919年10月から翌1920年にかけて、イギリス政府はアイルランド問題に関する内閣委員会（ロング委員会）を設置し、その議長には、ウォルター・H・ロングが就任していた。ロングはアルスターのユニオニストと密接な関係持つ人物として知られ、1906年から1910年までアイルランド・ユニオニスト同盟（IUA）の指導者を務めた政治家であった。この委員会において、ロングは、第4次アイルランド自治法案の草案をまとめ始める[57]。これが1920年アイルランド統治法（Government of Ireland Act, 1920）の原型である。そして、このロング委員会は、アイルランド26郡の首都としてのダブリンとアルスター6郡の首都としてのベルファストにそれぞれ自治議会を設置することを内閣に提案する。この第4次アイルランド自治法案は12月22日、イギリス下院に提出されることになる。ロング委員会の提案に対して、年金担当の政務官であったアルスター・ユニオニスト党（UUP）のジェームズ・クレイグは、ベルファストに設置される議会をユニオニストにとって有効なものであると捉え、この提案を受け入れる姿勢を示す。ロング委員会の提案はアルスターのプロテスタントにとって、自治法からアルスター9郡を除外することは、宗派間比率において56対44となるが、モナハン、キャーバン、ドニゴールを除く6郡とした場合には、65.5対34.5となり、確実に実権を握ることのできる地域を確保するという有利な条件が与えられることを意味していた。クレイグは、アルスター6郡をベルファストの議会が統治することを確実なものにするために、イギリス政府に働きかけるようになる[58]。

　1920年3月29日の下院第2読会において、ロング委員会の提案した第4次法案の方向性が確認され、同年11月11日午後7時過ぎ、下院第3読会において賛成183対52をもって可決され上院に送られた。この第3読会における討議の中では、南北アイルランドにドミニオンに相当する自治権を付与することに関して、ロイド＝ジョージと元首相のアスキス、そして労働党党首のウィリアム・アダムソン（スコットランド・ファイフ西選挙区選出）との間で、自治権付

与の前提条件をめぐって激しい議論が展開された。かかる議論のポイントは、イギリス国家および帝国に対して脅威とならないかどうかという点にあった。つまり、アイルランドへの自治権付与には、イギリス国家および帝国の脅威とならない限りにおいて可能なものという前提条件がつけられたのである[59]。

かくて、1920年アイルランド統治法は12月20日に成立する。イギリス政府の立場から見れば、南部アイルランド26郡に対してだけでなく、アルスター6郡に対しても自治権を付与することは、アルスター・ユニオニストが潜在的に持っていたイギリス政府に対する不信感情とリパブリカンの独立要求に対する防御壁であり、連合王国の国家組織上の枠組みの維持を図る方策であったということができよう。

(3) アイルランド独立戦争

一方で、1918年の総選挙において勝利したSFは、イギリス議会で得た議席を拒否し、1919年1月21日に、新たにアイルランド国民議会を招集し、イギリスに対して独立を宣言する。そして、同日、1917年に再組織されたONHによるRIC警官の殺害事件（ソロヘッドベッグ襲撃事件）が発生する[60]。ここに、アイルランド独立戦争が開始されることになる。

1月31日には、アイルランド国民議会はこの義勇軍をアイルランド共和国の正規軍として承認する。そして、8月、アイルランド国民議会において、義勇軍兵士によるアイルランド共和国に対する忠誠宣言が行われ、ONHは「アイルランド共和国軍」（「IRA」）として位置づけられ、「IRA」なる呼称を使用するようになる。この段階で、IRAはほぼ10万の兵士を組織しており、IRB総裁となっていたマイケル・コリンズの直属の諜報組織（スクワッド）が「IRA」の中に置かれることになる。そして、警察組織やイギリス軍をターゲットにしたゲリラ闘争を強化していく。1920年7月までに、40余りの警察および軍施設を襲撃し破壊している[61]。

こうした状況への対処策として、イギリス政府は1919年9月に、アイルランド国民議会とSFなどの政治組織の非合法化を図り、イギリス軍のアイルランド駐留に踏み切る。だが、1919年12月19日には、ダブリン郊外アシュトンのフェニックス・パークで、パディ・デイルら11人の「IRA」メンバーがアイ

ルランド総督暗殺未遂事件を起こす[62]。第4次アイルランド自治法案が下院に提出され、1920年に入ると、「IRA」はアイルランド南部のムンスターを中心に武装闘争をエスカレートさせ、ミック・リーやジョージ・レノン指揮下の「IRA」部隊がコーク、ウォーターフォードなどでRIC施設への攻撃を繰り返すようになる。こうした動きは、南部地域にとどまらず、ダブリン郊外、スライゴ、ウェストミース、ロングフォード、ゴールウェイ、モナハンまでに拡大していく。こうした「IRA」武力行使に対して、RICによる報復行為が展開されることになる[63]。

ここに、イギリス政府は1920年3月、ブラック・アンド・タンをアイルランドに派遣することを決定する。ブランク・アンド・タンは、この年の1月に、第1次世界大戦の復員兵の失業者を中心に組織された特殊部隊であり、1921年末までに約9,500人が動員されている。さらに、イギリス政府はRICの中に補助部隊なる準軍事組織を設置して、「IRA」の武装闘争に対抗しようとする。1919年から1920年にかけて発生した暴力事件は、「IRA」が800件、政府治安勢力が403件であり、その間に発生した暴動は177件にのぼる[64]。

一方で、IUAはすでに、1919年1月24日、UUPとアイルランド分割反対同盟（Unionist Anti-Partition League）に分裂し、第4次アイルランド自治法案反対派ユニオニストが影響力を強めていた。また、ベルファストでは、同年1月31日から2月14日まで、ベルファスト造船労働組合連合の労働者よる大規模なストライキが発生していた。これは、カトリック系労働者とプロテスタント系労働者が連帯した労働争議であった。この大規模な争議によって、約4万人が職を失ったとされている[65]。

ベルファストでは、造船労働者のストライキの後、カーソンの指導のもと、保守党系経営者団体の支援を受けて、アルスター・ユニオニスト労働者協会（UULA）の政治組織ユニオニスト労働党がベルファストにおいて、宗派別の労働組合の設立を求める運動を展開し、労働者階級の分断が図られる。さらに、6月24日には、UVFが活動再開を宣言する。

こうした情勢の中で、カーソンは、1920年7月12日、ベルファスト郊外のフィナイーで演説し、約2万5,000人の支持者の前で、「今ここではっきりと主張しなければならない。われわれは、アルスターにおけるシン・フェイン党

に寛容になることはできない。……私は、行動なき言葉にうんざりしている」[66]と発言する。そして、この演説から7月20日までの間、ユニオニスト系新聞のベルファスト・ニューズレター紙には、この演説を支持するとともに、さらに踏み込んで、「アルスターにおけるカトリック教徒は急速かつ確実に増加しており、30年後には、プロテスタントの街は消滅してしまう」[67]、「カトリック教会とシン・フェイン党は南部や西部だけでなく、アルスターまでも浸食し併合しようとしている」[68]といった理由で、アルスターのプロテスタントはカトリック教徒と闘わなければならないとする論調の記事が掲載されるようになる。こうした状況をさらに悪化させる事件が7月17日にコークにおいて発生する。「IRA」によるRIC幹部射殺事件である。この事件を受けて、ベルファストにおいて、一部のプロテスタント系労働者が7月21日、殺害されたRIC幹部の葬儀に合わせて蜂起することになる。そして、それはいわゆる「ベルファスト・ポグロム」へと発展していく[69]。

第5節 「ベルファスト・ポグロム」とアングロ＝アイリッシュ協定

「ベルファスト・ポグロム」は、1920年7月21日から1922年6月24日頃までに、継続的に発生した一般大衆を巻きこんだ暴力事件を指すものである。「ベルファスト・ポグロム」は、その前年に始まったSFによる共和国政府樹立の動きとあいまった「IRA」の武装闘争、アルスター・ユニオニストによる反ホーム・ルール闘争、そしてイギリス政府レベルのアイルランド自治法改正の動きという三竦みの情勢の中で発生したものであった。この事件において犠牲となった人々の大部分が労働者階級の一般市民であった。

「ベルファスト・ポグロム」は、ナショナリストの側からは、カトリック系住民を犠牲者として位置づけることにより、プロテスタントによるカトリック差別とアルスターにおけるユニオニスト支配を象徴し、イギリス国家からの分離独立の闘争に正当性を付与する事件として把握されてきたものである。表5-3によると、その死亡者は、おおよそ460人にのぼり、負傷者は2,000人を超えるものであったと考えられている。死亡者の宗派別の割合は、カトリック系住民が58％、プロテスタント系住民が40％であった。そのうちの6％は16

図 5-1 「ベルファスト・ポグロム」における死亡者数の推移（1920 年 7 月－1922 年 6 月）

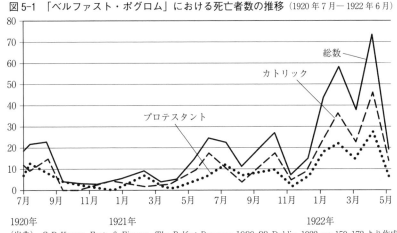

（出典）G. B. Kenna, *Facts & Figures, The Belfast Pogroms 1920-22*, Dublin, 1922, pp. 159-172 より作成。

歳以下であった。かかる暴力行為には、銃撃、放火、爆弾、暗殺、待ち伏せ、集団的暴行、強制的な立退きなどの形態が見られた[70]。犠牲者数から

表 5-3 「ベルファスト・ポグロム」における死亡者数

	カトリック	プロテスタント	宗派不明
1920 年	36	38	0
1921 年	77	53	1
1922 年	155	96	4
合計	268	187	5

（出典）同上。

見ると、必ずしもカトリック系住民のみがターゲットにされ犠牲となったとまではいえない。図 5-1 と表 5-3 によれば、1920 年に限って見ると、プロテスタント系住民の死亡者数はカトリック系を上回っている。そこには、カトリック系住民と間違われたプロテスタント系住民のケースも見られるが、カトリック系労働者と連帯していたプロテスタント系労働者が含まれている。それゆえ、「ベルファスト・ポグロム」はリパブリカンによって始められた独立戦争のプロセスの中で把握する必要があろう。

「ベルファスト・ポグロム」の特徴として、カトリック系住民の被害者とプロテスタント系住民の被害者がほぼ同じ地域に集中する傾向を示している。地域的には、プロテスタント系住民のコミュニティが広がるシャンキル街を挟んだオールド・ロッジやスミスフィールド周辺、港湾沿いのシップヤードやショートストランド周辺、カトリック系住民のコミュニティがあるフォールス街周

辺などのプロテスタント系住民とカトリック系住民のコミュニティが接する地域で発生している[71]。そして、カトリック系住民のコミュニティの集住度が隣接するプロテスタント系住民コミュニティより高くなっている地域で多発しているのである[72]。

　イギリス政府は、政治的暴力の連鎖の中で、1920年8月にアイルランド秩序回復法（Restoration of Order in Ireland Act, 1920）を発令し、12月にはアイルランド南部（コーク、ケリー、リムリック、ティペラリーの各郡）に戒厳令[73]を敷き、非常拘禁制度の導入を図る。1920年10月には、アイルランド駐留イギリス軍の最高司令官であるネビル・マクレディ卿の反対にもかかわらず、ロイド゠ジョージはベルファストでの動乱を鎮めることを理由に、アルスターに特別警察（USC）を導入する。この組織は、ベルファストのプロテスタント系コミュニティを警備するとした非公式の警察行為を行うことを目的に、UULAが主導して結成された準武装組織的な自衛団を前身とし、UVFのメンバーを母体としていた。USCは、イギリス政府から財政支援を受け、RICの管理下にある政府公認組織であり、3万2,000人が4つのカテゴリーに分けて組織されていた。そのうちのAスペシャルズは、定められた自衛範囲の中でRICと行動をともにする常駐の有給隊員であり、RICの警察官とほぼ同等の条件のもとに置かれていた。その人数は5,500人程度であった。Bスペシャルズは非常勤の無給隊員であったが、Aスペシャルズと同様に制服や武器などの装備を与えられ、RICが活動する場所であればどこでも出動できた。Bスペシャルズのメンバーは約1万9,000人であったとされている。Cスペシャルズは非常勤の隊員であったが、装備の貸与はなく予備役的な存在であった。そのメンバーは7,500人程度であった。そして、1921年以降に、UVFのメンバーを治安活動に動員するために、日常的な活動は求められないが、緊急な事態が発生した場合に動員されるカテゴリーとしてC1スペシャルズが設置されることになる。ここに、「IRA」の武装闘争に対抗して、イギリス軍、RIC、USCからなる政府治安部隊が構築されることになる[74]。

　かくて、1921年7月11日、両者は停戦合意に至り、和平交渉が始められることになる。1920年12月のアイルランド統治法の成立[75]と翌年12月のアングロ゠アイリッシュ協定（Articles of Agreement for a Treaty Between Great Britain and Ireland）の締結を受けて、アイルランド自由国と北アイルランド政府が成立する。

　だが、「ベルファスト・ポグロム」は、アイルランド統治法が成立し、北アイルランド政府が設置された以降の1922年3月にそのピークを迎えることになる。その背景には、アングロ＝アイリッシュ協定の賛否をめぐる「IRA」内部の分裂という問題があった。アングロ＝アイリッシュ協定の交渉は、ロンドン・ナイトブリッジにあるハンス・パレスで1921年10月20日に始まった。イギリス政府からロイド＝ジョージ首相、フレデリック・エドウィン・スミス卿、オースチン・チェンバレン、ウィンストン・チャーチル、ワーシントン・L・ワーシントン＝エバンスをはじめとする7人と、SFからはアーサー・グリフィス、マイケル・コリンズ、ロバート・バートン、イーモン・ドゥガン、ジョージ・ダフィの5人が交渉にあたった。権限移譲の枠組みの中で問題を処理したいイギリス政府と共和国として分離独立を求めるリパブリカンとの交渉は、12月6日、南部アイルランドを自由国としてドミニオンの地位を与えることで妥結が成立する。これは、1920年のアイルランド統治法による権限移譲のもとでの自治権の付与という枠組みを越えるものであり、南部アイルランドはより大きな自治権を獲得するとともに、「独立国家」としての地位により近づくことを意味していた。

　ここに締結されたアングロ＝アイリッシュ協定は12月16日、イギリス下院において401対58、同日上院において166対47で承認されることになる[76]。一方で、マイケル・コリンズは、アルスターのユニオニストにこの協定を受け入れさせるために、アルスターの「IRA」部隊を強化する行動に出る。そして、1922年2月12日から15日にかけて27人が犠牲となった「IRA」による武力行動がベルファストで発生する。このことが、アルスターのユニオニスト勢力を刺激し、ベルファストにおける政治的暴力をいっそうエスカレートさせる契機となったのである。この協定はアルスターのユニオニストからすると、頭越しにイギリス政府とリパブリカンとの間で締結されたものであった。北アイルランド政府首相のクレイグは、イギリス国家と帝国の利益に反するものとして、かかる協定に反対する声明を発し、イギリス政府に対する不信感を露わにする。このことは同時に、プロテスタント・アルスターの「自衛」という問題にアル

スターのユニオニストを追いこむことになったのである[77]。

この協定をめぐって、アイルランド国民議会の中では、この協定はアルスターを売り渡す行為であり、十分な独立を達成するものではないとするイーモン・デ・バレラら協定反対派とマイケル・コリンズら協定支持派との間で意見が対立することになる。1922 年 1 月 7 日、アイルランド国民議会は 65 対 57 の僅差でこの協定を受け入れることを決定する。そして 1921 年にアイルランド統治法のもとで設置されたアイルランド議会下院では、協定反対派が欠席する中で、協定賛成派 64 人とユニオニスト議員 4 人の支持によって批准され、コリンズが暫定政府議長に指名される[78]。この意見の相違は、SF および「IRA」の分裂を引き起こし、この後に起こるアイルランド内戦の契機となり、北アイルランドをめぐるアイルランド共和国の基本的な政治姿勢に影響を及ぼすことになる。

小 括

1914 年から 1916 年にかけて、ナショナリストの間で、レドモンドらの運動に対する不信が深まるとともに、ONH の分裂と SF などの急進派ナショナリストが勢力を拡大する中で、ナショナリストの運動は潮目に差しかかっていたのである。こうした局面において、イースター蜂起は発生することになる。そして、イースター蜂起を前後する一連の事件は、ナショナリズム運動を連合王国の枠内での自治要求にとどまっていた議会主義的なナショナリズム運動をより急進的なナショナリズム運動に転換させる契機となった。そして、1918 年総選挙後の SF の行動は、イギリス政府によるナショナリストに対する弾圧姿勢を強める結果を招いた。独立戦争の開始と「ベルファスト・ポグロム」の発生に見られるように、「IRA」とイギリス軍、RIC、USC からなる政府治安部隊との対抗軸の中で、政治的暴力が展開される情勢が生み出された。アイルランド統治法の成立と独立戦争の結果、アングロ＝アイリッシュ協定が締結されることになるが、この協定の締結は、マイケル・コリンズに同調する協定支持派の「IRA」部隊のアルスターでの闘争を強化する方向に作用し、一方で、かかる協定に反対する UVF などのユニオニストの運動を刺激し、ナショナリストおよ

びカトリック教徒への暴力的圧力を誘発する契機となった。また、アルスターにおける協定支持派「IRA」の武装闘争の強化は、意見の違いを含みつつも、アルスター・ユニオニストの結束をいっそう強固なものにする契機ともなったのである。

1) Hansard, HC, Deb, 03 August 1914, Vol. 65 cc. 1809-32.
2) Stephen Gwynn, *John Redmond's Last years*, New York, 1919, pp. 160-162.
3) Arthir Mitchell and Padraig O Snodaigh (eds.), *Irish Political Documents 1869-1916*, Dublin, 1989, pp. 176-177.
4) Terence Denman, "The Red Livery of Shame: The Campaign against Army Recruitment in Ireland, 1899-1914", in *Irish Historical Studies*, Vol. 29, No. 114, 1994, pp. 208-214.
5) *Ibid.*, p. 225.
6) Jonathan Githens-Mazar, *Myths and Memories of the Ester Rising*, Dublin, 2006, pp. 31-32.
7) Francis X. Martin, "Eoin MacNeill on the 1916 Rising", in *Irish Historical Studies*, Vol. 12, No. 47, 1961, p. 245.
8) Charles Townsend, *Easter 1916: The Easter Rising*, 2006, London, p. 65; David Fitzpatrick, "Militarism in Ireland 1900-1922", in Thomas Bartlet, Keith Jeffrey (eds.), *A Military History of Ireland*, Cambridge, 1997, p. 386; James Loughlin, "Shell-shock, Psychiatry, and the Irish soldier during the First World War", in Adrian Gregory, Senia Pašeta (eds.), *Ireland and the Great War: A War to Unite Us All?*, Manchester, 2002, pp. 141-142.

1914年8月から1918年1月までのイギリス軍への入隊者数

地方	カトリック	プロテスタント	合計
アルスター	17,092	45,798	62,890
レンスター	25,357	4,989	30,346
コナハト	4,316	410	4,726
ムンスター	17,842	1,168	19,010
アイルランド全体	64,607	52,365	116,972

(出典) Queen's University Belfast, Irish History Live: Ireland and the First World War, the Historical Context より作成。〈https://www.qub.ac.uk/sites/irishhistorylive/IrishHistoryResources/Articlesandlecturesbyourteachingstaff/IrelandandtheFirstWorldWar/〉(最終検索日：2016年8月19日)

各地方別、カトリック系住民とプロテスタント系住民の人口比率（%）

地方	カトリック	プロテスタント
アルスター	44	56
レンスター	85	15
コナハト	96	4
ムンスター	94	6
アイルランド全体	74	26

(出典) 同上。

各地方別、カトリック系住民とプロテスタント系住民のイギリス軍への入隊比率（%）

地方	カトリック	プロテスタント
アルスター	27	73
レンスター	89	11
コナハト	92	8
ムンスター	93	7
アイルランド全体	55	45

(出典) 同上。

9) The War Office, *Statistics of the Military Effort of the British Empire during the Great War 1914-1920*, London, 1922, p. 363.
10) *Irish Catholic*, 6 June 1914.
11) *Daily Freeman's Journal*, 6 August, 1914.
12) *Daily Freeman's Journal*, 15 August, 1914.
13) *Irish Catholic*, 3 October, 1914.
14) Breandan MacGiolla Choille (ed.), *Intelligence notes 1913-16: Preserved in the State Paper Office*, Dublin, 1966, pp. 100-102, 104-112, 179.
15) A. T. Q. Stewart, *Ulster Crisis: Resistance to Home Rule, 1912-14*, London, 1967, pp. 168-175.
16) Royal Commission on the Circumstances connected with the Landing of Arms at Howth on July 26th 1914: Report of Commission, Cd. 7631, London,1914, pp. 3-6; Breandan MacGiolla Choille (ed.), *supra* note 14, pp. 116-119.
17) Terence Denman, *Ireland's Unknown Soldiers: the 16th (Irish) Division in the Great War, 1914-1918*, Dublin, 1992, pp. 15-16, 31-37.
18) Stephen Gwynn, *supra* note 2, p. 163; Robert Kee, *The Green Flag: A History of Irish Nationalism*, London, 1989, p. 535.
19) Terence Denman, "The Catholic Irish Soldier in the First World War: The 'Racial Environment'", in *Irish Historical Studies*, Vol. 27, No. 108, 1991, pp. 352-365.
20) Timothy Bowman, *Irish Regiments in the Great War*, Manchester, 2003, p. 67.
21) Jonathan Githens-Mazar, *supra* note 6, pp. 69-77.
22) Benjamin Grob-Fitzgibbon, *Turning Points of the Irish Revolution: the British Government, Intelligence and the Cost of Indifference, 1912-1921*, New York, 2007, pp. 85-87.
23) Bulmar Hobson, *A Short History of the Irish Volunteers*, Dublin 1918, pp. 18-19, 122-124; Stephen Gwynn, *supra* note 2, pp. 155-157.
24) Tomás O'Dóláin (Ardee Irish Volunteers)to Eoin MacNeill, 15 June 1914 in UCD Archives.
25) Bulmer Hobson, *supra* note 23, pp. 126-128. 6月17日の会合に参加したのは、トマス・ケント、マイケル・J・ジャッジ、コン・コルバート、ショーン・フィッツギボン、イーモン・マーチン、パトリック・ピアース、ショーン・マクディアマダ、ピアラス・ビースライであった。

同年9月24日の反対声明は、同日、ダブリンのキルデア街41番地において最終的な確認がなされ、オウン・マクニール、ザ・オライリ、トマス・マクドナー、ジョセフ・プランケット、イーモン・マーチン、ピアラス・ビースライ、マイケル・J・ジャッジ、ピーター・マッケン、ショーン・フィッツギボン、パトリック・ピアース、パトリック・オリアイン、リアム・メローズ、バルマー・ホブソン、コン・コルバート、トマス・ケント、ショーン・マクディアマダ、シーマス・オコンホバル、コルム・オローリン、リアム・ゴーガン、ピーター・ホワイトの20人が署名し発表された。この20人は、後のIRB暫定委員会の発足時のメンバーである。
26) Shane Kenna, "Underground Revolutionaries: the Irish Republican Brotherhood", in Wesley Bourke (ed.), *Ireland's Military Story in Focus: Easter 1916*, Maynooth, 2016, pp. 10-11.
27) Francis S. L. Lyons, "The Revolution in Train, 1914-16", in William E. Vaughan (ed.), *A New History of Ireland VI: Ireland under the Union II 1870-1921*, Oxford, 1996, pp. 199-201.

第5章 「イースター蜂起」とアイルランド・ナショナリズム 163

28) National Library of Ireland, *1916 Rising: Personalities and Perspectives, 5.0 Roger Casement*. 〈http://www.nli.ie/1916/exhibition/en/content/rogercasement/index.pdf〉（最終検索日 2016年8月10日）
29) Royal Commission on the Rebellion in Ireland: Report of Cooission, Cd. 8279, London, 1916, p. 6.
30) Irish Times (ed.), *Sinn Fein Rebellion Handbook: Easter, 1916*, Dublin 1917, pp. 123-124, 128-135.
31) RTÉ, The Century Ireland Project: Chronology of the Easter Rising. 〈http://www.rte.ie/centuryireland/index.php/articles/chronology-of-the-easter-rising〉（最終検索日 2016年8月10日）
32) *Ibid.* 4月19日、「キャッスル・ドキュメント」と呼ばれる文書が市参事のショーン・オケーリーによってダブリン市役所の会合に持ちこまれ、パトリック・J・リトルが編集するニューアイルランド紙なるナショナリスト系の新聞に掲載される。この文書は陸軍省の機密資料であるが、そこには、イギリス政府は軍の指揮のもと、ONHとNVを武装解除し解体させ、両義勇軍をはじめSFとGLの施設を接収し、その指導者を逮捕することを計画していると書かれてあった。だがこの文書の信憑性にはこれまでにも疑問が出されてきた。IRBの急進派であるジョセフ・プランケットが武装蜂起に大義を与え、蜂起に慎重な姿勢をとっていたマクニールに蜂起の必要性を説くために捏造したものであるとする説がある。
33) Irish Times (ed.), *supra* note 30, pp. 5-7, 48-49.
34) P. J. Hally, "The Easter 1916 Rising in Dublin: the Military Aspects," in Wesley Bourke (ed.), *Ireland's Military Story in Focus: Easter 1916*, Maynooth, 2016, p. 38.
35) Irish Times (ed.), *supra* note 30, pp. 38-40; Document No. W.S. 1216, in Bureau of Military History 1913-21, Military archive, the Department of Defence, Ireland, pp. 1-4. 〈http://www.bureauofmilitaryhistory.ie/〉（最終検索日 2016年8月5日）
36) *Ibid.*, pp. 92-93; P. J. Hally, *supra* note 34, pp. 36-37.
37) Irish Times (ed.), *supra* note 30, pp. 5-25.
38) Glasnevin Trust, *1916 Necrology 485*, Glasnevin Cemetery Museum, Dublin 2015 より算出した。
39) Jonathan Githens-Mazar, *supra* note 6, p. 117.
40) Irish Times (ed.), *supra* note 30, pp. 33-37. これは、イギリス海軍のHMYヘルガがリフィー川からIRBの本部のあるリバティーホールに向けて行った砲撃であるが、この時、リバティーホールは無人であったといわれている。
41) *Ibid.*, pp. 26-29.
42) Jonathan Githens-Mazar, *supra* note 6, p. 121.
43) Leon O'Broin, *Dublin Castle and the 1916 Easter Rising*, Dublin, 1966, p. 130.
44) Irish Times (ed.), *supra* note 30, p. 239.
45) *Ibid.*, pp. 62-66.
46) Hugh Shearman, *Not an Inch: A Study of Northern Ireland and Lord Craigavon*, London, 1942, pp. 146-147.
47) D. George Boyce, "1916, Interpreting the Rising," in D. George Boyce and Alan O'Day, *The making of Modern Irish History: Revisionism and the Revisionist Controversy*, London, 1996
48) Jonathan Githens-Mazar, *supra* note 6, pp130-131.
49) D. George Boyce, *Crisis of British Unionism: Lord Selborne's Domestic Political Papers,*

1885-1922, London, 1987, pp. 169-170.
50) *Ibid.*, pp. 210-212.
51) War Cabinet 397: Minutes of a Meeting of the War Cabinet held at 10 Douning Street on Tuesday, 23 April 1918, in War Cabinet Conclusions, in National Archives, p. 5.
52) John Kendle, "Federalism and the Irish Problem in 1918", in *History*, Vol. 56, Issue 187, 1971, p. 227.
53) War Cabinet 397, *supra* note 51, p. 6.
54) D. George Boyce, "Federalism and the Irish Question", in Andrea Bosco (ed.), *The Federal Idea: Vol. 1, The History of Federalism, From the Enlightenment to 1945*, London, 1991, p. 133.
55) Bill Kissane, *The Politics of the Irish Civil War*, Oxford, 2005, pp. 40-46.
56) 1910年12月のイギリス総選挙の結果は下記の通りである。

1910年（12月）イギリス総選挙結果

政党	獲得議席数	得票数	得票率	議席占有率
自由党	272	2,157,256	44.23	40.59
保守党／ユニオニスト党連合	271	2,270,753	46.56	40.44
労働党	42	309,963	6.35	6.26
アイルランド・ナショナリスト政党	84	120,738	2.47	12.53
アイルランド議会党	74	90,416	1.85	11.04
オール・フォー・アイルランド・リーグ	8	30,322	0.62	1.19
無所属ナショナリスト	2	—	—	0.29

（出典）　Colin Rallings and Michael Thrasher (eds.), *British Electoral Facts: 1832-2006*, Aldershot, 2007, p. 19 および B. M. Walker (ed.), Parliamentary Election Results in Ireland 1801-1922, Dublin, 1978, pp. 177-182 より作成。

（備考）　無所属ナショナリストについては、ウェストミース北選挙区のローレンス・ギネル、モナハン南選挙区のジョン・マクキーンが無投票で当選している。ローレンス・ギネルは1918年の総選挙でSFから立候補し、2人のナショナリスト候補を破って議席を守っている。

57) Frank Gallagher, *The Indivisible Island: The History of the Partition of Ireland*, London, 1957, pp. 138-146.
58) Michael Laffan, *Partition of Ireland, 1911-1925*, Dublin, 1983, p. 64.
59) Hansard, HC, Deb, 11 November 1920, Vol. 134, cc. 1413-65.
60) この事件は、アイルランド・マンスター地方のティペラリー郡ソロヘッドベッグで2人の警察官がONHメンバーによって待ち伏せされ殺害された事件である。この事件に関与した義勇軍メンバーは、ショーン・トレーシー、ダニエル・ブリーン、ショーン・ホーガン、シーマス・ロビンソン他5人であった。
61) Jim McDermott, *Northern Divisions: The Old IRA and the Belfast Pogroms 1920-22*, Belfast, 2001, pp. 21-31.
62) アイルランド総督暗殺未遂事件には、ミック・マクネル、トム・ケーホー、マーチン・サベージ、ショーン・トレーシー、シーマス・ロビンソン、ショーン・ホーガン、パディ・デイル、ヴィンセント・バーン、トム・キルコイン、ジョー・レオナード、ダニエル・ブリーンの11人の「IRA」スクワッドのメンバーが関与していた。
63) Peter Hart, *The I. R. A. at War 1916-1923*, Oxford, 2003, pp. 73-78.
64) *Ibid.*, pp. 64-69, 77.
65) Michael Farrell, "Lessons of the Great Belfast Strike of 1919", in Workers' Liberty, 14 April 2008.〈http://www.workersliberty.org/story/2008/04/14/lessons-belfast-strike-1919〉（最終検索日：2016年8月20日）。

66) *Belfast Newsletter*, 13 July 1920.
67) *Belfast Newsletter*, 15 July 1920.
68) *Belfast Newsletter*, 16 July 1929. ベルファスト・ニューズレターに掲載された記事は、必ずしもアルスターの実態を反映したものではない。1881年から1991年の国勢調査によると、アルスター地方およびベルファスト市のカトリック系住民の人口は減少傾向にあったことがわかる。

アルスター地方における宗派別人口比率（％）

年	カトリック	プロテスタント
1881	47.8	49.7
1891	46.0	50.2
1901	44.2	52.7
1911	43.7	52.9

（出典） Census of Ireland 1881-1911

ベルファスト市における宗派別人口比率（％）

年	カトリック	プロテスタント
1881	28.8	66.9
1891	26.3	69.0
1901	24.3	70.1
1911	24.1	70.4

（出典） Census of Ireland 1881-1911

1911年当時のアイルランドにおいては、有職者男性の43％が農業に従事しており、おおよそ53％の世帯が農業に従事していたが、そのうち82％がカトリックであり、その86％が農業労働者であった。また、74％がカトリックというアイルランドにおいて、職業分野ごとにカトリックが占める割合は、医療関係で48％、法曹関係で44％、薬剤関係で37％など、専門的な職業においては人口比を下回っており、カトリック系住民の雇用は主に、ドライバー、建設業関係、または未熟練労働に従事する傾向が強かった。アイルランドでは、1880年代から急速に工業化が進展することになる。当時、都市部の造船業とリネン産業の発展と相まって、農業労働者の数はほぼ半分に減少し、アイルランド北西部を除き、農村部における人口の減少と伝統的な農村社会の解体が進む一方で、ダブリンやベルファストを中心とした都市人口の増加を見ていた。都市人口は1852年の17％から1911年には33.5％となっていた。19世紀初頭には2万5,000人程度であったベルファストの人口は38万6,947人に達していた。またダブリンも30万4,802人に達していた。20世紀初頭、リバプールやグラスゴーに匹敵する工業地域となっていたベルファストでは、リネン工場の労働者数が7万8,000人、タイタニック号を建造したハーランド&ウルフ社などの造船部門の労働者数は1万4,000人にのぼっていた。ベルファストでは、2万5,822世帯が5,322の棟割り長屋に居住するような状況が生じていた。その一方で都市部と農村部の中間層は預貯金額が19世紀末の2倍にまで上昇するようになる。このことは、20世紀初頭の産業構造の変化とともに、都市部におけるカトリック系住民とプロテスタント系住民との格差がいっそう拡大したことを示している。こうした背景のもと、1913年8月にダブリン・ロックアウト事件が発生する。つまり、20世紀初頭のアイルランドには、都市部―とくに、ベルファスト―における工業化の進展とあいまって、カトリック系労働者階級の都市への集中が進み、プロテスタント系労働者階級との間で雇用をめぐる競争の激化とそれにともなう労働環境の悪化という状況が存在していたのである。Eilis Brennan, Sandra Gillespie, *Nationalism and Unionism: From Union to Partition*, Cambridge, 1996, pp. 28-30; Report of the Departmental Committee appointed by the Local Government Board for Ireland to Inquire into the Housing Conditions of the Working Classes in the City of Dublin, Cd. 7273, London, 1914, pp. 2-4.

69) Robert John Lynch, *The Northern Ireland and the Early Years of Partition 1920-22*, Newbridge, 2006, pp. 79-78.
70) Niall Cunningham, "The Doctrine of Vicarious Punishment': Space, Religion and the Belfast Troubles of 1920-22", in *Journal of Historical Geography*, Vol. 40, 2013, pp. 52-66.
71) G. B. Kenna (Fr. John Hassan), *Facts & Figures, The Belfast Pogroms 1920-22*, Dublin,

1922, Map.
72) Niall Cunningham, *supra* note 70, pp. 52-66.
73) 1920 年 12 月の戒厳令は、翌年 1 月には、クレアとウォーターフォードにも拡大されている。
74) Arthur Hezlet, *The 'B' Specials: A History of the Ulster Special Constabulary*, Belfast, 1972, pp. 27-30.
75) 1920 年アイルランド統治法の成立を受けて、1921 年 5 月、南北アイルランドにおいて新しく設置された議会の議員を選出する選挙が実施された。この選挙は、単記移譲式比例代表制で実施された。南アイルランドでは、無投票となり、デ・バレラ率いる SF が 128 議席中 124 議席を、ダブリン大学選挙区でユニオニストが 4 議席を獲得した。SF は、この選挙をアイルランド国民議会の選挙としても位置づけ、4 人のユニオニストを除く当選者は同時に第 2 次アイルランド国民議会の議員となった。この第 2 次アイルランド国民議会は、南アイルランドで選出された 124 人と北アイルランド選出の 6 人で構成された。しかしながら、実際には、マイケル・コリンズ、イーモン・デ・バレラ、アーサー・グリフィス、オウン・マクニールらのように複数の選挙区に立候補した候補者が存在した。そのため、南アイルランド選出議員は 119 人であり、北アイルランド選出議員は 1 人であった。北アイルランドでは、52 議席中、クレイグの UUP が 40 議席、SF が 6 議席、ジョー・デブリンのナショナリスト党が 6 議席を獲得していた。Sydney Elliott, *Northern Ireland Parliamentary Election Results, 1921-1972*, Chichester, 1973, pp. 35-86, 98.
76) Hansard, HC, Deb, 16 December 1921, Vol. 149 cc. 305-63, HL, Deb, 16 December 1921, Vol. 48 cc. 135-217.
77) Cecil John Charles Street, *Ireland in 1921*, London, 1922, pp. 275-276.
78) Debate on Treaty (7 January 1922), Houses of Oireachtas Ireland, Dáil Debates, 1922. 〈http://oireachtasdebates.oireachtas.ie/Debates%20Authoring/DebatesWebPack.nsf/takes/dail1922010700003〉（最終閲覧日 2016 年 8 月 10 日）

第6章　1918年イギリス総選挙とアイルランド

　今日、アイルランドにおけるナショナリストが、統一アイルランドの実現というスローガンを掲げる根拠の1つに、1918年に行われたイギリス総選挙の評価がある。この選挙は、イギリスにおいて初めて普通選挙に近い方法で行われた選挙であり、アイルランド独立を支持する政党が全議席の4分の3にあたる79議席を獲得した選挙であった。ナショナリストによると、この選挙で、投票が行われた選挙区の70％の有権者が、アイルランド独立を求めるナショナリストに対して支持を表明したと主張するのである[1]。そして、仮に、1920年に導入された単記移譲式比例代表制（PR-STV）で選挙が行われていたならば、全議席の80％を獲得したであろうし、アイルランド32郡のうち28郡でマジョリティを得ることができたはずであるというのである[2]。

　こうした議論は、統一アイルランドの実現を求めるナショナリストの主張の主な拠り所となってきた。たとえば、1983年に開催された「新アイルランド・フォーラム」では、1920年アイルランド統治法の評価に関して次のような総括がなされている。かかる法は、人口構成的に、アイルランド人の意思を反映したものになっておらず、ナショナリストの伝統に対して、ユニオニストの伝統を優先する北部の人工的なシステムを創り出したものであると[3]。

　これに対して、ユニオニストは、ナショナリストの主張は「神話」であると主張する。ユニオニストは、そもそも歴史的アルスター9郡（アントリム、アーマー、ダウン、デリー／ロンドンデリー、ティーロン、ファーマナー、モナハン、キャバン、ドニゴール）は、連合王国が形成される以前の5世紀頃からノース海峡を挟んでスコットランドと文化的、人的に密接に結びついた地域であり、政治的に分離できるものではないと主張する。その上で、1920年のアイルランド統治法の制定にあたっては、1918年総選挙で獲得したイギリス議会における多数

派の権利と歴史的アルスター 9 郡における多数票を放棄し、絶対的な多数票を獲得したアルスター 6 郡についてのみ、南部アイルランドからの分離を受け入れるという政治的妥協をしたのであると主張するのである[4]。

1918 年イギリス総選挙の結果は、その後のアイルランド自治のあり方とアイルランド分割の問題に密接に関わっている。それは同時に、ナショナリストとユニオニスト双方の政治的正当性を担保する根拠となってきたのである。

第 1 節　イギリス議会とアイルランド問題をめぐる情勢（1885 年— 1910 年）

まず、1918 年のイギリス総選挙を検討するにあたり、その前提となる政治状況を見ておく必要がある。そこで、まず 1885 年以降のイギリス総選挙とそれに基づく政党間の勢力関係を整理しておきたい[5]。

大飢饉以後、アイルランドにおけるナショナリストの運動は 2 つの潮流が交差する形で展開する。1 つは、武装闘争も視野に入れたアイルランド共和主義者同盟（IRB）から 20 世紀のシン・フェイン党（SF）につながるリパブリカンの流れである。もう 1 つは、ダニエル・オコンネル、チャールズ・スチュアート・パーネル[6]らの議会主義的なナショナリスト運動を継承し、アイルランド議会党（IPP）に至る流れである。

第 1 の潮流であるリパブリカンはアメリカで設立されたフィニアンとして知られる IRB に組織されていた。1865 年と 1867 年の武装蜂起の失敗を受けて、アイルランドにおけるフィニアンは、1868 年以降、イングランドにおいて、グラッドストンにアイルランド改革の必要性を迫る運動を展開していた。当時のフィニアンは、アイルランドにおける土地問題をめぐる闘争（=「土地戦争」）が革命的ナショナリストの政治的運動を促進するものであるというスタンスに立っていた[7]。

第 2 の潮流である議会主義的なナショナリストは、1870 年代末以降、イギリス本土にあったホームルール連盟（Home Rule Confederation）の議長でもあったパーネルの指導のもとにあった。議会主義的なナショナリスト運動の追い風となったのが、1872 年の無記名投票の導入（Ballot Act 1872）、1883 年に法制化さ

れた有権者に対する政治家や土地所有者などからの不当な干渉の禁止と投票行動の自由の保障（Corrupt and Illegal Practices Prevention Act, 1883）、1884年の党活動における禁止事項の廃止と第3次選挙法改正であった。第3次選挙法改正では、アイルランドの有権者数はほぼ3倍化した。このことはアイルランドにおける政治参加を大幅に拡大したという意味にとどまらず、選挙を通じて、アイルランド大衆のナショナリストへの支持と共感を政治的に表明する機会を開くものであった。

　アイザック・バット指導下のホーム・ルール・リーグ（HRL）[8]は、1874年のイギリス総選挙で、アイルランド105議席中59議席を獲得していた。しかし、当選者を出した選挙区には著しい偏りが見られた。歴史的アルスターと呼ばれる9郡では、わずか2議席にとどまっており、いずれもキャーバンの選挙区であった。

　1880年総選挙において、土地同盟（Irish National Land League）[9]の総裁であったパーネルがHRLの指導者として当選するなど、ナショナリストの勢力が拡大すると、ナショナリストの協力を得つつ成立した第2次グラッドストン自由党政権[10]は、1881年に第2次土地法を成立させ、1884年には、第3次選挙法改正を行い、有権者数を約260万人から約440万人にまで大幅に拡大させたのである[11]。土地法の成立により、アイルランドにおける土地戦争は一応の終息を見ることになる。これは領主制を廃止するものとされていたが、アルスター以外の小作人にとってはほとんど影響がなく、むしろプロテスタント系の土地所有者の自由主義的な利益を擁護するものであった[12]。

　1878年から1880年当時、パーネルは合法的な議会闘争を通じたアイルランド自治の獲得に向けて、ジョン・ディボイらアメリカのフィニアンをはじめ、ジョン・オレアリやジェームズ・J・オケーリらIRB指導者の支持を取りつけようとしていた。そして、ディボイらリパブリカンはこの方針を受け入れることになる。このいわゆる「ニュー・ディパーチャー」と呼ばれるリパブリカンの方針転換を背景に、HRLは、1880年総選挙で63議席を獲得する。そして、そのうち27人がパーネル支持派であることを受けて、HRLの議長となっていたパーネルはHRLなる党名をIPPに改め、アイルランド自治の達成を最も重要な政治課題とする運動へと展開していく。

1885年11月に行われた総選挙では、IPPはアイルランドにおける103議席のうち86議席を獲得し、アルスター選挙区でも33議席のうち17議席を獲得することができた。重要なのは、IPPが、イギリス下院において、自由党と保守党との間のバランサーとしての地位を利用し得たことであった。1885年総選挙は、保守党の247議席に対して、319議席を獲得した自由党にマジョリティを与えるものであった。しかし、自由党は安定的な政局運営を図るためには、アイルランドのナショナリストの協力が必要であったし、保守党も政権復帰のために、同じくナショナリストの動向を注視せざるを得なかったのである。つまり、IPPは、両党いずれかとの連合ないしは協力関係を模索することで、議会におけるマジョリティ形成をめぐって競争する自由党と保守党と交渉することができたのである。そして1886年2月、グラッドストンはアイルランド自治の実現を政策提起することにより、ナショナリストの支持を獲得して自由党政権を編成することになる[13]。

　グラッドストンがアイルランド自治支持にまわったことで、ソールズベリー侯ロバート・ガスコイン＝セシルとランドロフ・チャーチルの指導下にあった保守党は、アイルランド自治の具体化に対して徹底的に抵抗する姿勢を示すことになる[14]。しかし、すでに、アルスターのユニオニストは、アイルランド自治はアルスターにおけるプロテスタントの優越を破壊し、経済的な困窮をもたらすものであるという立場を明確にしており[15]、アルスター6郡では最大の政治勢力に成長していた。そして、ユニオニストは、アイルランド自治法案に反対の姿勢を強め、保守党との連合を模索する。1874年の総選挙でHRLの候補者に議席を奪われた経験を持つアルスター・ユニオニストのエドワード・サンダーソンは、アイルランド・ユニオニスト議会党を結党し、1885年総選挙では、保守党候補の支援にまわる。だが、この政党は国政レベルでは、事実上、保守党に吸収される形となっていた。さらに、サンダーソンは、アイルランド自治法案を阻止するために、セント・ジョン・ブロドリックとともに、1885年にアイルランド・ロイヤル愛国者同盟（ILPU）を結成し、1891年にはこれを政党組織に改組して、アイルランド・ユニオニスト同盟（IUA）を設立する。

　こうしたユニオニストによる反ホームルール運動が強まる情勢の中で、第3次グラッドストン政権は、第1次アイルランド自治法案[16]を議会に提出する。

しかし、アイルランド自治に反対するジョセフ・チェンバレンは、グラッドストンの関税政策に反発して自由党を離党し、リベラル・ユニオニスト党を結党すると、保守党との連携を図るようになる。そして、リベラル・ユニオニスト党は、1886年6月、第1次アイルランド自治法案に対して反対票を投じ、第1次アイルランド自治法案は賛成313、反対343で否決されたのである[17]。リベラル・ユニオニストの離脱により、自由党の議会内でのマジョリティは崩れ、同年7月に行われた総選挙では、保守党／リベラル・ユニオニスト党連合が393議席（自由党192議席、IPP 85議席）で圧勝し、第2次ソールズベリー保守党内閣が成立する。だが、1892年総選挙では、自由党が272議席、保守党が312議席と伯仲した勢力関係に入った。ここに、72議席を獲得していたIPPは再びキャスティングボートを握ることになる。

そして、1893年2月、第4次グラッドストン自由党政権によって、第2次アイルランド自治法案[18]は議会に提出される。この法案は、アイルランドからの下院議員選出を維持しつつも、その議員数を削減する内容が盛り込まれており、ユニオニストに配慮したものとなっていた。しかし、この法案は、上院において否決されてしまう。この間、エドワード・サンダーソンは、アルスター防衛同盟（Ulster Defence Union）を設立し、武装を視野に入れた反対闘争を組織するようになる。また、1894年にグラッドストンが引退すると、領土拡張路線に立つ自由帝国主義派のローズベリーが自由党政権を継承することになる。かかる路線転換により、IPPと自由党との連合は過去のものとなった[19]。

1895年総選挙では、保守党はリベラル・ユニオニスト党と連合し「ユニオニスト党」として選挙に臨んだ。結果は「ユニオニスト党」が411議席（リベラル・ユニオニスト71議席を含む）を獲得し、事実上の保守党政権である第3次ソールズベリー内閣を組閣した。1900年の総選挙でも、同じく「ユニオニスト党」が402議席（リベラル・ユニオニスト67議席を含む）を獲得し政権を維持した。こうした状況を受けて、アーサー・グリフィスらアイルランドのリパブリカンは議会ボイコット主義を方針に持つ政党＝SFの結成に動き出す[20]。

1895年から1905年までの保守党政権は、「寛容によって、アイルランド自治を抹殺する」[21]機会と捉えていた。そして、一連の行政的、法的な改革を実施した。経済的な不平を改善し救済することを通じて、アイルランド人小作の保守

化を図り、支持基盤に取り込む政策が採用されたのである。こうした保守党政権の方針は、アルスターを中心に、トマス・W・ラッセルやオレンジ・オーダー団の反発を招き、アイルランド自治反対の大衆運動が活発化する。そして、1905年には、エドワード・カーソンやジェームズ・クレイグを中心とするアルスター・ユニオニスト評議会（UUC）が創設され、アイルランド自治法案に対する反対闘争はいっそう激しさを増すことになる[22]。

　1906年の総選挙において、自由党は397議席（保守党／リベラル・ユニオニスト党連合：156議席、IPP：82議席）と圧勝し、キャンベル＝バナマン自由党政権はアイルランドに対して、非常に緩やかな権限移譲の提案を提起することになる。1908年にキャンベル＝バナマン政権を引き継いだアスキス自由党政権は、予算案審議をめぐって保守党との対立を乗り切ろうと、ロイド＝ジョージと連携して、再びIPPとの連合を復活させることを課題に据えるようになる。こうした状況の中で、1910年1月の総選挙を前にして、IPPの指導者ジョン・レドモンドは、自由党の選挙綱領の中にアイルランド自治法案の提出とその実現を盛り込む確約を取りつけることに成功する。1910年の2つの選挙で、自由党は保守党／リベラル・ユニオニスト連合を僅差で破ったものの、下院において過半数の議席を獲得することができず、ハング・パーラメントの状態に陥る。しかし、1910年12月総選挙の結果、IPPは再びイギリス下院におけるキャスティングボートを握る位置を得ることになる[23]。

　そして、1911年、アスキス自由党政権は議会法を成立させる。この議会法の成立は、アイルランド・ナショナリストにとって非常に重要な内容を含んでいた。それは下院を3度通過した法案を上院が否決できないとする点であった。ナショナリストにとって、下院の上院に対する絶対的優越が確立したことは、アイルランド自治法案の成立に向けて、最大の障害であったイギリス上院の否決権が取り除かれたことを意味していたのである。

　以上のように、1885年から1910年の間に行われた総選挙は、すべて同じ第3次選挙法改正にしたがった方法と選挙区割りで実施されていた。この間の選挙における重要な争点の1つが、アイルランド自治の是非であった。この争点はイギリスの選挙制度の性格からして、ナショナリストとユニオニストの対立関係を先鋭化させることになった。アントリム、北ダウン、ダウン中央、北ア

ーマー、アーマー中央、そしてフォールス選挙区を除くベルファストの3選挙区で、ユニオニストが安定した選挙戦を展開できた一方で、キャーバン、ドニゴール、ファーマナー南、アーマー南、ダウン南、モナハンはIPPが安定的に議席を確保できる選挙区となっていた。デリー／ロンドンデリー市とその郡部、ファーマナー北部、ティーロンはナショナリストとユニオニスト両勢力が拮抗しており、時々の選挙においていずれかにスイングするという状況にあった。つまり、アルスターでは、選挙を通じて、ナショナリストとユニオニストの両コミュニティはオレンジかグリーンかという対立軸の中に置かれることになったのである。

第2節　イギリス議会とアイルランド問題をめぐる情勢（1911年―1918年）

1911年、アスキス自由党政権は、第3次アイルランド自治法案の作成に着手する。他方で、同年9月、UUCは、臨時政府樹立の用意があることを表明し、翌年1月には、アルスター義勇軍（UVF）が結成される[24]。こうした武力抵抗の脅威が高まる中で、第3次アイルランド自治法案が1912年4月、下院に提出された。これは、グラッドストンが提出した第2次アイルランド自治法案とほぼ同じ内容であり、連合王国のもとで権限移譲に基づいた自治を認めようとするものであった。この法案に対して、トマス・エイガー＝ロバーツ下院議員は、同年6月、アントリム、ダウン、デリー／ロンドンデリー、アーマーについて、この法案から除外するよう求める請願書を提出する。

また、ウィンストン・チャーチルは、アルスターのいくつかの郡を一時的に、自治法から適用除外する案を示していた[25]。いわゆる「カウンティ・オプション」である。そして、ロバーツの提案は政府によって否決されたが、そこにはアルスターに対して例外的な処遇を認めることで、保守党の抵抗を緩和しようとするねらいがあった[26]。

こうした動きに対応して、1912年9月、UUCは「アルスターの神聖同盟と誓約」（Ulster's Solemn League and Covenant）を発表する。そして、UUCは12月、アイルランド自治法案からの全アルスターの除外を要求するとともに、翌年1

月には、カーソンがこれと同じ内容の修正案をイギリス下院に提出したのである[27]。アルスター全体（9郡）で見れば、「プロテスタント・アルスター」というレトリックを掲げるユニオニストは辛うじて多数派を占めるにとどまっていた。実際、カトリック系住民は、キャーバン、モナハン、ドニゴールの3つの郡で圧倒的多数を占めていたし、ファーマナーやティーロンでもマジョリティを形成しつつあった[28]。

しかし、ユニオニストがアルスターの一部分を放棄するということは、アルスターのプロテスタントとの誓約を裏切ることを意味する情勢となっていた。UVFの形成や大衆運動の組織化を進めるユニオニストの行動は、IRBの活動家に義勇軍の編成を決意させることになる。1913年11月、オウン・マクニールの呼びかけでアイルランド義勇軍（ONH）が結成された。この組織は、IPP指導者のレドモンドと結合することにより、レドモンド派が多数派を占める状況になったが、結成当初は約1,850人であった義勇兵は1914年7月には約16万人にまで成長していた[29]。

この間にも、アイルランドでは、ユニオニストがUVFの強化を進める一方で、ナショナリストはONHの組織化を進め、武装闘争の前提条件が整えられつつあった。このように、一方で政党間の交渉を通じた政治闘争が展開されつつも、他方で義勇軍組織を基礎とした武装闘争のラインが形成されていったのである。そして、1914年7月12日、UUCはアルスター暫定政府の樹立を宣言する。

こうした混乱の中、事態収拾を目指してイギリス国王ジョージ五世がアルスター危機に介入し、「バッキンガム宮殿会議」を召集する。ここでも、カーソンはアルスターの5つの郡（アントリム、アーマー、デリー／ロンドンデリー、ダウン、ティーロン）を自治法から適用除外することを強く求めたのである。これに対して、レドモンドはベルファスト・バラを含む4つの郡を一時的に適用除外することで応じようとした。だが、ナショナリストはティーロンを除外することには反対の意向を持っていた。つまり、ティーロンは当時、アイルランド自治法案に賛成する下院議員を3人選出しており、反対派のユニオニスト議員は1人であったからである。最終的に、ユニオニスト勢力は、妥協のための最低条件として、アイルランド自治法案から「プランテーション・カウンティ」と呼

ばれる6つの郡——のちの北アイルランド——を除外する方向で要求をまとめたのである[30]。このようにバッキンガム宮殿会議は暗礁に乗り上げ、妥協点を見出すことができないまま、1914年7月23日、「カウンティ・オプション」を含んだ政府の修正法案が上院に持ち込まれたのである。しかし、保守派が多数派を占める上院は、修正法案について、アルスター全体を除外するよう再度の修正を求める結論を出したのである。だが、その5日後、オーストリア皇太子フランツ・フェルディナンドがサラエボで暗殺され、ヨーロッパの諸大国は第1次世界大戦に巻きこまれることになる。この事態を受けて、自由党政府と保守党は、第1次世界大戦への参戦を決定するとともに、アルスター問題を先送りにすることを選択したのである。

　ここには、アスキス内閣が大英帝国防衛にあたって、保守党との協調路線に転換するという情勢が存在していた。かくて、1914年9月18日、カウンティ・オプションの採用を求める修正条項を盛りこまない形で、第3次アイルランド自治法は成立したが、併せてその一時施行停止のための法案も可決された。それより、戦争が終わるまで、アイルランド自治法の施行は延期されることになった。この対応には、イギリスの参戦に対する支持をナショナリストとユニオニストから取りつけようとするイギリス政府の意図が存在した[31]。そして、ユニオニストはもとより、レドモンドのIPPもイギリス政府の第1次世界大戦参戦を支持する表明を発し、義勇軍の動員を進めたのである。このことは、「イングランドの危機は、アイルランドの好機」という観点に立つリパブリカンの反発を引き起こし、ナショナリスト勢力を分裂させるきっかけとなる[32]。

　第1次世界大戦の後、アイルランドをめぐる情勢は新たな展開を示すことになる。アイルランド問題をめぐる処理は、2つの点で戦前のものとは異なっていた。第1点は、アイルランド26郡が強い自治権を持った自由国として成立したということ。第2点は、アイルランド6郡に関して、ベルファストに権限移譲された自治政府と自治議会を設置したことである。このことは、アルスター6郡と南部アイルランド26郡の分断を固定化させる意味を持っていたのである。

　このようにアイルランド問題の処理に向けた方向性が大きく転換していく背景を考えるにあたり、1918年から1920年のアイルランド統治法成立までの政

治情勢を見ると、少なくとも3つの契機があったと考えられる。第1の契機は、第1次世界大戦の勃発を期に、自由党と保守党との協調体制が形成されたことである。1915年には、自由党と保守党との挙国一致内閣が成立し、両党の協調体制はさらに加速することになる。これには、アスキス自由党政権のもとで、20世紀初頭の大英帝国のあり方をめぐって、いわゆる「社会帝国主義」路線が定着したことと密接に関係するものである。第2の契機は、戦時体制への協力の是非をめぐって、アイルランドにおけるナショナリスト勢力の分裂が決定的となり、強硬派のリパブリカン勢力が台頭するという新しい政治局面が生み出されたことである。第3の契機は、以上のような情勢の変化を受けて、1918年12月14日に実施されたイギリス総選挙において、SFがアイルランドにおいて圧倒的な勝利を獲得したという事実である。

　ナショナリスト勢力の分裂とSFの台頭という展開についていうと、1916年のリパブリカンによるイースター蜂起の影響が重要である。このイースター蜂起の後、ユニオニストとナショナリストとの間の仲裁に入ったロイド＝ジョージは、レドモンドとの間で、アルスターを除くアイルランドに対して、自治法の即時実施を条件に、戦時中はファーマナーとティーロンをアルスターに残し、戦争終結後に、あらためてこの2つの郡の処遇を検討するという同意を取りつけていた。しかし、これは、1917年7月から1918年4月に行われたアイルランド会談での交渉が不調に終わったこととあいまって、戦時体制下において、具体化されるに至らなかった。つまり、IPPは、ファーマナーとティーロンを犠牲にすることを提案したにもかかわらず、自治を勝ち取ることができなかったのである。

　このようにIPPがその政治的影響力を後退させていくのに反比例して、武装闘争を視野に入れた強硬路線をとるSFは、1917年以降、IPPを上回る党勢を築くまでに成長してくるのである。こうした状況の中で、1918年イギリス総選挙を迎えることになる。

第3節　アイルランドにおける1918年イギリス総選挙

(1) 1918年第4次選挙法改正

1918年のイギリス総選挙におけるアイルランド選挙区の動向を考察する前に、まず、この選挙がどのような制度のもとで実施されたのか踏まえておく必要があろう。

イギリスでは、1884年の第3次選挙法改正により男子普通選挙に大きく踏み出すことになった。そして、1885年の議席再配分法により、伝統的な二人区を例外的なものとして、一人区が基本とされた。しかし、第3次選挙法改正案は選挙権の拡大を通じて、自由党に有利に働くものと考えられ、いったんは上院において否決されている。それゆえ、グラッドストン政権は議席再配分法案を提出することにより、保守勢力に対して配慮する姿勢を示し、保守党および上院との妥協を得ようとしたのである。だが、そこには、平等の原理に基づいた厳密な議席配分が貫徹されていないという問題が存在していた[33]。

選挙制度をめぐる問題は、比例代表制と女性参政権の導入、複数投票や平等な議席再配分のあり方などをめぐって、1905年末のキャンベル゠バナマン自由党政権の成立とともに、再び重要な政治的争点として浮上してきた。そして、1909年には、選挙制度調査委員会 (Royal Commission on Electoral Systems) が設置されたが、明確な方向性を提示できないでいた[34]。むしろ、選挙制度をめぐる論議に大きな影響を与えたのは第1次世界大戦であった。1916年、ロング内務相は、戦時下における選挙制度のあり方について、下院議長を座長とする全政党から構成される会議体の召集を提案した。1917年1月には、この会議体はレポートを提出し、これを受ける形で、1917年に国民代表法案 (Representation of the People Bill) が策定されることになる[35]。ここでの主な論点は、男子普通選挙、女性参政権、複数投票、比例代表制の4つの課題に収斂するものであった。

第1の課題である男子普通選挙の導入について見ると、居住地を基礎にした男子普通選挙の導入が確認され、投票資格は21歳以上とされた。

第2に、女性参政権については、本人が地方自治体の住民登録者かその妻で

あること、一定の資産を有していること、大学選挙区を持つ大学の卒業生であることなどを条件に、30歳以上の女性について選挙権が付与されることになった[36]。

第3に、複数投票に関しては、1人の有権者が2票以上の投票資格を与えられないことを原則に、投票資格の要件が異なっている場合にのみ認められるものとされた。これは、ビジネス資産家に対する複数投票資格の拡大や大学選挙区の拡大となって具体化されたのである。年間10ポンド以上のビジネス資産を得ている者については、居住地域の選挙区とともに資産が存在する選挙区でも投票資格が与えられ、大学選挙区に関しては、いくつかの地方大学の卒業者にまで投票資格を拡大する内容となっていた。アイルランドに関していうならば、ダブリン大学（2議席）に加えて、ベルファスト・クィーンズ大学、アイルランド国立大学が新たに大学選挙区としてそれぞれ1議席を与えられた[37]。

イギリス議会において、これらの課題は概ね容認し得るものと考えられていたが、問題は選挙制度そのものに関わる第4の課題、つまり比例代表制導入をめぐる論議であった。1917年に設置された選挙区境界委員会（Boundary Commission）は、第3次選挙法改正以来の懸案であった平等の原理に基づいた議席再配分のあり方を検討することを課題としていた。しかし、この課題はイギリスにおける地域代表原理の伝統とこれと結合した各選挙区に存在する伝統的な利権に抵触するものであった[38]。先の全政党による会議体は、その妥協案として、比例代表制の導入を提案していた。だが、下院は、1917年6月、比例代表制賛成141票、反対149票とわずか8票差で、選挙区境界委員会は比例代表制を導入しないという前提で活動すべきであるという判断を下した。国民代表法案の委員会審議の過程でも、比例代表制は再び否定されていた。そこで、比例代表制に代わるものとして選択投票制（Alternative vote）の導入が提案された。そして、これに関する採決が同委員会で8月に行われた。この採決では、選択投票制賛成127票、反対126票とわずか1票差ではあったが、選択投票制に対する賛成票が反対票を上回ったのである[39]。

その後、比例代表制については、大学選挙区選出の議員が大学選挙区の維持を条件に、比例代表制導入を受け入れる姿勢を示していた。また、保守党は、比例代表制は保守党が安定的に獲得できる議席を奪う方策と見なしていたが、

それ以上に、絶対多数代表制に傾斜する選択投票制に対して強い反発を示していた。つまり、当時の保守党はあくまでも相対多数代表制に固執していたのである。

こうした保守党の姿勢を反映して、上院は選択投票制案を回避するために、比例代表制を代替させる修正案を下院に提出した。この修正案について、下院はこれを否決するとともに、178票対170票で選択投票制導入案を復活させたのである。だが上院は自らの修正案に固執し、部分的に比例代表制を導入することを再提案したのである。しかし、下院はこれも賛成141票、反対238票で否決し、わずか1票差（賛成195票、反対194票）ではあったが、再び選択投票制案を維持したのである。この上院と下院の激しい攻防を受けて、選挙区境界委員会は選択投票制を採用しない代わりに、100議席について比例代表制を導入するという妥協案を作成したのである。しかし、下院はこの妥協案も否決したのである[40]。

このように、一度は、全政党による会議体において、選挙制度の抜本的な改革を進めるという方向性が示されたにもかかわらず、それは達成されることはなかった。国民代表法案をめぐる審議は、従来、比例代表制に対して相対的に好意的であった自由党と労働党が審議の最終局面において、選択投票制に収斂し、他方で上院が、保守党が嫌った選択投票制に反対する戦術として、比例代表制の導入を主張するという複雑な展開を見せたのである[41]。

かくて、1918年2月に成立した国民代表法は、男子普通選挙導入を達成するとともに、限定された内容であれ女性参政権を承認し、成人普通選挙（1928年）への道を切り開いた。これにより、有権者数は、770万9,981人から2,139万2,322人へと飛躍的に拡大した[42]。しかし、それは同時に、比例代表制導入を見送り、いわゆるウエストミンスター型と呼ばれるイギリスの選挙制度の骨格となる一人区に基づいた相対多数代表による選挙制度の確立を意味したのである。

(2) **アイルランドにおける1918年イギリス総選挙の問題点**

ここで、1918年イギリス総選挙おけるアイルランド選挙区の動向について考察してみたい[43]。

1918年イギリス総選挙はすでに見てきたように、現在のイギリス総選挙で採用されている制度にほぼ近い形を取るものになっていた。つまり、小選挙区制を基本とした相対多数代表制のもとで行われたのである。アイルランドでは、103の選挙区で構成され、105の議席（コーク市とダブリン大学選挙区がそれぞれ2人区）を争う選挙となっていた。

　表6-1によると、この選挙で、ナショナリスト・ブロックはSFが73議席[44]、IPPが7議席（リバプール・スコットランド選挙区において、無投票で当選したトマス・オコンナーの1議席を含む）を獲得していた。すなわち、SFを含むナショナリスト・ブロックは得票率で69.43％、全アイルランド105議席中79議席を占めるという圧倒的な勝利を得たのである。その一方で、ユニオニスト・ブロックは、アイルランド・ユニオニスト同盟（IUA）が22議席を獲得し、アイルランド自治に反対の姿勢を示していたアルスター・ユニオニスト労働者協会（UULA）は南部アイルランド26郡では候補者を立てていなかったが、アルスターで3議席を獲得している。そして、ユニオニスト系無所属候補がダブリン大学選挙区で1議席を獲得していた。このように、ユニオニスト・ブロックは、アイルランド全体で、得票率30.52％、26議席を獲得していたのである。

　獲得議席の地域別の傾向を見ると、表6-2、表6-3が示しているように、南部アイルランド26郡（のちのアイルランド共和国）では、SFが70議席、IPPが2議席と、圧倒的に分離独立をスローガンとするSFが圧勝していた。他方、IUAは、南部アイルランド26郡において、ダブリン大学選挙区など3議席を獲得するにとどまっていたが、逆に、アルスター6郡（ベルファストを含むアントリム、ダウン、ティーロン、デリー／ロンドンデリー、ファーマナー、アーマー）においては、69.01％の得票率を得て、23議席を獲得していた。

　このように、南部アイルランド26郡とアルスター6郡では、ナショナリストとユニオニストとの勢力関係は逆転する結果となっていた。このことが、ユニオニストをして、アルスター6郡は「プロテスタント・アルスター」を意味するものであり、1921年に成立するユニオニスト中心の北アイルランド政府を正当化する根拠とされてきた。また同時に、ナショナリストからは、この選挙結果はのちのアイルランド自由国の成立を正当化するものとして理解された。しかし、他方では、アルスターのリパブリカンからすると、アイルランド32

第6章 1918年イギリス総選挙とアイルランド 181

表6-1 アイルランドにおける主要政党の選挙結果 (32郡)

政党	獲得議席数	議席占有率（%）	無投票での獲得議席	無投票選挙区を除いた得票率(%)
シン・フェイン党（SF）	73	69.52	25	46.88
アイルランド議会党（IPP）	6	5.71	0	21.74
アイルランド・ユニオニスト同盟（IUA）	23	21.90	0	25.33
アルスター・ユニオニスト労働者協会（UULA）	3	2.86	0	2.98
ナショナリスト・ブロック	79	75.24	25	69.43
ユニオニスト・ブロック	26	24.76	0	30.52

（出典） B. M. Walker (ed.), *Parliamentary Election Results in Ireland 1801-1922*, Dublin, 1978, pp. 185-191 より算出。
（備考） ユニオニスト・ブロックは、IUAをはじめアイルランド自治に反対の姿勢をとるUULAとユニオニスト系無所属候補の得票を含む。ナショナリストはIPP、SF、ナショナリスト系無所属候補を含む。

表6-2 南部アイルランド26郡における主要政党の選挙結果

政党	獲得議席数	議席占有率（%）	無投票での獲得議席	無投票選挙区を除いた得票率(%)
シン・フェイン党（SF）	70	93.33	25	65.01
アイルランド議会党（IPP）	2	2.67	0	28.70
アイルランド・ユニオニスト同盟（IUA）	3	4.00	0	5.23
ナショナリスト・ブロック	72	96.00	25	94.63
ユニオニスト・ブロック	3	4.00	0	5.36

（出典） *Ibid.*

表6-3 アルスター6郡における主要政党の選挙結果

政党	獲得議席数	議席占有率（%）	無投票での獲得議席	無投票選挙区を除いた得票率(%)
シン・フェイン党（SF）	3	10.00	0	19.00
アイルランド議会党（IPP）	4	13.33	0	11.05
アイルランド・ユニオニスト同盟（IUA）	20	66.67	0	56.22
アルスター・ユニオニスト労働者協会（UULA）	3	10.00	0	7.56
ナショナリスト・ブロック	7	23.33	0	30.71
ユニオニスト・ブロック	23	76.67	0	69.01

（出典） *Ibid.*

郡でSFがほぼ70％の議席を占めたことから、アイルランドの南北分断はユニオニストとナショナリストの妥協の産物であり、将来的にアルスター6郡は統一アイルランドに統合されるべきものと理解されたのである[45]。

この1918年総選挙についていえば、1910年の総選挙との比較で、3つの特徴が見られる。第1の特徴は、1918年総選挙に先立って、選挙区の区割りが再編成されたことによるものである。1918年の総選挙では、国民代表法の成立と

併せて、1885年議席再配分法が改正されている。1918年議席再配分法（The Redistribution of Seats (Ireland) Act, 1918）は、都市部の人口増を背景に、都市選挙区の議席を拡大するとともに、農村部の選挙区の統合を目的としていた。アイルランドにおいてその対象となる地域の中で、ダブリンとベルファストでは大幅な選挙区の区割り替えが行われたのである。

　まず、南部アイルランドについて見ると、ダブリンは1910年総選挙までの4選挙区から9選挙区に拡大されたが、ゴールウェイ市、キルケニー市が廃止され、それぞれ郡選挙区に吸収された。そして、キングズ郡、リートリム郡、ロングフォード郡、ルース郡、クィーンズ郡、ウォーターフォード郡、ウェストミース郡でそれぞれ1選挙区が削減されたのである。これら削減された2つの市と7つの郡の各選挙区はいずれもナショナリストがこれまで安定的に議席を保持していたところであった。

　アルスター6郡について見ると、アントリムが4選挙区、アーマーが3選挙区、ファーマナーが2選挙区、デリー／ロンドンデリーが3選挙区と従来通り変更はなかったが、2つの郡と1選挙区、そしてベルファストについては大幅な変更が行われた。まず、ニューリー選挙区が廃止されたのにともない、これを隣接するダウン郡に編入し、新たにダウン中央選挙区が新設された。ティーロン郡では、ティーロン中央選挙区が廃止され、北東選挙区と北西選挙区に再編成されたことにより、4選挙区から3選挙区に縮小されている。これら2つの選挙区は、1885年以降、反パーネル派ナショナリストが議席を確保してきた選挙区である。そして、ベルファストでは、4選挙区から9つの居住選挙区と1つの大学選挙区に再編された。この変更により、アルスター6郡は、25選挙区から30選挙区に拡大されたのである（表6-4）。

　これまでの選挙で、ユニオニストが安定的に議席を維持してきたベルファストの東選挙区、南選挙区、北選挙区はそれぞれ2分割され、ナショナリストが議席を維持していたベルファスト西選挙区は解体された。そして、アントリムの周辺地域にまで選挙区を拡大することにより、フォールス、セントアンズ、ウッドベールの3つの選挙区が新たに設置された[46]。その結果、フォールスを除く2つの選挙区でユニオニストが議席を獲得することになった。ベルファストの東選挙区、北選挙区、南選挙区は1910年12月の選挙では、ユニオニスト

表6-4 1918年のベルファスト市選挙区の再編と議席獲得政党

1910年12月総選挙時の選挙区	議席獲得政党	1918年総選挙時の選挙区	議席獲得政党
ベルファスト東	U	ベルファスト・ビクトリア	U
		ベルファスト・ポティンガー	U
ベルファスト北	U	ベルファスト・ダンケーン	U
		ベルファスト・シャンキル	U
ベルファスト南	U	ベルファスト・クロマック	U
		ベルファスト・オーモー	U
ベルファスト西	N	ベルファスト・セントアンズ	U
		ベルファスト・ウッドベール	U
		ベルファスト・フォールス	N

(出典) The Redistribution of Seats (Ireland) Act 1918, in Sylvain Mayer (ed.), *Representation of the people Act, 1918 and The Redistribution of Seats (Ireland) Act, 1918*, London, 1918, pp. 171-180.

系の候補者のみが立候補しており、東選挙区は無投票であった。1918年の区割り変更の結果、IUA はオーモー選挙区をはじめとして4つの選挙区とクィーンズ大学選挙区を制し、UULA はセントアンズ選挙区、シャンキル選挙区、ビクトリア選挙区の3議席を獲得した。IPP はフォールス選挙区で1議席を獲得するにとどまったのである。

大学選挙区については、クィーンズ大学とアイルランド国立大学が新たに設けられた。これにより、従来のダブリン大学の2議席と合わせて大学選挙区は4議席と拡大されていた。大学選挙区では、ナショナリストのオウン・マクニールがアイルランド国立大学選挙区で当選したが、ダブリン大学およびクィーンズ大学選挙区の3議席はユニオニストが獲得した。

この選挙区再編は、第4次選挙法改正によって有権者数が飛躍的に拡大することに対処したものであったが、それはアイルランドにおける選挙に大きな影響を与えることになった。アイルランド全体で見れば、この選挙区の再編はユニオニストにとって有利なものであった。1910年(12月)総選挙時点で、ナショナリスト全体で保持していた83議席(全アイルランド・リーグ〈All for Ireland League〉の8議席を含む)は79議席に縮小し、ユニオニストは逆に7議席増という結果を生み出していた。

アルスター6郡についていえば、1885年以来、ティーロンの4つの選挙区では、ティーロン南選挙区を除いて、ナショナリストとアイルランド自治支持派の自由党の候補者が3つの議席を制してきた。しかし、1918年に1選挙区が削

減されたことから、IPP、IUA、SF がそれぞれ 1 議席を獲得する結果となり、アイルランド自治支持派の議席 3 に対して反対派の議席 1 という構成が崩れたのである。

また、ニューリー選挙区を吸収してダウン中央選挙区が新設されたダウンでは、ニューリーを含む選挙区でナショナリストが当選したものの、UUC の指導者であるジェームズ・クレイグが立候補したダウン中央選挙区をはじめ、残りのすべての選挙区をユニオニストが制したのである。しかし、ダウン東選挙区は、当選したユニオニスト候補者が 6,007 票と 50%以上の得票を獲得できず、逆に、IPP と SF の候補者に投ぜられた票は、それぞれ 4,362 票と 3,876 票であった。仮に、反ユニオニストの統一候補の擁立ないしは、アルスター 6 郡の一部の選挙区で見られたように、両党いずれかが立候補を取りやめるという選挙協力が成立していたならば、ナショナリスト・ブロックが獲得できた選挙区であった。

そして、ベルファストの選挙区は前回の 1910 年総選挙時点で、4 選挙区であった。この 4 選挙区は、1885 年から 1910 年の総選挙まで、ベルファストの東選挙区、南選挙区、北選挙区の 3 選挙区で、ユニオニストが安定的に議席を獲得してきた。ベルファスト西選挙区はカトリック系住民が多数を占めるフォールス街とプロテスタント系住民が多数を占めるシャンキル街を含んだ労働者階級を中心とした地域であり、ナショナリストが、1906 年総選挙で、わずか 16 票差で議席を獲得して以来、1910 年の 2 度の総選挙でも議席を確保していた。しかし、1906 年以前は、IUA などのユニオニストが議席を安定的に保持していた選挙区であった。この西選挙区は 3 分割されることにより、ユニオニスト 2 議席、ナショナリスト 1 議席となり、ナショナリストの影響力は 3 分の 1 に縮小されたのである。

ベルファスト全体で見れば、1910 年までの 3：1 の勢力関係が 1918 年には 9：1 にまで拡大することになったのである。

結論的にいえば、表 6-5、表 6-6 が示すように、この議席再配分法の改正により、アルスター 6 郡において、ナショナリスト系政党は 1910 年 12 月から 1 議席増であったのに対して、ユニオニストは 6 議席増という結果となった。こうした結果は、ユニオニストにとって、SF や IPP などナショナリスト系政党

表 6-5　1910 年（12 月）総選挙と 1918 年総選挙結果の比較（アルスター 6 郡）

	議席定数		獲得議席数				増　減	
			ユニオニスト		ナショナリスト		ユニオニスト	ナショナリスト
	1910(12月)	1918	1910(12月)	1918	1910(12月)	1918		
アントリム	4	4	4	4	0	0	0	0
ベルファスト	4	9	3	8	1	1	5	0
アーマー	3	3	2	2	1	1	0	0
ダウン	4	4	3	4	1	1	1	0
ファーマナー	2	2	1	1	1	1	0	0
デリー／ロンドンデリー	3	3	3	2	0	1	-1	1
ティーロン	4	3	1	1	2	2	0	0
大学選挙区（クィーンズ大学）	―	1	―	1	―	0	1	0
計	25	30	17	23	6	7	6	1

（出典）　B. M. Walker (ed.), *Parliamentary Election Results in Ireland 1801-1922*, Dublin, 1978, pp. 185-191 より算出。

表 6-6　1910 年（12 月）総選挙と 1918 年総選挙における獲得議席数の比較（アルスター 9 郡）

郡	ユニオニスト・ブロック		ナショナリスト・ブロック	
	1910 年（12 月）	1918 年	1910 年（12 月）	1918 年
アルスター 6 郡	17	23	6	7
ドニゴール	0	0	4	4
モナハン	0	0	2	2
キャーバン	0	0	2	2
（アルスター 3 郡）	0	0	8	8
アルスター 9 郡	17	23	14	15

（出典）　*Ibid.*

がデリー／ロンドンデリー市やティーロンの 3 議席、ファーマナー南、ダウン南、アーマー南、フォールスで議席を獲得したとしても、アイルランド全体へのホームルールの適用を阻止し、アイルランド北東部 6 郡を恒久的に除外するのに有利な情勢を作り出したのである。

　第 2 の特徴は、SF がアイルランド全体で勝利した 73 選挙区のうち 25 の選挙区において、対立候補者がなく無投票となった点である。つまり、SF が獲得した議席の約 34％が無投票当選によるものなのである。少なくとも SF が勝利した選挙区についていえば、選挙人総数が 90 万 7,903 人、有効投票総数 61 万 9,649 票であった。そこで、SF は 41 万 4,394 票を獲得しており、その得票率は 66.88％であった。しかし、投票が行われた全選挙区において、SF が獲得

した票は47万6,087票であり、全選挙区での有効投票数が101万5,515票であったことから、その得票率は46.88％であった。つまり、アイルランド選挙区の全体の得票率で見ると、SFは有効投票の過半数を獲得していなかったことなる。

　第3の特徴は、1918年総選挙がいわゆるウエストミンスター型の選挙制度に基づいて行われたという点である。獲得議席数から見ると、SFの圧倒的な勝利であり、有権者はアイルランドの完全な分離独立を支持する投票行動をとったと考えることができる。だが、この数字は、1910年（12月）の総選挙でIPPが獲得した議席数と同じである。

　実際に投じられた票数に注目すると、有効投票数の101万5,515票のうち、32万1,427票は死票であり、議席に結びついたのは全体の68.35％であった。表6-1が示しているように、SFは46.88％の得票率で73議席（議席占有率69.52％）を獲得し、IPPは21.47％を得票したにもかかわらず、わずか6議席（同、5.71％）にとどまっていたのである。つまり、この数字は、アイルランド自治の実現を追求する穏健派ナショナリスト政党であるIPPに対して、その獲得した支持のわずか4分の1程度の力しか与えられなかったことを示している。かくて、穏健派ナショナリストはイギリス下院でのバランサーとしての役割を失うことになった。ここに、ウエストミンスター型の選挙制度の問題点が存在する。つまり、1918年総選挙では、第1党となる政党に有利に働くとされるかかる制度がアイルランドの穏健派政党を押しつぶすことになったのである。

第4節　1918年イギリス総選挙と選挙制度

　すでに述べたように、1918年の選挙法改正の論議の中では、選挙制度、とくに議席配分に関わる改革が重要な争点となっていた。この論議の中では、比例代表制もしくは選択投票制が具体案として示されていた。仮に、選挙法改正によって比例代表制が採用されていたとすると、アイルランドにおける1918年総選挙はどのような結果を示したのであろうか。

　だがこの場合、2つの点に留意しなければならない。第1に、比例代表制および選択投票制と実際に行われた選挙方法との間に、制度上の相違が存在する

という点である。第2に、選挙方法が異なった場合、それは各政党の選挙活動に影響し、実際に行われた選挙運動とは異なる戦術が各政党によって採用される可能性が存在するという点である。それゆえ、以下では、上記の点を考慮した上で、可能な範囲での試算をもとに、1つの仮説を示すにとどめたい。

まず、選択投票制について見ると、この方法は一人区に基づく多数代表制を維持しつつ、選挙人は投票にあたって複数の候補者に対して順位をつけて投票するというものである。そして、50％以上の得票を獲得する候補者が存在しなかった場合、最下位の候補者を落選とし、最下位候補が獲得した票はそこに書かれている第2位順位の候補者に配分される。その結果、50％以上の絶対多数を獲得した候補者を当選とするのである。つまり、移譲式の集計方法による絶対多数代表制の一形態ということができる。イギリスでは、1918年の選挙法改正以降、1929年からの労働党政権下での選挙制度改革論議の中でも提案された制度である。

この制度を1918年イギリス総選挙に適用したとすると、まず、実際に行われた選挙では、候補者に順位をつけた投票は行われていないがゆえに、50％以上の票を獲得しなかった候補者について、どのように扱うかという問題が残る。実際に、1918年総選挙での各選挙区における選挙結果を見ると、103の選挙区のうち4つの選挙区を除いて、当選した候補者は50％以上の得票を獲得していた。そうすると、選択投票制の場合でも、第1位順位票において50％以上得票した候補者は当選ということになるので、問題となるのは4つの選挙区（ダブリン・ペンブロック、ダブリン郡南、ダウン東、モナハン北）に絞られる。

まず、ダブリン・ペンブロックについて見ると、この選挙区では、当選基数[47]は6,442票となり、SFは6,114票でわずかに過半数に達しなかった。そして、IUAは4,138票であり、IPPは2,629票であった。仮に、最下位となったIPPの2,629票がすべて移譲可能票であったとし、他の候補者に移譲されたとすると、IPP票の大部分はSFに配分されることが予測できる。ダブリン郡南選挙区（当選基数：6,655票、SF：5,133票、IUA：4,354票、IPP：3,819票）とモナハン北選挙区（当選基数：7,025票、SF：6,842票、IUA：4,497票、IPP：2,709票）について見れば、SF、IUA、IPPの三つ巴の選挙となっていた。ここでも、ダブリン・ペンブロック選挙区の場合と同様に、最下位となったIPPの得票が、第1

表6-7 比例代表制による諸政党の議席数（全アイルランドを1つの選挙区とした場合）

政党	獲得議席数	得票率（％）	議席占有率（％）
シン・フェイン党（SF）	56	51.71	53.33
アイルランド議会党（IPP）	25	22.83	23.81
アイルランド・ユニオニスト同盟（IUA）	22	20.66	20.95
アルスター・ユニオニスト労働者協会（UULA）	2	2.26	1.90
ナショナリスト・ブロック	81	74.54	77.14
ユニオニスト・ブロック	24	22.93	22.86

（出典） *Ibid.*

位順位票で第1党であったSFの議席獲得に貢献することになる。また、ダウン東選挙区については、IUAが6,007票を獲得していたが、IPPが4,362票、SFが3,876票を得ていた。その場合、最下位のSFの票がユニオニストに移譲される可能性は、かかる選挙の争点からして非常に低いと考えられる。そうすると、IPPが第2位順位票の集計の段階で、ユニオニストを上回る可能性が出てくるのである。このように見ると、選択投票制を採用した場合、アイルランドに限定して見ると、IUAから1議席、IPPに移行するだけであり、全体として、議席占有率に大きな変動を与える可能性は低いものといえる。

次に、比例代表制であるが、当時、比例代表制導入にあたっての論議の中で、具体的な方法として、主に2つのタイプが提案されていた。それは、地域名簿式（Regional-list system）と単記移譲式（Single transferable vote）であった。いずれの場合も、イギリスを幾つかの地域ブロックないしは多人区に分割し、ブロックないしは複数定員を持つ選挙区ごとに議席配分を行う方法が想定されていた[48]。以下では、いずれの方法も具体的な実施方法について不明な点が存在するので、ここでは、名簿式の比例代表制を採用したと仮定し、ドント式の議席配分方法を用いて試算することにしたい。

表6-7は、1918年総選挙での各政党の得票率をもとに、アイルランド全土を1つの選挙区と見なした場合に予想されるアイルランド諸政党の議席数である。これによると、SFは全アイルランド32郡において56議席を獲得することになる。この数字は、ウエストミンスター型の選挙制度をとった場合にSFが獲得した73議席を大きく下回ることになる。一方、ウエストミンスター型の選挙制度では6議席であったIPPは、SFとは逆に、25議席と大幅に議席数を増加させることができる。ナショナリスト・ブロックは全体として81議席とな

表6-8 比例代表制による諸政党の議席数 (選挙区を地域ブロックに分割した場合)

政党	獲得議席数	ベルファスト	アルスター9郡（ベルファストを含まず）	アルスター6郡（ベルファストを含む）	ダブリン	レンスター（ダブリンを除く）	マンスター	コナハト	議席占有率(%)
シン・フェイン党 (SF)	56	1	10	6	8	11	17	10	53.33
アイルランド議会党 (IPP)	24	1	6	3	3	5	7	3	22.86
アイルランド・ユニオニスト同盟 (IUA)	23	8	20	19	2	0	1	0	21.90
ナショナリスト・ブロック	80	2	16	9	11	16	24	13	76.19
ユニオニスト・ブロック	25	8	22	21	2	0	1	0	23.81
合計	105	10	38	30	13	16	25	13	100.00

(出典) *Ibid.*

り2議席増となる。他方、IUAは22議席の1議席減、UULAも1議席減となり、ユニオニスト・ブロックは全体で24議席とウエストミンスター型の場合に比べ2議席減となる。

　次に、地域ブロックに分割した方法で議席配分を行う場合について考えてみよう。その場合、いくつかの地域ブロックをどのように設定するかが問題となる。アイルランドは歴史的に4つの地域――アルスター、レンスター、マンスター、コナハト――から構成されるものと考えられていることから、さしあたり、これらの地域を1つのブロックとし、また人口比率との関連でダブリンとベルファストはそれぞれ1つの選挙区と考えて選挙区を設定することとしたい。

　そうすると、表6-8のような予想が成り立つ。アルスターについて見れば、歴史的アルスターとされる9郡では、ナショナリスト・ブロックが16議席、ユニオニスト・ブロックは22議席となる。これはウエストミンスター型の選挙方法を採用した場合より、各政党の勢力関係は縮小する。つまり、ウエストミンスター型の場合では、SFを含むナショナリスト・ブロックとUULAを含むユニオニスト・ブロックの比率は15：23であったものが、16：22まで接近するのである。また、ベルファストを含むアルスター6郡について見ると、SFは6議席、IPPは3議席、IUAは19議席であり、SFを含むナショナリスト・ブロックとUULAを含むユニオニスト・ブロックの比率は7：23から9：21に縮小するのである。

　このように、比例代表制のもとで、各政党の得票に比例した形で議席の配分

が行われた場合、必ずしもアルスター6郡は「プロテスタント・アルスター」として把握され得るものではないことがわかる。また、同時に、ナショナリスト・ブロック内部の勢力関係についても、ウエストミンスター型を採用した場合のように、SFとIPPとの関係は、73：6から56：24となり、全アイルランドの分離独立というSFの方針が必ずしも圧倒的な支持を受けていたとはいえないのである。

　最後に、1918年総選挙後のイギリス下院での勢力分布を見ておく必要がある。そもそも1918年総選挙は、戦時体制下、アスキス内閣のもとで成立した挙国一致政府の枠組みを維持することを目指して行われた選挙であった。ロイド＝ジョージと保守党ボナー・ローは署名入りのクーポンと呼ばれる推薦書簡を送り、挙国一致内閣を支持する候補者を組織していた。結果は挙国一致支持派が473議席を獲得し圧勝した[49]。しかし、挙国一致支持派議員のうち335人が保守党候補者であったがゆえに、連立体制の枠組みを維持しつつも、事実上の保守党政府の成立を意味していた。それゆえ、ロイド＝ジョージの首相就任は、保守党とユニオニストが優越する挙国一致内閣の長としての意味を包含するものであった。

　こうした保守党／ユニオニスト連合が中心となった挙国一致内閣のもとで、ナショナリスト・ブロックは、SFの73議席（実際の勢力70議席）とIPPの6議席を合わせた79議席を占めるはずであった。しかし、新しく当選したSFの下院議員はウエストミンスターでの議席を拒否し、アイルランドに独自の議会を立ち上げる行動に出たのである。第1次アイルランド国民議会（Dáil Éireann）の樹立である。

　SFがイギリス下院の議席を拒否し、アイルランド国民議会の設置を強行したことにより、イギリス下院でのナショナリスト勢力は6議席となり、1910年（12月）総選挙後の勢力を大きく後退させる作用をもたらした。つまり、1918年総選挙後、SFの議会ボイコットによって、表6-9が示しているように、アイルランド自治法反対派がのちに北アイルランドに含まれるアルスター5郡（アントリム、デリー／ロンドンデリー、アーマー、ダウン、ファーマナー）とベルファスト市においてマジョリティを構成することになったのである。これは、1910年（12月）段階の4郡（アントリム、アーマー、ダウン、デリー／ロンドンデリー）を

表 6-9　1918年総選挙後のイギリス下院での勢力関係（アルスター9郡）

	ユニオニスト・ブロック	ナショナリスト・ブロック
アントリム	4	0
アーマー	2	1
ベルファスト	8	1
ダウン	4	1
ファーマナー	1	0
デリー／ロンドンデリー	2	0
ティーロン	1	1
クィーンズ大学	1	0
ドニゴール	0	1
モナハン	0	0
キャーバン	0	0
合計	23	5

（出典）　*Ibid.*

上回るものであった。アルスター6郡とベルファストにおいて、アイルランド自治反対派と支持派の関係は1910年段階の18対7から23対5となり、反対派議員にとって、いっそう優位な条件が生み出されたのである。

小　括

　ここで、少なくとも3つのポイントを指摘することができよう。第1に、ウエストミンスター型の選挙制度に基づいた1918年イギリス総選挙は、SFに大勝利をもたらしたが、それは同時に、アイルランドの穏健派政党を押しつぶす結果を招いたという点である。第2に、アルスター6郡において、ユニオニストが圧倒的な優越を確保したかのような状況を作り出すことに成功したという点である。第3に、1918年総選挙でのSFの躍進が、かれらに第1次アイルランド国民議会の召集を決断させることになり、イギリス下院内での穏健派ナショナリストの政治的影響力が失われたという点である。そして、第1次世界大戦という国際情勢の影響を受けて、政権党である自由党が保守党との協調路線に転じたことは、第3次アイルランド自治法を死産させる結果となった。

　かくて、第1次世界大戦による第3次アイルランド自治法の実施が延期されたことと1918年イギリス総選挙の結果は、1920年のアイルランド問題の処理にあたって、アルスター6郡の分離を可能にする条件を準備するとともに、ア

ルスター 6 郡における政治的暴力のきっかけを与えるものになった。そして、こうした条件を整備した背景に、ウエストミンスター型の選挙制度があったことを見ておく必要がある。

1) Frank Gallagher, *Indivisible Island: The Story of the partition of Ireland*, London, 1957, p. 139.
2) John McGarry and Brendan O'Leary, *Explaining Northern Ireland*, London, 1995, p. 428.
3) *New Ireland Forum, Report*, Dublin, 1984, 3.3.
4) Tom Wilson, *Ulster: Conflict and Consent*, Oxford, 1989, p. 48.
5) 1885 年以降のイギリス総選挙の結果については、Fred W. S. Craig, *British Electoral Facts 1832-1987*, Dartmouth, 1989 による。
6) チャールズ・スチュアート・パーネルは、アイルランド系アメリカ人を家系に持つ国教派プロテスタントの地主階級の出身であった。
7) John McGarry and Brendan O'Leary, *The Politics of Antagonism: Understanding Northern Ireland*, London, 1996, p. 86.
8) ホーム・ルール・リーグは、アイルランド保守党の元指導者であったアイザック・バットの指導下に圧力団体として 1870 年に設立された自治政府協会 (Home Government Association) を政党組織に再編し 1873 年 11 月に成立した。この政党は、イギリス国家の枠内でのアイルランドの部分的自治を求めることを方針としていた。そして、プロテスタントの土地所有者の利益を擁護する立場にあった。1874 年のイギリス総選挙では、59 議席を獲得している。しかし、この政党は、組織政党というよりはホームルール導入を支持する政治家が集う緩やかな団体であった。それゆえ、アイルランド貴族層や国教会と結びついたジェントリー層出身の下院議員は分離して、プロテスタント・ナショナリストであった自由党のジョン・グレイに接近するようになる。そして、急進的なメンバーは、IRB の指導者の 1 人でもあったジョセフ・ビガー（キャーバン選出の下院議員）やチャールズ・スチュアート・パーネルのもとに結集し、1801 年連合法の廃止とホームルール導入を求める議会活動を強化しようとする。1879 年にバットが死去すると、青年アイルランド党の運動に参加した経験を持つプロテスタント・ナショナリストのウィリアム・ショーが議長となり、1880 年にはパーネルが議長に就任し 1880 年総選挙を闘うことになる。
9) 土地同盟は、1878 年 10 月、マイケル・ダビットによって、パーネルを議長に設立されたものである。
10) 第 1 次アイルランド自治法案の提出をめぐっては、1868 年総選挙において、グラッドストンの自由党が「アイルランドに正義を」をスローガンに、アイルランド選挙区 105 議席のうち、65 議席を獲得していた。Brian M. Walker (ed.), *Parliamentary Election Results in Ireland 1801-1922*, Dublin, 1978, pp. 107-111.

1868 年イギリス総選挙の結果

政党名	得票数	獲得議席数	得票率（％）	議席占有率（％）
自由党（Lib）	1,428,776	387	61.2	58.8
保守党（Con）	903,318	271	38.7	41.2
その他	1,157	0	0.1	0

（出典）Fred W. S. Craig, *British Electoral Facts 1832-1987*, Aldershot: Dartmouth Publishing, 1989, p. 10. より作成。

1868年イギリス総選挙におけるアイルランド選挙区での結果

政党名	得票数	獲得議席数	得票率（%）
自由党（Lib）	54,461	66	58.3
保守党（Con）	38,765	37	41.5
その他	188	0	0.2

（出典）*Ibid.*, p. 9.

1880年イギリス総選挙の結果

政党名	得票数	獲得議席数	得票率（%）	議席占有率（%）
自由党（Lib）	1,836,423	352	54.7	54.0
保守党（Con）	1,426,351	237	42.5	36.3
ホーム・ルール・リーグ（HRL）	95,535	63	2.8	9.7
その他	1,107	0	0	0.0

（出典）*Ibid.*, p. 11.

11) *Ibid.*
12) D. J. Hickey and J. E. Doherty (eds.), *A New Dictionary of Irish History from 1800*, London, 2003, p. 287.
13) *Ibid.*, pp. 86-87.
14) *Ibid.*, p. 87.
15) J. C. Beckett, *The Making of Modern Ireland 1603-1923*, London, 1981, pp. 398-400.
16) Alan O'Day, *Irish Home Rule 1867-1921*, Manchester, 1998, Document 6, pp. 319-320.
17) Edmund Curtis, *A History of Ireland*, London, p. 384.
18) Edmund Curtis and R. B. Mcdowell (eds.), *Irish Historical Documents 1172-1922*, London, 1943, pp. 287-292.
19) John McGarry and Brendan O'Leary, *supra* note 7, 1986, p. 90.
20) *Ibid.*
21) Francis S. L. Lyons, "The Aftermath of Parnell, 1891-1903", in W. E. Vaughan (ed.), *A New History of Ireland: Ireland Under the Union II, 1870-1921*, p. 89; Andrew Gailey, "Unionist Rhetoric and Irish Local Government Reform, 1895-9", in *Irish Historic Studies*, Vol. 24, Issue 93, 1984, pp. 52-68; Andrew Gailey, *Ireland and the Death of Kindness: The Experience of Constructive Unionism, 1890-1905*, Coke, 1987, pp. 35-50.
22) Edmund Curtis, *supra* note 17, pp. 388-389. こうした政策は、アイルランド人小作に対して、自分が耕作する土地の買い上げを容認する内容を盛りこんだウインダム法（1903年）に代表される。
23) *Ibid.*, pp. 402-406.
24) Jeremy Smith, *The Tories and Ireland 1910-1914: Conservative Party Politics and the Home Rule Crisis*, Dublin, 2000, pp. 78-79.
25) Alan O'Day, *supra* note 16, pp. 251-253.
26) Denis Gwynn, *The History of Partition 1912-1925*, Dublin, 1950, p. 238.
27) Alan O'Day, *supra* note 16, p. 253.
28) W. E. Vaughan and A. J. Fitzpatrick, *Irish Historical Statistics: Population 1821-1971*, Dublin, 1978, pp. 54-65.
29) D. George Boyce, *Nationalism in Ireland*, London, 1982, pp. 282-283.
30) A. C. Hepburn, *Ireland 1905-25: Volume 2, Documents & Analysis*, Newtownards, 1998, pp. 136-138.
31) John McGarry and Brendan O'Leary, *supra* note 2, p. 95.

32) Jeremy Smith, *supra* note 25, pp. 156-157; Edmund Curtis and R. B. McDowell (eds.), *Irish Historical Documents 1172-1922*, London, 1943, pp. 292-297.
33) David Butler, *The Electoral System in Britain since 1918*, Oxford, 1963, pp. 4-6. イギリス総選挙における選挙区ごとの代表者数を見ると、1832年から1868年の期間には、一人区は401選挙区中153選挙区であり、全体の38％であった。この時点では、二人区が240選挙区と全体の60％を占めていた。1885年議席再配分法の成立前の段階では、すでに一人区は拡張傾向にあったが、それでも全体の47％にとどまっていた。しかし、1885年議席再分配法の成立以降、一人区は643選挙区中616選挙区まで拡大し、全体の96％を占めるまでになった。
34) *Ibid.*, pp. 6-7.
35) *Ibid.*, p. 7; *Speaker's Conference on Electoral Reform*, Cd. 8463/1917, London, 1917.
36) *Ibid.*, p. 8.
37) *Ibid.*, pp. 8-9. 女性に関しては、地方政府の有権者かその有権者の妻であることを条件とするという点から居住地域を基礎にした投票資格のみとされ、複数投票は認められていない。なお、1928年の選挙法改正で、ビジネス資産による投票権が女性に対しても認められている。
38) *Ibid.*, pp. 9-10.
39) *Ibid.*, pp. 10-11. 比例代表制の是非をめぐる投票結果は、次のとおりである。保守党（賛成38票、反対85票）、自由党（賛成77票、反対54票）、労働党（賛成12票、反対10票）、アイルランド政党（賛成14票、反対0票）。
40) *Ibid.*, pp. 11-12.
41) *Ibid.*, pp. 12-13.
42) Fred W. S. Craig, *British Electoral Facts 1832-1987*, Dartmouth, 1989, p. 78.
43) アイルランドにおける1918年イギリス総選挙の結果については、Brian M. Walker (ed.), *Parliamentary Election Results in Ireland 1801-1922*, Dublin, 1978; Brian M. Walker (ed.), *Parliamentary Election Results in Ireland 1818-1992*, Dublin, 1992; Fred W. S. Craig, *British Parliamentary Election Results 1918-1949*, Glasgow, 1969 and *British Parliamentary Election Statistics, 1918-1970*, Chichester, 1971 のデータをもとにして集計を行った。
44) SFの獲得議席は73議席であるが、この選挙では、アーサー・グリフィス（キャーバン東選挙区、ティーロン北西選挙区）、イーモン・デ・バレラ（クレア東選挙区、メイヨー東選挙区）、リアム・メロウズ（ゴールウェイ東選挙区、ミース北選挙区）の3人が2つの選挙区で当選している。それゆえ、実際の勢力は70議席ということになる。
45) 1918年総選挙において、歴史的アルスターと呼ばれる北部アイルランド9郡（アルスター6郡に加えてドニゴール、モナハン、キャーバンを含む）での各政党の得票率を見てみると、明らかに、ドニゴール、モナハンでは、ナショナリスト・ブロックが80％以上の得票を獲得している。キャーバンについては、SFの無投票当選となっていた。

1918年イギリス総選挙におけるアルスター9郡における各政党得票率 (%)

	ユニオニスト諸派	シン・フェイン党	全ナショナリスト
ベルファスト	67.5	7.4	16.4
アントリム	85.0	15.0	15.0
ダウン	69.4	10.0	30.6
デリー／ロンドンデリー	63.2	23.9	36.8
アーマー	59.0	27.3	41.0
ファーマナー	46.4	53.1	53.6

ティーロン	45.3	28.9	54.7
モナハン	17.3	55.3	82.7
ドニゴール	10.9	44.5	89.1
キャーバン	—	無投票当選	SF 無投票当選

(出典) B. M. Walker (ed.), *Parliamentary Election Results in Ireland 1801-1922*, Dublin, 1978, pp. 185-191 より算出。

46) The Redistribution of Seats (Ireland) Act 1918.
47) ここでの当選基数は、有効投票数÷(議席数+1)+1で計算した。
48) Butler, *supra* note 40, pp. 38-48.
49) Fred W. S. Craig, *British Parliamentary Election Statistics 1918-1970*, 2nd edition, Chichester, 1971, pp. 1-2.

第7章 北アイルランド政府と UUP 一党支配体制の成立

　アイルランドにおいて、"トラブルズ (Troubles)" ということばは、アカデミックな研究者をはじめ、北アイルランドの諸政党、マスメディアの間で、1968年以降のリパブリカンとロイヤリストの武装組織およびイギリス治安部隊による武力行使が恒常化した時期を表現する語彙として使用されてきた。そして、その契機を、1968年10月5日のデリーでの公民権運動のデモ、あるいは1969年4月12日のボグサイドでの衝突、または同年のイギリス軍部隊の配備や1966年のアルスター義勇軍 (UVF) の登場に求める場合[1]や、イギリスとアイルランドの対抗、カトリックとプロテスタントとの対抗という枠組みの中で把握し、その起源をクロムウェルのアイルランド出兵までさかのぼり、17世紀以来のイギリスとアイルランドの政治的対抗関係に起源を求める場合[2]、またはイギリス政府による1920年のアイルランド統治法の成立と北アイルランド政府の構築に問題の所在を求める場合が見られる[3]。

　これらの研究には、ジョン・オブライエンが指摘するように、いずれもユニオニストとナショナリスト、プロテスタントとカトリック、ナショナリストとリパブリカン、イギリスとアイルランドという対抗軸との関連で、政治的な心情または立場性を強く示す傾向が見られる[4]。だが、むしろ問題なのは、これらの研究がアイルランド問題の起源から直接的に"トラブルズ"の原因に接近しているという点である。それゆえ、歴史的経緯やそれに伴う宗派、雇用、教育、居住、諸権利のあり方など、カトリックとプロテスタントの差別構造として現れてくる社会的諸問題をもって説明するという傾向が見られるのである。それゆえ、必ずしも1960年代後半に立ち現れる"トラブルズ"の政治的な原因に接近しきれているとはいえないのである。

ナショナリストとユニオニストの対抗が同時にカトリックとプロテスタントの対抗という図式で明確に現れてくるのは、アルスター・ユニオニストによる義勇軍運動を契機に、アイルランド義勇軍（ONH）が結成されていく 1912 年から 1913 年頃である。では 1960 年代後半に、なぜ北アイルランドで政治的暴力が常態化したのか。必ずしもこの疑問に回答を与えているものは多くない。この章では、1968 年を前後する時期に発生した政治的暴力の背景とその契機について検討し、その原因に接近することを主たる目的としたい。

第 1 節　1920 年アイルランド統治法下での北アイルランド

　北アイルランドは、1920 年、アイルランド統治法（The Government of Ireland Act, 1920）の成立により、アイルランド島北部のアルスター地方のうち、アントリム、アーマー、ダウン、デリー／ロンドンデリー、ティーロン、ファーマナーの 6 郡を切り取る形で、北アイルランド政府が編成された。つまり、1918 年の総選挙において、イギリス国家からアイルランド全体を分離することに反対するおよそ 30％の意思に基づいて、6 郡がイギリス領内にとどまることになった。だが、それは同時に、アイルランド全体のイギリス国家からの分離を求めるおよそ 30％の意思を含むことになった。

　誰が国家を支配すべきなのか。この問いに対して、アリストテレスは 3 つの回答を示している。1 人（君主政）、少数（貴族政）、多数（民主政）の三政体である。近代国家においては、政治的主体者としての人民大衆が支配するということが、それが間接的であっても、当然のこととされてきた。それゆえ、当該の国家を構成するこの人民大衆とは、誰なのかという問題が問われてくることになる。その場合、第 1 に、国家主義的な立場からは、人民大衆は特定の国家の領域内に永続的に居住するすべての成人ということになる。第 2 に、ナショナリストによれば、それは特定のネイションに帰属するすべての成人となる。そして、第 3 に、他者との関係で自己が誰なのかを規定する立場からすると、それはまさにその人民大衆の支配に属する人々ということになるのである。それゆえ、第 3 の立場は、多数者の支配の中で少数者として従属すること、逆にいえば、多数者の支配の中に少数者が存在することを拒絶する傾向を強く持つ場

合がある。こうした傾向は、南アフリカ、イスラエル、そして北アイルランドのような入植社会において見られるものでもある[5]。

そもそもアイルランド自治法案は、ナショナリストによる自治の要求への対応であったが、1920年12月23日に成立したアイルランド統治法のもとでは、ダブリンの南アイルランド政府による統治からアルスター 6 郡のユニオニストを除外することが正当化されることになる。

まず、ここに成立した北アイルランドとは、どのような政治体であったのか。第1に、1920年アイルランド統治法によると、第1条において、王権のもと、権限移譲された北アイルランド国家は、アントリム、アーマー、ダウン、ファーマナー、デリー／ロンドンデリー、ティーロンの6郡から構成されるものとされ、それ以外の26郡をもって南アイルランド国家と定めている。そして、第2条において、南北アイルランドを統括する機関として、南北各アイルランド政府および議会の上に、アイルランド協議会 (Council of Ireland) が置かれていた。この協議会のメンバーは、南北各アイルランドの上院および下院議員によって選出されるものとされ、ここで議決された法は南北各アイルランド国家に適用されるものされていた。そして、将来、南北アイルランドが統一する日に、かかる協議会は廃止されると定められていたのである。

第2に、北アイルランドの法的地位について、第4条には、北アイルランド議会は、平和的な秩序維持、公正な統治を行う限りで、立法権を付与されていたが、王権およびアイルランド総督に関わる事項、戦争に関する事項、陸海空の軍隊に関わる事項、外国との条約およびイギリス王室自治領 (Dominion) との関係に関わる事項、階位・尊号に関わる事項、国事犯罪に関する事項、外国との交易に関する事項、貨幣制度に関わる事項などの14項目については、除外または制限が加えられていた。そして、第75条には、北アイルランド政府は、1920年アイルランド統治法の停止または廃止する権限を含むイギリス政府の立場に影響を及ぼすものではなく、イギリス議会での決定が最優先されると定められていた。

第3に、北アイルランドの統治機構について、第8条、第13条、第14条第1項および第2項において、ベルファストに設置される上院26議席、下院52議席からなる二院制議会と内閣から構成されるものとされ、行政権力と立法権

力が融合した内閣に権力を集中させる一元的な政府の構築を求めていた。つまり、イギリス型の統治システムが北アイルランドに移植されたのである。

　第4に、1920年アイルランド統治法は形式的ではあるが、少数派を保護することを目的とした条項を設けている。第5条に、宗派的平等を侵害する法の制定の禁止、第8条第6項には、北アイルランド政府の権力行使にあたり、宗派的な信条を持ついかなる者に対して不利益となるような利益供与や特権付与の禁止を定めている。つまり、北アイルランド議会が、イギリス政府の監督下にある限り、宗派的差別につながる法を制定することは容認されないとしたのである。そして、少数派の政治活動の保護との関連で、第14条第3項において、1918年の国民代表法 (The Representation of People Act, 1918) の第7条および第9条を前提としつつ、北アイルランド下院議員は単記移譲式比例代表制 (PR-STV)[6]選挙によって選出されるものとされていた[7]。

　しかし、現実には、北アイルランド政府が施行された1921年以来、1972年のイギリス政府による直接統治まで、閣僚と首相はアルスター・ユニオニスト党 (UUP) によって独占されていた。この間、ジェームズ・クレイグ（在職年数1921－1940年）、ジョン・ミラー・アンドリュース（在職年数1940－1943年）、バージル・スタンレイク・ブルックボロ（在職年数1943－63年）、テレンス・オニール（在職年数1963－69年）、ジェームズ・チチェスター＝クラーク（在職年数1969－71年）、ブライアン・フォークナー（在籍年数1971－1972年）の6人の首相が誕生したが、いずれもオレンジ・オーダー団の指導的メンバーであった。また、閣僚についても、オレンジ・オーダー団の主要メンバーによって占められていた。そもそも、1921年から1969年の間に、北アイルランド議会で議席を獲得したUUP所属の議員は149人であるが、そのうち138人がオレンジ・オーダー団のメンバーであった[8]。つまり、北アイルランド議会および内閣は、UUPを介したオレンジ・オーダー団の影響化に置かれていたことになる。

　上院では、26の議席定数のうち、職権として上院に議席を有するベルファストとデリー／ロンドンデリー市長の2人を除いて、残りの24議席は下院議員による選挙によって選出されていた[9]。両院での意見の相違が生じた場合の両院委員会の開催権限は、1920年アイルランド統治法第17条によると、下院選出の首相にゆだねられているなど、下院優位の制度設計がなされていたのであ

る。

　他方で、1919年に始まったアイルランド独立戦争に対応して、イギリス政府が1920年に特殊部隊「ブラック・アンド・タン」を投入すると、北アイルランドのカトリック系住民およびナショナリストを取り巻く情勢は急変することになる。その頂点に、「ベルファスト・ポグロム」と呼ばれる一般大衆を巻き込んだ暴力事件が発生する。イギリス政府は、独立戦争への対処策として、アルスター特別警察（USC）を編成し、特殊部隊の恒常的配備に踏み切ることになる[10]。

　こうした中で、ナショナリストは、北アイルランド議会下院において、52議席中18議席前後の勢力しか持たず、野党第一党のポストとされていた下院決算委員会の議長さえもUUPに独占されており、院内野党としての役割を果たすことができない状況にあった。すなわち、ナショナリストが野党として機能し得ない状況の中にあっては、イギリス政府が北アイルランドの対内的な諸問題に対して介入しない限り、安定的なユニオニスト支配は維持されたのである。つまり、ここに移植されたイギリス型の統治モデルは、チェック・アンド・バランスと政権交代を促すものとしてではなく、UUPによる一党支配体制を保障するものとして立ち現れてくるのである[11]。

第2節　選挙制度改革とゲリマンダリング

　なぜ、UUPはこうした一党支配体制を構築し維持し得たのであろうか。ここでは、UUPの選挙制度政策に注目してみよう。北アイルランドがイギリス王権のもとにあるプロテスタントの国家であるためには、南部に成立したアイルランド自由国との関係で、第1に、プロテスタントが支配する北アイルランドの領域を確定し維持すること、第2に、画定された領域内での政治支配をユニオニストが独占し、それを維持し続けることが必要であった。そもそも1921年から1972年までの北アイルランドでは、ユニオニスト政党への入党資格はカトリック系住民に対して与えられておらず、そのためユニオニスト党＝プロテスタントの政党という性格を持っていた。つまり、ユニオニスト政党が政権を維持するためには、北アイルランド議会および各郡のカウンシルでユニオニ

スト政党が多数派を独占し続けることが必要であったのである。しかし、それはプロテスタント系住民がユニオニストのままで、カトリック系住民がナショナリストであり続けること、つまり階級的相違を不問とした上で、UUP がプロテスタントの支持に支えられ、常に政権党であり続けることを前提にしたものであった。

　1918 年総選挙の数字から見れば、北アイルランド政府は 69％の支持を背景にしているに過ぎず、アングロ＝アイリッシュ協定に基づく北アイルランドと自由国との境界線交渉の際にも、北アイルランド地域において、ナショナリストが多数派を占める地方が出てきた場合、南北境界委員会は境界線の変更も含めた再検討を行うとしていた。実際、1921 年以降も、北アイルランド 6 郡のうち、西部の 3 郡（デリー／ロンドンデリー、ティーロン、ファーマナー）では、ユニオニストは少数派であった。それゆえ、ユニオニストにとって、バン川以西（図 7-1 および表 7-1 を参照）におけるカトリック系住民が多数派を占める郡の存在とその地域におけるカトリック人口の増加傾向という問題は、北アイルランドという枠組みを維持するという観点から深刻な問題として受け止められていた。そこで、UUP 政府は、こうした南北境界委員会での取り決めに対して、選挙制度の改定と選挙区の区割りの恣意的変更——いわゆるゲリマンダリング[12]——を追求し、ナショナリストが多数派となるようなエリアが発生しないようにしたのである。

　北アイルランドでは、1920 年アイルランド統治法のもとで、PR-STV によって実施された選挙は、1921 年と 1925 年の北アイルランド議会選挙の 2 回である。だが、これは北アイルランド政府によって改定されていくことになる。北アイルランドにおいて、UUP による選挙制度改革は、領域の確定という点で、まず地方レベルから実施に移されていく。

　各カウンシルにおける地方選挙について見ると、地方選挙が小選挙区相対多数代表制のもとで行われていた 1919 年以前、ベルファスト特別行政区では、ユニオニストが 52 議席、ナショナリストが 8 議席と、ユニオニストは圧倒的な多数派を形成していた。これが、1919 年の地方自治体法（Local Government (Ireland) Act, 1919）の導入後に行われた 1920 年地方選挙は PR-STV で実施されている。イギリス政府は、1918 年総選挙のアイルランドにおけるシン・フェ

図7-1 アルスター地方のカトリック系住民比率

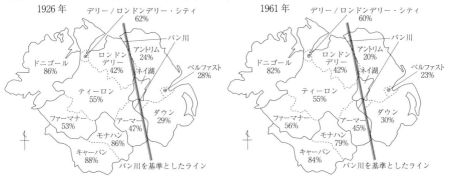

(出典) Census of Ireland 1911, Census of Northern Ireland 1926 をもとに筆者作成。

表7-1 カトリック系人口の推移（1911－1926年）

各郡とベルファストおよび デリー／ロンドンデリー・シティ		増加率（％） (1911－1926年)
バン川以西	デリー／ロンドンデリー	0.08
	デリー／ロンドンデリー・シティ	3.71
	ティーロン	0.09
	ファーマナー	−0.21
	アーマー	0.07
バン川以東	アントリム	−0.35
	ダウン	−1.17
	ベルファスト	−1.06

(出典) Census of Ireland 1911, Census of Northern Ireland 1926 より作成。

イン党（SF）の勝利について、小選挙区制によるものと考え、1920年のアイルランド地方選挙に向けて、1919年6月に1919年地方自治体法を導入し、アイルランドにおける選挙制度をPR-STVによるものに改定していたのである[13]。

しかし、1920年1月のアーバンとバラ行政区での選挙では、第1位順位票について、ユニオニスト（UUPとIUP）とSFが27％で並び、ユニオニストは206の行政区の内172で主導権を握れない状況に至った。残りの行政区について行われた6月の選挙では、1,806議席のうち、SFとナショナリスト党（NP）が788の議席を獲得したのに対して、UUPを含むアイルランド・ユニオニスト同盟（IUA）は355と振るわず、アルスター6郡のうち、ファーマナー、デリー／ロンドンデリー、ティーロンで多数派を形成することができなかった。とくに、ベルファスト特別行政区では、1919年段階において、ユニオニスト52議席、ナショナリスト8議席という勢力関係であったものが、UUP 35議席、無所属ユニオニスト（Ind.U）2議席、北アイルランド労働党（NILP）12議席、NP 5議

席となった。また、ベルファスト近郊の工業都市においては、バンゴールやリスバーンで NILP のユニオニストが議席を獲得し、ラーガンでも NILP が多数派を占める状況が生まれていたのである。

そして、1925 年の北アイルランド議会選挙では、ベルファストにおいて、ナショナリストが 1 議席を維持する一方で、前回選挙（1921 年）で 16 議席中 15 議席を獲得した UUP はユニオニスト系の NILP と Ind.U に票が割れ、UUP は 15 議席から 8 議席に後退し、NILP が 3 議席を、Ind.U が 4 議席を獲得していた。PR-STV による選挙は、導入の意図とは異なり、ユニオニストに有利に作用せず、かえってユニオニスト内部の階級的、路線的な相違が表面化する結果を引き起こすことになったのである[14]。

1921 年 6 月に北アイルランド初代首相に就任したジェームズ・クレイグは、1920 年の地方選挙に関連して、1918 年のイギリス総選挙がそうであったように、1919 年地方自治体法以前の旧選挙制度の方が、カトリックの少数派に有利に作用するものであったとして、カトリック系住民の利益を擁護するというレトリックで、比例代表制廃止を正当化し、1922 年に予定されていた地方選挙を延期する判断を行ったのである[15]。そして、NP をはじめとし、NILP と Ind.U が、PR-STV は少数意見に対するセーフガードであるとして、その維持を求める中で、クレイグは、第 1 回目の議会開催日から 3 年後には、選挙制度に関わる法改正を認めるとしたアイルランド統治法第 14 条第 5 項をもって、1919 年地方自治体法を改定し、PR-STV に基づく選挙制度の廃止とウエストミンスター型の小選挙区相対多数代表の導入を柱とした 1922 年地方自治体法（Local Government Act (Northern Ireland), 1922）を 1922 年 7 月に成立させたのである[16]。同年 9 月 7 日、イギリス政府はこれを黙認する判断をし、9 月 11 日に地方選挙への小選挙区制の導入が確定した[17]。

さらに、同年 8 月 9 日には、クレイグは地方選挙に関して都市部の選挙区を 1919 年以前の状態、つまり 1898 年地方自治体法（Local Government (Ireland) Act 1898）[18] が導入された当時の状態に戻すことを内容とした閣議決定を行っていた。これを受けて、北アイルランド政府内務大臣のリチャード・ドーソン・ベイツは、カトリックとプロテスタントの両住民の間に厳しい対立が存在している地域を対象とした委員会の設置を名目に、新たに選挙区の区割りを行う機

関を立ち上げたのである。その委員長に就任したジョン・リーチは1922年10月に内閣に対して素案を提出し、翌年、1923年地方自治体法（Local Government (Franchise) Act, 1923）を成立させ、北アイルランドにおける地方選挙に関わる選挙区の区割り変更を強行する。いわゆる「リーチング」が実施されたのである[19]。

　この地方選挙区の区割り変更について、ベルファスト・ニューズレター紙やミッドアルスター・メールなどのユニオニスト系各紙が慎重な対応をとる中で[20]、1922年10月26日、アイリッシュ・インディペンデント紙が、地方行政機関における人口比率や各選挙区の選挙人の数を考慮した場合、この法は「きわめて必要である」とする『ダンガノンとゲリマンダリング』なる記事を掲載する[21]。そして、翌年11月11日には、同紙上において、「最近の国勢調査によると、ダンガノンは3,830人の人口を持ち、そのうち2,120人、つまり55.3％が自由国支持者である。……この町を3つの選挙区に分割し、自由国支持者を1つの選挙区にまとめてしまうことによって、ベルファストの議会は確実に、自由国支持派が議員定数の3分の1、つまり21議席中7議席を超えないことになろう」[22]とする見解を発表している。

　一方、こうした動きに対してナショナリスト系議員は議会ボイコットを呼びかけ、ナショナリスト系のアイリッシュ・ニュース紙は、「地方行政機関におけるこうした企ては、むき出しのゲリマンダリングであり、スキャンダルである」と報じ、断固反対の論陣を張る。また、ダンガノンの弁護士ジョン・スケフィントンは、ドーソン・ベイツに対して、「カトリック系住民は、地方自治体において、実効性のある声を上げることがまったくできなくなる」[23]と、地方自治体レベルでのゲリマンダリングの導入を行わないよう求める嘆願書を送っている。しかし、この嘆願書は受け取りを拒否されてしまう。

　こうしたナショナリストからの批判に対して、リーチは、ナショナリストがカウンシルの多数派を占めるファーマナーのリスナスキーにおいて、「なんらかの企みを持つものでなく、……誰もが同じ対等な立場となるよう、……すべての政党にとって利益となるよう願っているだけである」[24]とする声明を発し、選挙区改定の作業を実務的に進めていくことになる。そして、ナショナリストをはじめ、ユニオニスト系のNILPおよびInd.Uの抵抗にもかかわらず、1924

年、延期されていた地方選挙は新しい選挙制度と選挙区のもとで実施されることになる。

第3節　UUP一党支配体制の成立

　1924年に実施された地方選挙の結果は次の通りである。まず、ベルファストでは、UUPが15議席中12議席、NILPが2議席、Ind.Uが1議席となり、NPは議席を失ったのである。ファーマナーのナショナリストは、1920年の地方選挙の段階で、ユニオニスト57議席に対して63議席、52.5％を獲得しており、カウンシルをコントロールすることができていた。しかし、1924年に小選挙区制で実施された地方選挙では、ナショナリストは43議席にまで後退し、逆にユニオニストは74議席を獲得しカウンシルを掌握したのである。ここで重要なのは、ファーマナーの56％を構成するカトリック系住民が送り出した代表は、議席占有率にしてわずか36.8％であったという点である。同様に、オマー・ルーラル・カウンシルにおいても、ナショナリストは2,316票の得票にもかかわらず、5議席を獲得するにとどまり、他方で1,141票を獲得したユニオニストが同じ5議席を得ることができた。ナショナリストに投じられた票の実に85％が死票となっていたのである。

　次に、アーマー・シティでは、得票率57％のナショナリストが8議席であったにもかかわらず、ユニオニストは12議席を獲得し、エニスキーレンでは、得票率56％のナショナリストが7議席、一方でユニオニストは14議席となっていた。オマー・アーバンでも、得票率62％のナショナリストが9議席、ユニオニストは12議席を獲得した。つまり、表7-2が示しているように、ナショナリストが1議席を獲得するのに、少なくともユニオニストの2倍以上、最大で10倍の得票が必要であったのである。そして、ナショナリスト支持票が75％を超えたキーディ・アーバン（81％）、ニューリー・タウン（79％）、ストラバン・アーバン（75％）を除いて、ナショナリスト政党の得票率が少なくとも65％以下の地域において、小選挙区制導入の効果が顕著に見られたのである[25]。

　その結果として、1924年の地方選挙において、ユニオニストは郡カウンシル・レベルで1920年に失っていた3つのカウンシルを回復し、アルスター6

表7-2　1924年地方選挙法改正以降のユニオニストとナショナリスト間の格差

主な地方行政単位 （カウンシル）	獲得議席数		1議席あたりの有権者数	
	ユニオニスト	ナショナリスト	ユニオニスト	ナショナリスト
デリー／ロンドンデリー特別行政区	12	8	1,541	3,665
アーマー郡	23	5	1,638	7,098
ラーガン・バラ	15	0	551	5,449
オマー・アーバン	12	9	180	397
アーバインズタウン・ルーラル	14	8	424	851

（出典）All-party Anti-partition Conference, *One Vote Equals: A Study in the Practice and Purpose of Boundary Manipulation*, Dublin, 1950 より作成。

郡すべてのカウンシルをその支配下に置いたのである（表7-3）。

こうした選挙区の区割り変更は、1935年にオマー・アーバン・ディストリクト、1936年にデリー／ロンドンデリー・カウンティ・バラ、1946年にはアーマー・アーバン・ディストリクトへと拡大され、ユニオニストによる議席の

表7-3　1920年と1924年の地方選挙結果における郡レベルの勢力分布

郡カウンシル	1920年	1924年
アントリム	U	U
アーマー	U	U
ダウン	N	U
ファーマナー	N	U
デリー／ロンドンデリー	U	U
ティーロン	N	U
ユニオニスト	3	6
ナショナリスト	3	0

（出典）同上。

独占が強力に推し進められることになった。そして、1920年代末に、ユニオニストは、北アイルランドのプロテスタント人口は66％程度であったにもかかわらず、地方行政を担うカウンシルの85％を掌握するまでになっていた。さらに、北アイルランド政府は、1946年に北アイルランド国民代表法（Representation of the People Act, 1946）を成立させ、有権者資格の制限などを強化する[26]。

こうした政府の強化措置について、UUPの院内幹事であったランスロット・アーネスト・カランは、「3つの国境内にあるカウンティとロンドンデリー・シティをナショナリストが支配することを断じて許してはならない」がゆえに、「カウンシルに利害を持たず、アルスターの人々の幸福を願わない者どもによって政府が脅かされることを阻止する最善の方策は、そうした者どもから選挙権を奪うことである」[27]と発言している。

このように、選挙制度のウエストミンスター方式への改編と制限選挙、そし

てゲリマンダリングの3点セットのもとで、1922年の選挙区改定以前にナショナリストが多数派を占めていた以下の12のカウンシル[28]は、ユニオニストが多数派を占めることになった。さらに、ナショナリストとユニオニストが拮抗していたダウンパトリックとキャッスルダーグのルーラル・ディストリクトはユニオニストに有利な形で再編成され、ナショナリストが多数派であったベリーク・ルーラル・ディトリクトは、ユニオニストが多数派を占めるアーバインズタウン・ルーラル・ディストリクトに併合され消滅した。

デリー／ロンドンデリー・カウンティ・バラ	ティーロン・カウンティ
ファーマナー・カウンティ	エニスキーレン・アーバン・ディストリクト
クックスタウン・ルーラル・ディストリクト	ダンガノン・ルーラル・ディストリクト
リスナスキー・ルーラル・ディストリクト	マハラフェルト・ルーラル・ディストリクト
ストラバン・ルーラル・ディストリクト	オマー・ルーラル・ディストリクト
オマー・アーバン・ディストリクト	アーマー・アーバン・ディストリクト

そして、ナショナリストは1922年以降も引き続き多数派を占めることができた下記の10のカウンシルと第2次世界大戦後に多数派を占めることに成功したリマバディ・ルーラル・ディストリクトの11カウンシルにとどまったのである[29]。かくて、ナショナリストは、1920年の地方選挙時には、75のカウンシルのうち24、つまり32％のカウンシルで多数派を形成していたが、それが1927年には、下記の10カウンシル（13％）まで後退することになったのである[30]。

バリーキャッスル・アーバン・ディストリクト	ダウンパトリック・アーバン・ディストリクト
キーディ・アーバン・ディストリクト	ニューリー・アーバン・ディストリクト
ストラバン・アーバン・ディストリクト	ワーレンポイント・アーバン・ディストリクト
バリーキャッスル・ルーラル・ディストリクト	キルキール・ルーラル・ディストリクト
ニューリー・第1ルーラル・ディストリクト	ニューリー・第2ルーラル・ディストリクト

次に、ゲリマンダリングとの関連で、北アイルランドの第2の都市であるデリー／ロンドンデリー・シティを見てみると、デリー／ロンドンデリー全体では、56％がカトリック系住民で占められており、ナショナリスト政党が地方議

会において多数派を構成する可能性が存在した。しかし、こうした状況に対して、北アイルランド政府は、1922年以降の一連の選挙制度改革の中で、デリー／ロンドンデリー・シティ選挙区をプロテスタント系住民が多数を占める農村地域に向けて8マイル食い込む形で設定し、図7-2のように、3つの選挙区に分割した。

また、北アイルランドでは、イギリス本土とは異なり、カウンシル・レベルの選挙では、資産要件を課し、一定規模以上

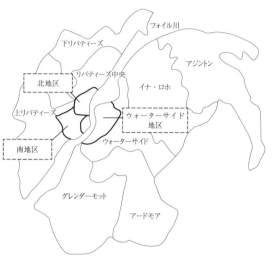

図7-2 デリー／ロンドンデリー・シティ選挙区地図
（1964年当時）

	有権者数	カトリック	プロテスタント
デリー全体	30,376	20,102	10,274
北地区	6,476	2,530	3,946
南地区	11,185	10,047	1,137
ウォーターサイド	5,549	1,852	3,697

（出典）Hamish Macdonald, *The Irish Question*, Cheltenhan, 1985, p. 38より筆者作成。

の企業体については各々6票が割り当てられるという制限選挙が実施されていた。このことは、事実上、カトリック系住民を選挙から排除するものであった[31]。キャメロン・レポートによると、1967年時点で、デリー／ロンドンデリー・カウンティ・バラにおいて著しい不均衡が生じていると指摘している（表7-4）[32]。すなわち、カトリック系住民が1人の代表を議会に送るのに1,804票が必要なのに対して、ユニオニストは732票で代表1人を送り出せる環境にあったのである[33]。

最後に、北アイルランド議会レベルでのPR-STVの廃止とウエストミンスター型の選挙制度の導入について見てみよう。北アイルランド議会選挙（以下、議会選挙）について見ると、1925年の第2回議会選挙は、PR-STVによって選挙が実施されている。表7-5によれば、ユニオニスト政党の勢力は得票率で

表7-4 デリー／ロンドンデリー・カウンティ・バラにおけるゲリマンダリングの効果
(1967年)

選挙区	議席定数	選挙人数		議席数	
		カトリック系住民	その他の住民	ナショナリスト	ユニオニスト
南部	8	10,047	1,138	8	0
北部	8	2,530	3,946	0	8
ウォーターサイド	4	1,852	3,697	0	4
合計	20	14,429	8,781	8	12
			1議席あたりの平均得票数	1,804：1	732：1

(出典) The Honourable Lord Cameron, D. S. C., *Disturbances in Northern Ireland, Report of the Commission appointed by the Governor of Northern Ireland* (*Cameron Report*), September 1969, Cmd. 532, H. M. S. O., 1969, para. 134.

64.0％、議席占有率では69.2％であり、ほぼプロテスタント系住民の割合に符合する勢力を獲得していた。1929年の第3回議会選挙では、1928年の有権者資格の変更(「北アイルランドで生まれたか、3年以上居住している者」とする条項が加えられた)とPR-STV廃止を柱とする1929年北アイルランド下院(投票方法と議席再配分)法 (House of Commons (Method of Voting and Redistribution of Seats) Act, 1925.) の制定からなる一連の選挙制度改定を受けて、小選挙区相対多数代表制で実施された。その結果は、ユニオニスト政党の勢力は得票率で64.8％であったのにもかかわらず、76.9％の議席を占めることに成功した(表7-6)。とくに、UUPは、ユニオニスト全体の37議席中34議席を獲得し、分裂の兆しが表れていたベルファストにおいて3分の2以上(73.3％)の議席を掌握することができたのである。

表7-7にように、1925年と1929年の議会選挙を比較すると、ベルファストにおいて、UUPはNILPとInd.Uを退けて8議席から11議席に拡大している。ナショナリストはベルファスト西選挙区で1議席増の2議席を獲得することができたが、ベルファスト以外においては2議席減となり、1925年時には33％あった議席占有率は28.1％まで後退したのである。

1920年に、アイルランド比例代表制協会は、比例代表制導入について、「この制度は、市民の中のあらゆる集団はその勢力に比例して、代議機関に代表を送り出すことができる。このことは、かれらが候補者を立て闘う十分な意思と精神を持っていたならば、どの集団も排除されないということを意味している」[34]とその意義を説いている。この言説が示すように、PR-STVのもとで実施され

た1921年の北アイルランド議会選挙では、ユニオニストが66.9％の得票率で76.9％の議席を占め、ナショナリストは得票率32.3％で23.1％の議席を獲得した。PR-STVは、このように得票率にほぼ沿った議会構成を可能にし、またアントリムのように、1920年以前のウエストミンスター型の小選挙区相対多数代表制のもとでは、16％の

表7-5　1925年北アイルランド議会選挙結果（単記移譲式比例代表制）

政党	得票率（％）	議席占有率（％）
アルスター・ユニオニスト党（UUP）	55.0	61.5
無所属ユニオニスト（Ind.U）	9.0	7.7
ナショナリスト党（NP）*	23.8	19.2
シン・フェイン党（SF）	5.3	3.8
北アイルランド労働党（NILP）	4.7	5.8
諸派	2.2	0.0

（出典）　Sydney Elliott, *Northern Ireland Parliamentary Election Result, 1921-1972*, Chichester, 1973, p.83 より作成。
（備考）　得票率は第1位順位票の得票数をもとにした。
　＊　ナショナリスト党はアイルランド議会党を前身とし、アイルランドの南北分割後に、ジョセフ・デブリンら北アイルランドのアイルランド議会党メンバーを中心に再建された政党である。

表7-6　1929年北アイルランド議会選挙結果（小選挙区相対多数代表制）

政党	得票率（％）	議席占有率（％）
アルスター・ユニオニスト党（UUP）	50.6	71.2
無所属ユニオニスト（Ind.U）	14.3	5.8
ナショナリスト党（NP）	11.7	21.2
無所属ナショナリスト（Ind.N）	1.3	0.0
北アイルランド労働党（NILP）	8.0	1.9
労働党系無所属	0.8	0.0
アルスター自由党（ULP）	6.3	0.0
諸派	5.8	0.0
無所属	1.2	0.0

（出典）　同上。

得票をもってしても1議席も獲得できなかったナショナリストの意思を議会に反映させる道を開いたのである。

　しかし、他方で、PR-STVなる選挙制度によって、ユニオニストは、ナショナリストとは逆に、深刻な課題に直面することになる。つまり、PR-STVは、第1に、それまでのユニオニストとナショナリストという二極構造を弛緩させ、第2に、ユニオニスト内部の多極化を促進する方向で作用していたのである。それゆえ、PR-STVの廃止にともなう、小選挙区相対多数代表制への移行とゲリマンダリングは、ユニオニストにとって2つの課題を同時にクリアする特効薬として作用したのである。すなわち、ナショナリストを少数派としての政治的地位に固定化することと、UUPがユニオニスト全体を政治的に代表し、北アイルランド政府を支配するための条件を構築することができたのである。

表 7-7　北アイルランド議会選挙結果の比較 (1921年－1929年)

選出単位	1921年 ユニオニスト UUP	1921年 ユニオニスト NILP	1921年 ユニオニスト 無所属	1921年 ナショナリスト	1925年 ユニオニスト UUP	1925年 ユニオニスト NILP	1925年 ユニオニスト 無所属	1925年 ナショナリスト	1929年 ユニオニスト UUP	1929年 ユニオニスト NILP	1929年 ユニオニスト 無所属	1929年 ナショナリスト
ベルファスト東	4	0	0	0	2	1	1	0	3	1	0	0
ベルファスト北	4	0	0	0	2	1	1	0	3	0	1	0
ベルファスト南	4	0	0	0	3	0	1	0	4	0	0	0
ベルファスト西	3	0	0	1	1	1	1	1	1	0	1	2
アントリム	6	0	0	1	5	0	1	1	7	0	0	0
アーマー	2	0	0	2	2	0	0	2	3	0	0	1
ダウン	6	0	0	2	6	0	0	2	6	0	0	2
ファーマナー／ティーロン	4	0	0	4	4	0	0	4	4	0	0	4
デリー／ロンドンデリー	3	0	0	2	3	0	0	2	3	0	0	2
合計	37	0	0	12	28	3	5	12	34	1	2	11

(出典)　同上。
(備考)　ナショナリストには、NP、Ind.N、リパブリカンを含む。

小　括

　かかる選挙制度改革の主たる目的は、ナショナリストに対して、ユニオニストの安定的な議会支配を構築することであったが、そこには、UUPにとって、もう1つの重要な課題が存在していた。それは、PR-STVによって実施された1921年と1925年北アイルランド議会選挙において、ユニオニスト内部の階級的ないしは路線的な相違に基づく多様性が表面化したことと密接に関係していた。

　北アイルランド首相クレイグは、1927年10月、北アイルランド下院において、かかる選挙制度改革の推進に向けて、「アルスターのあらゆる人々の心の奥底にある、自分たちがイギリス国家の、そして大英帝国の一部であり、かつ不可分なものであり続けるかどうか、それとも、自らダブリン議会の中に埋没してしまうのかどうかという点にある」[35]とし、「私が議会において求めているものは、この議会で、昔ながらの明快でわかりやすい（小選挙区制）システムによって、より良いものを獲得し得ると信じている者、つまりイギリスとの連合

に賛成する人々と、連合に反対しダブリン議会に加わろうとする人々である」[36]と発言している。かかる一連の選挙制度改革は、ナショナリストおよび自由国への対処という側面とともに、ユニオニストに内在する分裂の危機への対処という側面を持っていた。つまり、それはユニオニスト内部での階級的、路線的な対立を表明化させず、UUPのリーダシップのもとでユニオニストの団結を維持することであった[37]。

1920年アイルランド統治法は、形式的にではあるが、少数派の保護を定めていた。それゆえ、少数派のセーフガードとして、比例代表制選挙に基づく議会の設置を求めていた。しかし、それは、もっぱら南部アイルランドにおいて少数派となるプロテスタント系住民を保護することであり、北アイルランドにおける少数派＝カトリック／ナショナリストはその対象とはされなかったということができよう。すなわち、UUP政権下の北アイルランドにおいては、イギリス国家への忠誠心を持たないカトリック系住民はプロテスタントによる多数者支配の中で、政治的主体者たる人民大衆とは見なされてこなかったのである。それゆえ、ユニオニストは、カトリック系住民やナショナリストからの支持を調達するというよりも、かれらの無条件な服従を求めたのである。

かくて、1922年から1929年にかけての一連の選挙制度改革の結果、北アイルランドにUUPの一党支配体制が確立することになる。したがって、北アイルランド政府は、イギリスの国家組織の一部分を構成するものでありつつも、北アイルランドという領域内においては、「オレンジ国家」と呼ばれるように、ジョン・スチュアート・ミルやド・トクヴィルが指摘したような民主主義的手法による「多数者の圧制」を体現するものとして立ち現れたのである。

ここで、北アイルランド紛争の政治的起源について問うならば、1921年以降の北アイルランドにおいて、雇用、教育、住居、社会サービスなどの面での著しい差別・格差が存在したことは多くの研究が指摘している通りであるが[38]、問題はそうした格差を政治的に改善する展望が、一連の選挙制度改定の中で閉ざされてしまったことである。それゆえ、UUPの一党支配体制のもと、北アイルランドにおける対内的な諸矛盾の解決の道筋を政治闘争の場に求めることができず、ここに、非政治闘争の領域、つまり武装闘争への道を開く条件が形成されることになったのである。ここに生まれたナショナリストの政治的閉塞感

は、リパブリカンを刺激し、1930年代のIRAによる武装闘争の再開に拍車をかけることになる。

1) Thomas Hennessey, *Northern Ireland: The Origins of the Troubles*, Dublin, 2005; Simon Prince, *Northern Ireland's '68: Civil Rights, Global Revolt and the Origins of the Troubles*, Dublin, 2007; Paul Bew, Peter Gibbon and Henry Patterson, *Northern Ireland 1921-1994: Political Forces and Social Classes*, London, 1995; Owen Dudley Edwards, *The Sins of Our Fathers: The Roots of Conflict in Northern Ireland*, Dublin 1970.
2) Theodore W. Moody, *The Ulster Question, 1603-1973*, Dublin, 1974; Brian M. Walker, *Ulster Politics: The Formative Years, 1868-86*, Belfast, 1989.
3) D. George Boyce *Englishmen and Irish Troubles: British Public Opinion and the Making of Irish Policy, 1918-1922*, London, 1972, p. 186.
4) Tom Paulin, *Ireland and the English Crisis*, Newcastle upon Tyne, 1984, p. 155.
5) Brendan O'Leary and John McGarry, *The Politics of Antagonism: Understanding Northern Ireland*, 2nd edition, London, 1997, pp. 108-109.
6) 単記移譲式比例代表制（PR-STV）の制度的特徴については、拙稿「1998年北アイルランド地方議会選挙の構造」『立命館法学』274号、2001年の第2章を参照のこと。
7) *Government of Ireland Act 1920*（10 & 11 George 5 Ch. 67）, 23 December 1920.
8) Reginald J. Lawrence, *The Government of Northern Ireland*, Oxford, 1965, pp. 70-71.
9) 上院議員は任期8年であり、4年ごとに半数が改選された。下院議員は定数52人であったが、そのうち4人は1969年までクイーンズ大学選挙区に割り当てられていた。
10) Brendan O'Leary and John McGarry, *supra* note 5, pp. 110-111.
11) Paul Arthur, "Devolution as Administrative Convenience: A Case Study of Northern Ireland", in *Parliamentary Affairs*, Vol. 30, Issue 1, 1977, p. 100.
12) Frank Gallagher, *The Indivisible Island: The Story of the Partition of Ireland*, London, 1957, p. 226. ゲリマンダー（Gerrymander）なることばは、1812年に、米国マサチューセッツ州知事（当時）であったエルブリッジ・ゲリーが、自己の所属する政党にとって有利になるように選挙区を恣意的に区割りした行為に由来するものである。ゲリマンダーの手法には、特定の政治勢力ないしは政党（政権党）、特定の候補者に有利に作用するような1票の格差の操作、選挙区の地理的操作、有権者比率の操作、選挙区規模の操作により、特定のエスニック集団などを1つの選挙区に囲い込んでしまうような選挙区の区割り（Packing）、または特定の集団を分断するような区割り（Cracking）が考えられ、小選挙区制の採用と併せて用いられる傾向が見られる。こうした支配的な政治勢力や政党による操作は、これまでにも、米国、ドイツ、ギリシャ、シンガポール、スーダン、日本など多くの国々において見られるものである。
13) Local Government (Ireland) Act, 1919を参照。
14) Sydney Elliott, *Northern Ireland Parliamentary Election Result, 1921-1972*, Chichester, 1973, pp. 35-86, 98.
15) Craig to Spender, in Public Record Office of Northern Ireland, PM/9/4, 21 September 1922.
16) 1921年以降の北アイルランドにおける地方行政組織は、ベルファストとデリー／ロンドンデリーの2つのカウンティ・バラは各々1つのコーポレーション（特別行政区）を持

っていた。それ以外の諸地域には、6つのカウンティ・カウンシルとその下位にアーバン・カウンシルおよびルーラル・カウンシルが置かれていた。また、アーバン・カウンシルよりも小規模なタウンレベルでは、タウンコミッショナー制が敷かれていた。
17) Joseph Curran, *The Birth of the Irish Free State, 1921-1923*, Alabama, 1980, p. 247.
18) アイルランドでは、1898年地方自治体（アイルランド）法の導入により、地方行政システムがアーバンとルーラルに分割され、ベルファストとデリー／ロンドンデリーをカウンティ・バラ・カウンシルとし、それ以外の地域は郡カウンシル、バラ・カウンシル、アーバン・ディストリクト・カウンシル、ルーラル・ディストリクト・カウンシルに再編成されていた。これ以降、プロテスタント系住民6万8,000人、カトリック系住民5万6,000人の人口を持つアーマー・カウンティの議席数は、ユニオニストが22議席を占め、ナショナリストはわずか8議席にとどまった。また、ティーロンでも、プロテスタント系住民6万8,000人に対して、8万2,000人の人口を持つカトリック系住民は、13議席とユニオニストより3議席少ない状態に置かれることになった。Stephen Gwynn, *The Case for Home Rule*, Dublin, 1911, pp. 104-105; Virginia Crossman, *Local Government in Nineteenth Century Ireland*, Belfast, 1994, p. 109.
19) Cabinet Papers of the Stormont Administration, *Local Government Bill: Registration of New Electoral Boundaries, etc.*, CAB/4/57, 18 October 1922; Patrick Buckland, *The Factory of Grievances: Devolved Government in Northern Ireland 1921-39*, Dublin, 1979, pp. 236-238.
20) *Belfast Newsletter*, 23 November 1922; *Mid-Ulster Mail*, 25 November 1922.
21) *Irish Independent*, 26 October 1922.
22) *Irish Independent*, 11 January 1923.
23) *Dungannon and Gerrymandering*, in The Public Record Office of Northern Ireland, HLG/4/115.
24) *Fermanagh Herald and Monaghan News*, 3 March 1923.
25) John O'Brien, *Discrimination in Northern Ireland, 1920-1939: Myth or Reality?*, Newcastle upon Tyne, 2010, p. 12.
26) *Ibid.*, p. 4.
27) *Northern Whig*, 11 January 1946.
28) この12のカウンシルが置かれていた地域は、当時、カトリック系住民の比率が6割以上を占めていたところであり、主にアイルランド自由国とのボーダー地域と北アイルランド中央部のユニオニストが多数派を占める地域に隣接したところであった。キルキールは、その市街地はユニオニストが多数派を占めていたが、郊外地域はカトリック系住民が多数派を占めていた。
29) John Whyte, "How much Discrimination was There under the Unionist Regime, 1921-1968?", in Tom Gallagher and James O'Connell (eds.), *Contemporary Irish Studies*, Manchester, 1983, pp. 5-7.
30) *Ibid.*, p. 6.
31) John O'Brien, *supra* note 25, pp. 15-17.
32) The Honourable Lord Cameron, D. S. C., *Disturbances in Northern Ireland, Report of the Commission appointed by the Governor of Northern Ireland (Cameron Report), September 1969*, Cmd. 532, London, 1969, para. 134.
33) 例えば、カトリック系住民がマジョリティを占めるティーロンにおいては、ほぼ85%のナショナリスト票が死票となり、ユニオニストに対して1.5倍の得票をしたナショナリスト政党はカウンシルのマジョリティを獲得することができなかった。

ティーロン郡におけるゲリマンダリングの影響

主なカウンシル	カトリック系住民人口 (%)	選挙区区割導入以前・以後	ユニオニスト系議員数	ナショナリスト系議員数
ダンガノン	52.0	導入前	8	9
		導入後	13	6
オマー	61.5	導入前	13	26
		導入後	21	18
ストラバン	54.2	導入前	9	10
		導入後	20	8
ティーロン郡	57.2	導入前	11	15
		導入後	15	12
ティーロン郡ルーラル・カウンシル全体		導入前	63	82
		導入後	99	62

(出典) Frank Gallagher, *supra* note 12, pp. 232-233.

34) Alexander G. Wilson, *P R Urban Elections in Ulster in 1920*, London, 1972, p. 4.
35) Northern Ireland Parliamentary Debates (House of Commons), Vol. 8, Col. 2269.
36) Northern Ireland Parliamentary Debates (House of Commons), Vol. 8, Col. 2276.
37) Patrick Buckland, *supra* note 19, p. 228.
38) John Whyte, *supra* note 29, pp. 14-18; Patrick Buckland, *supra* note 19, pp. 206-220; John O'Brien, *supra* note 25, pp. 19-30.

第8章　北アイルランド政府とUUP一党支配体制の崩壊

　アレクシス・ド・トクヴィルは、革命前フランスの旧体制にあって、ルイ16世の時世ほど、「公共の繁栄が大革命前の20年間ほど急速に進展した時期はない」[1]とした上で、「人々が革命に走るのは、必ずしも事態が悪化の一途をたどっているときとは限らない。多くの場合、最も重く厳しい法律に何の不平ももらさず、意識していないかのごとく耐えてきた国民は、その法律の重圧が軽くなるや否や、徹底的に拒否の姿勢を示すものなのである。革命が破壊した体制のほうが、大体において革命直前の体制よりもよくできていた。経験が教えるところによれば、悪しき政府にとって最も危険な時期とは、一般的に自ら改革を始めるそのときである。……不可避のものとして耐え忍ばれてきた弊害は、逃れられる可能性が開かれるや否や、我慢ならないものとなるようだ。ある悪弊が除去されると残った悪弊がいっそう際立ち、いっそう悲痛な感情を抱かせる」[2]と指摘している。

　本章は、1960年代後半になぜ"トラブルズ"が発生したのかという命題に回答を与えるために、アルスター・ユニオニスト党（UUP）一党支配体制の動揺と崩壊の過程について検証するものである。

第1節　「ストーモント」危機

　1921年以降、UUPの一党支配体制（＝ストーモント体制）のもとにあった北アイルランドを取り巻く情勢は、第2次世界大戦を経て大きく変化することになる。その1つが、1949年のアイルランド共和国の成立とこれをイギリス政府が承認するという国際的な環境の変化であった。アイルランド共和国の成立を受

けて、イギリス政府は、イギリス内に在住するアイルランド人の市民権のあり方を問われる情勢にあった。その延長線上で、国家組織上、連合王国の中に北アイルランドをどのように位置づけるのかという問題が再び浮上してきたのである。かかる問題は、北アイルランドをカトリック系住民をも含めてイギリスに完全に統合するのか、あるいはプロテスタント系住民からなる地域に縮小した形（再分割）でイギリスへ統合するのかという点に争点が置かれていた[3]。結論的には、イギリス内におけるアイルランド人への市民権の付与とともに、北アイルランドの地位については、1949年にアイルランド法（Ireland Act, 1949）を成立させ、北アイルランドをイギリスの一部としてカトリック系住民をも含めた統合という方向で決着がつけられることになった[4]。そして、イギリス政府は、アイルランド島におけるダブリンとベルファストの2つの政府の存在を承認するとともに、北アイルランドから選出されるイギリス下院議員の定数を削減することにより、アイルランド問題をイギリス政治における主要課題から外し、アイルランド問題のアイルランド化を推し進めようとしたのである。このことは、1920年アイルランド統治法のもとで確定した国家組織上の枠組みを維持するものであった[5]。だがそれは、ナショナリストの基盤となるカトリック系住民を内包したまま、ユニオニストの一極支配とそれに基づくプロテスタント優位体制を内実とする状態が継続され、北アイルランド内政におけるユニオニスト勢力のフリーハンドをいっそう強化する方向に作用したのである。

1949年アイルランド法をめぐって、UUPをはじめとするユニオニストは、イギリス政府が北アイルランドのユニオニストを「イギリス人」として見なしていないのではないかと受け止めていた。それゆえ、イギリス政府の都合でこの地位は変更される可能性があり得るものと考えていた。そこで、ユニオニストは、北アイルランドのストーモント体制をアルスターのプロテスタントがアイルランド人の一部分と見なされないための防波堤として位置づけ、ユニオニストによる一極支配をいっそう強化する方向で舵を切ることになる[6]。

北アイルランド政府は、1922年北アイルランド特別権限法（The Civil Authorities (Special Powers) Act (Northern Ireland), 1922）[7]をもとに、1951年北アイルランド公安法（The Public Order Act (Northern Ireland), 1951）[8]を制定する。こうした一連の治安法制をもって、ナショナリストおよびリパブリカンのデモ

や集会の規制、さらにはカトリック系住民居住区の日常的な監視を強化した。そして、1954年北アイルランド国旗・紋章法（The Flags and Emblems (Display) Act (Northern Ireland), 1954)[9]を制定し、ナショナリストやリパブリカンをターゲットに、イギリス国旗の掲揚とその紋章の使用を強制する措置をとったのである。しかし、1956年から1963年までのアイルランド共和軍（IRA）による武装闘争に直面しつつも、北アイルランド政府は、1963年、バージル・スタンレイク・ブルックボロに代わり、テレンス・オニールが首相に就任すると、ストーモント体制に転換期が訪れることになる。いわゆるストーモント危機である。

では、ストーモント危機とは何か。この問いに答えるためには、なぜユニオニストの強力な支配が揺らぎ、政治的暴力が拡大したのかという問題に立ち返ることが必要である。先行する研究によれば、その理由は概ね3つの主張に分類できる。まず第1の主張は、ユニオニストの側からストーモント危機を見た場合である。この場合、ストーモントの崩壊は、アイルランド共和国の失地回復主義によるものであるとされている。1967年からの公民権運動を契機に、戦闘的なナショナリストが共和国の支援のもと、1937年のアイルランド共和国憲法を錦の御旗としたことにより、イギリス治安当局はリパブリカンによるストーモント粉砕、統一アイルランド実現の要求にさらされることになったというものである[10]。かかる主張に見られる特徴として、IRAによる武力闘争とアイルランド共和国の動向に主たる原因を求め、ユニオニストの対応と公民権運動の影響を過小評価する傾向が見られる。

第2の主張は、ナショナリストの側から見た場合である。この場合、ストーモント体制が崩壊した理由を、もっぱらイギリス軍の介入とイギリス帝国主義の利害に求める傾向がある。この主張によれば、イギリス政府は、1921年以来、北アイルランド政府をナショナリスト抑圧のために利用してきたというのである。その上で、それが合法的な大衆運動によって動揺すると、大量の治安部隊の投入と同時に、北アイルランド政府を切り捨てにかかり、その結果、イギリス政府による直接統治が導入されることになったと主張するのである[11]。

第3の主張は、北アイルランドに内在するプロテスタント対カトリックという宗派対立として現れるコミュニティ間対立の激化によって、ストーモント体制が動揺し解体したとするものである[12]。つまり、この対立する2つのコミュ

ニティが1つの空間に同舟していたことに、ストーモント体制崩壊の主たる原因を求めようとするのである[13]。そして、ストーモント体制が1960年代後半に崩壊する理由として、テレンス・オニールの改革と、この改革にともない台頭してくるセクト主義的かつ宗派的な政治家とオニールとの確執、つまりユニオニスト・サイドの宗派的な一体性が弛緩し、分裂の危機に瀕したことに主たる原因を求めようとするのである[14]。

ストーモント体制の崩壊を説明するには、なぜユニオニストの分裂が生じたのか、なぜオニールが登場してくるのか、なぜ公民権運動と結合したナショナリストの台頭が生じたのか、そしてなぜイギリス政府が介入を決断したのか等々、北アイルランド内外の政治的アクターに影響を及ぼす情勢の変化について、トータルな検証が求められよう。

第2節　北アイルランド情勢の変化

ではまず、アイルランド島をめぐる政治的情勢の変化について見ると、3つの点で大きな転換が存在する。1922年に成立したアイルランド自由国は、1926年の「バルフォア報告書」によりイギリス国家とそのドミニオンとの関係が再編され、1931年にこれを成文化したウェストミンスター憲章[15]が制定される。これにより、アイルランド自由国は、イギリスからの完全な独立を可能にする条件を持つようになっていた。

第1に、こうした変化を受けて、第2次世界大戦の最中、チャーチル政権下のイギリス政府は、アイルランド自由国が独自の憲法体制を敷き独立の動きを強めるのを抑制するために、デ・バレラに対して連合国側につくよう働きかけるなど、イギリス＝アイルランド関係の安定を図る姿勢をとっていた。そして、1945年以降の労働党政権は、前政権の姿勢を継承しつつ、アイルランドの統一に好意的な姿勢を示していた。一方で、アメリカ合衆国政府は、イギリスへのマーシャル・プランの適用にあたって、アイルランドの再統一を条件にしていた。こうした情勢を利用して、ダブリン政府は1948年、「共和国宣言」を行い主権国家としての独立を宣言する。これに対して、イギリス政府は翌年、1949年アイルランド法を成立させ、アイルランド共和国の成立が法的に承認される

ことになった。

　第2に、アイルランド共和国は、こうした対外情勢の進展とは対照的に、国内的には深刻な課題に直面していた。当時、アイルランド共和国は国外への移住者が1950年代には19世紀の大飢饉当時の状態にまで拡大する状況にあった。その対処策として、アイルランド政府は、1958年に、それまでの保護主義的な経済政策から外国資本の積極的導入などを柱とする成長政策に転換する。1959年、ショーン・フランシス・リーマスが首相に就任すると、経済政策の変化に照応して、対北アイルランド政策にも変化が生ずることになる。つまり、アイルランド政府は、北アイルランドのナショナリストとの従来通りの関係を持つことは、失地回復主義的と評価される恐れがあり、イギリス国家および欧米諸国との関係を安定させるためには、民族問題を抱えることは不利益であるというスタンスに立つようになる。そして、与党フィアナ・フォイル党（FF）は、アルスターのユニオニストにとって、経済発展なしのアイルランド統一は魅力のない絵空事であるとして、新しい経済政策を合理化し、経済成長を通じたアイルランド統一という方針を打ち出すようになる[16]。

　この延長線上に、共和国政府と北アイルランド政府との協力関係は非常拘禁制度の導入という形で現れることになる。こうした変化の中で、北アイルランドのナショナリスト党（NP）は、これまでの議会ボイコット方針を撤回する。このことは、NPが北アイルランドの中に体制内化されることを意味していた。

　1965年、リーマスはベルファストを訪問し、テレンス・オニールと会見する。ここに、南北の分断以来初めて、南北の首相が公式に会見することになった。このことは、共和国政府が北アイルランド政府の存在を事実上承認する意味を持っていた。それは同時に、このリーマスの行動は、共和国、IRA、北アイルランドのナショナリストが連帯して北アイルランド政府に敵対しているというユニオニストの意識を緩和し、これまでの北アイルランド政治の枠組みを変更する契機ともなった。ここに、オニールの「コミュニティ間の和解」というレトリックが成り立つ政治的条件が作り出されたのである[17]。

　第3に、第2次世界大戦後のイギリス労働党政権による福祉国家化政策の北アイルランドへの影響である。北アイルランドのブルックボロ政権は、イギリス政府に対して、イギリス本土と同様のレベルで福祉行政を導入することに同

意する姿勢をとりつつも、北アイルランドにおけるカトリック系住民に対してはイギリス公民権を制限する意向を持っていた。北アイルランドへの福祉国家化政策の導入は共和国と北アイルランドの生活水準の格差拡大に作用し、このことを通じて、カトリック系住民の統一アイルランドへの期待を弱めることが期待されていた。しかし、それは逆に、公民権獲得への渇望を強める方向で作用することになる。ここで、注目すべき点は、福祉国家化政策の導入により、カトリック系住民の中等教育および高等教育課程への進学者が大幅に増加したことである。例えば、クイーンズ大学の学生比率を見ると、1961年から1972年の間で、カトリック系学生は22％から32％の増加し、当時の人口比率に接近する傾向を示していた。1947年以降の福祉国家化政策の導入がカトリック系ミドルクラスの登場を促すこととなった。公民権運動とこれに照応した学生運動のピープルズ・デモクラシー（People's Democracy）[18]はこうした新しいカトリック系ミドルクラスを母体としていたのである[19]。

このピープルズ・デモクラシーなる組織は、「公共性、イギリス人であること、国際的視野」という60年代初頭にNPに対抗して登場してくる市民運動ナショナル・ユニティ（National Unity）の政治信条に照応するものであり、「公民権の平等」をスローガンに掲げる運動を展開していた。こうした公民権の要求は、それまでのNPの主張の中でも、部分的に取り入れられてきたものではあったが、統一アイルランドの実現という大義に従属した2次的な位置づけとなっていた。ピープルズ・デモクラシーが公民権の平等を全面に掲げたことの背景には、この組織の性格が大きく関連していた。なぜならば、かかる組織の担い手となった青年層は、イギリスの福祉国家政策の中で市民としての教育を受けてきた背景を持っていたからである[20]。

また、福祉国家化政策の結果、失業手当などの効果から、カトリック系住民の移住傾向にブレーキがかかり、カトリック系住民の比率が高まる傾向を示すようになる。1937年の国勢調査では、カトリック系住民の比率は33.5％であったのに対して、1951年には34.4％、1961年には34.9％、そして1971年には36.8％まで拡大していた[21]。このことは、他方で、イギリス本土の水準を超える失業率とそれにともなうイギリス政府からの補助金の増大により、北アイルランドは財政的にイギリス政府への従属を深めることになったのである。イギ

リス労働党は 1964 年総選挙を前にした選挙運動期間中に、統一アイルランドの具体化を含む北アイルランド改革案を提起していたことから、1964 年の労働党政権の発足により、北アイルランド政府に与えられていた権限がイギリス政府に移管される可能性が高まっていた。当時のイギリス下院では、北アイルランドの 12 議席を独占するユニオニストが保守党と会派（304 議席）を形成していた。それゆえ、薄氷のマジョリティにあえぐ労働党（317 議席）にとって、北アイルランド議席は危険な存在であった[22]。そこで、労働党は、1965 年、ポール・ローズ議員を北アイルランドに派遣し、この地域での人権侵害を問題視するキャンペーンを張り、ユニオニストを牽制する行動を取った。そして、ウィルソン首相は、オニールに対して、カトリック系住民に対する処遇を改善しない限り、補助金の交付は正当化できないと通告したのである[23]。

このように、共和国政府とイギリス政府における北アイルランド政策の変化、そして下からの公民権運動の拡大は、北アイルランドにおけるユニオニスト支配の後退を促す契機となったといえる。では、なぜユニオニストによる一極支配が弛緩したのであろうか。まず、外形的な変化として、ナショナリストとユニオニストの両陣営の政治的関係に変化が生じたことである。その契機となったのが、イギリス政府の方針に沿う形で実施された北アイルランド政府による福祉国家化政策の導入であった。このことにより、NP に代表されるナショナリストの体制内化が進むと同時に、カトリック系ミドルクラスがナショナリストとしての意識を持ちつつも、北アイルランド内の改革に第一義的目標を置くようになったのである。

1959 年、従来の NP は反南北分割を単一争点とするがゆえに、北アイルランド内での社会的改善に積極的でなかったとして、ナショナル・ユニティが結成される。この団体は、長期的展望として統一アイルランドの達成を目標としていたが、同時に北アイルランドの存在を受け入れる立場にあった。それゆえ、アイルランドの南北分離に反対するよりも、まずは北アイルランド内の改革を優先しようとする姿勢を示していたのである。この動きは、同時に、NP をして北アイルランド内での改革を重視する政策への転換を促すことになった[24]。

さらに、1964 年には、カトリック系コミュニティ内で、社会正義運動（CSJ）が組織され、差別的実態を告発する運動が進められるようになる。そして、

CSJ は、ロンドンを拠点とする「市民的自由のための全国委員会」と連携し、「アルスター民主主義キャンペーン」を展開するようになる。こうした下からの運動の進展を受けて、1967 年、CSJ と同様の目的を掲げ、米国の公民権運動の手法を採用する北アイルランド公民権協会 (NICRA) が結成される。ここで、急進的分子による運動から大衆運動への転換が図られる[25]。これらの運動はミドルクラスのリーダーシップを中心にしたものであった。その一方で、カトリック系の労働者階級は主に労働組合やそれと結びついたナショナリストないしはリパブリカンの政党に組織されていた。この後者の部分においては、1966 年のイギリス総選挙で、リパブリカン労働党 (RLP) のジェリー・フィットが、1969 年の北アイルランド議会選挙では、北アイルランド労働党 (NILP) のパトリック・デブリンが議席を獲得することに成功する[26]。

他方、IRA は 1956 年から 1962 年の武装闘争の結果、メンバーの多くが南北アイルランドで非常拘禁のもとに置かれ、北アイルランドのカトリック系住民を運動に動員することができず、とくに都市部での支持を得られない状況にあった[27]。ここで、リパブリカンの内部では、武装闘争の行き詰まりから、政治闘争に重点を置く分派が指導的な立場を担うことになる。この分派は、マルクス・レーニン主義的な思想傾向から公民権運動を修正主義と規定しつつも、この新しい運動を支持するという方針を持っていた。その分派とは、リパブリカン・クラブ、ウルフ・トーン協会、そして後に労働者党となる一派である。そのため、IRA は軍事組織として、1967 年までのような指導性を発揮できない状態に至っていた[28]。

こうした公民権運動の発展とリパブリカンの政治的態度の変化は、ユニオニストが独占する北アイルランド統治に大きな影響を及ぼすことになる。そもそもユニオニストの結束を担保してきたものは、カトリック系住民は北アイルランド政府という存在を認めようとしない勢力であるという認識から出発するものであったからである。それゆえ、ユニオニストによる一極支配を維持し、カトリック系住民を北アイルランド国家の構成員としてではなく、公安上の規制対象として位置づけることは、ユニオニストからすれば、「自己防衛」として正当化されるべきものであった。しかし、アイルランド共和国が北アイルランド政府の存在を事実上容認する姿勢を示し、北アイルランドのカトリック系住

民が北アイルランドという枠組みの中で政治的な要求実現を図ろうとする動きは、ユニオニストの一極支配の前提を突き崩す作用を持ったのである。

第3節　オニール改革の背景とその帰結

次に、60年代の北アイルランドにおいて、テレンス・オニールが登場してきた意味について考えてみよう。

1960年代、北アイルランドの伝統的産業であるリネン、造船、農業は深刻な衰退の危機にあった。とくに、造船業における雇用、その中でも熟練労働者の就労について見ると、40％を超える減少を示していた。表8-1、表8-2によれば、この時期、伝統的な産業部門からサービス部門へのシフトが急速に進んでおり、北アイルランドの基幹産業は転換期にあったことがわかる。また、北アイルランドは、イギリスの他の地域と比較しても、非常に高い失業率に苦しんでいた。そのことが、NILPの躍進となって表れてくる。NILPは、1949年に再建されて以降長らく北アイルランド下院の議席を持っていなかったが、1958年の北アイルランド議会選挙で15.8％の得票を得て4議席を獲得する。さらに1962年の同議会選挙では、25.4％と過去最高の得票率を得るに至り、とくに都市部においてはUUPを脅かす存在として立ち現れることになる。

こうした中で、1963年3月25日、テレンス・オニール[29]が第4代の北アイルランド首相に就任する。オニールの改革方針の核心は、ケインズ型の経済政策を軸にしたイギリス型福祉国家化政策の北アイルランドへの適用とそれにともなう北アイルランドのイギリス化の推進であった。それゆえ、オニールの政策をリベラル・ユニオニズムとして評価する論者も存在する[30]。仮にそうであるとするならば、なぜ、オニールが、セクト主義的な反カトリック意識と北アイルランドにおける独占的支配の堅持というジェームズ・クレイグ以来のスタンスに立つユニオニストが存在する中で、ユニオニストを束ねる政治指導者として存在し得たのかという疑問が残る。

オニールは、1964年に自らの政治信条として2つのコミュニティに「橋を架ける」と語るとともに、その実現に向けた6ヵ年計画を提起する。かかる計画は、ベルファスト周辺に集中していた産業および労働人口の拡散化、高速道路

表 8-1 北アイルランドにおける部門別労働人口の推移（1950年—1973年）

部門	1950年	1973年	増減（％）
農林水産	101,000	55,000	45.5
繊維	65,000	19,000	70.7
造船	24,000	10,000	41.7

（出典）　Northern Ireland Office, *Northern Ireland, Finance and Economy: Discussion Paper*, London, 1974, p. 6 より作成。

表 8-2 北アイルランドにおける部門別雇用状況（％）

部門	1926年	1961年	1971年
農業	29	16	11
工業	34	42	42
サービス	37	42	47

（出典）　Dennis Kennedy, *The Widening Gulf: Northern Attitudes to the Independent Irish State, 1919-49*, Belfast, 1988, p. 99 より作成。

建設とニュータウン建設などの経済成長に資するインフラ整備、行政の集権化と合理化、そして労使関係のコーポラティズム型改革などを柱としていた。とくに、オニールが最初に着手したのが、共和国との経済協力の足がかりとされた1964年のアイルランド労働組合会議（本部・ダブリン）の公認であった。

しかし他方で、教育政策に関しては、高等教育に関するロックウッド委員会が、カトリックの代表を含まないまま、1965年に第2公立大学構想を提起し、プロテスタントが圧倒的多数派を占めるコールレインに設置することを提案した。また、住宅問題に関しては、1964年のマシュー・レポートが提案したニュータウン建設の立地は、プロテスタントが多数派を占めるポータダウンとラーガンを結ぶ線上に置かれ、初代北アイルランド首相ジェームズ・クレイグの名前にちなんで、クレイガボンと名づけられた。そして、バリーメナとラーガンには高速道路が建設されたが、カトリック系住民が多数派を占めるデリー／ロンドンデリーやニューリーには鉄道網は敷設されなかった。さらに、オニールは、イースター蜂起50年の記念式典の開催を容認しはしたが、このことがプロテスタントの反発を誘発したことを受けて、1967年のフィニアン蜂起100年の集会を禁止する措置をとったのである[31]。

そして、1968年には、大学選挙区と事業所選挙区を廃止したが、ゲリマンダリングやこれを下支えするセクト主義的な住宅政策の改善には動こうとはしなかった。しかも、内務相による人権法案の審議拒否、一連の治安法制とアルスター特別警察（RSC）の維持、警察組織におけるプロテスタント比率の拡大などが進められた[32]。これにより、警察組織におけるカトリックの比率は、1961年段階で12％であったものが、1972年までの間で9.4％まで減少することになる。つまり、オニールの政策は、プロテスタント優位の北アイルランドの維持

とユニオニストの支配を堅持するというスタンスを維持したまま、カトリック系住民が国家組織法上、北アイルランドという存在を受け入れ得る条件を作ろうとするものであった[33]。

　こうしたオニールの改革は、かえってカトリック系住民に幻滅と大衆的な抵抗を引き起こす契機となった。他方で、政府内では、新しい政府機関を関係閣僚の休暇中に立ち上げるなど、重要な意思決定は閣僚や党指導部との合意を得ることなく、オニールとその側近の官僚との間で進められていた。そして、UUP党内では、オニールの政策遂行の柱である北アイルランド行政の集権化と合理化、その帰結としての官僚支配の強化は、北アイルランドの地方行政システムの変更をともなったがゆえに、これまでのユニオニストのクライエンテリズムを切り崩す作用を持っていた。つまり、オニールの行政改革は、UUPの地方における支持基盤の解体に連携していたのである[34]。また、オニールの経済政策の柱でもあった外資導入は、これまでの伝統的産業の衰退に苦しむプロテスタント系の地元企業家や労働者階級からの反発を招く結果となった。つまり、急速なオニールの改革は、ブルックボロ時代からの既得権益の喪失と理解されたのである。

　こうした点を反映して、UUP内部では、カトリック系住民による新しい運動や共和国の北アイルランド政策の事実上の変更は一時的なものであり、リパブリカンの罠であるという意識が生まれ、北アイルランドの存在に対する脅威を縮小させるものとは理解されなかったのである。むしろ問題は、ウィルソン政権の福祉国家化政策とこれに同調するオニール改革であるという意識が醸成されることになる。この意識を代弁する形で、反オニール主義とカトリックに対するプロテスタントの防衛と連帯の先頭に立ったのがイアン・ペイズリーであった[35]。

　オニールは、党内での求心力が弱まる中で、党内の反オニール勢力を名指しで批判するようになる。このことは閣僚の不信を増幅させ、副首相のブライアン・フォークナーをはじめ、ハリー・ウェスト、ウィリアム・モーガンなどの主要閣僚がオニールに敵対するという事態に至る。1967年8月、オニールは対抗策として、農業相ハリー・ウェストを解任する。ウェストは西部のユニオニストを支持基盤とし、UUPの次期党首候補と目されていた人物であった。こ

こに、ストーモントの分裂が避けられない局面を迎えることになる[36]。

第4節　公民権運動とストーモント体制の崩壊

　こうしたユニオニスト内部の分裂傾向が強まる中で、オニールは公民権運動に直面することになる。かかる公民権運動は、将来的に2つのコミュニティが共存するにしても共通のスタンダードが必要であるというスタンスに立ち、非暴力を基本に、要求の矛先をイギリス政府に向けていた。この公民権運動の非暴力主義は、武装したナショナリストの反乱の脅威とそれに対する防衛というユニオニスト支配の正当性を動揺させるものであった。

　北アイルランド政府は、公民権運動に対して、ロイヤル・アルスター警察（RUC）と法規制の強化をもって対処しようとする。1968年4月24日、NICRAによる最初のデモ隊がコーリスランドからダンガノンに向けて出発した。そして、同様のデモが10月5日にはデリー／ロンドンデリーでも実施された。この大衆的な行動は、ユニオニストを刺激した。これを受けて、北アイルランド内務相ウィリアム・クレイグは、公民権運動を宗派的な性格のものと位置づけ、ナショナリスト地域の封じ込めを発表する。

　一方、オニールは、1968年11月、ウィルソンの助言を受けて、事態収拾に向け、公営住宅入居資格の平等化、独立の公営住宅割当委員会の設置、オンブズマン制度の設置、1922年特別権限法の廃止、地方選挙権における財産資格の撤廃など、1971年までに実施すべき改革案を発表する。カトリック系住民からすれば不十分な内容であったが、これはユニオニストの逆鱗に触れることになる。クレイグは12月に北アイルランド議会でこの改革案を攻撃し、ペイズリーは「オニールはなさねばならない！」をスローガンに、議会外活動に踏み出す。

　他方で、ピープルズ・デモクラシーのメンバーは1968年1月、ベルファストからデリー／ロンドンデリーへのデモ行進を計画し、バーントレット・ブリッジでRUCの治安部隊と衝突した。この事件に対して、オニールはデモ隊参加者を非難するとともに、USC（Bスペシャルズ）の投入を示唆する発言を行う。しかし、この事件におけるRUCの行き過ぎた行動が社会的に問題視されるよ

表8-3 1969年北アイルランド議会選挙の結果

政党・団体名	獲得議席数	得票数	得票率(%)
アルスター・ユニオニスト党（UUP）（親オニール派）	27	245,925	44.0
アルスター・ユニオニスト党（UUP）（反オニール派）	12	95,696	17.1
非UUP無所属／プロテスタント・ユニオニスト党(Prot.UP)連合	0	34,923	6.2
北アイルランド労働党（NILP）	2	45,113	8.1
リパブリカン労働党（RLP）	2	13,155	2.4
ナショナリスト党（NP）／国民民主党（NDP）連合	6	68,324	12.2
無所属公民権運動支持派／ピープルズ・デモクラシー連合	3	45,622	8.2

（出所）Sydney Elliott and William D. Flackes, *Northern Ireland: a Political Directory 1968-1999*, Belfast, 1989, pp. 523-529 より作成。
（備考）有効投票数：559,087、無効投票数：4,783、投票率：71.9%、無投票選挙区：7選挙区。

うになると、オニールは態度をひるがえし、調査委員会を立ち上げるとともに、北アイルランド商務相フォークナーを解任したのである。これが引き金となって、1969年1月30日、オニール反対派12人の議員は連名で退陣を要求する文書を作成し、オニールに突きつけたのである。こうした情勢の中、同年2月24日、北アイルランド議会選挙が実施される[37]。

　表8-3によれば、この選挙において、UUPは61.1%の票を得たことになるが、それにもかかわらず、オニールから見れば、党内での影響力を強めるものではなかった。なぜならば、当選したUUPの候補者39人のうち、クレイグやフォークナーを含む12人が反オニール派であったからである。オニールは、この選挙において、地元バンサイドで、ペイズリーに僅差で勝利するという状況にあった。また、IRAによるものとされてきた公的施設を対象とした爆弾テロ事件がロイヤリスト系のアルスター義勇軍（UVF）による武力行使であることが明らかになると、1969年4月28日、北アイルランド議会のUUPの議員団はオニールに辞任を迫る。そして、ジェームズ・チチェスター＝クラークがフォークナーにわずか1票差で、後任の首相に選出されたのである[38]。

　しかし、オニールの辞任にもかかわらず、公民権運動の勢いは収まらず、ロイヤリストの暴力行為も継続された。公民権運動のデモに対する厳しい規制とは対照的に、7月から8月に行われるオレンジ・オーダー団の行進は年々エスカレートしてきていた。それは、1969年8月12日から14日にかけて行われたデリー／ロンドンデリーでの行進において頂点に達することになる。デリー／ロンドンデリーでのカトリック系住民とRUCの治安部隊およびUSC（Bスペ

表 8-4　1970 年イギリス総選挙 (北アイルランド) の結果

政党・団体名	獲得議席数	得票数	得票率 (%)
アルスター・ユニオニスト党 (UUP)	8	422,041	54.2
北アイルランド労働党 (NILP)	0	98,194	12.6
ユニティ運動	1	76,185	9.8
無所属 (Ind.N) (バーナデット・デブリン)	1	37,739	4.8
プロテスタント・ユニオニスト党 (Prot.UP)	1	35,303	4.5
リパブリカン労働党 (RLP)	1	30,649	3.9
ナショナリスト党 (NP)	0	27,006	3.5
アルスター自由党 (ULP)	0	12,005	1.5
国民民主党 (NDP)	0	10,349	1.3
その他	0	29,642	3.8

(出典)　Ibid., pp. 523-529 より作成。
(備考)　有効投票数：779,113　無効投票数：2,176　投票率：76.8%

シャルズ) の衝突は、ベルファストに飛び火し、プロテスタントの過激分子とRUC がカトリック系住民居住地域を急襲し、6 人の死亡者を出すに至る。

　他方で、この 1969 年議会選挙では、公民権運動の指導者であるジョン・ヒューム、イアン・クーパー、パディ・オハンロンが、公民権運動に消極的な態度をとってきたナショナリスト党 (NP) の議席を奪い取る形で当選を果たしていた。そして、1969 年 4 月、イギリス下院議員ジョージ・フォレストの死去にともなうミッド・アルスター選挙区の補欠選挙において、ユニティ運動 (反ユニオニスト、ナショナリストおよびリパブリカンと社会主義者からなる統一候補擁立の取り組み) のジョセフィン・バーナデット・デブリンが UUP のアン・フォレストを破り初当選する。さらに、1970 年 6 月のイギリス総選挙では、表 8-4 が示すように、公民権運動支持派候補者が全体で約 30% 超の票を獲得する。そして、ファーマナーおよび南ティーロン選挙区で、ユニティ運動のフランク・マクナマスが UUP のジェームズ・ハミルトンを破り当選したのをはじめ、無所属で立候補していたデブリンがミッド・アルスター選挙区で再選し、西ベルファスト選挙区では、RLP のジェリー・フィットが議席を獲得していた[39]。

　1970 年 8 月、公民権運動の活動家を軸に、NILP からパトリック・デブリン (1969 年の北アイルランド議会選挙において、ベルファスト・フォールズ選挙区で当選)、RLP からはジェリー・フィット、そしてナショナル・ユニティに起源を持つ国民民主党 (NDP)[40]が合流して、社会民主労働党 (SDLP) が結党されることになる。この政党は中道左派を自称し、すべての北アイルランド住民に対する公

民権の保障と擁護、不平等な富の分配の是正、合意に基づくアイルランド統一を基本方針としていた。つまり、ここに、公民権運動支持を柱に、ナショナリストおよびリパブリカン勢力が共闘するという情勢が生れたのである。

かくて、北アイルランド政府は、1969年の北アイルランド議会選挙と翌年のイギリス総選挙を経て、UUPは党内の分裂傾向が強まる中、1921年以来のユニオニスト優位の体制は弛緩し、公民権運動支持派の政党や運動体の影響力が拡大するという二重の障害に直面することになった。

第5節　政治的暴力の恒常化と直接統治の導入

ここで、北アイルランド政治に対するイギリス政府の関与の仕方について見ておく必要があろう。1921年の北アイルランド政府の成立以来、イギリス政府は、北アイルランドでのユニオニストの対カトリック政策を黙認する姿勢をとってきた。それにもかかわらず、イギリス政府は、1969年の北アイルランド議会選挙での反オニール派の台頭とそれにともなうオニールの辞任を受けて、同年6月に、北アイルランドの行政諸部門を監察する独立機関を設置するための1969年北アイルランド行政監察官法（Parliamentary Commissioner Act (Northern Ireland) 1969）を導入し、北アイルランドへの直接的な介入をも辞さない姿勢をとるようになる。

すでに見たように、60年代後半、ナショナリストの間では、若い世代の活動家を中心に、北アイルランドの存在を受け入れ、イギリス国内の問題として、ユニオニストの独占的支配の打破と民主化、北アイルランド住民の市民的自由と平等を求める運動が主流となっていた。こうした動きに対して、イギリス国家のあり方それ自体が問題ではなく、アルスターにおけるプロテスタントの統治のあり方が問題であるという観点から、イギリス政府は北アイルランド問題の仲裁者として対応するようになるのである[41]。

当時、イギリス内務相であったジェームズ・キャラハンは、労働党政府は北アイルランド政府と並置するような北アイルランド担当部局を置くつもりはないというスタンスにあった[42]。またイギリス内務省は、北アイルランド政府の停止と直轄統治は「最後の手段」であると考えていた[43]。1969年8月18日の

ウィルソン首相とチチェスター＝クラーク北アイルランド首相による共同声明には、北アイルランド問題をめぐって、「境界線は問題ではない」という文言が見られる。つまり、ウィルソンの回顧録によると、イギリス政府にとって重要なことは、ユニオニストに「アイルランド統一」という事態を押しつけないことであり、そのためには、現行体制のもとで、UUPがユニオニストをまとめ、カトリック少数派に対する譲歩とその結果としての対立の緩和を達成することにあった[44]。

ここに、1969年から1972年にかけて、公民権運動の要求は概ね容認される方向で、一連の改革が実施されていく。すなわち、RUCの武装警察としての役割の停止、USCの廃止、イギリス軍指揮下の治安部隊の再編、平等取扱原則の宣言、憎悪の扇動からの保護、地方公的機関による差別行為に関する救済委員会、地方レベルのオンブズマン制度の設置、警察権力から独立した公訴局長の選任を含む検察制度改革、コミュニティ関係委員会およびコミュニティ関係担当大臣の設置、選挙制度改革、選挙区編成に関わる独立委員会の設置が行われたのである[45]。

しかし、すでに、1969年3月以降、オニール改革に反対するUVF、アルスター・プロテスタント義勇軍（UPV）などの武装勢力が、爆弾テロなどの暴力事件を引き起こす中、こうしたイギリス政府主導の改革は、ユニオニストおよびロイヤリストからの反発を招き、カトリック系コミュニティの安全が脅かされる事態に展開する[46]。

1969年の7月から8月にかけた行われたオレンジ・オーダー団行進をきっかけにして、アプレンティス・ボーイズなどのオレンジ・オーダー団の暴動がベルファストやデリー／ロンドンデリーにおいて発生するようになる。同年7月12日、デリー／ロンドンデリー、ベルファスト、ダンギブンで、オレンジ・オーダー団行進が暴動に発展するという事態が起き、14日には、ダンギブンにおいてカトリック系一般市民であるフランシス・マックロスキー[47]がRUC警官によって路上で撲殺される事件が発生する。この事態を受けて、北アイルランド政府はプロテスタントによって組織されるUSCを投入し鎮圧を図ろうとするが、事態はかえって悪化する。8月12日にデリー／ロンドンデリーで発生したアプレンティス・ボーイズによる暴動は、「ボグサイドの闘い」と呼ば

第 8 章　北アイルランド政府と UUP 一党支配体制の崩壊　233

れる事態に発展する。このカトリック系住民を標的にした暴動は、8 月 13 日にはベルファストをはじめとする諸都市にまで拡大し、1920 年の「ベルファスト・ポグロム」以降で、最大規模のものとなった。

　こうした事態を受けて、アイルランド共和国首相ジャック・リンチは、同年 8 月 13 日に、アイルランドの分断を原則的に終わらせることが必要であるとする声明を発し、北アイルランドとの境界線に軍を動かす措置をとった。これに対して、チチェスター＝クラークは 13 日夜、イギリス政府に対し、デリー／ロンドンデリーへのイギリス軍の派兵を打診する。イギリス政府はこの要請を受けて、14 日、イギリス軍をデリー／ロンドンデリーのボグサイド地区に進駐させることを決定したのである。かくて、かかる一連の暴動により、数百単位に上るカトリック系住民の住宅が焼かれ、10 人が死亡、154 人が銃撃による負傷を負うことになった[48]。

　イギリス政府は軍の投入を決定する一方で、キャラハン内務相が同年 10 月にベルファストを訪問し、RUC の非武装化と USC の廃止を北アイルランド政府に要請する。北アイルランド政府がこの要請を受け入れると、プロテスタント系労働者階級が反発し、ベルファストのシャンキル街において、UVF を名乗る武装集団が 3 人の死者を出す暴力事件を引き起こす[49]。

　この局面に際して、ユニオニストの間には、権限移譲をユニオン維持の防波堤としか見ないイギリス政府に対する不信感とともに、イギリス政府がカトリック少数派に有利な改革案をユニオニストに強制しているという意識が広がっていた。こうした意識は、カトリック系コミュニティに対する暴力を正当化する方向に作用していくことになる[50]。

　一方で、ナショナリストやリパブリカンの間には、イギリス政府による一連の改革は日常生活において即効性のあるものとは理解されておらず、要求を勝ち取ったという意識は希薄であった。このことは、ナショナリストやリパブリカン系政治諸勢力の間で、北アイルランドにおけるユニオニストの独占的な支配を終わらせるのか、それとも統一アイルランドの建設を追求するのかという路線対立となって現れてくることになる[51]。

　政治的暴力が恒常化する中で、1970 年、北アイルランド議会の 2 つの補欠選挙と同年 6 月のイギリス総選挙において、強硬派のロイヤリスト政党が議席を

獲得する。とくに、北アイルランド議会補欠選挙は、チチェスター＝クラークの改革の賛否とペイズリーの新政党の評価が問われる選挙となった。オニールの地元であるバンサイドでは、反オニールの立場をとるプロテスタント・ユニオニスト党（Prot.UP）[52]の党首イアン・ペイズリーが穏健派ユニオニストのボルトン・マインフォードを、また同党の副党首であるウィリアム・ビーティが南アントリムにおいて、親オニール派ユニオニストで65年から69年まで厚生・社会部門担当大臣を務めたウィリアム・ジェームズ・モーガンを破って当選した。そして、同年6月のイギリス総選挙では、北アントリムでイアン・ペイズリーが当選する[53]。

こうして、一連の改革路線に対する批判の受け皿として、プロテスタント系労働者階級を支持基盤とする強硬派ロイヤリスト政党の台頭という政治状況が生み出され、ここに穏健派を軸としたユニオニストの結束は崩壊することになる。かくて、オニール路線を継承したチチェスター＝クラークは補欠選挙での敗北を受けて辞任し、ロイヤリスト政党の台頭を追い風に、1971年3月、新たに反オニール派のフォークナーが北アイルランド首相に就任する。

北アイルランド首相となったフォークナーはこれまでの改革路線とカトリック少数派の活動を抑制することとのバランスが重要であるとして、カトリック系コミュニティに対する強硬路線を推し進める姿勢をとり始める[54]。

IRAによる武装闘争がエスカレートする中で、1971年7月、北アイルランドの内務大臣であるレギナルド・モーリングは「今やイギリス軍は北アイルランドの憲政を守る任務を担っている」[55]と主張し、さらに、フォークナーは北アイルランド改革を進める条件として、カトリック系少数派の抵抗を抑えることが必要であるとし、イギリス政府に対して裁判手続を必要としない非常拘禁制度の導入を求めることになる。

この要求に対して、イギリス政府の中には、こうした非常拘禁制度の導入は、政治的には非常に危険なものであるとする認識が存在していた。なぜならば、第1に、もっぱらカトリック系住民を対象とする非常拘禁制度の実施は、カトリック系政治勢力の結束を強めること、第2に、IRAの武装闘争に事実上、正当性を与えてしまうこと、第3に、イギリス政府の対外的評価に影響することが想定されたからである。しかし、1971年8月9日、イギリス政府はフォーク

ナーの要求を全面的に容認する回答を行うことになる。この非常拘禁制度導入を契機に、イアン・ペイズリーとウィリアム・クレイグを中心とする強硬派ロイヤリストの影響力が高まり、政治的暴力にいっそう拍車がかかることになる[56]。

1971年9月には、イアン・ペイズリーが民主ユニオニスト党（DUP）を結党し、ウィリアム・クレイグは1972年にユニオニストの前衛運動を組織し、翌年3月には、前衛的ユニオニスト進歩党（VUPP）を結党する。こうした動きは、これらの政党ないしは政治運動と連携するロイヤリスト系武装組織の活動をいっそう活発化させることになる。そして、1972年1月30日、デリー／ロンドンデリーにおいて公民権運動のデモ隊にイギリス軍が発砲し14人の民間人が死亡するという「血の日曜日事件」が起こる。かくて、1972年3月、イギリス政府は1920年アイルランド統治法第75条を適用し、北アイルランド政府の廃止とイギリス政府による直接統治を発表する。イギリス政府はユニオンを維持し、この危機を乗り切るためには、自らの手でストーモント体制を終わらせるという選択肢を採用したのである[57]。

小　括

あらためてオニールが進めた北アイルランド改革をどう評価するのか。オニールが採用した政策は、ジェームズ・クレイグ以来のユニオニストによる独占的支配とは異なる方向性、つまりそれまでのセクト主義的な統治手法から、カトリック系住民をイギリス市民として再統合するという統治手法への転換を示すものであった。それゆえ、ユニオニストの分裂とそれに伴うペイズリーなどの反オニール派によるカトリック系住民への強硬な姿勢を誘発し、このことがロイヤリスト武装勢力のカトリック系コミュニティへの暴力を正当化せしめ、リパブリカン武装勢力による政治的暴力を助長する契機となった。したがって、北アイルランド紛争の発生は、オニール改革の導入とその挫折に起因していると考えることができる。かくて、1960年代後半の北アイルランドは、ド・トクヴィルがいうところの「悪い政府が自ら改革を求めたとき、それこそ最も危険である」[58]という状況にあったということができよう。

1) アレクシス・ド・トクヴィル（小山勉訳）『旧体制と大革命』ちくま学芸文庫、1998 年、359 頁。
2) 同上、362 頁。
3) Hansard, HC, Deb, 28 October 1948, Vol. 457, c. 239; HC, Deb, 25 November 1948, Vol. 458, cc. 1413-23; HC, Deb, 29 March 1949, Vol. 463, cc. 1117-35; HL, Deb, 22 March 1949, Vol. 161, cc. 543-5; HL, Deb, 31 May 1949, Vol. 162, cc. 1262-78; HC, Deb, 01 June 1949, Vol. 465, cc. 2235-51; Ian MacDonald, *Immigration Law and Practice in the United Kingdom*, London, 1983, pp. 72-73; Brendan O'Leary and John McGarry, *The Politics of Antagonism: Understanding Northern Ireland*, 2nd edition, London, 1997, pp. 142-143；樽本英樹「英国におけるエスニック・デュアリズムと市民権」『北海道大學文學部紀要 *The annual reports on cultural Science*』第 45 巻第 3 号 1997 年、280-281 頁。
4) Ireland Act 1949, 1-(2).
5) Francis S. L. Lyons, *Ireland since the Famine*, London, 1971, p. 700.
6) Brendan O'Leary and John McGarry, *supra* note 3, p. 145.
7) この法律は、1921 年の北アイルランド政府成立を受けて、対リパブリカン対策として 1 年間の時限立法として制定され、更新のためには、毎年、北アイルランド議会での議決承認が必要であった。しかし、1928 年に同法は、議会での承認手続を 5 年ごとにするよう改定されている。そして、1933 年の改定で、この時限規定が削除され、恒常的な法律となっていた。そして、非常拘禁制度導入の法的基盤となり、その内容は 1972 年の The Detention of Terrorists（Northern Ireland）Order や 1973 年の The Prevention of Terrorism Act に継承されていくことになる。この法律は 1973 年の The Northern Ireland （Emergency Provisions）Act に取って代わられることになる。J. LI. J. Edwards, "Special powers in Northern Ireland", in *Criminal Law Review*, 1956, pp. 7-18.
8) この法律は、イギリスの直接統治下で、1987 年に The Public Order（Northern Ireland） Order によって廃止されることになった。
9) この法律は、1987 年の The Public Order（Northern Ireland）Order によって取って代わられることになった。
10) Thomas Wilson, *Ulster: Conflict and Consent*, Oxford, 1989, pp. 154-157.
11) Liam O'Dowd, Bill Rolston, (eds.), *Northern Ireland: Between Civil Rights and Civil War*, London, 1980, p. 204.
12) Steve Bruce, *God save Ulster!: The Religion and Politics of Paisleyism*, Oxford, 1986, pp. 89-92.
13) *Ibid.*, pp. 69-71.
14) Richard Rose, *Governing without Consensus: An Irish Perspective*, Boston, 1971, p. 97.
15) 「バルフォア報告書」（Imperial Conference 1926, Inter-Imperial Relations Committee, Report, Proceedings and Memoranda）は、1926 年の帝国議会（10 月 19 日― 11 月 25 日）において、同年 11 月 15 日、アーサー・バルフォア元イギリス首相を議長として開催された帝国を構成するドミニオン政府首脳による委員会（The Inter-Imperial Relations Committee）の合意文書である。かかる報告書では、イギリス政府と各ドミニオン政府との関係について、「一方が他方に決して従属しないイギリス帝国内の自治的共同体」とされている。Hansard, HL, Deb, 08 December 1926, Vol. 65, cc. 1315-38; Peter Marshall, "The Balfour Formula and the Evolution of the Commonwealth", in *The Round Table: The Commonwealth Journal of International Affairs*, Vol. 90, Issue 361, 2001, pp. 544-548；松田幹夫『国際法上のコモンウェルス―ドミニオンの中立権を中心として』北樹出版、1995 年、12 頁。

第 8 章　北アイルランド政府と UUP 一党支配体制の崩壊　237

16) Thomas Lyne, "Ireland, Northern Ireland and 1922: The Barriers to Technocratic Ant-Partitionism", in *Public Administration*, Vol. 68, Issue 4, 1990 pp. 417-433.
17) Brendan O'Leary and John McGarry, *supra* note 3, pp. 155-157.
18) ピープルズ・デモクラシーは、1968 年 10 月 9 日にベルファスト・クィーンズ大学の学生を中心にして結成された左翼運動である。設立メンバーとして、ジョセフィン・バーナデット・デブリン、ケビン・ボイル、マイケル・ファレルらがいる。この運動は、「1 人 1 票」、「特別権限法の廃止」、「ゲリマンダリングの是正」、「言論・集会の自由」、「公正な雇用と住宅供給」の 5 つの要求を掲げていた。Paul Arthur, *The People's Democracy 1968-73*, Belfast, 1974.
19) R. F. Foster, *Modern Ireland 1600-1972*, 1988, p. 584.
20) Paul Arthur, *supra* note 18, p. 23.
21) Northern Ireland Census 1937, 1951, 1961, 1971.
22) Harold Wilson, *The Labour Government, 1964-70: A Personal Record*, Harmondsworth, 1971, p. 232.
23) *Ibid.*, p. 270.
24) Michael McKeown, *The Greening of a Nationalist*, Lucan, 1986, pp. 1-38.
25) Patrick Buckland, *A History of Northern Ireland*, Dublin, 1981, p. 109.
26) 1968 年から 1969 年の選挙制度改革（Electoral Law Act（Northern Ireland）および Electoral Law Act（Northern Ireland））により、北アイルランド議会および地方選挙では、有権者資格において財産要件（有限会社および課税標準額 10 ポンド相当の事業者）に基づく制限が設けられていた。イギリス本土では、財産要件や大学選挙区などの制限選挙は 1948 年の国民代表法（The Representation of the People Act, 1948）において廃止されていたが、北アイルランド政府はこれに従わず、1968 年の選挙制度改革において、事業者優先の財産要件と大学選挙区が撤廃されることになった。厳密には、この選挙制度で行われた選挙は直接統治導入後のことであった。Barry White, "One man, one vote-who would gain?", in *Belfast Telegraph*, 30 January 1969; Frank Gallagher, *The Indivisible Island: the Story of the Partition of Ireland*, London, 1957, p. 238; Campaign for Social Justice in Northern Ireland（CSJ）, *Northern Ireland: The Plain Truth*, 2nd edition, Dungannon, 1969, p. 13.
27) J. Bowyer Bell, *The Secret Army: the IRA, 1916-1986*, Dublin, 1979, pp. 329-330.
28) *Ibid.*, pp. 331-332.
29) テレンス・オニールは、20 世紀初頭に枢密院議長を歴任した初代クルー侯ロバート・オフリー・アッシュバートン・クルー＝ミルンズの長女であるアナベル・ハンガーフォード・クルー＝ミルンズと UUP 所属のイギリス下院議員であり第 1 次世界大戦で戦死したアーサー・オニールの三男として、1914 年、北アイルランドのアントリムに生まれる。かれはイートン校で教育を受け、生活の中心はもっぱらイングランドにあったといわれている。オニールの政治家としてのキャリアは、1945 年にアントリムのアッハヒルに移り住み、北アイルランド議会のバンサイド（アントリム）選挙区補欠選挙で UUP 所属候補として当選した 1946 年に始まる。オニールの経歴については、The Stormont Papers の Political Biography of Terence O'Neill（10 September, 1914-12 June, 1990）〈http://stormontpapers.ahds.ac.uk/stormontpapers/context.html?memberId=4〉に依拠した（最終閲覧日 2014 年 1 月 6 日）。
30) Steve Bruce, *supra* note 12; Richard Rose, *supra* note14.
31) David W. Harkness, *Northern Ireland since 1920*, Dublin, 1983, p. 149.
32) John Darby, *Conflict in Northern Ireland: The Development of a Polarised Community*,

Dublin, 1976, pp. 15-16.
33) Patrick Buckland, *supra* note 25, pp. 117-118.
34) Frank Wright, "Protestant Ideology and Politics in Ulster", in *European Journal of Sociology*, Vol. 14, Issue 2, 1973, pp. 213-280.
35) Steve Bruce, *supra* note 12, pp. 89-120.
36) David W. Harkness, *supra* note 31, p. 148.
37) Brendan O'Leary and John McGarry, *supra* note 3, pp. 169-170.
38) *Ibid.*, p. 171.
39) 1966年のイギリス総選挙(北アイルランド)の結果は、以下の通りである。

政党・団体名	獲得議席数	得票数	得票率(%)
アルスター・ユニオニスト党(UUP)	11	368,629	61.8
北アイルランド労働党(NILP)	0	72,613	12.2
リパブリカン系無所属(Ind. Rep.)	0	62,782	10.5
アルスター自由党(ULP)	0	29,109	4.9
リパブリカン労働党(RLP)	1	26,292	4.4
ナショナリスト党(NP)	0	22,167	3.7
ユニティ	0	14,645	2.5

(出典) Brian M. Walker (ed.), *Parliamentary Election Results in Ireland, 1918-92*, Dublin, 1992, p. 27. より作成。

40) 国民民主党は、ナショナル・ユニティ運動を起源とし、1965年から1970年の間、ベルファストを中心に活動した政党である。かかる政党は、ジェリー・キグリーを中心に、ナショナリスト党の改革を目指して、1964年にナショナル・ポリティカル・フロントを立ち上げ、ナショナリスト党の政策立案集団として活動を開始する。そして、1965年2月に、国民党(National Party)を結成し、同年6月にNDPと改称した。しかし、1969年の社会民主労働党(SDLP)の結党を機に、NDPのメンバーのほぼ80%がSDLPに合流し、1970年10月に解党した。Ian McAllister, "Political Opposition in Northern Ireland: the National Democratic Party, 1965-1970", in *Economic and Social Review*, Vol. 6. No. 3, 1975, pp. 357-362; Bob Purdie, *Politics in the Streets: The Origins of the Civil Rights Movement in Northern Ireland*, Belfast, 1990, Chapter. 4.
41) *Ibid.*, pp. 171-172.
42) James Callaghan, *A House Divided: The Dilemma of Northern Ireland*, London, 1973, p. 66.
43) *Ibid.*, p. 22.
44) Harold Wilson, *supra* note 22, p. 875.
45) British and Northern Ireland Governments, *Northern Ireland, Text of a Communiqué and Declaration issued after a meeting held at 10 Downing Street on 19 August 1969*, Cmd. 4154, London, 1969; Northern Ireland Government, *A Commentary by the Government of Northern Ireland to Accompany the Cameron Report, incorporating an account of progress and a programme of action, (September 1969)*, Cmd. 534, Belfast, 1969.
46) 拙稿「北アイルランドにおける政治的暴力の構造 1969年—1993年」龍谷大学社会科学研究所『社会科学研究年報』第31号、2001年を参照のこと。
47) Malcolm Sutton, *An Index of Deaths from the Conflict in Ireland 1969-1993*, Belfast, 1994; David McKittrick, Seamus Kelters, Brian Feeney and Chris Thornton, *Lost Lives: The Stories of the Men, Women and Children Who Died as a Result of the Northern*

Ireland Troubles: The Stories of the Men, Women and Children Who Died Through the Northern Ireland Troubles, Edinburgh, 1999; Michael McKeown, *Post-Mortem: An Examination of the Patterns of Politically Associated Violence in Northern Ireland during the Years 1969-2001*, CAIN, 2001. 〈http://cain.ulst.ac.uk/victims/mckeown/index.html〉（最終閲覧日 2014 年 12 月 10 日）。
48) Lord Cameron, *Disturbances in Northern Ireland, Report of the Commission appointed by the Governor of Northern Ireland*（*September 1969*）, Cmd. 532, Belfast, 1969.
49) Ibid.
50) John D. Cash, *Identity, Ideology and Conflict, the Structuration of Politics in Northern Ireland*, Cambridge, 1996, pp. 158-159.
51) Brendan O'Leary and John McGarry, *supra* note 3, pp. 173-174.
52) プロテスタント・ユニオニスト党は、1956 年に UUP の分派として成立したアルスター・プロテスタント行動（Ulster Protestant Action）に起源を持つ。この組織は、1920 年代当時、IRA およびリパブリカン運動を敵視するアルスター・プロテスタント協会の方針を継承するものとして、イアン・ペイズリーやデスモンド・ボールなどの強硬派ロイヤリストが参加していた。1966 年に Prot.UP として結党し、イアン・ペイズリーの指導のもと、1967 年の補欠選挙以降、UUP の穏健派ユニオニストに対抗する候補者を立てるようになる。そして、1971 年に、イアン・ペイズリーは Prot.UP を組織政党に再編し、民主ユニオニスト党（DUP）を立ち上げる。
53) Sydney Elliott and William D. Flackes, *Northern Ireland: A Political Directory 1968-1999*, Belfast, 1989, pp. 529-531.
54) 1971 年の非常拘禁制度の導入により、450 人の市民がリストアップされ、342 人が逮捕されている。342 人中、リパブリカンの活動家 2 人の除く 340 人はカトリック系一般住民とナショナリストであった。1975 年 12 月 5 日に非常拘禁制度が解除されるまで、1,981 人が逮捕され、そのうち、1,874 人がカトリック系住民であり、107 人がプロテスタント系住民であったとされている。Report of the enquiry into allegations against the Security Forces of physical brutality in Northern Ireland arising out of events on the 9th August, 1971, London, 1971, Summary; Michael McKeown, "Internment: the Record of Three Years", in *Supplement to Hibernia: Fortnightly Review*, 9 August 1974, Dublin, p. 7.
55) Liam de Paor, *Divided Ulster*, Harmondsworth, 1971, p. xvii.
56) *Compton Report*（*9 August 1971*）, Cmnd. 4823, London, 1971. 北アイルランド政府の右旋回を受けて、公民権運動支持派の SDLP は、この非常拘禁制度の導入に先立つ 7 月に北アイルランド議会を離脱し、フォークナー政府との対決姿勢を強めていた。そして、非常拘禁制度導入を機に、市民レベルの不服従運動を支援し、北アイルランド議会に対抗して、いわゆる「ダンギブン議会」と呼ばれる北アイルランド人民議会に参加することになる。
57) Patrick Buckland, *supra* note 25, pp. 153-154; Richard Rose, "Northern Ireland: The Irreducible Conflict", in J. V. Montville（ed.）, *Conflict and Peacemaking in Multiethnic Societies*, Lexington, 1989, p. 143.
58) アレクシス・ド・トクヴィル、前掲注 1、362 頁。

第9章 北アイルランド紛争における政治的暴力の構造（1969年—1998年）

　1998年4月10日、「ベルファスト和平合意」（以下、ベルファスト合意）が成立する。このベルファスト合意の成立は、ユニオニストとリパブリカンおよびナショナリストの双方が同じテーブルについてなされたものであり、30年に及ぶ北アイルランド紛争を画期する出来事であった。しかし、ベルファスト合意成立から1年あまりたった1999年8月段階にあって、アイルランド共和軍（IRA）の武装解除の問題がベルファスト合意の実質化を阻んでいるとされ、合意内容を超える譲歩をIRAの政治部門とされるシン・フェイン党（SF）に求める動きが強まり、ベルファスト合意の決裂か見直しかが問われるような事態に至ったのである。

　このように、北アイルランド紛争を考える場合、もっぱらリパブリカンによるテロ活動に関心が置かれ、その評価に収斂する傾向が多く見られる[1]。こうした観点に立った場合、プロテスタント系ロイヤリストの武装闘争が紛争に与えている影響に十分接近できないという問題が生ずる。この問題に接近するためには、まず北アイルランド紛争をめぐる武装勢力間の対抗関係を明らかにすることが重要である。それゆえ、紛争当事者としてのかかる諸勢力の行動パターンに着目し、かかる紛争において展開される政治的暴力の傾向を明らかにすることが必要である。

　現在、北アイルランド紛争と呼ばれているものは、プロテスタント優位の北アイルランド政治に対する不満が高まる中で、イギリスからの分離と統一アイルランドの成立を追求するIRAが本格的な反英武装闘争を展開し、イギリス治安部隊との衝突を繰り返すようになった1969年以降の紛争を指すものである[2]。本章では、ベルファスト和平合意が締結された1998年を北アイルランド

紛争を画期する分岐点と考えるがゆえ、1969年から1998年までの期間について、紛争に関係する諸勢力による政治的暴力の傾向と特徴を歴史的に分析し、上記の課題に接近したい。

第1節　政治的暴力に関する研究動向

　北アイルランドにおける政治的暴力による被害状況やその実態についての分析はこれまで様々な角度から行われてきた。その1つに、エドモンド・カーティスの研究がある。この研究は北アイルランド紛争のマスメディアでの扱いとその影響について言及したものである。カーティスは、新聞やTVなどのメディアが、北アイルランド紛争をプロテスタントとカトリックの対立に矮小化し、どちらの立場に立つのかを争点にした議論を提示してきたとしている[3]。1977年に発表されたマイケル・マッコーンの研究では、これまでの研究が北アイルランドにおける一般住民に対する紛争の影響を計る前提としての政治的暴力の構造とその実態について、十分な分析がなされていないと指摘している。そこで、マッコーンは、北アイルランドの政治的暴力の分析には、殺害原因、その加害者と宗派的所属を明確にすることが必要であるという問題提起を行っている[4]。

　また、ジェームズ・A・シェーレンバークの研究は、北アイルランドにおける政治的暴力の実態について地理的な分類を通して明らかにしようとしたものである。この研究は、主にベルファスト市とデリー／ロンドンデリー市を行政区分にしたがって34の地区に分類し、各地区間の比較を通して政治的暴力の実態を明らかにしている。そこから、シェーレンバークは死亡率と人口規模、人口密度、そしてそれぞれの地区の総人口に占めるカトリック系一般住民の割合との間に相関性があり、カトリック系一般住民の占める割合が大きければ大きいほど、死亡率が高くなっていると結論づけている[5]。

　このシェーレンバークの研究を受けて、ジョン・ダービーは、1969年から1975年の時期について、全死亡者の72%、全負傷者の91%がベルファスト市とデリー／ロンドンデリー市の都市部に集中していることを明らかにし、爆弾によるものが55%、銃の使用によるものが72%、家屋への襲撃によるものが

91%であったとしている[6]。レイモンド・マーレイは、一般住民に対する政治的暴力の被害を中心に調査を行い、一般住民の犠牲者の多くが玄関先に呼び出され、その応対に出たところを襲撃されるという方法（＝「ドアステップ殺人」）で殺害されているとして、ダービーの研究を裏づけている。また、マーレイは1977年までに起こった政治的暴力のうちの53％について、カトリック系コミュニティを根拠地とする武装組織によって引き起こされたゲリラ型暴力であったと指摘している。そして、カトリック系コミュニティの都市部郊外への拡大によってプロテスタント系住民の居住地域が縮小していることをあげ、このことによりプロテスタント系住民の危機感が増幅され、反カトリック的な殺人が引き起こされていると結論づけている。しかし、マーレイはシェーレンパークとは逆に、北アイルランドの322の行政区について、カトリック系住民が多数派を形成している地区では相対的に政治的暴力の頻度が低いと分析している。それゆえ、ベルファストにおける政治的暴力の頻度は、ベルファスト全体として見た場合、カトリック系住民が少数派であるケースにおいて、高まる傾向があると説明している[7]。このマーレイの研究は、カトリック系住民が多数派である地域と少数派である地域との相違を明らかにすることにより、政治的暴力の発生地域を特定しようとしたものである。これらの研究は、当該する地域におけるカトリック系住民とプロテスタント系住民の構成比率に結びつけて政治的暴力の実態を把握しようとしたところにその特徴があった。

マーレイの研究について、マイケル・プールはこれを「ダブル・マジョリティ・モデル」と呼び、カトリック系コミュニティに関わる政治的暴力を説明するのに有効であるとしつつも、カトリック系住民を権力から疎外された「不満を持つ多数派」として描いているがゆえに、かれらの暴力を正当化することになっていると批判している。そして、プールは、ベルファスト都市部以外での政治的暴力がリパブリカンの武装組織によって引き起こされており、またカトリック系一般住民の死亡率もベルファスト以外の地域の方が高くなっていると主張する。そして、ベルファスト都市部以外における政治的暴力による死亡者の73％から80％がリパブリカン系武装勢力とカトリック系コミュニティとの関係の中で発生しているとしている。さらに、プールは1971年段階で約90％のカトリック系住民が都市周辺部に集中的に居住するようになり「カトリッ

ク・ゲットー」を形成していることを取り上げて、カトリック系住民の構成比率を問題とするよりも、カトリック系住民が集中して居住している地区の規模が政治的暴力の頻度を左右していると結論づけたのである[8]。

　これまでの研究の多くは、上記したように、北アイルランドにおける政治的暴力をカトリック系コミュニティの存在とこれを拠点とするリパブリカン系武装組織の動向に論点が置かれていた。それゆえ、ロイヤリスト系武装組織の動向やプロテスタント系コミュニティの政治的暴力への関連性についての分析は必ずしも十分であったとはいえない。それは、政治的暴力の量的な分析に比重がかかっていたがゆえに、カトリックとプロテスタントの対立という側面を説明することに一定程度成功しつつも、紛争の政治的な構造をトータルに明らかにするという点で限界を示していたと考えられる。そのため、北アイルランドにおける政治的暴力の原因を、カトリック系住民の政治的な疎外感や不満、カトリック系コミュニティの拡大にともなうプロテスタント系住民の危機感といった心理的な側面に収斂する形で把握する傾向を強く示していたのである[9]。

　以上、これまでの研究の到達点を概括してきたが、そこから考慮すべき3つの課題が浮かびあがってきた。第1点は、北アイルランドにおける政治的暴力を理解する上での分析視角に関わる問題である。つまり、それは、これまでの研究が数量的分析に重点を置いたものが中心であったことから、紛争の歴史的過程の中で政治的暴力の性格を位置づける視点が希薄であったという問題である。この課題に応えようとした研究には、1968年以降の政治的暴力の歴史的な傾向を分析の中に組み込んだものとして、ブレンダン・オダフィとブレンダン・オリアリ[10]らの研究、ケビン・ボイルとトム・ハーディン[11]らによる研究がある。とくに、ブレンダン・オダフィは北アイルランド紛争の通史的な展開を縦軸にして政治的暴力の傾向を明らかにしている[12]。しかし、その場合、ロイヤリストおよびリパブリカンの政治戦略や、イギリス治安部隊の対武装組織政策と重ねあわせた分析が必要となってくる。それゆえ、北アイルランドにおける政治的暴力の構造をトータルに把握するためには、紛争に関わる諸武装勢力および政治勢力が行動指針としている政治目標、戦略と戦術といった要素、そして政治的暴力の歴史的な傾向という要素を分析に導入することが必要である。

第9章　北アイルランド紛争における政治的暴力の構造（1969年－1998年）　245

　第2は、政治的暴力の実態を示すデータについて、政治的暴力の定義や被害者の分類の方法によって、かなりの誤差が見られる点である。ここに、北アイルランドにおける政治的暴力の構造とその実態を明らかにする研究の難しさがある。政治的な立場を基準にして被害者を分類する場合と宗派を基準として分類する場合とでは異なってくるからである。たとえば、北アイルランドの公正雇用事務所のデータと重ねあわせて、政治的立場を基準にロイヤル・アルスター警察（RUC）の所属として分類されている死亡者について、宗派を基準として分類した場合、そのままプロテスタントの死亡者総数に組み込まれることになる。なぜなら80年代後半のRUC構成員の92.2%がプロテスタント系の宗派に属していたからである。さらに、具体的に政治的暴力がどのような場所で行われていたのかを検証する場合、北アイルランドではプロテスタント系およびカトリック系コミュニティが相互に隣接して存在しているために、詳細な地理的な分析が必要となってくる。行政区分から見ると、最も政治的暴力が頻発しているとされる地域は西ベルファスト地区ということになる。実際には、政治的暴力はプロテスタント系住民とカトリック系住民のコミュニティが隣接するアードイン地区や下スプリングフィールド地区といった地域に限られており、西ベルファスト全体が政治的暴力のフィールドとはなってない。政治的暴力の発生地域を特定する場合には、行政区分に依拠するだけでなく、居住実態に即した詳細な区分と地形的な要素を考慮に入れる必要がある。

　第3に、これは第1と第2に関連して、北アイルランドにおける政治的暴力の構造をトータルに分析するにあたって、政治的暴力の実態を示すデータの検証と政治的暴力という範疇をどのように定義するかという課題がある。

　この3つの課題を考慮した場合、政治的暴力による被害実態に関するデータの信頼性について検討する必要が出てくる。北アイルランドにおける政治的暴力による被害実態に関するデータには、比較的よく引用されているものとして、マルコム・サットンがまとめた An Index of Deaths from the Conflict in Ireland 1969-1993、RUCが年次報告書として発行している The Chief Constable's Annual Report（1996）、アルスター大学の「紛争解決とエスニシティに関する研究」グループ（INCORE）による The Cost of the Trouble Study: Mapping Trouble-Related Deaths in Northern Ireland 1969-1994（1997）、アイリッシ

表9-1 北アイルランド紛争における死亡者数に関するデータ比較

年	1969〜1971	〜1981	〜1989	〜1991	〜1992	〜1993	〜1994
RUC	213	2,182	2,787	2,957	3,042	3,126	3,188
INCORE	230	2,405	3,091	3,276	3,369	3,458	3,523
RUCとの誤差（％）	7.39	9.27	9.84	9.74	9.71	9.60	9.51
マルコム・サットン	210	2,207	2,993	3,109	3,198	3,285	3,349
RUCとの誤差（％）	-1.43	1.13	6.88	4.89	4.88	4.84	4.81
IIP	—	—	2,786	—	—	—	—
RUCとの誤差（％）	—	—	-0.04	—	—	—	—
アムネスティ・インターナショナル	—	—	—	—	—	—	3,400
RUCとの誤差（％）	—	—	—	—	—	—	6.24
Lost Lives	—	—	—	—	—	—	3,524
RUCとの誤差（％）	—	—	—	—	—	—	9.53

（出典） Martie Therese Fay, Mike Morrissey, Marie Smyth, *Mapping Trouble-Related Deaths in Northern Ireland*, Derry, 1997; Malcolm Sutton, *An Index of Deaths from the Conflict in Northern Ireland 1969-1993*, Belfast, 1994; RUC, *Chief Constable's Annual Report*, 1996; Irish Information partnership, *Information Service on Northern Ireland Conflict and Anglo-Irish Affairs*, London, 1989; *Irish information agenda: Update, 1987-9*, London, 1990; Amnesty International, *Political Killings in Northern Ireland*, London, 1994; David McKittrick, Seamus Kelters, Brian Feeney and Chris Thornton (eds.), *Lost Lives: The Stories of the Men, Women and Children Who Died as a Result of the Northern Ireland Troubles: The Stories of the Men, Women and Children who Died Through the Northern Ireland Troubles*, Edinburgh, 1999 より作成。

ュ・インフォメーション・パートナーシップ（IIP）がまとめた Information Service on Northern Ireland Conflict and Anglo-Irish Affairs: Agenda（1989）、アムネスティ・インターナショナルによる Political Killings in Northern Ireland（1994）、そしてデビッド・マクキトリックらのグループによる Lost Lives（1999）などがある。これらのデータについて、表9-1を見ると、若干の誤差が存在していることがわかる。

北アイルランドにおける政治的暴力による死亡者総数についていえば、これまで、3,100人を前後するものから3,600人以上と推定しているデータまで存在する。そこには、政治的暴力による死亡者を確定するための基準が必ずしも明確でないという問題点が存在する。まず、RUCのデータについて見ると、それは、ロイヤリスト、リパブリカン、イギリス治安部隊による直接的な武力行為によって生じた被害を対象にしているのであるが、北アイルランド領内に限定されたものである。それゆえ、他のデータよりも死亡者総数が少ない傾向を示していた。IIPのデータはRUCのデータと大きな相違が見られない点で、デ

ータの包括性に疑問を持たざるを得ないが、被害者の政治的立場、死亡原因、死亡場所、宗派、年齢、性別などを明示している点で、RUC のデータを裏づけるものとなっている[13]。INCORE のデータは、サットンやイゾベル・ハイランズ[14]の研究をベースに町村レベルに落とし込んだ分析をしている点に特徴があった。

これらデータの中でも、サットンの研究やマクキトリックらの研究[15]は、政治的暴力を北アイルランド紛争に関わって一定の政治目的を持つロイヤリスト、リパブリカン、イギリス治安部隊による直接的な武力行為を指すものと定義している。その上で、その死亡者の経歴や政治的立場、死亡した日時や場所、死亡原因などが詳細に記載されており、北アイルランドにおける政治的暴力の分析にあたって考慮されるべき３つ課題に応え得るデータを提示しているといえる。

したがって、ここでは、2001 年 11 月に RUC の廃止にともない新たに設置された北アイルランド警察（PSNI）[16]の公式データとマルコム・サットンおよびデビット・マクキトリックらのグループによる研究データをもとに、北アイルランドにおける政治的暴力の構造を明らかにしたい。

最後に、政治的暴力の定義について整理しておきたい。2001 年 9 月 11 日にアメリカ合衆国で発生したいわゆる「同時多発テロ」を契機に、政治的暴力やテロリズムについての議論が活発に行われるようになった。しかし、今後の研究の発展を注視する必要があるが、多くの場合、政治的暴力とテロリズムとの関係があいまいなまま使用されている印象を受ける。少なくとも北アイルランドにおいて展開されてきた政治的暴力に関して、このことばの意味する範囲を示しておく。

北アイルランドでは、テロリズムないしはテロリストということばは、多くの場合、ユニオニストやイギリス政府の関係者によって、リパブリカン系武装組織の暴力行為とそのメンバーに対して使用されてきた。この場合、ロイヤリスト系武装組織の暴力行為は、テロリズムとは呼ばれてこなかった。それゆえ、北アイルランドにおいて使用されてきたテロリズムないしはテロリストということばは、現行の政治秩序に対して反対の姿勢を示すような、武力行使を含む反体制的な活動および活動家全体を意味するものであったといえる。つまり、

北アイルランドにおいては、政治的暴力とテロリズムとの関係が無媒介に同一視されており、しかも反体制的勢力に特化したものとして把握されるという特徴があった。北アイルランド紛争における暴力は、従属状態からの解放、統一した主権国家の形成、既存の社会構造や政治秩序の維持など、一定の政治的な目的・目標があらかじめ設定されており、これを実現する方法として行使されてきた。そして、各武装組織においては、和平プロセスをめぐる政治交渉を効果的に進めるための１つの手段あるいは戦術として、武装闘争の延長線上にテロリスト的行為が設定されるという傾向が見られたのである。そこで、さしあたって、ロイヤリスト系武装組織、リパブリカン系武装組織、イギリス治安部隊による武力行使全体を包摂する概念として、政治的暴力を北アイルランド紛争に関連する政治的な目的・目標の実現に向けた、武力行使をともなう行為として把握することにしたい。この場合、政治的暴力の内容は、主に、爆発物、火炎ビンなどの火器やこん棒などの武器の使用、銃の発砲や狙撃、暗殺、報復、武力的な恐喝や威嚇、リンチなどであり、イギリス治安部隊による銃やプラスチック弾の使用なども含まれる。したがって、本章でいう政治的暴力の犠牲者とは、ロイヤリスト系武装組織、リパブリカン系武装組織、イギリス治安部隊による武力衝突に直接的に関わったか、それに巻きこまれた人々を対象としており、政治的暴力に間接的に巻きこまれたケースや紛争に関わる組織が引き起こした偶発的事故、死亡原因が不明確な場合などは除かれるものとする[17]。

第２節　北アイルランドにおける武装組織とイギリス治安部隊

1969年以降の北アイルランド紛争を考えるにあたって、武装闘争と政治闘争の２つの闘争形態に着目すると、武装闘争から非制度的政治闘争、非制度的政治闘争から制度的政治闘争への流れが見られる。この流れにそって、３つの時期に紛争を分類することができる。第１期は、武装闘争が本格化する1969年からIRAおよびロイヤリスト系武装諸組織の無期限停戦をむかえ、和平交渉に向けた政治的な駆け引きが本格化する1993年までの武装闘争期である。第２期は、各関係諸派が和平の枠組み論議に収斂した1994年から1998年のベルファスト合意成立までの和平交渉期である。この時期は、1994年９月１日に

IRAが無期限の停戦に入り、これを受けてロイヤリスト合同軍事本部（CLMC）が停戦に入ることにより、政治的な交渉に重点が移行する。第3期は、1998年のベルファスト合意成立以降、和平合意の制度的枠組みの中で、関係諸派の政治闘争が展開される和平合意期である。

1969年から1998年までの武装闘争期の政治的暴力において、3,289人が死亡している（表9-2）。この死亡者数を155万7,839人（1991年国勢調査人口統計）の北アイルランド人口との関係で見ると、0.21％にあたる。また、この数字を同時期のイギリス・グレートブリテン島に当てはめて見ると、10万人余りが死亡したことになる[18]。

表9-3が示すように、アイルランド近現代史の中で見た場合、1916年のイースター蜂起では0.01％、1919年から21年わたるアイルランド独立戦争では0.03％となる（1911年国勢調査より試算）。また、1922年から1923年にわたって発生したアイルランド内乱における死亡者は約600〜700人といわれているが、当時のアイルランド人口との対比では0.021％（1926年国勢調査より試算）となる。1969年以降の北アイルランド紛争では、最も凄惨を極めた1971年から1976年の6年間に1,660人の死亡者を出しており、その人口比は0.108％（1971年国勢調査より試算）にあたる。また、表9-3からも理解されるように、紛争状況が30年以上にわたって継続されてきたという点で、1969年以降の北アイルランド紛争は過去にアイルランドで発生した紛争の中で最大規模のものであったということができる[19]。

表9-2 北アイルランド紛争における政治的暴力による死亡者数
（1969年—1998年）

年	死亡者数	負傷者数
1969年	14	765
1970年	25	811
1971年	174	2,592
1972年	470	4,876
1973年	252	2,651
1974年	220	2,398
1975年	247	2,474
1976年	297	2,729
1977年	112	1,387
1978年	81	985
1979年	113	875
1980年	76	801
1981年	101	1,350
1982年	97	525
1983年	77	510
1984年	64	866
1985年	55	916
1986年	61	1,450
1987年	95	1,130
1988年	94	1,047
1989年	62	959
1990年	76	906
1991年	94	962
1992年	85	1,066
1993年	84	824
1994年	62	825
1995年	9	937
1996年	15	1,419
1997年	22	1,237
1998年	55	1,652
合計	3,289	41,925

（出典） Police Service of Northern Ireland (PSNI), *Deaths due to the Security Situation in Northern Ireland 1969-2003*, Belfast, 2003より作成.〈http://www.psni.police.uk/index/departments/statistics_branch.htm〉（最終閲覧日：2016年10月1日）

(1) ロイヤリスト系武装組織

ロイヤリスト系武装組織の場合、大きく見て2つの組織を中心に政治的暴力への関与が見られる。そのうちの1つが、アルスター防衛協会（UDA）である。この組織は直接犯行声明を出すことはなく、もっぱら各ロイヤリスト系武装組織が合法的立場を維持するために利用されてきたといわれている。実体的には、アルスター自由戦士（UFF）の呼称で政治的暴力を繰り返してきた。UDAは

表9-3 アイルランド史における紛争規模の比較（19世紀以降）

19世紀以降の紛争	主な場所	推定死亡者数
1813-1907 （地域規模の諸暴動）	ベルファスト	60
1886 （ホーム・ルール蜂起）	北アイルランド6郡	86
1916 （イースター蜂起）	アイルランド全土	485
1919-1921 （独立戦争）	アイルランド全土	1,468
1922-1923 （アイルランド内乱）	アイルランド自由国	600〜700
1920-1922 （北アイルランド形成期）	北アイルランド	544
1939-1940 （IRA爆弾テロ期）	イギリス本土	7
1956-1962 （IRA武装闘争期）	北アイルランド	19
1969-1998 （1969年以降の紛争期）	北アイルランド	3,289

（出典）Brendan O'Leary and John McGarry, *The Political of Antagonism: Understanding Northern Ireland*, London, 1996, p. 21; Police Service of Northern Ireland (PSNI), *Deaths due to the Security Situation in Northern Ireland 1969-2003*, Belfast, 2003; Glasnevin Trust, *1916 Necrology 485*, Dublin: Glasnevin Cemetery Museum, 2015 より作成。

IRAの武装闘争に対抗するために、リパブリカンの活動家を暗殺することを目的に1971年に結成された。結成当時、約4万人のメンバーを組織しており、イギリス政府による北アイルランド直接統治に反対し、西ベルファストのカトリック系コミュニティに作られたリパブリカンによる「解放区」（No-go area）の解体を求めて、イギリス軍に圧力をかける運動を展開した。UDAは、70年代後半に、北アイルランドに自治政府を再興することを目的に、社会民主労働党（SDLP）と単独で連携を深めるなどの方針を持ち、アルスター・ユニオニスト党（UUP）と民主ユニオニスト党（DUP）との対立を深めた。そのため、80年代に入り強硬派ロイヤリストのイアン・ペイズリーのDUPと距離を置きつつ、ゲーリー・ミッチェルを指導者とするアルスター民主党（UDP）との結びつきを深め、武装闘争と政治闘争を柔軟に使い分けるという方針を採用してきたが、1992年には非合法化されている[20]。

第9章　北アイルランド紛争における政治的暴力の構造（1969年—1998年）　251

　UDA/UFFとともに主流派の一部を構成している組織として、デビッド・アーバインを指導者とする進歩的ユニオニスト党（PUP）を政治部門に持つアルスター義勇軍（UVF）がある。この組織は1966年に当時の北アイルランド地方政府によって一度は非合法化されたが、紛争が激化した1974年4月から1975年10月まで、再び合法化され、プロテスタント行動団（PAG）やプロテスタント行動隊（PAF）という呼称で政治的暴力を行っている。そのほかにも、レッドハンド・コマンドー（RHC）や1991年の夏に突如現れた実態不明のロイヤリスト報復防衛団（LRDG）などが存在する。

　1994年に入り、UDA/UFFとUVF、そしてRHCが連携してCLMCを形成し、IRAの停戦に対応している。しかし、CLMCの停戦に反対して、UVFから離脱し武装闘争を継続した組織にロイヤリスト義勇軍（LVF）がある。LVFは1996年9月頃に結成されたものと考えられている。この組織を結成したビリー・ライトは元ミッドアルスター地区のUVFの指導者であったが、1996年7月にオレンジ・オーダー団のパレードがカトリック住民の反対で阻止されるという「ドラムクリー危機」に反応して武装闘争を再開するようになる。そして、UVFメンバーによるカトリック系のタクシー運転手マイケル・マクゴルドリック殺害事件の数日後、表向きには組織の内部的理由ということでミッドアルスターUVFの指導者を更迭されたライトは、ミッドアルスターUVFの主要メンバーとともにUVF執行部の政策に反対しLVFを結成したのである。かれは1997年12月27日メイズ刑務所（俗称ロング・ケッシュ刑務所）内でアイルランド民族解放軍（INLA）のメンバーに殺害されたが、その後もこの組織は1998年のベルファスト合意に賛同するプロテスタントをターゲットにした武装闘争を継続していた。1998年8月のオマーでの爆弾事件を契機に停戦を宣言している[21]。

　1998年8月以降も武装闘争を継続している組織に、オレンジ義勇軍（OV）とレッドハンド防衛団（RHD）がある。いずれもUFFとLVFから離脱した反主流派から構成されている。1998年8月のギャラバーヒー・ロードでの衝突事件のときに現れたRHDはポータダウンとベルファスト北部地区を中心に活動を展開しており、人権擁護活動家ローズマリー・ネルソン弁護士をラーガン（アントリム郡）で爆殺している。また、OVは1998年11月に現れたが、カトリ

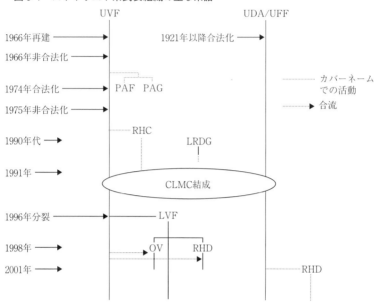

図9-1 ロイヤリスト系武装組織の主な系譜

ック系の商店やベルファスト合意によって釈放されたIRAのメンバーを主なターゲットにしていた。この2つの組織はそのメンバーがオーバーラップしており、またそのメンバーの大部分はLVFのメンバーであったといわれている。RHDは2000年以降、LVFのカバーネームとして使用されている。また2001年に入って、UDAがRHDのカバーネームを用いて、カトリック系住民に対するハラスメントや殺害事件を起こしている。

(2) リパブリカン系武装組織

北アイルランドでは、イギリスからの分離とアイルランド共和国との統一を標榜する勢力をナショナリストではなくリパブリカンと呼ぶ場合がある。それは、アイルランドにおける反英・独立運動を組織する勢力が、主に共和主義的変革を追求するリパブリカンによって担われてきた経緯を持つからである。今日の北アイルランドにおいて、共和主義を掲げている政党には、IRAの政治部門とされるシン・フェイン党（SF）、そこから分離したリパブリカン・シンフ

ェイン党 (RSF) や INLA の政治部門であるアイルランド共和主義社会党 (IRSP) などがあり、いずれも共和主義を主要な政治理念として掲げている。これらの組織は、18世紀後半にフランス革命の影響を受けて組織されたユナイテッド・アイリッシュメンの運動にアイルランドの独立運動の起源を求めている点で共通している。ユナイテッド・アイリッシュメンの運動は、そもそもプロテスタント系知識人によって組織されたものであり、反英・独立闘争の正当性をフランス革命が掲げる共和主義に求めたものであった。この運動は1789年の蜂起が失敗し挫折したが、その後のアイルランドにおける反英・独立運動が共和主義運動とオーバーラップした形をとるという政治的な伝統を生み出す契機となった。1840年代に結成されたアイルランド共和主義者同盟 (IRB) をはじめにアイルランド独立派の主流組織はその名称に共和主義を冠している。また、IRA は Irish Republican Army の略称であり、文字どおりアイルランドの共和主義者によって構成された軍団であることを意味しているのである[22]。

今日、北アイルランドにおいて反英運動を組織する諸派が、リパブリカンという呼称を好んで使う背景には、以上のような伝統があるとともに、カトリック教徒がロイヤリストの「セクト主義」的傾向に反対する立場にあることを明示化するためでもあった。ただし、武装闘争に否定的な穏健派のSDLPと、SFなどの武装闘争に肯定的な立場を示している諸派とを区別して、穏健派をナショナリスト、武装闘争に肯定的な諸派をリパブリカンと呼ぶ場合が多い[23]。だが、ユニオニストの側からすると、末端の支持者や活動家レベルの人的な交流など、実際にナショナリストとリパブリカンを区別することは非常に困難であるという見方をしている[24]。ここでは、何らかの形で直接的な政治的暴力に関与している諸派をリパブリカンという概念で括ることにしたい。

リパブリカン系武装組織について、最も代表的な組織はIRAであろう。IRAの呼称が初めてアイルランド史に登場するのは1867年蜂起にさかのぼるといわれている。だが、IRAが実態的な軍隊として現れたのは、1913年にユニオニストがアルスター義勇軍を編成したのに対抗して作られたアイルランド義勇軍（マクニール派の流れをくむ軍団）を、1919年にアイルランド国民会議が「アイルランド共和国軍」として認知したことに始まる。しかし、この「アイルランド共和国軍」は、自由国形成の過程でSFが分裂するのを受けて、1916年と1919

年共和国宣言を尊重し南北分離を認めない勢力がIRAの呼称を継承し、統一アイルランド形成を求めた反英闘争を展開していくことになる。そして、アイルランド内戦以降、その活動拠点を北アイルランドに置くようになる。60年代半ばには、IRAは約3,000人のメンバーを有する組織に成長していた[25]。IRAは、数度にわたる分裂を繰り返しつつも、リパブリカン系武装組織の中にあって主流派の立場にあった[26]。

　1969年以降の北アイルランド紛争では、IRAとその政治部門であるSFの2度にわたる分裂を軸に、リパブリカン系武装組織の相関関係が形づくられていく。IRAは1969年末、当時の公民権運動の評価をめぐる路線対立から分裂を起こしている。この分裂の原因は、1921年のアングロ=アイリッシュ協定をめぐる議論にさかのぼり、イギリス国家による北アイルランド領有を承認するか否かに関わる問題であった。SFが共和国成立後も、イギリス議会および北アイルランド議会のみならずダブリンのアイルランド国民議会への参加を拒否してきた背景には、1921年アングロ=アイリッシュ協定はアイルランド分断を固定化するものと考え、あくまでも暫定的なものと見なしてきたからである。それゆえ、1969年のIRAの軍事評議会では、かかる3つの議会を認め、社会主義路線を堅持しつつ公民権運動に積極的にコミットしようとするオフィシャルと呼ばれる正統派（OIRA）と、1916年と1919年の共和国宣言を尊重するがゆえに、活動の拠点を公民権運動に置くことは体制内的運動につながるとして武装闘争を重視する暫定派（PIRA）に分裂したのである。これに照応してIRAの政治部門であるSFも正統派（OSF）と暫定派（PSF）に分裂することになった。結果として、IRAとSFの主力部分を暫定派が掌握することになる。それゆえ、現在、IRAおよびSFを名乗っている勢力はこの暫定派である。OSFはその後、マルクス・レーニン主義を基本理念に、シン・フェイン労働者党（SF-WP）、そして労働者党（WP）なる呼称で共和国を中心に活動を継続する。しかし、東欧およびソ連における共産主義体制の崩壊を受けて、自由主義経済を支持するデ・ロッサとその分派が1992年に民主左翼党（DL）を結党し、WPは分裂する。なお、DLは1999年にはアイルランド労働党に吸収されている[27]。

　IRAおよびSFは1986年に再度分裂し、PSF初代議長のローリー・オブラディを中心とした武装闘争派を本体から切り離している。この背景には、1981

年のハンガー・ストライキの教訓から、武装闘争の再評価と政治闘争の重視などの動きが存在していた。この路線転換に反対するオブラディを中心とする武装闘争派100人余りは1986年の党大会で暫定派が握るSF指導部と決別し、RSFを名乗るようになる。また、かれらは公式にその存在を認めてはいないが、軍事部門としてIRA継続派（CIRA）を組織していたといわれている。この組織が

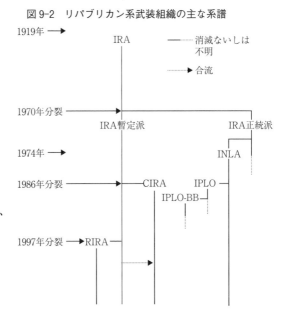

図9-2　リパブリカン系武装組織の主な系譜

Continuity（継続派）ということばを冠するのは、武装闘争によってアイルランドからイギリスを撤退させることがIRAの本来の使命であるということをアピールするためであるとされている。このCIRAは、和平合意反対の立場から1996年から活発に活動を展開するようになる。

　1998年以降、IRAの「停戦」と「和平交渉」に不満を持つ部分がIRAから離脱し、真のIRA（RIRA）などを結成して武装闘争を継続することになる。RIRAは1998年のベルファスト合意に反対し、29人の死者を出したオマーでの無差別爆弾テロを起こした組織である。この組織は1997年10月に和平プロセス支持をめぐってSFと路線対立を起こし解任された元IRA幹部によって組織され、共和国を中心に50人から70人のメンバーによって構成されていると考えられている。そして、和平合意反対派リパブリカンの拠点となっている[28]。また、OIRAから離脱した勢力にINLAがある。この組織は1974年にOIRAが宣言した「一方的停戦」に反対するメンバーから結成された少数精鋭型の組織である。その政治部門としてIRSPを持っている。このINLAから分離した勢力に、1986年に現れたアイルランド人民解放機構（IPLO）があり、また

IPLO の分派として 1992 年に結成されたアイルランド人民解放機構ベルファスト部隊（IPLO-BB）がある[29]。

(3) イギリス治安部隊

これらの武装組織とは別に、北アイルランドにおける政治的暴力を考える上で重要な勢力となるのがイギリス治安部隊がある。イギリス治安部隊は、基本的に RUC を中心に、イギリス軍および 12 の地域に配備された主力部隊と 6 つの大隊を持つアルスター防衛連隊（UDR）から構成されている。北アイルランドのイギリス軍は、陸軍司令部がアントリム郡リスバーンに置かれており、50 個の歩兵部隊を指揮下に置いている。また、空軍もアントリム郡オルダーグローブに司令部を持ち、ヘリコプター部隊、情報偵察機関、特殊空挺部隊（SAS）からなる約 1,000 人の隊員で構成されている。その他、通常配備として、イギリス海軍がベルファストに司令部を置き、イギリス国防義勇軍（TA）が 107 個の部隊を展開させている。北アイルランドにおける治安部隊の勢力は、1972 年にはイギリス軍と UDR があわせて 2 万 5,500 人、RUC の隊員が 5,500 人であった。つまり、北アイルランドにおける治安部隊の勢力は約 152 万人（1971 年統計）の人口しか持たない北アイルランド 6 郡において、3 万 1,000 人の規模に達していた。1972 年当時の水準は 1992 年段階でも基本的に維持されていた。70 年代後半に治安政策の「アルスター化」が進められた結果、イギリス軍と UDR の勢力は 1 万 7,500 人に削減されたが、RUC は 1 万 3,000 人に増強されており、全体として 3 万人規模の治安体制を維持していた[30]。

RUC は 1922 年に、それまでのロイヤル・アイルランド警察（RIC）に代わるものとして、北アイルランドにおける治安および警察活動を行う機関に再編成された。RUC は設立当初、メンバーの 3 分の 1 をカトリック系とするよう配慮されていたが、それは 1923 年の 21％ をピークに、70 年代にはわずか 10％ 足らずにまで減少していた。1998 年段階の RUC メンバーの宗派構成はプロテスタント系が 88.1％、カトリック系が 8.0％ であった[31]。こうしたメンバー構成を反映して、プロテスタント系住民の 70％ が、RUC はカトリックとプロテスタントのそれぞれのコミュニティに平等に対応していると考えているのに対して、カトリック系住民の場合では、4 分の 1 程度であった[32]。また、RUC は一

第9章 北アイルランド紛争における政治的暴力の構造（1969年—1998年）

般的な警察活動のほかに、1980年代にはSASの指揮下にあり、内部にイギリス軍情報部第5課（MI5）と密接な協力関係を持つエコー・フォー・アルファと呼ばれる諜報部門が置かれ、80年代に導入されたスーパーグラス政策（諜報政策）を担ってきたとされている[33]。SASとの関連でいえば、1988年にジブラルタルでIRAメンバー3人が射殺された事件はあまりにも有名である。

次に、UDRはスペシャルズと呼ばれるアルスター特別警察（USC）を前身として持つ部隊である。このUSCは当時のUVF出身者を中心に、1920年に北部アイルランドに配備された部隊であり、1922年にRUCが設置されるまで対IRA対策の最前線に位置づけられていた。とくに、パートタイムの隊員からなるBスペシャルズは、正規隊員のような責任を負わないにもかかわらず完全武装し自分の居住地域のパトロールを担当していたがゆえに、カトリック系住民に対して厳しい姿勢で対応するなど、地元の対立関係をむき出しに反映する傾向を持っていた。Bスペシャルズは公民権運動が高揚する中で、その露骨な反カトリック的行動が問題となり、1970年に廃止されUDRが編成されることになる。しかし、このUDRも指揮権がイギリス軍に移っただけで、隊員の多くが元Bスペシャルズ出身者で占められるなど、実体的にはほとんどBスペシャルズと違いはなかった。それゆえ、ロイヤリストの武装組織との関係が常に問題視されてきたのである。UDRは1992年にイギリス軍所属の第27、第83、第87ロイヤル・アイリッシュ・レンジャーズと統合されてロイヤル・アイランド連隊（RIR）に改組されている[34]。

このように北アイルランドにおける武装諸勢力とイギリス治安部隊の編成を見ると、2つの特徴が見られる。第1には、リパブリカン系武装組織とロイヤリスト系武装組織との間に見られる組織上の相違である。リパブリカン系武装組織の場合は、IRAに典型的に見られることであるが、軍事評議会を中心とした統制のとれたリジッドな組織形態をとっていることである。そして、武装組織と直接結びついた政治部門（政党）を備えていることである。これに対して、ロイヤリスト系武装組織の場合は、属人的な執行部を中心とした少数のグループから編成されており、寄り合い所帯的な形態をとっていることである。また、それゆえ政治部門（政党）との関係も不明確で、緩やかな連合体を形成しているに過ぎない。そのため、リパブリカン系武装組織とは異なり、一貫した方針

に基づいたリジッドな組織形態を必ずしもとっていないという特徴を持っていた。第2に、リパブリカン系およびロイヤリスト系の武装組織とイギリス治安部隊は、それぞれカトリックとプロテスタントという宗派的色合いを強く持っていることである。とくに、イギリス治安部隊は、90％前後のスタッフがプロテスタント系の宗派に所属し、パートタイムのスタッフも地域採用であるがゆえに、ロイヤリスト系武装組織との関係が強く、潜在的に反カトリック的な指向性を持っているところに特徴がある。その意味で、リパブリカン系とロイヤリスト系の武装組織との関係、リパブリカン系武装組織とイギリス治安部隊との関係は、カトリック対プロテスタントというシェーマを象徴するものとなっていたのである。

第3節　政治的暴力の実態とその構造

　ここで、北アイルランドにおける政治的暴力の実態について見てみよう[35]。表9-4が示しているように、まずリパブリカン系武装組織は、1969年から1998年までの時期に、2,009人を政治的な暴力によって殺害している。その内訳を見ると、イギリス治安部隊が1,044人、ロイヤリスト系武装組織メンバーが39人、リパブリカン系武装組織メンバーが162人、プロテスタント系一般住民が420人、カトリック系一般住民が208人、刑務官が25人、その他分類不明なものが111人となっている。そのうちIRAは1,792人を殺害している。IRAの場合について見ると、イギリス軍とUDRの隊員が704人、RUCの警察官が291人（イギリス本土の警察官も含む）、刑務官23人、そして治安部隊への情報提供者が64人となっており、イギリス軍やRUCに雇用されている一般住民34人を含めると、治安部隊に関係するものだけで1,116人にのぼる。また、ロイヤリスト系武装組織と分類されるUDAとUVFのメンバーが39人、ロイヤリスト系政党関係者は9人であった。

　IRAと一般住民犠牲者との関係を見ると、イギリス治安部隊をターゲットにした武力行使に巻きこまれた場合や治安部隊の関係者と間違われた場合など、誤認による一般住民の犠牲者は151人であった。そして、ロイヤリスト系武装組織のメンバーと誤認されたケースが6人、RUCなどへの情報提供者と誤認

第9章　北アイルランド紛争における政治的暴力の構造（1969年―1998年）　259

表9-4　北アイルランドにおける政治的暴力の実態（1969年―1998年）

	死亡者の分類	加害者の分類				合計	全死亡者数に占める比率
		イギリス治安部隊	リパブリカン系武装集団	ロイヤリスト系武装集団	その他		
政治的暴力による被害状況	イギリス治安部隊（RUCを含む）	9	1,044	12	8	1,073	31.09
	リパブリカン系武装集団	144	162	30	20	356	10.32
	ロイヤリスト系武装集団	13	39	72	1	125	3.62
	カトリック系一般住民	167	208	665	31	1,071	31.03
	プロテスタント系一般住民	24	420	152	28	624	18.08
	その他（宗派不明）	4	111	53	7	175	5.07
	刑務所スタッフ（刑務官など）	0	25	2	0	27	0.78
	合計	361	2,009	986	95	3,451	100.00
	全死亡者数に占める比率(%)	10.46	58.21	28.57	2.75	100.00	
一般住民の被害状況	一般住民死亡者数	165	739	870	66	1,840	
	一般住民死亡者総数に占める比率（%）	8.97	40.16	47.28	3.59	100.00	
	加害者別死亡者総数に占める比率（%）	45.71	36.78	88.24	69.47	53.32	

（出典）　Police Service of Northern Ireland（PSNI）, *Deaths due to the Security Situation in Northern Ireland 1969-2003*, Belfast, 2003; Malcom Sutton, *An Index of Deaths from the Conflict Ireland 1969-1993*, Belfast, 1994 および David McKittrick, Seamus Kelters, Brian Feeney, Chris Thornton and David McVea, *Lost Lives ― the Stories of the Men, Women, and Children who Died as Result of the Northern Ireland Troubles*, Edinburgh, 2000 より作成。

されたケースが1人、裁判所をターゲットにした武力行使に巻きこまれたケースが5人、ロイヤリスト系武装組織との銃撃戦に巻きこまれたケースが1人、ユニオニスト系政治家をターゲットにした武力行使に巻きこまれたケースが1人となっている。また、爆弾テロ攻撃の巻き添えになった一般住民の犠牲者は110人にのぼっている。

　IRAがプロテスタント系一般住民をターゲットにしたケースについては、プロテスタントであることを理由としたセクト主義的な殺人が133人であった。しかし、セクト主義的な殺人の85％は、IRAがリパブリカン行動隊（RAF）と名乗っていた頃の1975年から1976年に集中している。また、カトリック系一般住民をターゲットにしたケースについては、23人のカトリック系一般住民が「犯罪者」として処刑されている。ここには、1995年から1996年にかけて、反薬物直接行動（DAAD）のカバーネームで、4人のカトリック系一般住民を殺害したものが含まれている。カトリック系一般住民に対して行われる殺人に

は、カトリック系コミュニティの秩序や治安の維持を理由としたケースが多い。たとえば、1999年5月9日にアーマー郡ニューリーで発生したブレンダン・フィーガン殺害事件のように、カトリック系コミュニティ内で、未成年者に麻薬を売買していた男性が殺害されている。また、こうした「処罰型殺人」の延長線上に、「停戦」状態の中で武力行使を行ったIRAメンバーに対しても同様の処置がなされていたのである[36]。

INLAの場合は、122人を殺害している。そのうち、イギリス治安部隊とRUCおよびその関係者をターゲットにした殺人は45人であった。また情報提供者が6人、ロイヤリスト系武装組織メンバーが3人、ロイヤリスト系政治活動家が2人であった。一般住民との関係では、誤認や過失によって犠牲となった一般住民は18人であったが、明確にプロテスタント系一般住民をターゲットにした殺人も18人にのぼっている。INLAは、一般住民をターゲットにした殺人に関して、人民共和軍（PRA）やカトリック報復隊（CRF）といった呼称を使用してきた。その他に、OIRAやIPLO/IPLO-BBとのリパブリカン同士の内部抗争による殺人が19人となっている。

OIRAについていえば、この武装組織が実態をとどめていた1969年から1979年までの11年間に限られるが、49人の殺人を行っている。そのうち、イギリス治安部隊およびその関係者は13人であった。一般住民との関係では、イギリス軍に雇用されていた一般住民2人、イギリス軍をターゲットにした武力行使に巻きこまれた一般住民8人、武力をともなう恐喝による死亡者が1人、そして秩序・治安維持のために「処刑」された者が1人の合計12人が犠牲になっている。その他に、IRAやINLA、およびその政治部門などとの内部抗争で9人を殺害している。

次に、ロイヤリスト系武装組織による政治的暴力について見てみると、その全死亡者数は986人である。その内訳は、イギリス治安部隊が12人、リパブリカン系武装組織メンバーが30人（そのうち、2人は刑務所内で殺害されている）、ロイヤリスト系武装組織メンバーが72人、カトリック系一般住民が665人（ここには、ナショナリスト系ないし独立系の政党活動家および人権問題に関与した弁護士32人を含む）、プロテスタント系一般住民が152人、刑務官が2人、その他分類不明なものが53人となっている。また、内部抗争と見られるものは46人

第9章　北アイルランド紛争における政治的暴力の構造（1969年―1998年）　261

であった。しかし、一般住民の犠牲者との関係については、北アイルランドだけで826人、アイルランド共和国で44人を殺害している。そのうち、カトリックであることを理由としたセクト主義的な殺人による死亡者は633人であった。他方、プロテスタント系一般住民は152人であるが、この中には、リパブリカン系武装組織やイギリス治安部隊への情報提供者が16人、情報提供者と誤認された1人が含まれている。

イギリス治安部隊の場合について見ると、1969年から1998年までの期間に、361人を殺害している。そのうち、イギリス軍が289人、UDRが8人、イギリス空軍とUSCによるものがそれぞれ1人ずつとなっており、RUCは54人を殺害している。武装組織に関しては、リパブリカン系武装組織メンバー144人、ロイヤリスト系武装組織メンバー13人を殺害している。しかし、1975年以降、ロイヤリスト系武装組織のメンバーがイギリス治安部隊によって殺害されたのは、わずか3人であった。一般住民については、イギリス陸軍が160人、RUCが34人、イギリス空軍が1人の195人を殺害している。そのうち167人がカトリック系一般住民であり、プロテスタント系一般住民は24人であった。

表9-4の加害者分類「その他」の項目には、95人の死亡者が存在するが、それには刑務所内でのハンガー・ストライキによって死亡したリパブリカン系活動家12人が含まれている。それは、1974年と1976年にイギリス本土での2人、1981年のメイズ刑務所（北アイルランド）での10人である。また、残りの83人の死亡者については、どの組織によるものかを特定することができなかった。

表9-4が示すように、政治的暴力による死亡者の内訳をステイタス別に見てみると、イギリス治安部隊が31.09％、リパブリカン系武装組織のメンバーが10.32％、ロイヤリスト系武装組織のメンバーが3.62％、カトリック系一般住民が31.03％、プロテスタント系一般住民が18.08％となっている。リパブリカン系武装組織の政治的暴力による死亡者が全死亡者に占める割合は58.21％であり、ロイヤリスト系武装組織の場合は28.57％であった。この点からも、リパブリカン系武装勢力が北アイルランドにおける政治的暴力に大きく関与してきたことがわかる。

またこの表からは、全死亡者数の中で、イギリス治安部隊とカトリック系一般住民の死亡者の比率が際立って高いことがわかる。とくに、宗派を問わず一

般住民の犠牲者数を見ると、1,840人であった。そのうちリパブリカン系武装組織の暴力によるものが739人、ロイヤリスト系武装組織の暴力によるものが870人であった。これを一般住民の死亡者総数との関係で見ると、リパブリカン系武装組織が40.16％、ロイヤリスト系武装組織が47.28％となる。しかし、これを加害者別死亡者総数に占める比率で見た場合、リパブリカン系武装組織によるものが36.78％であり、ロイヤリスト系武装組織の場合は88.24％となる。この数字から明らかなことは、一般住民をターゲットにした暴力については、ロイヤリスト系武装組織が大きく関与してきたということである。

　リパブリカン系武装組織の場合、1969年から1998年までの間に2,009人を殺害しているが、そのうち刑務官25人を含めたイギリス治安部隊関係者は1,069人であったことに注目されたい。さらに、リパブリカン系武装組織が殺害した一般住民の中には、イギリス治安部隊に情報提供を行っていたか直接雇用されていた者が98人含まれている。そうするとイギリス治安部隊に直接的ないしは間接的に関係を持っていた者の犠牲者は1,167人となる。

　他方、ロイヤリスト系武装組織の場合、刑務官を含めたイギリス治安部隊に対する政治的暴力による死亡者は14人であった。むしろ、ロイヤリスト系武装組織によって殺害されたすべての人々のうち、カトリックであるか、またはそう思われる一般住民をターゲットにしたセクト主義的な殺人は少なくとも707人であり、かれらによって殺害された一般住民総数の81.26％を占めることになる。これに対して、リパブリカン系武装組織によってセクト主義的な理由から殺害された一般住民は166人であり、かれらによって殺害された一般住民総数の22.46％を占めるにとどまっていたのである。

　リパブリカン系およびロイヤリスト系武装組織が停戦を宣言した1994年から1998年の期間（和平交渉期）に限定して見ると、リパブリカン系武装組織の場合、83人を殺害している。その内訳は、イギリス治安部隊が13人、ロイヤリスト系武装組織メンバーが9人、リパブリカン系武装組織メンバーが8人、プロテスタント系一般住民が18人、カトリック系一般住民が26人、宗派分類不明な者が9人となっている。IRAの場合について見ると、DAADというカバーネームで起こした政治的暴力も含めて、34人を殺害している。そのうち、イギリス治安部隊が7人、ロイヤリスト系武装組織が3人となっている。一般

第9章 北アイルランド紛争における政治的暴力の構造（1969年—1998年） 263

住民については、IRA の名前で 13 人、DAAD のカバーネームで 4 人を殺害している。またこの時期に、リパブリカンによる政治的暴力の犠牲者が拡大している点について、1998 年 8 月 15 日に発生したオマーでの爆弾テロ事件がある。このテロ事件は、IRA から離脱した RIRA の犯行によるものであるが、この事件では 29 人の一般住民が犠牲となり、そのうちカトリック系一般住民は 13 人、プロテスタント系一般住民が 11 人、その他が 5 人であった。

次に、ロイヤリスト系武装組織による政治的暴力について見てみると、その全犠牲者数は 73 人である。その内訳は、イギリス治安部隊が 2 人、リパブリカン系武装組織メンバーが 2 人、ロイヤリスト系武装組織メンバーが 8 人、カトリック系一般住民が 33 人、プロテスタント系一般住民が 10 人となっていた。そして、宗派不明を含めた一般住民の総数は 61 人であり、ロイヤリスト系武装組織によって殺害された死亡者数の 83.56％ を占めていた。この数字は、ロイヤリスト系武装組織が、依然として、一般住民をターゲットにした政治的暴力を展開していることを意味している。

しかし、この和平交渉期についていえば、リパブリカン系武装組織が一般住民を殺害した割合も上昇している。リパブリカン系の場合、53.01％ となっており、1969 年から 1993 年までの時期に比べて、16.23 ポイント上昇している。また、全体の死亡者数に占める割合も 12.35 ポイント上昇しているのである。これは、「停戦」と和平プロセスの過程で、イギリス治安部隊の縮小が行われたことや、リパブリカン系武装組織による秩序維持のための「処罰型殺人」の増加などが、その背景にあると考えられる。

以上の検討から、北アイルランドにおける政治的暴力には、4 つのフィールドが広がっていることがわかる。つまり、(1)リパブリカン系およびロイヤリスト系武装組織による一般住民をターゲットにした殺人（46.62％）、(2)リパブリカン系武装組織とイギリス治安部隊間の抗争（刑務所スタッフを含む）（35.15％）、(3)同系武装組織間の抗争と同系コミュニティ内での「処罰型殺人」（6.78％）、(4)イギリス治安部隊によるカトリック系一般住民に対する殺人（4.83％）の 4 つのフィールドである。

ここに見られる対立の主軸は、リパブリカン系武装組織が主にイギリス治安部隊をターゲットにしているのに対して、ロイヤリスト系武装組織は一般住民、

図9-3　北アイルランド紛争における2つの戦線

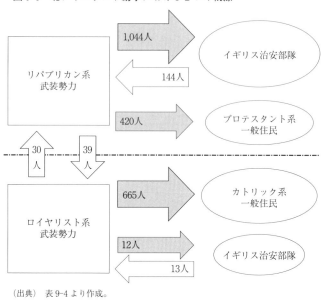

（出典）表9-4より作成。

とくにカトリック系一般住民を主たるターゲットにしているところに特徴がある。つまり、図9-3のごとく、北アイルランド紛争は、主要に、(1) IRAを中心としたリパブリカン系武装組織とイギリス治安部隊、(2)ロイヤリスト系武装組織とカトリック系一般住民という2つの戦線が存在しているといわなければならない。

次に、武装闘争期（1969年—1993年）の政治的暴力の発生地域について見てみよう。1969年から1993年までに発生した政治的な暴力事件は2,479件であった。その内訳は、ベルファストが1,237件、アーマー郡が337件、デリー／ロンドンデリー郡が251件、ティーロン郡が226件、ダウン郡が132件、アントリム郡が106件、ファーマナー郡が84件であった。そして、イギリス本土では42件、ダブリンで12件、ダブリンを除くアイルランド共和国各郡で41件、ヨーロッパ大陸においては、旧西ドイツで5件、オランダで4件、ベルギーとジブラルタルでそれぞれ1件であった。

1926年から1991年まで各郡の宗派別人口構成比率を経年的に見ると、1926

第9章 北アイルランド紛争における政治的暴力の構造（1969年—1998年）

年から1961年までにベルファストとアントリム郡、アーマー郡の2つの郡でカトリック系住民人口の比率が1ポイントから5ポイント上昇している。そして、1961年から1991年の30年間について見れば、ベルファストとデリー／ロンドンデリー郡、アーマー郡、ティーロン郡、ファーマナー郡でカトリック系住民人口の比率が2ポイントから10ポイント上昇していたのである。こうしたカトリック系住民人口の構成比率が上昇した都市や郡を見ると、1926年から1991年の間に、ベルファストの16ポイントを最高に、上記の4つの郡で1ポイントから10ポイント上昇していたのである。つまり、この拡大傾向は1961年以降に急速に進んだものと考えることができる。他方で、プロテスタント系住民人口の構成比率は、ベルファストおよびデリー／ロンドンデリー市と6つの郡すべてで減少傾向にあった。そこで注目すべき点は、この間にカトリック系住民の占める割合が急速に拡大したベルファスト、デリー／ロンドンデリー郡、アーマー郡で政治的暴力が多発する傾向が見られることである。他方で、プロテスタント系住民が60％以上を占めるダウン郡やアントリム郡では、相対的に政治的暴力の頻度が低いのである[37]。

では、政治的暴力の発生頻度が高いベルファスト、デリー／ロンドンデリー郡、アーマー郡について、政治的暴力による死亡者数から発生場所を特定してみよう。まず、ベルファストについては、アードイン地区69人、ニュー・ロッジ地区62人、フォールス地区57人、コロナード地区56人、下スプリングフィールド地区48人、ホワイトロック地区54人、シャンキル地区24人、ウッドベイル地区23人となっており、西ベルファストに集中している。また、宗派構成との関係で政治的暴力の発生地域を見てみると、西ベルファストはカトリック系住民が90％以上を占める地域である。しかも、この地区は北アイルランドでも最も労働者階級が集中している地域である。

西ベルファストに属する上記の地区は、高速道路（M1）とブラックマウテンと呼ばれる小高い山に囲まれており、ベルファストの市街地の中でも比較的孤立している地域である。下スプリングフィールド地区やスプリングヒル地区は、プロテスタント系住民が99％を占めているシャンキル街と隣接している。フォールス地区、ホワイトロック地区、コロナード地区はスプリングフィールド街とミルタウン墓地を境にして、プロテスタント系住民が集中するシャンキル

図9-4　ベルファスト市街図（宗派別構成）

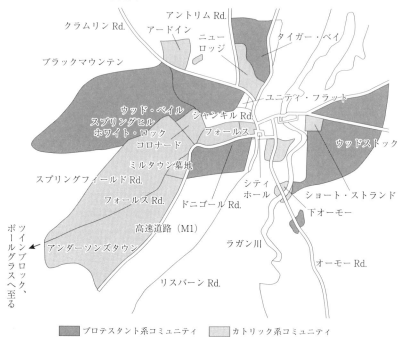

（出典）Hamish MacDonald, *Irish Question*, Cheltenham, 1992, p. 16 より作成。

街地区やドニゴール街地区などに取り囲まれている。また、シャンキル地区とタイガー・ベイ地区に周囲を囲まれたニュー・ロッジ地区やユニティ・フラット地区、クラムリン街沿いのアードイン地区もシャンキル地区と隣接し、その周囲をプロテスタント系住民が多数派を占める地区に取り囲まれている。北ベルファストの下オーモー地区についても同様で、ラガン川とドニゴール街に挟まれた地域に孤立して存在している。ラガン川東岸に位置する東ベルファストのショート・ストランド地区でも、プロテスタント系住民が圧倒的多数を占めるウッドストック地区の中に孤立して存在している。このように、それぞれプロテスタント系コミュニティとカトリック系コミュニティが隣接しているか、プロテスタント系コミュニティに周囲を取り囲まれて飛び地のように孤立しているカトリック系コミュニティにおいて政治的暴力が頻発しているのである（図9-4）。これとは逆に、ツインブロックやポールグラスといったカトリック

系住民が90％以上を占めている地区では、政治的暴力の頻度が低い傾向を示している。

　デリー／ロンドンデリー郡について、政治的暴力の発生場所を特定すると、主にデリー／ロンドンデリー市に集中している。ここは、カトリック系住民が69.5％対23.6％で多数派を形成している地域である。デリー／ロンドンデリー市の中でも最も政治的暴力の発生頻度が高い地域は、カトリック系住民が多数を占めるボクサイド地区とクレガン地区である。ボクサイド地区は、デリー／ロンドンデリー市街地を取り囲む城壁外の西側に広がる一帯であり、21件の政治的暴力事件が発生している。また、クレガン地区はボクサイド地区からさらに西に向って、点在するプロテスタント系コミュニティを通り抜けて小高い丘を越えたところに広がる地域である。ここで、28件の政治的暴力事件が発生している。こうしたクレガン地区は、周囲をプロテスタント系コミュニティに取り囲まれた飛び地のようになっており、ボクサイド地区とも隔絶された位置にある（図9-5）。

　また、アーマー郡を見ると、アーマーやクレイガボンなど北アイルランド南部の国境付近の町で政治的な暴力事件が集中している。アーマー郡全体で見た場合、カトリック系住民が多数派を構成しているのであるが、アーマーやクレイガボンでは逆に、それぞれ45.4％対47.1％と40.1％対49.9％でプロテスタントが僅かながら多数派を占めている。ポータダウンはプロテスタント系が61％を占める町であるが、ポータダウン駅の裏側のギャラバーヒー・ロード周辺地域は、プロテスタント系コミュニティに取り囲まれる形でカトリック系コミュニティが孤立して存在している。ここは、毎年7月に行われるポータダウン地区オレンジ・ロッジのオレンジ・オーダー団パレードのコースに含まれており、1995年から1997年にかけてドラムクリー危機などオレンジ・オーダー団とカトリック系住民が衝突する事件がたびたび発生してきた地域である。また、アーマー南部のニュートンハミルトンやクロスマグレンなどアイルランド共和国との国境付近の町でも政治的暴力の死亡者が集中している。とくに、クロスマグレンでは52人の死亡者を出している。これは主に、リパブリカンとイギリス治安部隊によって引き起こされたものである。このアーマー南部は北アイルランドにおけるイギリス軍の基地が集中しており、リパブリカン対策の

図9-5 デリー／ロンドンデリー市街図（宗派別構成）

　　カトリック系住民が70％以上を占める地域
（出典）　Hamish MacDonald, *Irish Question*, Cheltenham, 1992, p. 39 より作成。

チェックポイントとなっている場所である。

　以上のように、政治的暴力による死亡者を宗派の構成比率と地理的な位置との関連で考察してみると、3つの傾向を見出すことができる。第1の傾向は、カトリック系住民が多数派を占めているか、プロテスタント系住民との人口構成比が拮抗しているような地域、とくに1961年以降急速にカトリック系住民が増加した地域において政治的暴力が多発する傾向を示していたことである。第2の傾向は、プロテスタント系コミュニティと隣接しているか、プロテスタント系コミュニティに取り囲まれて飛び地になっているカトリック系コミュニティ周辺で政治的暴力が多発する傾向を示していたことである。第3の傾向は、

プロテスタント系住民とカトリック系住民とも90％以上を占め大規模なコミュニティを形成しているような地区内では、政治的暴力の頻度が低い傾向を示していたことである[38]。

第4節　武装闘争期(1969年―1993年)における政治的暴力の傾向

　武装闘争期（1969年―1993年）について、イギリス治安部隊と各武装組織にみられる戦略的ないしは戦術的な行動パターンから、6つの時期に区分することができる（表9-5）[39]。

　第1期（1969年―1970年）は、1955年以降に散発的に展開されてきたIRAの武装闘争に対する支持が後退する中、公民権運動の台頭に刺激されて、プロテスタント優位の北アイルランド政府に対する不満が大衆レベルから噴出してくる時期である。この時期、公民権運動の評価をめぐって、IRAとSFが正統派と暫定派に分裂し、暫定派がIRAとSFの本体を掌握するようになる。この時期の政治的暴力について、イギリス治安部隊が3人、武装組織メンバーが7人（そのうち、リパブリカン系武装組織の内部対立によるものが4件）殺害されている。そして、一般住民の死亡者が30人であり、そのうち16人がカトリック系一般住民で占められており、16人中12人がイギリス治安部隊の暴力によるものであった。他方、プロテスタント系一般住民も13人が犠牲となっている。そのうち、8人がリパブリカン系武装組織の報復によるものであり、2人がイギリス治安部隊によるものであった。この時期の特徴は、イギリス治安部隊のカトリック系住民に対する厳しい対応が数字の上からも窺えるが、リパブリカン系武装組織による暴力もそうした厳しい対応への報復という形態をとるものが多い。それゆえ、この時期は公民権運動などの市民運動がリパブリカンおよびナショナリストの反政府運動の主流にあったことから、武装組織の戦略と戦術が固まっていない騒乱期ということができよう[40]。

　1971年に入ると、8月までに政治的暴力による死亡者は28人に達している。政治的な暴力事件が激化する中、当時の北アイルランド首相フォークナーは非常拘禁制度を復活させ、8月9日に施行した。この日は、早朝からカトリック系女性たちを中心に屑入れバケツのふたで歩道を叩くなど、非常拘禁制度導入

表9-5 時期区分別政治的暴力の傾向

区　分	死亡者数	負傷者数
第1期　1969-70（騒乱期）	39	1,576
第2期　1971-76（非常拘留期）	1,660	17,720
第3期　1977-81（刑務所闘争期）	483	5,398
第4期　1982-85（諜報政策期）	293	2,817
第5期　1986-90（アングロ＝アイリッシュ合意期）	388	5,492
第6期　1991-93（政府間交渉期）	263	2,852
合　計	3,126	35,855

（出典）　表9-2より作成。

に反対する統一行動がとられ、リパブリカンとナショナリストによる反非常拘禁デモがベルファストで行われた。このデモ隊がベルファストのシティ・センターにさしかかったとき、イギリス軍と衝突し、342人が一斉検挙される事件が発生している。それは12月半ばまでに1,576世帯が家宅捜査を受けるという徹底したものであった。市民運動を軸にした闘争は、この年に導入された非常拘禁制度によって、多くの活動家が逮捕・拘留され、急速に衰退することになる。それゆえ、リパブリカンとナショナリストの反政府運動はIRAを中心とする武装地下組織の活動にフィールドが移っていく。これが第2期（1971年―1976年）である。

　第2期は、非常拘禁政策による反政府活動家の一斉検挙にもかかわらず、紛争が最も激化した時期でもある。それは、1972年にデリー／ロンドンデリー市で起こった「血の日曜日事件」において頂点に達する。これは、1月30日に公民権協会（NICRA）が呼びかけた反非常拘禁制度デモに対して、イギリス政府はパラシュート部隊を投入してこれを阻止しようとし、14人の一般住民の命が失われた事件である。この事件を境にリパブリカンによる武力活動はさらにエスカレートし、2月22日には、OIRAがイギリス本土にあるオルダーショット基地のパラシュート部隊に対して爆弾テロ事件を起こし、7人が犠牲となった。これに対して、イギリス政府は3月、北アイルランド政府を廃止し、北アイルランドを直接統治[41]のもとにおく決定をする。同時に、イギリス政府は、リパブリカンの政治的暴力への対処として、IRAとの秘密裏の交渉[42]を持つことになる。これが不調に終わると、ベルファストやアーマーで、IRAによる爆弾テロ事件が相次いで発生する。この1972年は、北アイルランド紛争史上最

も多くの死亡者を出した年であったが、その帰結がイギリス政府による北アイルランド直接統治であった。直接統治は1921年に成立した北アイルランド政府の廃止を内容としたものであり、制度上、ユニオニストによる北アイルランド支配に終止符が打たれたことを意味していた。それゆえ、リパブリカンおよびナショナリストがこの措置を歓迎する中、ユニオニストはこれに強く反発し、直接統治に反対するゼネストと5万人規模の大集会を組織して抵抗した。また、UDAも武装闘争をあらためて強化する姿勢を示すに至ったのである[43]。

　直接統治のもと1973年には、リパブリカン、ナショナリスト、そして多くのカトリック系住民がボイコットする中、北アイルランドの帰属を問うレファレンダムが実施される。かかるレファレンダムが北アイルランドのイギリス残留という結果に終わったことを受けて、イギリス政府は7月28日に新しい自治議会を召集すべく、比例代表制による自治議会選挙の実施に踏み切る。そして、北アイルランド和平の具体化に向けて、12月9日にサニングデール合意が締結され、1974年1月に新自治政府は統治権限の移譲を受けた。しかし、これに反対するユニオニストとアルスター労働者評議会（UWC）が大規模なゼネストを組織し、新自治政府の首相となったフォークナーをUUP党首から解任するなど、強硬な抵抗を展開した。その結果、新自治政府は実効力を失い、再び直接統治が導入されることになった[44]。こうしたユニオニストとロイヤリストの動きに対して、リパブリカンがバーミンガムで無差別の爆弾テロで対抗するなど、政治的暴力が再び無差別化の様相を強めると、イギリス政府は1973年7月に、それまでの特別権限法（Civil Authorities (Special Powers) Act (Northern Ireland), 1922）に代えて、北アイルランド緊急措置法（Northern Ireland (Emergency Provisions) Act, 1973）、1974年12月にはテロ活動防止法（PTA）を発動し、団体規制を強化するようになる。

　第2期の6年間の死亡者は、著者の試算によると1,739人であり、北アイルランド紛争の中で最も多くの犠牲者を出した時期であった。この時期の特徴としては、まず第1に、ロイヤリストの反カトリック運動が激しくなり、カトリック系一般住民をターゲットにした暴力行為が飛躍的に増大していることである。ロイヤリスト系武装組織はこの時期、583人を殺害しているが、そのうち一般住民はカトリック系一般住民388人を含む524人であり、かれらによって

殺害された犠牲者数の約89％に相当する。他方で、リパブリカン系武装組織の場合でも、イギリス治安部隊の犠牲者は約49％と最も高かったが、全体の37％にあたる323人の一般住民が殺害されている。これはIRAを中心としたリパブリカン武装組織が1つの期間に一般住民を殺害した最も多い数字である。また、そこには185人（リパブリカン系武装組織が殺害した一般住民の57％）のプロテスタント系一般住民が含まれていた。それゆえ、第2期は、リパブリカンおよびロイヤリストがともに一般住民をターゲットにした組織的かつ無差別的な報復合戦を展開した時期として把握することができる。かくて、この時期を境に、市民運動を中心とした反政府運動は後退し、武装組織による組織的な抗争が北アイルランド紛争の主流になっていく。そして、イギリス治安部隊とリパブリカン系武装組織との対抗関係、ロイヤリスト系武装組織とカトリック系住民との対抗関係という北アイルランド紛争に見られる2つの戦線が形作られていったのである。

　もう1つの特徴として、非常拘禁政策によって、リパブリカンの活動のフィールドに変化が生じたことである。非常拘禁政策によって検挙された者のうち、カトリック系ないしはリパブリカンは2,060人にのぼっている。これに対して、ロイヤリストについてはわずか109人であった。非常拘禁政策が施行されていた1971年から75年までの5年間、ロイヤリスト系武装組織の代表機関であるUDAは合法的な地位を維持していた。また、1966年に現れ、その後、北アイルランド政府によって非合法化されていたUVFが1974年8月から1975年10月まで合法化されるなど、非常拘禁政策は明らかにリパブリカン系の活動家とカトリック系住民を対象としたものであったといえる。この時期の非常拘禁政策の結果、リパブリカンの活動は77年以降急激に衰退傾向を示すことになる。そして、活動のフィールドを路上からしだいに刑務所内に移していくことになる[45]。

　1976年9月、IRAとINLAはいわゆる刑務所闘争を開始することになる。その中心的な戦術がダーティー・ストライキとハンガー・ストライキであった。この戦術は1981年に頂点を迎え、1981年4月にハンガー・ストライキに入ったボビー・サンズやキーラン・ドハティをはじめ、10人の死亡者を出すに至った。IRAは、この戦術によって北アイルランド問題を国際的にアピールする

第9章　北アイルランド紛争における政治的暴力の構造（1969年－1998年）　273

ことに成功したが、効果的な譲歩をイギリス政府から引き出すには至らず、むしろ10人の死亡者を出すという多大な犠牲をメンバーに強いたとして、10月3日にハンガー・ストライキの中止を宣言している[46]。これが第3期（1977年－1981年）である。

この時期は、第2期と比較して、政治的暴力による死亡者と負傷者が3分の1程度にまで減少している。他方で、これまでのように銃による暴力から爆発物と発火物の使用頻度が高まっていることが注目される。それは、非常拘禁による武装組織活動家の減少から、活動そのものの幅が狭まったことを反映している。1977年に出されたIRAの「スタッフ・レポート」では、北アイルランドでのリパブリカンの活動を「長い戦争」と位置づけ、イギリス治安部隊による非常拘禁政策と射殺政策に対抗するために、組織形態を軍団方式から細胞方式に転換させている[47]。

第3期では、刑務所闘争の行き詰まりから武装闘争がより組織的なものとなり、かつ無差別化する傾向が見られるようになった。これに対抗するために、イギリス治安部隊はスーパーグラス政策（諜報政策）を導入する。これがリパブリカンをして「汚い戦争」と言わしめた第4期（1982年－1985年）である。この時期は、全体として政治的暴力の発生頻度は減少し、SFが選挙戦を重視し始めるなど、リパブリカンの間で方針転換が模索された時期でもあった。

SFは、すでに1981年の党大会で議会ボイコット主義の撤回を決定しており、政治闘争への方針転換を計りつつあった。1983年のイギリス総選挙では、ジェリー・アダムズが西ベルファスト選挙区で当選している。そして、1983年11月の党大会でジェリー・アダムズが党首になると、政治闘争を重視する傾向はさらに強まり、1985年5月の北アイルランド地方議会選挙に候補者を擁立することになる。そして、1986年には、IRAが10月の軍事評議会で、政治闘争に比重を置くとする方針転換を行う。かくて、SFは同年11月の党大会において、前党首のオブラディを中心とする武装闘争派を切り離し、アイルランド共和国総選挙へ積極的に候補者を擁立していく方針を決定したである。

しかし、こうした方針転換により、IRAの武装闘争が縮小したわけでない。1983年11月13日にダブリンで開かれた党大会で、アダムズは党首就任にあたって、「シン・フェイン党は、その戦略に対する態度を検討する必要がある

だろう。武装闘争は、6郡において圧倒的多数のアイルランド人によって拒否されてきたイギリス政府の支配と闘うために必要であり、かつ道義的にも正しい方法である。武装闘争によっては、イギリス政府は立ち退かないであろうという者がいる。アイルランドの歴史と世界中でのイギリスの植民地活動はわれわれに教えてくれる。かれらはほかのいかなる方法でも立ち退かないであろうことを。したがって、私は自由のために闘う戦士たち――IRA の兵士となった男たちや女たち――に喜んで敬意を払いたい」[48]と発言している。ここでの方針転換は、IRA の武装闘争戦術の放棄を意味するのではなく、政治闘争を進める上で、反英闘争の象徴としての武装闘争を効果的に運用していくことにポイントがあった。その背景には、80年代の諜報政策の導入により約 300 人の主要なメンバーが起訴されるなど、IRA が策定した「長い戦争」が閉塞状況に陥っていたことが考えられる。そのため、IRA を中心とするリパブリカンの活動の選択幅を広げることが 1983 年に始まった方針転換の目的であったということができる[49]。

　したがって、SF を介した政治闘争が追求される一方で、爆弾などの爆発物によるゲリラ活動に重点を移した象徴的な政治的暴力の行使が行われることになる。1985 年には爆発物を利用した政治的暴力が全体の 50％を上回ることになり、爆発物への依存度は増していく。つまり、1984 年まで政治的暴力に使用された武器のうち爆発物の占める割合は 30.2％であったが、1985 年以降の 9 年間では 44.6％と上昇しているのである。主な爆弾事件には、1983 年のハロッズ・デパート爆破事件、1984 年のブライトンでのイギリス保守党大会会場爆破事件、1987 年のエニスキーレンでの英霊記念式典会場爆破事件、1989 年のケントでのイギリス海兵隊基地爆破事件、1991 年のロンドン・ビクトリア駅爆破事件、1992 年のマンチェスターでのショッピングセンター爆破事件などがある。だが、こうした武装闘争の形態の変化は、方針転換だけに要因を求めることはできない。それは 70 年代末に IRA が組織形態を変更したこととも深く関わっている。むしろ、政治闘争路線を補完するものとして武装闘争が位置づけられる中で、1977 年以降に IRA が採用した細胞方式の組織形態に合致した武装闘争スタイルがこの段階になって固まってきたということができる。

　第 5 期（1986 年―1990 年）は、1985 年のアングロ＝アイリッシュ合意をめぐ

って、ロイヤリスト系武装組織の活動が急激に活発化する時期である。この時期、ロイヤリスト系武装組織は91人の殺人を行っているが、これは第4期の35人と比較して2.6倍になっている。一方、リパブリカン系武装組織は、この時期、286人の殺人を行っているが、第4期の239人と同規模である。だが、一般住民に対する暴力という点では見れば、第4期の場合、ロイヤリスト系武装組織が殺害した35人中24人が一般住民であり、その内カトリック系が18人（75％）であった。第5期では、91人中76人が一般住民であり、その内カトリック系が66人（87％）であった。リパブリカン系武装組織の場合は、286人中62人が一般住民であり、その割合は22％であった。逆に、特徴的なのは、イギリス治安部隊に対する殺人が173人であり、全体の61％を占めていることである。それゆえ、この時期の特徴は、明らかにロイヤリスト系武装組織が反カトリック闘争を強化することを通じて、アングロ＝アイリッシュ合意の撤回をイギリス政府に迫ろうとした点に求められよう。

　第6期（1991年－1993年）は、イギリスとアイルランド両政府によるダウニング街宣言が1991年に出され、政府間レベルでの和平への枠組み論議が展開され始める時期である。この時期、リパブリカン系武装組織による暴力行為で死亡した人の数は127人であったが、そのうち52人がイギリス治安部隊に所属する者であった。他方、ロイヤリスト系武装組織による暴力行為では126人が死亡し、そのうち105人が一般住民であった。ここでも、全死亡者に占める一般住民の比率は、リパブリカン系武装組織が46％であるのに対して、ロイヤリスト系武装組織は83％と高い値を示している。この時期、ロイヤリストの間では、和平交渉が政府間レベルで進められたがゆえに、頭越しに自分たちの処遇が論議されているという意識が存在しており、イギリス政府に対する不信感が拡大していた。こうしたイギリス政府への不満は、第5期と同様に、ロイヤリスト系武装組織によるカトリック系一般住民をターゲットにした政治的暴力が多発する背景となっていた[50]。

　1969年から1993年に至る北アイルランド紛争は、以上のような経過を経て、1994年8月31日のIRAの停戦宣言によって、紛争当事者間の和平交渉期の段階に入っていくことになる。このように紛争を見てみると、リパブリカン系武装組織が主要なターゲットとしていたのは、明らかにイギリス軍やRUCをは

じめとするイギリス治安部隊であった。リパブリカン系武装組織の行動パターンには、イギリス政府によるPTAをはじめとする非常拘禁政策や諜報政策などの導入による対リパブリカン対策の強化とあいまって、リパブリカンの武装闘争が閉塞状況に陥り、刑務所闘争を経た1981年以降に、リパブリカンの行動に大きな転換が生じたと考えられる。つまり、それまでの武装闘争中心の行動スタイルから選挙を利用した政治闘争に比重を置く行動スタイルへ戦術転換が計られたことである。そして、1983年にジェリー・アダムズがSF党首に就任する中で、戦術としての武装闘争を担保にしつつ政治闘争を展開する行動スタイルが追求されるようになる。そして、それは同時に、武装闘争の象徴化を促し、銃や火炎ビンなどを使用した日常的な暴力行為よりもむしろ政治的信条を広くアピールできる爆発物による暴力行為が拡大することになったのである。IRAを中心としたリパブリカン系武装勢力は、IRAとそれ以外の武装勢力との間に存在するイデオロギー的相違を抱えつつも、かかる紛争を「戦争」と位置づけているように、反英闘争という点で一貫した戦略的方向性を示していた。そして、この方向性のもと、政治情勢に柔軟に対応した戦術を採用するという行動パターンをとっていたということができよう。

　ロイヤリスト系武装組織の行動パターンにも特徴的な傾向が見られる。それは、和平交渉をめぐってイギリス政府との関係が悪化した場合、イギリス治安部隊をターゲットにするのではなく、カトリック系一般住民に対する暴力行為が強化されるという点である。たとえば、1973年のサニングデール合意の翌年には、118人の一般住民を殺害しているが、そのうちアイルランド共和国での33人を含めて102人のカトリック系一般住民が犠牲となっている。1985年のアングロ＝アイリッシュ合意の翌年には、ロイヤリストが殺害した15人のうち12人がカトリック系一般住民であった。また、第6期について見れば、ダウニング街共同宣言が発せられた1991年には、ロイヤリスト系武装組織が殺害した40人のうち30人がカトリック系一般住民であり、その翌年の1992年には38人中27人のカトリック系一般住民が殺害されていたのである。

　この特徴を各時期区分別に見てみると、サニングデール合意に基づく和平プロセスが進行しつつあった第2期には、ロイヤリスト系武装組織は518人の一般住民を殺害しているが、そのうち全体の75％にのぼる391人がカトリック

系一般住民であった。イギリス政府の非常拘禁政策が一定の効果をあげていた第3期には、ロイヤリスト系武装集団が殺害したカトリック系一般住民は46人であり、第2期よりほぼ8分の1に減少している。また、イギリス政府がリパブリカン系武装組織の摘発に力点を置いていた第4期でも、ロイヤリスト系武装組織のカトリック系一般住民をターゲットにした政治的暴力事件は減少している。第4期においては、ロイヤリスト系武装組織の政治的暴力によるカトリック系一般住民の死亡者は18人であったが、アングロ＝アイリッシュ合意が発表された第5期には、約4倍近い66人のカトリック系一般住民が殺害されているのである。こうした傾向は第6期においても確認できる。第6期に、ロイヤリスト系武装組織が殺害したカトリック系一般住民は97人にのぼっており、第5期より約1.5倍になっている。このように見ると、ロイヤリスト系武装組織の場合、かれらの政治信条が反カトリックというセクト主義的行動に収斂し、北アイルランドにおけるプロテスタントの優位にカトリックが抵抗する限り、「自衛」のために紛争に関与していくという行動パターンを示しているのである。そして、カトリック系住民への暴力行為はイギリス政府による共和国やリパブリカンとの頭越しの交渉を抑止し圧力をかけるための手段となっていたのである。

小　括

　以上、北アイルランド紛争について、関係する武装勢力の行動パターンに着目することにより、政治的暴力の構造と傾向を分析した。ここから少なくともいえることは、第1に、北アイルランドにおける政治的暴力を直接的に担ってきた勢力はリパブリカンとロイヤリストであり、いずれの勢力もお互いに異なる対象を政治的暴力のターゲットにしてきたことである。すなわち、リパブリカンはIRAを中心にして、イギリス治安部隊を主要なターゲットにしてきた一方で、ロイヤリストは明確にカトリック系一般住民に政治的暴力の矛先を向けてきたことである。つまり、ロイヤリストによる反カトリック的行動は、紛争をナショナリスト対イギリス政府ではなく、プロテスタント対カトリックという図式でイメージを固定化する作用を持ったということである。そして、和

平プロセスに反対の姿勢を示して、政治的暴力を行使してきた勢力が IRA などのリパブリカン系武装組織ではなく、ロイヤリスト系武装組織であった点も重要である。第 2 に、1994 年の IRA の停戦以降、リパブリカンの交渉路線への転換が看取されるようになるが、武装闘争から交渉や選挙を通じた政治闘争への移行は、80 年代初頭から始まっており、それは 1983 年にジェリー・アダムズが SF 党首に就任し、強硬派を 1986 年に排除したところまでさかのぼることができる。かくて、ここに示された政治的暴力の構造は、北アイルランド紛争のアウトラインを示すものであり、1998 年のベルファスト和平合意とその後の北アイルランド政治の前提条件をなすものである。

1) ロイヤリスト武装組織の行動を防衛的なものとして把握する議論として、Anthony Alcock, *Understanding Ulster*, Lurgan, 1994; Tom Wilson, *Ulster: Conflict and Consent*, Oxford, 1989; Arthur Aughey, *Under Siege: Unionism and Anglo-Irish Agreement*, London, 1989 などがある。
2) 北アイルランド紛争に関わる最初の政治的暴力事件は 1966 年にすでに発生している。1966 年 7 月 11 日、西ベルファストのフォールス街に続くコロナード地区近くのオラモア通りで、UVF に拳銃で射殺されたカトリック系の商店主ジョン・パトリック・スカリオンが最初の犠牲者である。この年には、ロイヤリスト系武装組織の政治的暴力によって、3 人のカトリック系一般住民がベルファストで殺害されている。このように、1966 年ごろからロイヤリストによる政治的暴力が散発的ではあるが開始されており、1969 年の IRA の本格的な武装闘争への引き金となったと考えられる。David Mckittrick, Seamus Kelters, Brian Feeny, Chris Thornton and David McVea, *Lost Lives: The Stories of the Men, Women, and Children who Died as Result of the Northern Ireland Troubles*, Edinburgh, 2000, pp. 25-29.
3) R. M. Fraster, "The Cost of Commotion: An Analysis of the Psychiatric Sequelae of the 1969 Belfast Riots", in *British Journal of Psychiatry*, Vol. 118, Issue 544, 1971; Francis S. L. Lyons, *Ireland since the Famine*, London, 1973; E. Cairns and R. Wilson, "Coping with Political Violence in Northern Ireland", in *Social and Science & Medicine*, Vol. 28, No. 6, 1989; Riz Curtis, *Ireland: the Propaganda War*, London, 1984.
4) M. McLeown, "Considerations on the Statistics of Violence", in *Fortnight*, No. 5, 1977, pp. 4-5; Marie Therese Fay, Mike Morrissey and Marie Smyth, *The Cost of the Trouble Study: Mapping Trouble-Related Deaths in Northern Ireland 1969-1994*, Derry, 1997, pp. 11-12.
5) James A. Schellenberg, "Area Variations of Violence in Northern Ireland", in *Sociological Focus*, No. 10, 1977, pp. 69-78.
6) John Darby and A. Williamson, *Violence and Social Services in Northern Ireland*, London, 1978.
7) Raymond Murray, "Political Violence in Northern Ireland 1969-1977", in F. W. Boal and

第 9 章　北アイルランド紛争における政治的暴力の構造（1969 年― 1998 年）　279

　　　J. N. H. Douglas（eds.）, *Integration and Division: Geographical Perspectives on the Northern Ireland Problem*, London, 1982, pp. 309-322.
 8 ）　Michael Poole, "The Demography of Violence", in John Darby（ed.）, *Northern Ireland: The Background to the Conflict*, Belfast, 1983, pp. 163-175.
 9 ）　ジャック・ホランドとヘンリー・マクドナルドによる研究では、IRA から分離したアイルランド民族解放軍（INLA）による武力行為について詳細なデータを与えている。また、ロイヤリスト武装組織の北アイルランドでの行動と暴力行為を詳細に調査したものには、スティーブ・ブルースの研究、シドニー・エリオットらのグループがまとめた研究などがある。Jack Holland and Henry McDonald, *INLA: Deadly Divisions*, Dublin, 1994; Steve Bruce, *The Red Hand: Protestant Paramilitary in Northern Ireland*, Oxford, 1992; Sydney Elliott and William D. Flackes, *Northern Ireland: A Political Directory 1989-1999*, Belfast, 1999.
10）　Brendan O'Duffy and Brendan O'Leary, "The Violence in Northern Ireland 1969-June 1989", in John McGarry and Brendan O'Leary（eds.）, *The Future of Northern Ireland*, Oxford, 1990, pp. 322-327.
11）　Kevin Boyle and Tom Hadden, *Northern Ireland: The Choice*, London, 1994, pp. 65-68.
12）　Brendan O'Duffy, "Violence in Northern Ireland 1969-1994: Sectarian or Ethnonational?", in *Ethnic and Racial Studies*, Vol. 18, No. 4, 1995.
13）　Brendan O'Leary and John McGarry, *The Politics of Antagonism: Understanding Northern Ireland*, London, 1996, pp. 28-29.
14）　イゾベル・ハイランズは、1990 年から 4 年間にわたって、ベルファストを中心に「Violence ― Count the Cost」というセミナーを開き、政治的暴力が発生した日時、死亡者の氏名、年齢、原因、死亡場所について明らかにしようとした。その上で、3,641 人が犠牲になったとしている。この研究は主に新聞資料と被害者家族へのインタビューによるところが大きいが、政治的暴力による死亡者を確定するための基準が明確でないという問題点を残していた。Marie Therese Fay, Mike Morrissey and Marie Smyth, *supra* note 4, p. 12.
15）　David McKittrick（eds.）, *supra* note 2.
16）　RUC は、ベルファスト和平合意を受けて、最後の香港総督であったクリス・パッテンを議長に設置された警察権力の再編成に関する委員会「北アイルランドにおける警察改革のための独立委員会」（Independent Commission on Policing for Northern Ireland、パッテン委員会）の勧告を受けて廃止され、2001 年 11 月 4 日に北アイルランド警察（PSNI）が RUC の後継警察組織として設置された。
17）　政治的暴力の定義とその範囲については、Malcolm Sutton, *An Index of Deaths from the Conflict in Ireland 1969-1993*, Belfast, 1994, p. v. と Brendan O'Leary and John McGarry, *supra* note 13, pp. 8-9. を参考にした。なお、政治的暴力に間接的に巻きこまれたケースは、マスメディアによる報道などを通じてショックを受けて死亡した場合や自死した場合などである。
18）　Charles L. Taylor and David A. Jodice, *The World Handbook of Political and Social Indicators, Vol. 3: 1949-1977*, Berlin, 1983.
19）　Brendan O'Leary and John McGarry, *supra* note 13, pp. 12-22.
20）　ロイヤリストの武装組織については、Steve Bruce, *supra* note 9 を参照。
21）　Peter Taylor, *Loyalists*, London, 1999, pp. 240-242.
22）　John McGarry and Brendan O'Leary, *Explaining Northern Ireland: Broken Images*, London, 1995, pp14-16.

23) *Ibid.*, pp. 17-35.
24) Antony Alcock, *supra* note 1, pp. 94-96. 1960年代半ば、北アイルランドのナショナリスト党の指導者であったエディ・マクアーターの実兄のヒュー・マクアーターが一時期、IRAの幹部司令官であったことが明らかになり、ユニオニストによるナショナリスト批判に利用された。エディ・マクアーターについては、Ian McAllister, "Political opposition in Northern Ireland: the National Democracy Party 1965-1970", in *Economic and Social Review*, Vol. 6, No. 3, 1975を参照。
25) *Irish Times*, 1-2 January 1997.
26) Tim Pat Coogan, *The IRA*, London, 1993, pp. 15-39. IRAの通史については、鈴木良平『IRA——アイルランドのナショナリズム』彩流社、1988年を参照のこと。
27) *Ibid.*, pp. 461-481.
28) *Irish News*, 11 August, 1998.
29) Malcolm Sutton, *supra* note 17, pp. vii-viii.
30) Northern Ireland Government, *Ulster Year Book: The Official Year Book of Northern Ireland, 1981*, Belfast, 1982, pp. 61-62.
31) The Independent Commission on Policing for Northern Ireland, *A New Beginning: Policing on Northern Ireland: The Report of the Independent Commission on Policing for Northern Ireland*, Belfast, 9 September, 1999, p. 82, Table 12.
32) *Ibid.*, pp. 14-15.
33) Brendan O'Brien, *The Long War: The IRA & Sinn Fein From Armed Struggle to Peace Talk*, Dublin, 1995, p. 162.
34) Sir Arthur Hezlet, *The 'B' Specials: A History of the Ulster Special Constabulary*, London, 1997, pp. 17-24 and pp. 228-233.
35) 1969年から1993年までの政治的暴力による犠牲者の実態に関わる統計上の資料は、Malcolm Sutton, *supra* note 17; *Royal Ulster Constabulary, The Chief Constable's Annual Report 1995*, Belfast, 1996; Marie Therese Fay, Mike Morrissey and Marie Smyth, *supra* note 4; David McKittrick, Seamus Kelters, Brian Feeney, Chris Thornton and David McVea, *supra* note 2を参考にした。
36) Malcolm Sutton, *supra* note 17, pp. 196-197.
37) *Northern Ireland Census 1991 — Religion Report*, Belfast, 1993を参照。
38) 政治的暴力の地域別の発生状況と宗派的構成に関する研究として、Marie Therese Fay, Mike Morrissey and Marie Smyth, *supra* note 4, pp. 50-56がある。
39) Kevin Boyle, Tom Hadden, *supra* note 11, pp. 65-68.
40) Paul Bew, Peter Gibbon and Henry Patterson, *Northern Ireland 1921-1996: Political Forces and Social Classes*, London, 1995, pp. 145-158.
41) イギリス首相ヒースは、1972年3月24日に、北アイルランド政府の廃止と同月30日からイギリス政府による直接統治を導入することを発表している。
42) イギリス政府とIRA（暫定派）との秘密交渉は、1972年6月20日と7月7日の2度行われている。北アイルランドのデリー／ロンドンデリー郊外バリーアーネットで開催された第1回目の交渉では、イギリス政府からは北アイルランド省のフィリップ・J・ウッドフィールドとフランク・スティールが、IRA（暫定派）からはデイヴィッド・オコンネルとジェリー・アダムズが交渉にあたっている。なお、スティールは当時、イギリス軍情報部第6課（MI6）の諜報部員であった。第2回交渉は、ロンドンで開催され、北アイルランド相ウィリアム・ホワイトローが交渉にあたっている。この交渉では、IRA（暫定派）からはショーン・マクスチョフェイン、シーマス・トゥーメイ、デイヴィッド・オコンネ

ル、アイヴァー・ベル、マーチン・マクギネスら5人が出席している。Cillian McGrattan, *Northern Ireland 1968-2008: The Politics of Entrenchment*, Basingstoke, 2010, pp. 58-88.
43) Paul Bew, Peter Gibbon and Henry Patterson, *supra* note 40, pp. 171-185.
44) *Ibid.*, pp. 197-198.
45) Brendan O'Leary and John McGarry, *supra* note 13, pp. 196-197.
46) Tim Pat Coogan, *supra* note 26, pp. 621-632. 1980年3月26日にイギリス政府が政治犯処遇を停止したことに抗議して、同年10月26日から53日間にわたって、IRAメンバー30名によるハンガー・ストライキがメイズ刑務所（Hブロック）行われている。1981年3月1日に始まったハンガー・ストライキでは、5つの要求（①囚人服の着用を拒否する権利、②刑務所内で労働を拒否する権利、③他の服役者との自由な交流を保障し、教育的かつ創造的な目的を持つサークルを組織できる権利、④1週間に面会者1人、書簡1通、小包1個を保障すること、⑤反抗行為によってはく奪された免責処置の回復）が立てられていた。このハンガー・ストライキの死亡者は次の10人である。ボビー・サンズ（IRA）、フランシス・ヒューズ（IRA）、レイモンド・マククレーシュ（IRA）、パシー・オハラ（INLA）、ジョー・マクドネル（IRA）、マーチン・ハーソン（IRA）、ケビン・リンチ（INLA）、キーラン・ドハティ（IRA）、トマス・マケルウィ（IRA）、マイケル・ディバイン（INLA）。この10人以外にもハンガー・ストライキに入ったメンバーには、ブレンダン・マクラフリン（IRA）、パディ・クイン（IRA）、ローレンス・マクケオン（IRA）、パトリック・マクゲオン（IRA）、リアム・マクロスキィ（INLA）、パトリック・シーハン（IRA）、ジャッキー・マクマラン（IRA）、バーナード・フォックス（IRA）、ヒュー・カーヴィル（IRA）、ジョン・ピカリング（IRA）、ジェラルド・ホジキンス（IRA）、ジェームズ・ディバイン（IRA）の13人が存在する。ボビー・サンズはハンガー・ストライキ中の4月9日にファーマナーおよび南ティーロン選挙区で行われたイギリス下院補欠選挙に反Hブロック党所属で立候補し、UUPのハリー・ウエストを破って当選している。反Hブロック党は1981年にハンガー・ストライキに入った活動家を支援する組織としてオーエン・キャロンらによって設立され、同年6月のアイルランド共和国総選挙に9人の候補者を立て、そのほか3人の候補者に対して支持表明を行っている。この選挙で、ハンガー・ストライキに入っていたキーラン・ドハティがキャーバン＝モナハン選挙区で当選している。
47) *Ibid.*, pp. 578-581.
48) Gerry Adams, *Presidential Address*, Sinn Fein Ard Fheis (Annual Conference), Dublin, Norvember, 1983.
49) Brendan O'Brien, *supra* note 33, pp. 116-117; Peter Taylor, *Provos: The IRA and Sinn Fein*, London, 1998, p. 287.
50) Paul Bew, Peter Gibbon and Henry Patterson, *supra* note 40, pp. 214-217.

補　論——北アイルランド自治議会選挙と武装解除問題

　ベルファスト和平合意（以下、ベルファスト合意）の詳細については第10章において論ずるとして、まずその基本的な骨子について見てみると、第1に、イギリスとアイルランド共和国が北アイルランドに対して領有権を主張しないこと、第2に、北アイルランドの帰属は将来において、北アイルランド住民の意志に委ねられること、第3に、かかる帰属が確定するまで、北アイルランドを、ナショナリスト系、ユニオニスト系の各政治勢力による権力分有形態による自治政府のもとに置くことなどが明記されている[1]。このベルファスト合意の具体化に向けて、障壁となっていたのがアイルランド共和軍（IRA）の武装解除問題であった。そこには、ベルファスト合意の具体化にはIRAの武装解除の実行が先行されなければならないとするユニオニストと、ベルファスト合意の具体化の進行を考慮しつつ武装解除問題を取り扱おうとするリパブリカンとの間に対立が存在した[2]。

第1節　1998年自治議会選挙に関する予備的考察

　1998年6月25日、北アイルランド自治議会選挙が実施された。この選挙では、単記移譲式比例代表制（PR-STV）[3]が採用されている。この自治議会では、選挙区はイギリス総選挙と同様に、北アイルランド6郡を18の選挙区に区分し、全108議席で争われた。
　イギリス国家で行われる選挙方法には、イギリス総選挙に代表される小選挙区相対多数代表制が広く採用されている。かかる選挙方法は、1885年から本格的に採用されてきたものであり、1つの選挙において、過半数に到達していなくとも相対的最多票を獲得した候補が当選者となるというものである。近年では、1997年に実施されたスコットランドやウェールズの自治議会選挙、1999

年に行われたロンドン市長選挙や同市議会選挙などで、移譲式による比例代表制を部分的に組み込んだ方法が採用されている。また、1999年に行われた欧州議会選挙では、ドント式の比例代表制が採用されるようになっている。これは、当時の労働党政権による選挙制度改革の一定の前進を示すものである。

　北アイルランドでは、イギリス総選挙を除いて、比例代表制による選挙が行われるケースが多く見られる。また、欧州議会選挙では、イギリスの選挙の中で唯一、北アイルランド3議席については、第1回選挙からPR-STVが採用されている。5年に1度実施される地方選挙においても、このPR-STVで実施されている。1996年に実施された北アイルランド・フォーラムの代表者選出のための選挙の場合では、拘束名簿式の比例代表制に加えて、上位10の政党にそれぞれ2議席ずつ議席配分されるトップアップ方式が補完的に導入されている。

　ウェストミンスター型小選挙区制との比較で比例代表制について見ると、小選挙区制の場合、効率的な政府運営を可能にするという点で一定の評価を行うことができるが、得票率と議席占有率に差異が出ることから、議会の代表性を損なうという問題が存在する[4]。一方で、比例代表制は、「多数派と少数派の間の『権力の共有』、『権力の拡散』、『権力の公正な配分』」[5]を保障するシステムといわれている。ベルファスト合意は、「権力の分有」による自治政府の設置を基本課題としていた。それゆえ、自治議会選挙が、小選挙区制ではなく、比例代表制を用いて実施された背景に、ユニオニスト／ロイヤリストとナショナリスト／リパブリカンが厳しく対立する北アイルランドの政治情勢が存在している[6]。

　イギリスでは、第3次選挙法改正によって小選挙区制が施行されたが、すでにこの段階で比例代表制を求める動きが存在していた。1884年に比例代表協会が設立され、ジョン・スチュアート・ミルらを中心にPR-STVが主張されていた。アイルランドでは、1911年にシン・フェイン党（SF）のアーサー・グリフィスがアイルランド比例代表協会を設立していた。1920年のアイルランド統治法は、イギリス総選挙において採用されている小選挙区制が少数派を排除する傾向があるとして、移譲式による比例代表制を原則として採用するよう求めている。南アイルランド（後の共和国）では、1922年に制定された「アイル

ランド自由国憲法」法（Irish Free State Constitution Act, 1922）には選挙制度として PR-STV の採用が明記されていた[7]。

しかし、北アイルランドにおいては、ユニオニストの PR-STV に対する反発が大きく、イギリス型の小選挙区制の採用を求める動きが強かった。その結果、アルスター・ユニオニスト党（UUP）は1929年に、北アイルランド議会選挙（以下、議会選挙）について、小選挙区制導入に踏み切ったのである。同じ年に実施された第3回議会選挙は小選挙区制で行われ、それは北アイルランドがイギリスの直接統治下に置かれ北アイルランド議会が廃止される1972年まで続けられた[8]。

UUP が比例代表制の破棄に固執した理由には、北アイルランドにおけるユニオニスト支配を安定させることと同時に、イギリス政府の北アイルランド政府への介入を回避するという意図が存在した。そこには、UUP は、イギリス政府が南北国境委員会にアイルランドの再統一を求める勢力を入れることによって、ユニオニストの動きをコントロールしようとするのではないかという疑念があった。しかし、北アイルランドにおいて比例代表制が廃止されたのは、1925年ではなく、1929年であった。比例代表制の廃止と小選挙区制導入が4年あまりずれ込んだ背景には、比例代表制で行われた1921年の第1回議会選挙で、UUP が58議席中40議席を獲得するというナショナリスト／リパブリカンに対する圧倒的勝利があった。これは、北アイルランドのプロテスタント系とカトリック系に閉じられたコミュニティの高い分極化状況を背景したものであった。しかし、1925年の議会選挙では、コミュニティ間の閉鎖的な分極化状況を利用しきれず、ユニオニストそのものが分裂する中、UUP は北アイルランド労働党と無所属候補に4議席を奪われ、全体として8議席を失ったのである。逆にナショナリスト／リパブリカンは現有議席12議席を維持する結果となった。こうした選挙結果を受けて、UUP は、北アイルランドの特殊事情を最大限利用し、北アイルランド議会において多数派を維持し得る選挙制度として、小選挙区制への転換を決断したのである[9]。すなわち、小選挙区制の導入は、UUP のユニオニスト第1党としての地位を保障するための手段とされたのである[10]。第7章で述べたように、それは同時に、ユニオニストの支持基盤であるプロテスタント系コミュニティとナショナリストの支持基盤であるカト

リック系コミュニティとの分極構造を強化、固定化する作用を持っていた[11]。

だが、1972年に北アイルランド議会が廃止され、イギリス政府の直接統治が開始されたのにともなって、選挙方法も変更されることになった。1973年5月30日に行われた北アイルランド地方選挙では、小選挙区制ではなく、PR-STVがほぼ50年ぶりに復活したのである。

第2節　1998年自治議会選挙の動向と結果

1998年5月のレファレンダムの結果を受けて、北アイルランド自治議会選挙が実施された。今回の北アイルランド自治議会選挙に参加した主な政治勢力は、UUP、民主ユニオニスト党（DUP）、進歩的ユニオニスト党（PUP）、連合王国ユニオニスト党（UKUP）、アルスター民主党（UDP）、連合党（APNI）、北アイルランド女性連合（NIWC）などのユニオニスト系政党、そして社会民主労働党（SDLP）、SFなどのナショナリスト政党、その他として労働者党（WP）、労働党（Lab）、共産党（CP）と諸派・無所属の候補者であった。

その結果、自治議会108議席のうち80議席がベルファスト合意支持派政党によって占められることになった。その内訳は、UUPが28議席、SDLPが24議席、SFが18議席、APNIが6議席、NIWCが2議席、PUPが2議席であった。他方で、ベルファスト合意反対派政党はDUPが20議席、UKUPが5議席、ユニオニスト系無所属が3議席と、全体で28議席を獲得するにとどまったのである（表・補-1）。

(1) ユニオニスト票の動向

1998年自治議会選挙には、ユニオニスト系候補者は、ベルファスト合意を支持する勢力として、UUP、PUP、APNI、NIWC、そして諸派・無所属の候補が立候補し、これに反対する勢力として、DUP、UKUP、UDP、そして諸派・無所属の候補が立候補していた。この選挙では、有効投票総数の58.6％をユニオニスト系候補者が獲得し、議席獲得数という点でUUPが第1党の地位を獲得した。しかし、投票結果の内容を見ると、第1位に好ましい政党として最多得票を得たのはSDLPであり、UUPは第2位であった。しかも、90年代に入

表・補-1　1998年北アイルランド自治議会選挙結果

政党名	第1位順位	得票率(%)	議席数
社会民主労働党（SDLP）	177,963	22.0	24
アルスター・ユニオニスト党（UUP）	172,225	21.3	28
民主ユニオニスト党（DUP）	145,917	18.0	20
シン・フェイン党（SF）	142,858	17.6	18
北アイルランド連合党（APNI）	52,636	6.5	6
連合王国ユニオニスト党（UKUP）	36,541	4.5	5
進歩ユニオニスト党（PUP）	20,634	2.5	2
北アイルランド女性連合（NIWC）	13,019	1.6	2
ユニオニスト系無所属（Ind. U）	24,339	3.0	3
アルスター民主党（UDP）	8,651	1.1	0
その他	14,462	1.8	0

（出典）The Office of the Chief Electoral Officer for Northern Ireland, *The New Northern Ireland Assembly Election 25, June 1998*, Belfast, 1998 より作成。
（備考）有権者数：1,178,556、投票数：823,565、有効投票数：810,317、無効投票数：13,248、投票率：69.89%

表・補-2　北アイルランドにおける各選挙の結果（1992年―1998年）

政党名	1992年 イギリス総選挙	1993年 地方選挙	1996年 北アイルランド・フォーラム選挙	1997年 イギリス総選挙	1997年 地方選挙	1998年 自治議会選挙
UUP	34.5	29.4	24.2	32.7	27.8	21.3
SDLP	23.5	22.0	21.4	24.1	22.6	22.0
DUP	13.1	17.3	18.8	13.6	15.6	18.0
SF	10.0	12.4	15.5	16.1	16.9	17.6
APNI	8.7	7.6	6.5	8.0	6.6	6.5
UKUP	―	―	3.7	―	0.5	4.5
PUP	―	―	3.5	―	2.2	2.5
NIWC	―	―	1.0	―	0.5	1.6
選挙制度	相対多数小選挙区制	単記移譲式比例代表制（PR-STV）	拘束名簿式比例代表制＋トップアップ方式	相対多数小選挙区制	単記移譲式比例代表制（PR-STV）	単記移譲式比例代表制（PR-STV）

（出典）Sydney Elliott and W. D. Flanckes, *Northern Ireland: A Political Directory 1968-1999*, Belfast, 1999, pp. 575-602 より作成。

ってからの各選挙での得票に比べて、UUPは大きく後退していたのである。表・補-2によると、1992年のイギリス総選挙でUUPは34.5%の支持票を獲得している。その後、傾向的な支持票の低下を示しつつも、1997年のイギリス総選挙では32.7%の支持を獲得していた。

1998年自治議会選挙では、第1位政党としては21.3%と激減し、議席数で

は第 1 党となったものの、SDLP に後れをとる結果となった。また、議会における UUP の比率は 25.9％にとどまり、ユニオニスト系全議員に占める比率も 42.4％と過半数を得ることができなかったのである。選挙全体としては、ベルファスト合意支持派が 71.8％の得票率を獲得したが、とくにユニオニスト・サイドにおいては、ベルファスト合意支持派の UUP が過半数割れの状況となり、ユニオニスト内部における影響力が低下する結果となったのである。こうした結果となった原因には、当然、ベルファスト合意をめぐる UUP の政治方針がプロテスタント系住民に十分浸透し得なかったという見方もあるが、もう 1 つの注目すべき点として、今回の選挙が PR-STV で行われたことがあげられる。

　第 1 位順位政党への投票について、その構成を見ると、ベルファスト合意支持派ユニオニスト（UUP、PUP、UDP）が獲得した支持票は 24.9％であったのに対して、ベルファスト合意反対派のユニオニスト（DUP、UKUP、Ind.U）は 25.5％の支持票を得ているのである。こうした結果から、アイリッシュ・タイムズは、6 月 27 日付の紙面で、ユニオニスト支持者の投票行動は、ベルファスト合意支持から反対へとシフトしていると指摘している[12]。だが、UUP は PR-STV に救われた側面もある。つまり、UUP は、第 2 位順位として獲得した票の移譲によって、第 1 位順位では 21.3％の得票であったものが、議席占有率で 25.9％まで拡大することができたのである。また、UUP と同調した行動をとっていた PUP は 2 議席にとどまっていたが、これを含めると、ベルファスト合意支持派ユニオニストの議席占有率は 27.8％となる。UUP 党首のデビット・トリンブルが選挙前に、ベルファスト合意の推進のためにはユニオニスト票の 70％を獲得する必要があるとしていた[13]。だが、UUP と同調した動きを採らないまでもベルファスト合意に支持を表明している部分を含めても、ユニオニスト票の 56％程度を獲得するにとどまったのである。

　今回の選挙で、ベルファスト合意支持派のユニオニストの中で党勢を拡大したのは、NIWC であった。NIWC は、北アイルランドの中間層を組織する穏健なユニオニスト系政党であるが、1996 年の北アイルランド・フォーラム選挙より 0.6 ポイント支持を伸ばし、ベルファスト南選挙区でモニカ・マクウイリアムズ、北ダウン選挙区でジェーン・モリスを当選させ、2 議席を獲得している。同じく穏健派ユニオニストの APNI も 6 議席を獲得していた。

他方で、ベルファスト合意反対派のDUPは、1996年の選挙より0.8ポイント後退し、20議席の獲得にとどまった。この結果を受けて、副党首のピーター・ロビンソンが更迭されている。しかし、ベルファスト合意反対派の中で、ボブ・マッカーシー率いるUKUPは、その得票率を1996年北アイルランド・フォーラム選挙の3.7％から4.5％と0.8ポイント上昇させ、獲得票数も1996年の2万7,774票から3万6,541票に伸ばしていたのである。その結果、5つの議席を獲得するに至った。ベルファスト合意反対派の票の動きを見ると、DUP支持票が武装闘争継続に反対の姿勢をとっていたUKUPに流れたことが、UKUPの党勢拡大につながったと考えることができる。つまり、ナショナリストに対する妥協を快しとしないユニオニスト系有権者の側で、ベルファスト合意そのものには反対の意思を持つものの、武装闘争の継続には「ノー」を示す結果となったのである[14]。

　この自治議会選挙において、主たるユニオニスト系政党に投票された票は55.5％であり、この数字は1992年イギリス総選挙の56.3％、1993年地方選挙の54.3％、1996年北アイルランド・フォーラム選挙の57.7％、1997年イギリス総選挙の54.3％、1997年地方選挙の53.2％と比べても、大きな変動を示すものではない。ユニオニストは北アイルランドにおける基礎票を概ね動員することができたといえる。そうすると、ユニオニスト系各党の得票率の変動から推測するに、ユニオニスト支持票の中で、(1)武装闘争の継続を認めるか否か、(2)ベルファスト合意に支持か反対かの2つの選択肢をめぐって票が動いたと考えられる。今回の選挙は、ベルファスト合意支持派（UUP、PUP）が30議席、反対派（DUP、UKUP、Ind. U）が28議席、そしてUUPに同調しないもののベルファスト合意に支持を表明しているAPNI、NIWCが8議席というように、北アイルランドにおけるユニオニストが必ずしも一枚岩ではないことを示すと同時に、かかる紛争の複雑な勢力間関係を浮き彫りにする結果となった。

(2) ナショナリスト／リパブリカン票の動向

　1998年自治議会選挙で、ナショナリスト系政党は、基本的にベルファスト合意支持の立場にあった。自治議会選挙に参加したナショナリスト系候補者はSDLP、SFと諸派1人、無所属1人であった。ナショナリスト系候補者が獲得

した票数は32万1,349票であったが、そのうちSDLPとSFだけで、その99.8％にあたる32万821票を獲得している。また、ナショナリスト系候補者の得票率は全体で39.7％であった。それは1992年イギリス総選挙の得票数26万2,700票、得票率33.5％を大きく上回り、90年代に北アイルランドで行われた選挙の中で最大の支持を獲得していたのである[15]。

この選挙で、SDLPは第1位順位政党として22.0％の支持票を獲得し、24議席を占めるに至った。SDLPは結果として、獲得議席数において第2党となり、副首相のポストを得ることに成功した。しかし、この自治議会選挙での結果は、SDLPにとって、必ずしも勝利を勝ち取ったといえるものではなかった。SDLPが獲得した22.0％の得票率は、1996年の北アイルランド・フォーラム選挙の結果よりも0.6ポイント増加し、得票数でも16万786票の躍進を見ていた。しかし、1992年以降の北アイルランドで行われた各種選挙における得票率の推移から見て、これらの数値は、投票率の上昇との関係を考慮すると、平均的なものでしかなかったのである。とくに、党首のジョン・ヒュームの地盤であるフォイル選挙区のほか、南ダウン選挙区とニューリーおよびアーマー選挙区で第1党になった以外は、得票率を低下させている。この選挙では、ナショナリスト票が過去最大を記録する中で、ナショナリスト政党第1党を自負してきたSDLPは、平均的な得票率しか得ることができなかったのである。

他のナショナリスト系政党について見てみると、ナショナリスト第2党となったSFは、今回の選挙で、1996年北アイルランド・フォーラム選挙よりも2.1ポイント、2万6,481票も得票を伸ばすことに成功している。この結果、SDLPとSFとの勢力上の格差は、1996年の58対42から55対45に縮まったのである[16]。そして、カトリック系住民の人口比率の高いバン川の以西の各選挙区で第1党ないし第2党を争う政党として踊り出たのである。とくに、西ティーロン選挙区では、SFは1997年のイギリス総選挙より6ポイント得票率を延ばし、34.1％を獲得して第1党となった。その結果、DUPのオリバー・ギブソンに次ぐ得票を獲得したパット・ドーチェティが第1位順位集計時点で当選を確実にするとともに、第9回集計でバリー・マクエルダフを当選させたのである。この選挙区は、カトリック系住民の割合が高いにもかかわらず、1997年イギリス総選挙ではSDLPとSFにナショナリスト票が割れたため、UUPのウ

ィリー・トンプソンが議席を獲得していた。

　また、ミッド・アルスター選挙区では、1997年のイギリス総選挙でSFナンバー2のマーチン・マクギネスを当選させた実績から、40.7％の得票率を得て、第1順位で当選を果たしたマクギネスのほか、第6回集計でフランキー・モロイとジョン・ケリーのあわせて3人の当選者を出すことに成功したのである。注目すべき選挙区として、ベルファスト北選挙区がある。ここは、プロテスタント系住民が多数派を占める選挙区である。この選挙では、DUP、SDLP、SFの3党がともに得票率21％で競り合い、僅差でSFが第1党となったのである。SFの場合、カトリック系住民が多数派を占めている選挙区ないしは宗派上の人口比率が接近している選挙区で強さを見せていた。カトリック系住民が90％を超えるベルファスト西選挙区では、58.9％の得票率で4議席を獲得した。この選挙区は他の2議席をSDLPが獲得し、ナショナリスト系政党が独占するという結果に終わった。

　だが、全体の傾向からすると、ベルファスト西選挙区は例外的な選挙区である。なぜなら、ナショナリスト系政党が順調に票を伸ばしている選挙区では、その対抗馬としてベルファスト合意反対派ユニオニスト政党が票を伸ばしているという傾向が見られるからである。たとえば、ミッド・アルスター選挙区では、第1位順位集計で、SFのマーチン・マクギネスが当選したが、同時に、DUPのウィリアム・マクリーが第1位順位最多得票で当選している。また、フォイル選挙区でも、ナショナリスト系政党が5議席を獲得する中、反対派のDUPが1議席を獲得していたのである。こうした傾向は、西ティーロン選挙区やベルファスト北選挙区でも見られた。そうした選挙区では、ベルファスト合意支持派ユニオニストのUUPが苦戦を強いられているという傾向が見られる。かかる現象は、ナショナリスト系政党が強力な選挙区ほど、プロテスタント系住民とカトリック系住民との対立関係が厳しいという実態を反映したものと考えられるのである[17]。

　SFは、選挙全体で見れば、第1位順位の得票率で17.6％と第4党の位置にいた。だが、80年代に入ってからの北アイルランドにおける各種選挙では、SFは10％政党の位置でしかなかった。SFが初めて選挙に参加したのは1983年のことであるが、当時、その支持基盤はフォールス街を中心とするベルファ

スト西選挙区に限られたものであった。しかし、1994年のIRAによる無期限の停戦宣言以降、SFへの支持票は増加傾向を示している。停戦後に行われた1996年北アイルランド・フォーラム選挙では、得票率が15.5％と、1993年地方選挙より3.1ポイントの拡大に成功している。そして、1997年イギリス総選挙では16.1％、1997年地方選挙では16.9％、1998年自治議会選挙では17.6％と着実に得票率を拡大しているのである。だが、さらに注目すべてき点は、SFが1998年自治議会選挙に臨むにあたって提起した選挙戦術である。SFは、その選挙綱領によると、今回の選挙について、ベルファスト合意を支持するか否かの選挙であると位置づけ、自らが最もベルファスト合意を推進し、平和的な紛争解決を目指す立場にあると主張している。その上で、党の独自の路線を全面的に立てるのではなく、ベルファスト合意支持派への投票を有権者に呼びかけたのである。つまり、第1位順位票でなくとも、第2位順位票でもよいという戦術を採用したのである。

　SFが議席を獲得した9選挙区のうち、第1位順位票において当選した候補者は、ベルファスト西、ミッド・アルスター、西ティーロンの3つ選挙区に限られており、残りの6の選挙区はすべて第2位順位票の移譲の結果によるものであった。ベルファスト合意支持派への投票を訴えることにより、第2位順位票を取りこむことで各選挙区での複数当選を目指したのである。それゆえ、ベルファスト北選挙区（集計回数11）で10回目、ベルファスト西選挙区（集計回数10）で10回目、ファーマナーおよび南ティーロン選挙区（集計回数10）で9回目、フォイル選挙区（集計回数8）で8回目、ニューリーおよびアーマー選挙区（集計回数8）で8回目、ミッド・アルスター選挙区（集計回数6）で6回目、西ティーロン選挙区（集計回数9）で9回目など、移譲回数の終盤に当選基数に滑りこむことに成功した選挙区は7選挙区にのぼった。このように移譲回数の終盤に2人目ないしは3人目の当選者を滑りこませるという形で、ベルファスト西、ミッド・アルスター、フォイル、ファーマナーおよび南ティーロン、西ティーロン、ニューリーおよびアーマーの6選挙区で複数当選に成功していた。すなわち、SFは、この自治議会選挙が採用したPR-STVなる選挙制度を十分に活用したことが、選挙結果に反映されているといえるのである。

(3) **1998年北アイルランド自治議会選挙と1997年イギリス総選挙との比較**

次に、1997年5月のイギリス総選挙と1998年6月の自治議会選挙について、それぞれの投票結果を比較してみると、UUPは、1997年のイギリス総選挙では32.7％の得票率を得ていたが、1998年の自治議会選挙では、21.3％と11ポイントあまり減少している。選挙制度との関連で、UUPの得票率を見てみると、明らかに1つの傾向がある。イギリス総選挙では、これまでUUPは30％台の支持票を獲得していたが、北アイルランド地方選挙では、その得票率は20％台にとどまっていた。ここには、選挙制度の相違という問題がある。つまり、イギリス総選挙の場合、ウェストミンスター型の小選挙区制で投票が行われている。これに対して、地方選挙では、連合王国内では例外的にPR-STVで実施されていた。すなわち、UUPの場合、表・補-2が示しているように、小選挙区制による選挙では集票力を持っているといえる。しかし、PR-STVで行われた場合は、明らかにその集票力を低下させているのである。

また、北アイルランドにおいて第2党の影響力を持つナショナリストのSDLPが獲得した22.0％の支持票は、1997年のイギリス総選挙よりも2.1ポイント後退したものであった。また、17万7,963票という得票数も、1997年イギリス総選挙での19万844票から1万2,881票の後退を示すものであった。SDLPの場合は、選挙制度との関連では、小選挙区制かPR-STVかを問わず、20％台の得票率を維持している政党である。むしろ、小選挙区制で実施された選挙のほうが、1ポイントから2ポイント程度その得票率が高まる傾向がある。この点で、UUPとSDLPは小選挙区制のもとで、北アイルランドにおける二大政党制的な対抗軸を形成してきた政党であるということができるが、多党化傾向を持つPR-STVの選挙では、その集票力を十分に発揮できないという傾向を示していたのである[18]。

他方で、DUPは、90年代に北アイルランドで行われた各種選挙について見ると、PR-STVなどの比例代表制で行われた選挙の場合、小選挙区制で行われた選挙より3ポイントから4.5ポイント程度その集票力が高まる傾向を見せている。1997年イギリス総選挙と1998年自治議会選挙を比較すると、1997年が13.6％であったのに対して、1998年では18.0％と4.4ポイント増加させているのである。また、SFの場合も同様の傾向を示している。SFは、1998年自治議

会選挙で、過去最高の17.6%の得票率をあげたが、これは、1997年のイギリス総選挙と比較して、1.5ポイントの増加を示す数字である。小選挙区制で実施された1992年イギリス総選挙とPR-STVで実施された1993年地方選挙との比較でも、後者の選挙で2.4ポイントの増勢を見ている。1997年のイギリス総選挙（5月1日実施）と同年5月21日に行われた地方選挙とを比較すると、後者の選挙で0.8ポイントの増勢を示していたのである。

　最後に、90年代に北アイルランドで行われた各種選挙の結果をもとに、選挙制度の相違を通して各政党の勢力分布の変容を見た場合、北アイルランドにおける投票行動には二重の選択肢があることがわかる。第1は、小選挙区制を採用した場合である。つまり、連合王国と北アイルランドの関係をめぐって、ユニオニストかナショナリストかという北アイルランド政治の大きな枠組みを問う選択肢が設定されるケースである。この場合、ユニオニストの主流派であるUUPとナショナリストの伝統を継承するSDLPが大枠で支持を二分する形で選挙が闘われることになる。それゆえ、この2つの政党は、こうした大枠の選択肢が争点となる小選挙区制において集票力を発揮する傾向が見られるのである。

　第2は、PR-STVを採用した場合である。つまり、ユニオニストおよびナショナリストが、それぞれ体内的に抱えている対立関係が反映して、個々に選択肢が設定されるケースである。1998年の自治議会選挙の場合では、ベルファスト合意の推進か反対かが重要な争点となった。この場合、ユニオニストについていえば、穏健派であるUUPと強硬派であるDUPの間にある路線対立は、政党選択において、ベルファスト合意の推進か反対かという選択肢として浮かびあがってきた。他方、ナショナリストの場合も、穏健派であるSDLPとリパブリカンとして急進的な立場に立つSFとの間にある路線対立が、同様の争点をめぐって、政党選択を左右したのである。すなわち、多党制を容認するPR-STVの場合、ユニオニストかナショナリストかという大きな枠組みを提供する対抗軸ではなく、さらにそれぞれの勢力が内包する路線や立場から生ずる対立関係が投票行動に直接反映する傾向を示したのである。

　1998年北アイルランド自治議会選挙の結果、ベルファスト合意支持派が多数派を形成することになった。しかし、ユニオニスト系ベルファスト合意支持

派の第 1 党である UUP は 28 議席にとどまり、UUP に同調する PUP の 2 議席を合わせたとしても 30 議席でしかなく、反対派の DUP と UKUP を合わせた 28 議席とユニオニスト内部における勢力関係は伯仲する状況となった。また、ナショナリスト陣営についても、基本的にはベルファスト合意支持で一致しているとはいうものの、SDLP と SF との勢力格差は、縮小される結果となった。それゆえ、この選挙結果は、これまでユニオニストとナショナリストの主流派として位置づいてきた UUP と SDLP がそれぞれの陣営の中で実質的な影響力を低下させる中で、武装闘争路線から政治闘争路線に転換した SF が政治闘争の場において第 3 の政治勢力として影響力を持ちつつあることを示すものであった。その背景として、一般的には、北アイルランド有権者の中に、プロテスタントとカトリックとの間の武力抗争の終結と平和的な政治的解決への期待が高まっていたことがあげられるが、それは PR-STV なる選挙制度によるところが大きいと考えられる。つまり、PR-STV という選挙制度が北アイルランド有権者の意思と共鳴し、ベルファスト合意の基本理念である権力分有体制の構築にあたって積極的な方向に作用したということである。

第 3 節　2001 年「ベルファスト合意」危機

さて、IRA の武装解除問題をめぐっては、2001 年に大きな転換期を迎えることになる。2001 年 7 月 1 日に UUP のデビット・トリンブルが北アイルランド自治政府首相を辞任するなど、IRA の武装解除問題は自治政府の存続をも脅かす事態に発展することになる。そして、自治議会では、ユニオニスト系議員が IRA の武装解除問題がベルファスト合意の実質化を阻んでいるとし、IRA の政治部門とされる SF の自治議会からの排除を求める動きを活発化させる。これに照応して、カトリック系住民に対するロイヤリストによる政治的暴力が強化され、ベルファスト合意は崩壊の危機に直面する。

こうした中で、2001 年 8 月 1 日、北アイルランド省とイギリス外務省は、ベルファスト合意によって設置された諸機関の正常化、警察改革、武装組織の武装解除を骨子とする実施プラン（以下、「実施プラン」）を発表し、各政治勢力に対して、これを受諾するかどうかの意思表明期限を 8 月 6 日に定めた[19]。これ

を受けて、SF は 8 月 3 日に中央委員会総会を開催し、「実施プラン」の受諾にあたって、①8 月 6 日の意思表明期限の拒否、②ロイヤル・アルスター警察（RUC）の改革とイギリス軍の撤退を要求することを決定した[20]。意思表明期限となる 8 月 6 日、「武装解除のための独立国際委員会」（IICD）は武装解除にあたって、(1) IRA 指導部が武装解除の方法を提示すること、(2) 武装解除の対象について、使用期限を過ぎた武器・弾薬に限定することを内容とする譲歩案を提示した。これに対応して、IRA は 8 月 9 日、この譲歩案を受け入れる声明[21]を出し、IICD との協議に入る用意があることを明らかにした[22]。この IRA の声明に対して、SF のジェリー・アダムズ党首は、きわめて大きな歴史的前進と評価する一方、UUP はリパブリカンによる歩み寄りの一歩として評価するが、われわれが求めていることのほんの一部分に過ぎないとして、「実施プラン」および IICD 譲歩案を拒否する姿勢を示した[23]。しかし、IRA による武装解除に向けた歩み寄りが見られたかと思われた 8 月 13 日、IRA の元メンバー 3 人がコロンビアのボゴタ空港で偽造パスポート使用により検挙され、コロンビア警察はこの元メンバー 3 人が左翼ゲリラ組織と接触していた疑いがあると発表した。この事件の翌日、IRA は声明を発し、8 月 6 日の IICD の提案について、受諾する条件がなくなったとして「実施プラン」拒否の姿勢を明らかにする[24]。

　他方で、ロイヤリストによるカトリック系住民に対する暴力行為が頻発する中で、北ベルファストにおける暴動騒ぎやカトリック系ジャーナリスト（ダブリンに拠点を置く「サンデー・ワールド」紙）であるマーチン・オハガン氏の狙撃殺害事件が発生するなど、ロイヤリストによる反リパブリカン、反カトリック闘争がエスカレートする。ロイヤリスト系武装組織による政治的暴力の象徴的な事件は、9 月 3 日、北ベルファストにおいて、ロイヤリスト支持のプロテスタント系住民が居住するグレンブリン地区に隣接するアードイン街にあるホーリークロス女子小学校で発生した。それは、ロイヤリスト系武装組織レッドハンド防衛団（RHD）による登校妨害行為である。この登校妨害はすでに 6 月 19 日らか 29 日まで同女子小学校周辺で行われていたものであるが、これが 9 月 3 日以降、火炎瓶の投擲、父母や教師に対する暴力、無言の威嚇、嫌がらせ、そして騒音などによる授業妨害にまでエスカレートし、12 週間にわたって続けられた[25]。また、9 月 8 日には、北ベルファストのニュートンアベニューに

あるカトリック系の小学校を RHD が放火するという事件が発生している[26]。

こうした状況の中で、IRA は、9月20日に、武装解除に関する声明[27]を発表する。しかし、ロイヤリストによる暴力行為は沈静化を見せず、9月29日に開催された SF の党大会（ダブリン）において、アダムズ党首は、現在の状況に関して、「ユニオニストがシン・フェイン党を自治議会から排除しようとする脅迫をやめない限り、和平合意の枠組みおよびその諸機関は崩壊することになろう」[28]とユニオニストに対して警告を発した。しかし、UUP は10月2日に、自治政府から SF 選出閣僚の排除を求める動議を提出する一方で、翌3日に行われたトニー・ブレアとデビッド・トリンブルとの会談において、自治議会の無期限停止を要求した。さらに、10月18日には、UUP より3人、DUP より2人の閣僚が辞任、IRA の武装解除が始まった場合に限り、辞任した閣僚の復帰に応じるとの声明を発表する[29]。こうした緊迫した状況の中で、10月22日午後5時、SF が西ベルファストのコンウェイ・ミルにある党本部で、IRA に武装解除を促す声明を発し、翌23日午後5時、同じくコンウェイ・ミルにおいて、IRA は声明を出し、ついに IICD 提案の受諾に踏み切ったのである。かくて、辞任を発表していた UUP、DUP の5人の閣僚が自治政府への復帰を明らかにし、和平合意の枠組みは維持されることになった[30]。

このように、和平合意の具体化をめぐる情勢は、もっぱらリパブリカンによるテロ活動に関心が置かれ、その武装解除問題に収斂する議論がユニオニストを中心にして支配的となっていた。だが、このことは、ベルファスト合意支持派である UUP がユニオニスト全体に対する指導的地位の確保という問題と密接に連携していた。UUP は1998年の北アイルランド自治議会選挙において、議席獲得数からすると、UUP が第1党の地位を獲得したが、ユニオニスト内部においては、その影響力を低下させる結果となっていた。しかも、2001年イギリス総選挙において、UUP は1997年の選挙より5.9ポイント得票率を下げ、4議席減となっていた。他方で、和平合意反対派の DUP は2001年イギリス総選挙において、1998年の北アイルランド自治議会選挙の結果より、得票数で約4万票近く増勢し、得票率でも18.0％から22.5％に上昇させており、ユニオニスト内部における影響力をさらに高める結果を得ていたのである。また、この選挙では、SF が1997年イギリス総選挙の結果よりも、得票数で約3万票余り、

得票率で 5.6 ポイント、議席数で 2 議席の増勢を得て、SDLP を抜いてナショナリスト勢力の第 1 党となっていた[31]。

1998 年自治議会選挙の以降の政治状況として、第 1 に、ユニオニストをベルファスト合意支持派の UUP が十分に掌握しきれず、それゆえ、自治議会内において、十分なリーダーシップを保持することができない状況が生まれていた。第 2 に、ナショナリスト勢力の第 1 党として影響力を行使してきた SDLP が後退し、第 2 党である SF が増勢に成功し、その影響力を拡大したことが、逆に、強硬派ロイヤリストの反発を強める契機となっていた。つまり、ここに、選挙を通じて、ベルファスト合意支持派ナショナリスト／リパブリカンと反対派ユニオニスト／ロイヤリストとの対立関係があらためて強化・再生産されるという政治状況が生み出されたのである[32]。

そして、UUP はトリンブルを中心としたベルファスト合意支持派が党指導部を掌握する一方で、マーチン・スミスとジェフリー・ドナルドソンを中心とするベルファスト合意反対派／反トリンブル派を党内に抱えこんでいた。ドナルドソンら反トリンブル派は 1998 年の和平プロセスにおいて、リパブリカンを含めた和平プロセスの有効性に疑問を示しており、交渉の打ち切りと和平プロセスからの UUP の撤退を主張していた。この党内対立はベルファスト合意成立後も継続しており、UUP の最高意思決定機関であるアルスター・ユニオニスト・カウンシル（UUC）を二分するものとなっていた。それは、2000 年に入り、さらに加熱することになる[33]。

2000 年 2 月、北アイルランド相ピーター・マンデルソンは、自治政府首相のトリンブルが単独の判断で辞任できないよう法的な措置をとるとともに、IRA が武装解除に応じない場合には、自治議会を一時停止する意向を明らかにしていた。これは、UUP および IRA に対して、武装解除問題についての歩み寄りを促し、自治政府の維持と正常化を優先しようとする意図から提起されたものであった。これに対して、IRA が IICD との協議受け入れを拒否する一方で、3 月 17 日にワシントンで行われたセント・パトリック・デーの祝祭に出席していたトリンブルは、武装解除に関する議論の継続を前提に、IRA が事前の武装解除に応じない場合でも、自治議会の再召集はあり得るという発言を行い、歩み寄りの姿勢を示した。これに反発した UUP の反トリンブル派はマーチ

ン・スミスを次期党首候補に擁立し、党首選挙実施を求める行動に出た。この2日後の3月25日、UUP総会が開かれ、党首選挙が実施されたが、トリンブルが56.8％（スミスは43.5％）の支持を獲得し党首に再選された。しかし、ここでも、UUPの代議員はナショナリスト政党が強く要求するRUCの再編と名称変更を拒否することを条件に、トリンブルの再選を承認したのである[34)]。

同年4月、南アーマー選挙区選出のUUPのイギリス下院議員クリフォード・フォルティが死去したことを受けて、補欠選挙が実施されることになった。この補欠選挙は9月21日に実施されたが、UUPは党内の厳しい情勢のもと、ベルファスト合意支持派ではなく、ベルファスト合意に反対の立場をとる反トリンブル派のデビッド・バーンサイドを公認候補者に擁立することになった。だが、この補欠選挙は、ベルファスト合意反対派のDUP公認ウィリアム・マクリーにUUP公認候補が敗北するという結果に終わった。このことは、UUP内部における反トリンブル派を刺激し、10月13日に開催されたUUC総会で北アイルランド自治政府からUUP選出の閣僚を撤退させるよう求める動議が、反トリンブル派のジェフリー・ドナルドソンから提出された。この動議について、10月28日のUUC総会において採決がとられ、その結果、トリンブルが54.3％の代議員票を獲得し、この動議は否決された。しかし、この数字は、1999年11月段階におけるトリンブルへの支持票を35票下回るものであり、逆に、反トリンブル派は25人の代議員を新たに獲得することになったのである。このことは、UUP内部におけるトリンブルの影響力の縮小を示すものであった[35)]。

こうした2000年3月以降の情勢の変化が、UUPをして、右旋回を促すことになったと考えられるのである。つまり、UUPにとって、IRAの武装解除問題は、ナショナリストと一線を画すとともに、ユニオニスト全体に対してその影響力を維持し、ベルファスト合意反対派ユニオニストおよび強硬派のロイヤリストを手中に束ねて置いておく上で、重要な政治的カードであった[36)]。

第4節　武装解除問題と武力闘争の行方

第9章で考察した政治的暴力の実態と重ねあわせて、武装解除をめぐる問題

について見てみると、北アイルランド紛争のもう1つの当事者であるロイヤリスト系武装組織の武装解除問題が不問にされていることに注目されたい。つまり、北アイルランド紛争において、武装闘争は、すでに述べたように2つの戦線を軸にして展開されてきた。それゆえ、IRA を中心とするリパブリカン系武装組織の武装解除とイギリス軍の撤退および RUC 改革をはじめとするイギリス治安部隊の縮小に収斂されるものではない。もう1つの戦線、つまり北アイルランドにおける一般住民とロイヤリスト系武装組織との関係から見た場合、リパブリカン系武装組織とともに、ロイヤリスト系武装組織の武装解除という問題が浮上してくる。

　ベルファスト合意の第7章には、「武装解除」に関する項目がある。これによると、(1)準軍事組織の全面的な武装解除について合意すること、(2)武装解除は、国際的な独立機関によって進められること、(3)ベルファスト合意が南北アイルランドで実施されるレファレンダムによって承認されてから2年以内に武装解除を完了すること、(4)ベルファスト合意の全般的な実施状況を勘案することとある。つまり、武装解除問題をベルファスト合意の実施問題と直接に結びつけないことが原則とされていたのである。しかし、現実には、この段階で、(4)の「ベルファスト合意の全般的な実施状況を勘案すること」（第7章第3項）という文言は、ユニオニスト各派によって、ベルファスト合意実施の前提条件と再解釈されていたのである。これは、1998年4月10日以前の議論状況に引き戻すことを意味していた。

　「武装解除」項目には、武装解除にあたって、「独立委員会」の設置が義務づけられている。これには、1997年4月26日にイギリス政府とアイルランド共和国政府との間で交わされた「武装解除のための国際的な独立機関に関する合意」文書（Agreement between the Government of Ireland and the Government of the United Kingdom establishing the Independent International Commission on Decommissioning、以下、「武装解除のための合意文書」）にしたがって設置された IICD がこの任務を継続的に担うことになった。これは、1995年11月28日の武装解除に向けた独立機関設置の決定を踏襲するとともに、1997年に、アイルランド共和国において制定された「武装解除法」（Decommissioning Act, 1997）とイギリス議会において制定された「北アイルランド武装解除法」（Northern Ireland Arms

Decommissioning Act, 1997）に依拠するものであった。「武装解除のための合意文書」によると、その第2章で、IICDは、任務遂行にあたって、法的な権威づけがなされた独立した機関であることが明記されている。第5章では、IICDのメンバー構成が定められており、2人以上のメンバーから構成されなければならないとされ、メンバーの選出にあたっては、両国政府が協議の上、共同して任命し、必要に応じてメンバーを追加することができるとされていた。なお、委員会の議長については両国政府がそれぞれ各1人を推薦するとされている[37]。

IICDは、「武装解除のための合意文書」を受けて、3人のメンバーによって動き出すことになった。議長には、元カナダ陸軍参謀長で元駐米大使のジョン・ド・シャートランとアメリカ人のアンドリュー・センス駐アイルランド大使が就任し、無認証のメンバーとしてフィンランド人のタウノ・ニエミネン准将が任命された[38]。IICDはベルファスト合意にしたがって、2年以内にすべての武装組織の武装解除を完了することを目指していたが、IICDが各武装組織と協議に入るにあたって、各武装組織側の窓口の設定に苦慮することになる。1998年段階で、IICDとの協議に入る準備を示した武装組織は2団体であった。ベルファスト合意支持にまわったPUPと関係の深いアルスター義勇軍（UVF）は、仲介者として、PUPのビリー・ハッチンソンを指名した。また、ロイヤリスト義勇軍（LVF）はケニー・マククリントン牧師を指名していたが、1999年6月にこれを撤回している。他方、ロイヤリスト系最大の武装組織であるアルスター防衛協会（UDA）／アルスター自由戦士（UFF）とリパブリカン系最大の武装組織IRAは仲介者の指名を拒否する姿勢をとっていた。ただし、IRAの政治部門とされるSFはIICDとの協議にあたってマーチン・マクギネスを指名していた[39]。

以降、IRAは2000年6月26日に、同年5月6日のIICDとの関係修復を盛り込んだ声明を実行するものとして、フィンランド元大統領と南アフリカANC元事務局長の2人の仲介者を介してIICDの武器査察を一部受け入れたことを発表している。そうした中で、2001年10月23日を迎えることになる。その前日、SFのアダムズの声明[40]を受ける形で、IRAは声明を発し、武装解除に着手したことを表明した[41]。IICDは、この声明を支持し、8月6日の武装解除に向けた実施プランの履行をあらためて求める声明を発する[42]。

表・補-3 主な武装組織のベルファスト和平合意と武装解除に関する姿勢 （2001年段階）

分類	武装組織名	活動開始時期（年）	組織の現状	停戦状況	ベルファスト合意に関する立場	「武装解除」に関する立場
ロイヤリスト系武装組織	UDA/UFF	1971	現状維持	1994年10月13日 停戦宣言	支持	拒否
				1998年1月23日 停戦更新		
				2001年10月12日 停戦破棄→活動中		
	UVF	1966	現状維持	1994年10月13日 停戦宣言	支持	拒否
				2001年10月12日 停戦破棄→活動中		
	LVF	1996	現状維持	1994年10月13日 停戦宣言	反対	一部破棄
				2001年10月12日 停戦破棄→活動中		
	RHD	1998	現状維持	活動中	反対	拒否
リパブリカン系武装組織	IRA	1919（PIRA：1970～）	現状維持	1994年8月31日 停戦宣言	支持	2001年10月23日 武装解除実施宣言
				1996年2月 停戦破棄		
				1997年7月20日 停戦宣言～		
	CIRA	1996	現状維持	活動中	反対	拒否
	RIRA	1997	現状維持	活動中	反対	拒否
	INLA	1975	現状維持	1998年8月22日 停戦宣言～	反対	拒否

（出典） CAIN project web site; Violence-Loyalist and Republican Paramilitary Groups, The University of Ulster〈http://cain.ulst.ac.uk/issues/violence/paramilitary.htm〉および Northern Ireland Office, *Assessment on paramilitary groups in Northern Ireland*, 20 October 2015〈https://www.gov.uk/government/publications/assessment-on-paramilitary-groups-in-northern-ireland〉（最終検索日：2016年10月10日）より作成。

　表・補-3によると、2001年末の段階で、ロイヤリスト系武装組織は、ベルファスト合意に反対の立場を明確にしているLVFとRHD、そしてこれに原則支持を表明しているUDA/UFFとUVFのいずれの武装組織も武装解除には拒否の姿勢をとっていた。UVFは密接な関係にあるPUPのハッチンソンをIICDとの協議にあたって仲介人に指名していたが、PUPはベルファスト合意の推進に向けて、IRAの武装解除を優先事項とするUUPの基本方針に依拠しており、UVFの武装解除に積極的な姿勢を示していなかった。実態はすでに

述べたように、UDA/UFFとUVFはRHDの名前で武力行使を行っており、2001年10月15日から17日にわたって展開されたベルファスト市各地での爆弾テロ事件もロイヤリスト系武装組織が関与しているものと考えられている[43]。そして、2002年1月10日には、再びアードイン街のホーリークロス女子小学校周辺でカトリック系生徒に対する登校妨害を再開し、136個の火炎瓶が使用された500人規模の騒乱事件を発生させている[44]。

　一方、リパブリカン系武装組織について見ると、2001年10月23日に武装解除の実施に踏み切ったIRA以外の組織は、いずれもベルファスト合意に反対し、武装解除を拒否する姿勢をとっていた。当時、無期限停戦を宣言していたIRAとアイルランド民族解放軍（INLA）を除いて、IRA継続派（CIRA）および真のIRA（RIRA）は活動を継続させており、とくに、RIRAは、2001年8月1日のベルファスト国際空港駐車場で時限爆弾が発見された事件や8月2日にロンドン・アーリング地区で車を爆破し、6人の負傷者を出す事件に関与していた。

　最後に、IRAがIICDの査察のもと武装解除を完了した2005年9月26日以降の状況について見てみよう。2015年10月に出された北アイルランド警察（PSNI）とイギリス軍情報部第5課（MI5）のレポートによれば、組織的な暴力事件を発生させた武装組織は見られないものの、メンバーの単独行動による暴力事件は単発的に発生している。UDAは、2007年11月11日に、UFFの解体を宣言し、2010年1月6日に武装解除に着手する声明を出している。だが、一部の武器・弾薬を保持しているとされている。また、UDAは、2001年に解党したUDPのメンバーを中心に、UDPの後継組織としてアルスター政治調査グループ（UPRG）を2003年に立ち上げ、プロテスタント系コミュニティの要求を政治化する活動を展開している。2007年に、イギリス政府は、UPRGの要求を受けて、「若者とコミュニティの公正な発展プロジェクト」を発足させ、労働者階級を中心としたプロテスタント系コミュニティに対して100万ポンドの補助金を拠出している。

　UDA南東アントリム部隊（SEA-UDA）は、ゲーリー・フィッシャーの指導のもと、2006年にUDAから分派した武装組織である。この組織は、2010年2月10日に武装解除を完了したとされているが、その後もアントリム郡のニュートンアビー、キャリックファーガス、グリーンアイランド、バリミナ、ホワイ

トヘッド、ショア・ロード、アントリム、ラーン、ダウン郡のニュータウンアーズで活動を継続させており、2014年3月にはラーンの住宅街で一般住民をターゲットにした暴力事件を発生させている。

　UVFは、2005年から2006年にかけて、LVFとの抗争による暴力事件を起こしたが2009年6月27日に武装解除に着手している。しかし、一部のメンバーによって武器・弾薬が保持されているといわれている。LVFはUVFとの抗争後、その活動を停止させているが、一部のメンバーはアントリムとミッド・アルスターで活動しており、PSNIからは犯罪組織として把握されている。

　IRAについては、武装解除完了後も暫定軍事委員会（Provisional Army Council）を指導部に、組織そのものは維持されているが、2011年以降は新たなメンバーの募集などは行われていないとされている。活動を継続しているリパブリカン系武装組織には、CIRAとRIRA（2012年以降、「アイルランド義勇軍」ONH-RIRA）[45]がある。CIRAは、2009年にクレイガボンでPSNIの警官を襲撃する事件を起こすなど、内紛を繰り返しながらも活動を継続している。また、2016年の復活祭には、アントリム郡北ラーガンで、CIRAのユニフォーム姿のメンバーがベルファスト合意反対派リパブリカンのマイケル・バーの葬儀に合わせて大規模なデモを行い、15人の逮捕者を出している。

　RIRAは、2012年7月26日に、2008年からデリー／ロンドンデリー郊外のカトリック系コミュニティで薬物の売人などをターゲットに懲罰殺人を行ってきた「薬物に反対する共和主義者行動」（RAAD）などのベルファスト合意反対派のリパブリカン武装組織と合同して、「ニューIRA」と呼ばれるONH-RIRAを結成し活動を継続している。2015年には、デリー／ロンドンデリーで爆弾テロ事件を起こし、2016年4月以降、ベルファストやダブリンで銃撃などの暴力事件に関与し活動を活発化させている。現時点では、この組織は北アイルランドにおけるベルファスト合意反対派リパブリカンの拠点となっていると考えられている。

　INLAは、2009年10月11日に、武装闘争の終結と政治闘争重視の姿勢を示し、2010年2月8日にはIICDによって武装解除の完了が確認されている。INLAの指導部は維持されていると考えられているが、その指導力は後退し、メンバーが個別に行動するような状況に至っている。そうした状況の中で、新

しいメンバーの募集やベルファスト合意反対派リパブリカンとのつながりも指摘されている。現時点にあって、ベルファスト合意反対派リパブリカンからなる武装勢力は組織性を欠き、集散を繰り返しながらも、武装闘争を放棄する姿勢を示していないのである[46]。

小　括

　1998年の北アイルランド自治議会選挙の結果と武装解除問題の過程において、穏健派ユニオニストとされてきたUUPは、ユニオニスト勢力を代表し得る影響力を失い、同時に穏健派ナショナリストのSDLPもナショナリスト勢力の中での影響力を低下させることになった。以降、ユニオニスト勢力を代表する政党として、強硬派のDUPが影響力を拡大し、北アイルランド自治政府の首相ポストを掌握するようになる。他方で、ナショナリスト勢力においても、SFの影響力が拡大し、2007年以降、首相とほぼ同じ権限を持つ副首相のポストを握ることになる。このことは、ベルファスト合意をめぐって対立軸を形成してきた強硬派の両党がベルファスト合意が求めた権力分有型統治の中軸に身を置くことになったことを意味している。1969年以降の政治的暴力との関係でいえば、その中核的な武装組織の政治部門として存在してきた両党が共同で北アイルランドを統治することになったのである。

1) The Agreement: Agreement Reached in the Multi-party Negotiations, Belfast: 1998, pp. 1-3; 元山健『イギリス憲法の原理――サッチャーとブレアの時代の中で』法律文化社、1999年、257-270頁。
2) Brendan O'Leary, "The 1998 British-Irish Agreement: Power-Sharing Plus", in *Scottish Affairs*, No. 26, 1999, pp. 14-17.
3) 単記移譲式比例代表制のシステムについては、Paul Mitchell, Rick Wilford (eds.), *Politics in Northern Ireland*, Oxford, 1999, pp. 74-80; 拙稿「1998年北アイルランド地方議会選挙の構造」『立命館法学』第274号、2000年、275-277頁を参照。
4) ジョバンニ・サルトーリ（岡沢憲芙監訳、工藤裕子訳）『比較政治学』早稲田大学出版部、2000年、60-62頁。
5) Arend Lijphart, *Democracies: Patterns of Majoritarian and Consensus Government in the Twenty-one Counties*, New Haven, 1984, p. 23.
6) Paul Norris, "The 1998 Northern Ireland Assembly Election", in *Politics*, Vol. 20, No. 1,

2000, p. 42.
7) *Constitution of the Irish Free State (Saorstát Eireann) Act, 1922*, Irish Statute Book.
8) Paul Mitchell, Rick Wilford (eds.), *supra* note 3, pp. 67-69.
9) *Ibid.*, p. 68.
10) Robert D. Osborne, "The Northern Ireland Parliamentary Electoral System: The 1929 Reapportionment", in *Irish Geography*, No. 12, 1979, p. 43.
11) *Ibid.*, pp. 54-55.
12) *Irish Times*, 27 June 1998.
13) Paul Norris, *supra* note 6, p. 40.
14) Sydney Elliott, "The Referendum and Assembly Elections in Northern Ireland", in *Irish Politics Studies*, Vol. 14, 1999, pp. 148-149.
15) Brendan O'Leary, "Party Support in Northern Ireland, 1969-1989", in John McGarry and Brendan O'Leary, *The Future of Northern Ireland*, Oxford, 1990, p. 347.
16) Paul Norris, *supra* note 6, p. 41.
17) *Ibid.*, p. 42.
18) Peter J. Emerson, *Beyond the Tyranny of the Majority: Voting Methodologies in Decision-making and Electoral System*, Belfast, 1998, pp. 2-4, 41-42, 70-73.
19) Northern Ireland Office and Department of Foreign Affairs, Implementation of the Good Friday Agreement (1 August 2001), Belfast, 2001; IICD, Report of the Independent International Commission On Decommissioning (6 August 2001), Belfast, 2001.
20) *Irish Times*, 3 August, 2001.
21) Irish Republican Army, Statement on its Meetings with the IICD, 9 August 2001.
22) *An Phoblacht*, 9 August 2001.
23) *An Phoblacht*, 16 August 2001.
24) Irish Republican Army, Statement on the Withdrawal of its Plan on Decommissioning, 14 August 2001.
25) *An Phoblacht*, 6 September 2001.
26) *An Phoblacht*, 12 September 2001.
27) Irish Republican Army, Statement on Decommissioning, 20 September 2001.
28) *An Phoblacht*, 27 September 27 2001.
29) *An Phoblacht*, 4 October 2001.
30) *An Phoblacht*, 20 September 2001 and 27 September 2001.
31) Feargal Cochrane, "The 2001 Westminster Election in Northern Ireland", in *Irish Political Studies*, Vol. 16, 2001, pp. 179-189.
32) 拙稿、前掲註3、290-291頁。
33) Jonathan Tonge and Jocelyn A. J. Evans, "Faultlines in Unionism: Division and Dissent within the Ulster Unionist Council", in *Irish Politics Studies*, Vol. 16, 2001, pp. 111-112.
34) *Ibid.*, pp. 114-115.
35) *Irish Political Studies*, Vol. 16, 2001, Date Section, p. 300.
36) Jonathan Tonge and Jocelyn A. J. Evans, *supra* note 33, pp. 122-123.
37) Northern Ireland Office, Agreement Between the Government of the United Kingdom of Great Britain and Northern Ireland and the Government of the Republic of Ireland Establishing the Independent International Commission on Decommissioning, 26 August 1997, cm. 3753, Belfast, 1997, Article1-5.
38) Northern Ireland Arms Decommissioning Act 1997, London, 1997; Northern Ireland

Office, Decommissioning Scheme based on Section 3(1)(c) and (d) of the Northern Ireland Arms Decommissioning Act 1997, (29 June 1998), Belfast, 1998.
39) IICD, Report of the Independent International Commission on Decommissioning (2 July 1999), Belfast, 1999.
40) Gerry Adams, Looking to the Future, a speech made in Conway Mill, West Belfast, 22 October 2001.
41) Irish Republican Army, Statement on Decommissioning, 23 October 2001.
42) IICD, *Statement* (23 October 2001), Belfast, 2001.
43) *An Phoblacht*, 18 October 2001.
44) *An Phoblacht*, 10 January 2002 and 17 January 2002.
45) 「アイルランド義勇軍」のアイルランド・ゲール語の表記はÓglaigh na hÉireannであるが、これは、1913年の結成されたアイルランド義勇軍のアイルランド・ゲール語表記と同じものである。この呼称は、2006年頃にCIRAから分派したグループや2009年頃にRIRAから分派したグループが犯行声明に使用している。Independent Monitoring Commission, Twenty-Sixth and Final Report of the Independent Monitoring Commission, 2004-2011, HC 1149, 4 July 2011, London, 2011.
46) Northern Ireland Office, Assessment on Paramilitary Groups in Northern Ireland (20 October 2015), Belfast, 2015, pp. 2-5.〈https://www.gov.uk/government/publications/assessment-on-paramilitary-groups-in-northern-ireland〉(最終検索日：2016年10月10日)。

第10章　1998年「ベルファスト和平合意」の構造

　1969年以降、北アイルランド問題には「解答が存在しないことが問題である」[1]とする見解がある。たしかに、60年代後半からの1998年までのほぼ30年間、北アイルランドにおける情勢と政治的暴力の実態からして、ナショナリストとユニオニストの対立を終息させようとする試みはかえって軋轢を深め、対立関係を固定化させる方向に作用してきたとさえ見ることができる[2]。

　本来、政治とは、「共存」のために各々が権力に参加し調停する活動であり、その過程は妥協という実行可能な解決策を発見する試みであるとされる[3]。そして、民主主義（デモクラシー）とは、個人ないしは少数者による権力の恣意的発動および命令的統治に基づく体制ないしは非権力の側にある人々を重要な公共的諸課題の決定から排除するような体制ではなく、個々人が政治的作為者として、重要な公共的諸課題に関する決定に、直接または間接に、積極的または消極的に与(あずか)ることを可能にする体制であるとされてきた[4]。それゆえ、民主主義に基づく政治とは、(1)個々人の自発的な行動により、社会の枠組みそのものを創り出すこと、(2)利害の異質性に基づく対立や紛争を調停するとともに、権力の側にある者ないしは多数者の側にある者の横暴を抑制し得る社会の秩序と安定を創り出すことを課題とするものであるということができよう[5]。

　こうした観点から見れば、北アイルランドにおける政治過程は、ユニオニスト（多数派）とナショナリスト（少数派）とのナショナルなものへの帰属をめぐる政治的立場の衝突とこれを乗り越えようとする政治的取り組みとの緊張関係の中で把握する必要があろう。そして、北アイルランド和平への取り組みは、2つの異なる政治的立場によって分断された社会における政治のあり方、つまりイギリス型の統治システムの限界とそれに代わる統治のあり方を問い直す行為であったということができる。

北アイルランド紛争をめぐって、ユニオニストとナショナリストは和平に向けた合意に2度到達している。それは1973年のサニングデール合意（Tripartite Agreement on the Council of Ireland — The Communique issued following the Sunningdale Conference）と1998年のベルファスト和平合意（Agreement reached in the multi-party negotiations、「ベルファスト合意」）である。サニングデール合意はユニオニスト／ロイヤリストによる厳しい抵抗に遭い崩壊した。一方、ベルファスト合意は民主ユニオニスト党（DUP）やプロテスタント系コミュニティの激しい抵抗を受けて、2002年には自治政府の停止と直接統治再導入がイギリス政府によって判断される事態を経過した上で、2004年のベルファスト合意見直し協議とイギリス・アイルランド両政府による包括合意、2005年のアイルランド共和軍（IRA）の武装解除、そして2006年のセント・アンドリュース合意を経て、2007年に自治政府は再開されるという過程をたどっている。また、1998年以降、カトリック系住民に対する権利保障や差別的待遇の改善、カトリック系コミュニティとプロテスタント系コミュニティの融合を進めるなどの政策が講じられてきた。しかし、そのことが同時に、新たな両コミュニティ間の対立の呼び水となっているとさえいわれている。それゆえ、1998年のベルファスト合意の限界性を指摘する研究も少なくない[6]。本章は、ナショナリストとユニオニストの間で合意が成立し基本的な政治的枠組みを与えることになった1998年のベルファスト合意の構造とその政治的／制度的性格を問い直すことを主たる目的にするものである。

第1節　北アイルランド和平をめぐる選択肢

1972年のイギリスによる直接統治導入以降、北アイルランド和平のあり方について、概ね4つの方策が議論されてきた。その第1の方策は、統一アイルランド建国を求めるプランである。この方策は1921年以降から存在するものであり、主に南北アイルランドのナショナリストやリパブリカン[7]、そしてジェームズ・コノリーの流れをくむマルクス主義者[8]によって主張されてきた方策である。そして、それは1984年の新アイルランド・フォーラム[9]の総括レポートや1988年のイギリス労働党の政策提言の中でも提起されている。

ここでは、80年代の議論状況を中心に見てみたい。まず、アイルランド共和国および北アイルランドの穏健派ナショナリストの議論は、新アイルランド・フォーラムの総括レポートの中にその特徴を見出すことができる。かかるフォーラムの総括レポートによると、統一アイルランド国家は、「既存の北部と南部というアイデンティティを基礎に置いた2つ国家からなる連邦制ないしは連合制国家」[10]であるとしている。つまり、かかる総括レポートは、アイルランドにおけるカトリックとプロテスタントの「2つの伝統」を持つ人々の協調をもとに、アイルランド32郡の統一を最優先課題とするとともに、イギリス政府とアイルランド政府が対等平等な立場に立つことを前提に、連邦制的な措置および共同管理について多様な選択肢を模索するという方針を提起している[11]。

次に、イギリス労働党は1981年以来、合意によるアイルランド統一を容認する姿勢をとってきた。1988年に労働党が提起した統一アイルランド建設に関わる政策文書において、労働党が政権を担当した場合の北アイルランド政策の基本方針が示されている。それは、(1)失業問題が深刻なカトリック系居住地における雇用の機会均等と差別の撤廃を優先課題とすること、(2)カトリック系学校の改善のための予算措置を行うこと、(3)南北アイルランドの境界を越えた経済関係を強化すること、(4)1984年テロ防止法と1978年緊急事態法を撤廃し、防諜行為や全裸による取り調べを禁止するとともに、警察機構の信頼を高めるために、人材採用の不均衡を是正し、プラスチック弾の使用をやめること、(5)公共セクターにおける性別と宗派別の不均衡を見直し、これを実行するための特別な部局を設置すること、(6)1985年アングロ=アイリッシュ協定に基づき、アイルランド共和国との政策上の調整を行う機関を設置すること、(7)アイルランド島に共通する通貨の導入に努力すること、(8)人権律およびアイルランド島に常設の人権委員会を設置すること、(9)南北アイルランドにおける警察組織について、アイルランド島全体を統括する機構のもとに置くこと、(10)イギリス政府は統一による利益が達成されるまで財政支援を行うことから構成されるものであった[12]。

かかる統一案には、3つの問題が存在する。それは、第1に、労働党は、ユニオニストからの同意を得ることが可能であると考え、「コミュニティの中からの厳しい批判に直面してもこのプログラムを推進することを約束する」[13]と

している。また、新アイルランド・フォーラムの議論においても、アルスターのユニオニストの合意を前提としていた。しかし、これでは、ユニオニストからの批判を受け止める用意がないことになる。つまり、ユニオニストの同意をどのように獲得するのかという問題が欠落しているのである。第2に、統一アイルランドが中央集権的な統治を採用した場合に、アイルランドにおいては少数派となるユニオニストがカトリック系住民の意図に基づく法制度を承諾せざるを得ないという問題が発生することになる。第3に、連邦制ないしは国家連合制という統治形態を採用したとして、逆に、北アイルランドにおけるユニオニストのフリーハンドを広げることになり、かつてのストーモント体制に逆行する危険性が残されることになる。つまり、かかる統一案は、統一によって少数派となるアルスターのユニオニストの同意をどのように得るのかという問題に踏みこめていないのである。それゆえ、北アイルランドを2つのコミュニティに分断された社会と把握しつつも、対立する両者が共存し得る仕組みを具体的に指し示すに至っておらず、ナショナリストとこれにシンパシーを持つ当時の労働党指導部の心情的な要求にとどまっていたのである。

　第2の方策は、北アイルランドをイギリス国家の一地方として完全に統合するというものである。サニングデール合意の崩壊後、直接統治が導入されると、1998年まで北アイルランドは事実上、イギリス国家の一地方となっていた。しかし、ここでいう統合は一時的なものとは異なり、北アイルランドがイギリス国家の一地方として、イギリス政府の直接統治を恒久的に受け入れることを意味している。この立場は、主にイギリス保守党の中に強く見られる傾向であり、ジェフリー・ベルのように労働党の中にもこれに同調する勢力が存在した。イギリス国家への統合について、その代表的な論者であるグラハム・ウォーカーは、北アイルランド労働党（NILP）がコミュニティ横断的な労働運動を組織することが非常に困難であった点を指摘し、北アイルランドでは、階級的な利益に関係する事柄がナショナルな問題として扱われ、かつての北アイルランド政府は宗派的セクト主義を助長してきたがゆえに、より大きな規模の統治機構の中に北アイルランドを統合することが必要であると主張するのである[14]。

　この主張は、ナショナリストの主張とも重なる部分がある。新アイルランド・フォーラムの総括レポートでは、「結果として生み出された政治構造と政

策のインパクトによって生じた根本的な誤りは、ナショナリストの伝統に対して、ユニオニストの伝統を優先する北部のシステムを生み出したことにある。つまり、はじめから2つのコミュニティがセクト主義的な忠誠を基礎にしたシステムに結びつけられていたのである」[15]とし、「アイルランド・ナショナリズムが持つ積極的な展望は、宗教的な対立を克服し、合意に基づいて、独立した主権を持つ統一アイルランド国家において、すべての伝統が調和し得る社会を建設することである」[16]と主張している。つまり、北アイルランドにおけるセクト主義的な性格は、イギリス政府による分断の結果として生み出された政治構造、すなわちナショナリストの伝統に対して、ユニオニストの伝統を優先するシステムによって再生産されてきたものと把握されている。その上で、その構造を克服する手段として、統一アイルランドの形成を位置づけるのである。

ウォーカーの主張と新アイルランド・フォーラムの見解との一致点は、北アイルランドが2つのコミュニティのセクト主義的な忠誠を基礎にした政治システムのもとにあり、そのことが両者の対立を再生産してきたがゆえに、このシステムを打破することが問題の解決と考えている点である。しかし、その具体的な方法として、一方で、新アイルランド・フォーラムは統一アイルランドの建設を提起し、他方で、ウォーカーは「もし北アイルランドがイギリスに統合されたならば、両コミュニティの持つ恐れや相互排他的な意識が政治的力を帯びることはなくなるであろう」[17]として、より大きな規模の統治機構=イギリス国家の中に北アイルランドを統合する必要性を説くのである。

しかし、1981年から1984年まで北アイルランド担当内大臣を務めた保守党のジェームズ・プライヤーは、「私は統合に反対である。なぜならば、悪い状況をさらに悪化させるからである。それはユニオニストの中のほんの一握りの勢力、つまりオフィシャル・ユニオニストの勢力の一部分によって、問題の恒久的解決策として支持されている方法である。それは穏健かつ民主的なナショナリストの地位を危うくすることになる。むしろテロリストの利になるだけである。また、ダブリンとの協力関係を壊しかねない。憲政上の変更は保守党が伝統的にとってきた姿勢や行動に非常に大きなインパクトを与えることになる」[18]とし、イギリス国家への完全な統合に消極的な姿勢を示していた。そして、イギリス政府は1982年のホワイトペーパーにおいて、「北アイルランドの分断

されたコミュニティ、その地理と政治の歴史がこの地域をイギリス国家内の他の地域とまったく同じように考えることを非現実的なものにしている」[19]と、北アイルランドの全面的なイギリス国家への統合を公式に否定したのである。

　第3の方策は、北アイルランドを1つの独立国家にするという案である。この方策は、ナショナリストからするとイギリス国家からの関係を断つことが可能となり、ユニオニストからするとダブリンからの影響を排除することが可能になるスキームである。それは、主にナショナリストとロイヤリストの一部によって展開されてきたものである。

　ナショナリスト側から見た場合、かかる方策は、1972年に、ファーガス・マクアーターによって問題提起されたものである[20]。そして、80年代に入って、アイルランド共和国の女性活動家であるデブラ・マーフィーが北アイルランド独立案を展開するようになる。マーフィーは「独立北アイルランドの建設が達成されることによって、イギリス政府とアイルランド共和国政府は北アイルランドを新しい世界に解き放つことが可能になる。自己保存の本能が、セクト主義的な分裂を醸成するのではなく、代わりにこの新しい国家が壊れてしまわないように、融合の推進を促すことになろう。そして、ロンドンとダブリンの破壊的な引力を排除し、2つのコミュニティは双方に共通する利益に収斂していくことになろう」[21]と、北アイルランドの独立国家化の可能性とその意義を説いている。

　一方、ロイヤリスト側から見た場合、アルスター防衛協会（UDA）と密接な関係のあるフランク・マクコブリー、デービス・ニコル、トミー・カーハムらを中心としたアルスター・ナショナリズムの立場をとる新アルスター政治研究グループ（NUPRG）が1979年以降、北アイルランドの独立案を展開するようになる。NUPRGは、「平和と安定と和解を提供する方法が1つだけ存在すると考える。それは勝者と敗者に分けることのない唯一のプランである。それは宗派とは無関係に、2つのコミュニティの間に共通のアイデンティティを築くものであり、すべての人々に一級市民としてのアルスター市民権を提供するものである。好むと好まざるとにかかわらず、北アイルランドのプロテスタント系市民はイギリス国家の二級市民と見なされてきたし、北アイルランドのカトリック系市民はアイルランド共和国の二級市民と見なされてきたからである」[22]

として、北アイルランド独立の可能性と意義を展開している。

また、1981年7月2日、労働党のキャラハン首相は、イギリス下院において、ロンドン主導のいかなるプランも少数派によって拒否されるであろうし、ダブリン主導のいかなるプランも多数派によって拒否されるのであれば、NUPRGのプランに魅かれるとして、北アイルランド独立論に踏みこむ発言を行っている[23]。

しかしながら、北アイルランドの独立国家化には乗り越えなければならない課題が存在した。第1には、連合王国としてのイギリスの国家枠組みを変更するという国家組織上の問題が存在することである。第2に、プロテスタントとカトリックの社会的、経済的な格差をどう縮小するのか、過激派勢力の政治的暴力をどう封じ込めるのか、カトリックに対する不当なハラスメントをどう解消するのかという分断社会の根幹に関わる問題が残されていることである。第3に、これはいずれの方策にもいえることであるが、和平の具体化には、両者の妥協をどう導き出し合意を形成するのか、その前提として両コミュニティの十分な信頼関係をどのように醸成していくのかという困難な問題が残されている。つまり、北アイルランドを独立した国家にするということが、直接的に、両コミュニティ間の対抗関係の解消を予定するものではなく、仮に第1の課題が乗り越えられたとしても、第2、第3の課題について見通しが立たない限り、北アイルランド問題の解決は先送りにされることになるのである。

では、第4の方策とは何か。イギリス政府によって、1972年の直接統治導入後の北アイルランド問題の処理に向けて採用されたのが、権力分有（Power-sharing）による合意形成型の統治方法である[24]。イギリス政府は、1972年に発表した『北アイルランドの未来』の中で、北アイルランドを分断社会であると把握した上で、和平を進めるにあたり、3つの課題を提起している。それは、(1)新しい統治は既存のものよりもはるかに広範なコンセンサスが求められること、(2)行政権力の行使にあって、少数派の利益の共有の上にコンセンサスが図られる必要があり、これを保障する制度的・手続的枠組みを構築すること、(3)アイリッシュ・ディメンションを受け入れ、これを制度的に担保することの3点であった[25]。これを具体化したものが、1973年北アイルランド国家組織法とサニングデール合意であった。

上記した「南北アイルランド統一案」、「イギリス統合案」、「独立国家化案」の3つの方策も、第4の方策と同様に、基本的に、北アイルランド問題の根幹には両コミュニティの分断状況が存在するという認識を共有するものであった。だが、上記の3つのプランは、分断された状況をどのように克服するのかという課題がネックとなっていた点でも共通していた。北アイルランド問題について、アレンド・レイプハルトは、「分断社会に何らかの解決を見出す方法として、権力分有以外には考えられない。なぜならば権力分有の対案として地域分割の方策が考えられるが、これは完全に両者を分かつことができる場合にのみ可能である。北アイルランドを含め多くの分断社会では、大規模な人口の移動なしには不可能である。地域分割が不十分であったとすれば、権力分有の必要性は残ることになる。もしその必要がないというのであれば、少数派はその権利を失うか、放置されることになる。分断社会では、住民の融合を図る方策として、権力分有は決定的に重要であり、住民融合の第一歩なのである」[26]と指摘している。この点で、第4の方策は、この残された問題、つまり分断社会としての北アイルランドという現実に正面から向き合うことを選択した試みということができよう。そして、それは同時に、イギリス政府からすれば、ユニオンを維持しつつ、北アイルランドへの直接的な責任を回避し、調停者としてのポジションをとることを可能にする方策でもあった。

　ここまで見てきた4つの和平プランは、合意形成という観点から見れば、いずれも両コミュニティの妥協を不可欠な条件としていた。第1、第2の方策は、北アイルランドにおけるナショナリストまたはユニオニストのいずれかが、そのナショナルなものへの帰属意識を放棄することを求めるものであった。第3、第4の方策は、北アイルランドの2つの勢力が相互に自己の要求を抑制し、協調しあうことを求めるものであった。しかし、いずれの場合も、少数派の存在を前提としており、多数派と少数派という枠組みを克服するものではない。つまり、ナショナリストとユニオニストの間での合意が可能であり、共存が可能であるという心情的な前提に立った議論の枠を超えるものではなかったのである。

第2節　和平プロセス1994年—1998年

　北アイルランドにおける最初の権力分有型政府は、アルスター・ユニオニスト党（UUP）のブライアン・フォークナーを首班に1974年1月に構築されている。この政府は、1973年のサニングデール合意に基づくものであった。1973年12月6日から9日かけてイングランド・バークシャーのサニングデール・パークで和平協議が開催された。この和平協議において、イギリス政府とアイルランド政府とともに、穏健派ユニオニストと社会民主労働党（SDLP）、連合党（APNI）は権力分有による自治政府の設置とアイルランド協議会の設置を含む和平プランに合意した。これがサニングデール合意である。かかる協議の中で、アイルランド政府は北アイルランドの領有と法的な諸権利を定めた憲法第2条と第3条の廃止要求には応じなかったものの、共通の課題については、アイルランド共和国と北アイルランドとの政府間および議会間の協議を通して、全会一致を原則に処理されるものとされ、これに制度的保障を与えるものとしてアイルランド協議会の設置が約束されていた[27]。

　しかし、1974年2月のイギリス総選挙では、アイルランド協議会の設置をめぐって、ユニオニストが分裂し、北アイルランドの12議席のうち11議席をサニングデール合意反対派が占めることになる。そして、1974年5月14日、北アイルランド議会において、権力分有政府とアイルランド協議会の存立そのものを否定する動議が出されることになる。かかる動議は44対28で否決されたが、この結果を受けて、同15日には、ロイヤリストが組織したアルスター労働者評議会（UWC）が大規模なゼネスト（5月15日から28日まで）を組織する。こうした情勢の中で、5月28日、フォークナーは辞任を表明し、イギリス政府による直接統治の再導入が決定されることになる。ここに設置からわずか5ヶ月で権力分有政府は崩壊した[28]。

　その後、サニングデール合意において示された「権力分有による統治」と「アイリッシュ・ディメンション」からなる和平構築という方策を具体化しようとする試みは、1985年11月15日に、ヒルズバラで調印されたアングロ＝アイリッシュ合意を待たなければならない。だが、当事者間による北アイルラン

ド和平に向けた政治的な動きが現れるのは、1988年10月14日、UUP、民主ユニオニスト党（DUP）、SDLP、APNI が、西ドイツ（当時）のデュイスブルグで会合を持ち、また SDLP と SF との対話が実現して以降のことになる。そして、UUP、DUP、SDLP、APNI を巻きこんだいわゆる「ブルック／メイヒュー対話」が、1991年3月から1992年11月の間に持たれ、この間、ユニオニスト政党の参加を確保するために、イギリス政府とアイルランド共和国間の政府間協議は一時中断された。こうした努力にもかかわらず、DUP の協力が得られないまま、メアリーフィールドにあるアイルランド協議会事務局の再開案を契機に、ユニオニストはこの対話からの撤退を表明する。ここに、かかる対話は幕を閉じることになった[29]。

だが他方で、SLDP のジョン・ヒュームと SF のジェリー・アダムズとの対話は継続され、1993年4月と9月の2度にわたり共同声明が発表される。これらの声明は、拙速な北アイルランドへの権限移譲に反対するとともに、イギリス政府に対して、統一アイルランド実現に向けて、ユニオニストからの同意を取りつける行動に着手するよう求めるものであった[30]。ヒュームはイギリス下院で、これは過去20年間で最も期待の持てる対話であり、イギリス政府とアイルランド政府は即座に行動を起こすべきであると発言している[31]。少なくとも、ヒュームとアダムズの対話は、北アイルランド和平に関してナショナリストとリパブリカンとの間でのミニマムの一致点を確認するものであった。

1993年12月15日には、こうした政党間の動向を受けて、アイルランド首相アルバート・レイノルズとイギリス首相ジョン・メージャーが共同声明を発表する。ダウニング街声明である。ここで、両政府は、(1)北アイルランド住民の過半数の意思を尊重すること、(2)民族自決原則を確認すること、(3) IRA の無期限停戦を前提に、SF を含めた交渉の用意があることを明らかにしたのである[32]。そして、北アイルランド省は SF から出されていたダウニング街声明に関する公開質問状に回答を出す判断をする。SF はかかる声明に批判的な姿勢をとっていたが、北アイルランド相パトリック・メイヒューとの断続的な秘密裏の交渉を経て、1994年8月31日、IRA は「すべての軍事活動の全面的な停止」を宣言することになる。これを受ける形で、ロイヤリスト共同軍事本部（CLMC）が1994年10月13日に停戦を発表する。そして、イギリス政府は、北

アイルランド省を介して、リパブリカン系武装組織もしくはロイヤリスト系武装組織と関係を持つ諸政党との対話を開始することになる。イギリス政府は1994年12月9日にIRAの政治部門とされるSFと、15日にはアルスター義勇軍（UVF）と関係を持つ急進的ユニオニスト党（PUP）、アルスター防衛協会（UDA）の政治部門であるアルスター民主党（UDP）と対話の機会を持つに至る[33]。こうして、ダウニング街声明から1年で、主要な武装組織による長期間にわたる停戦とイギリス政府とリパブリカンおよびロイヤリストの各武装組織の代表者との対話が実現することになったのである[34]。

ここで、もう1つ重要な要素が加わることになる。それはアメリカ政府の対英政策の変更である。アメリカ政府は従来、イギリス政府との関係では北アイルランド問題には公式に関与する姿勢をとってこなかった。しかし、1993年、クリントン政権の発足により、北アイルランド問題への対応に変化が生ずることになる。クリントンは元下院議員ブルース・モリソンとともに、北アイルランドのための特別使節団（Special Envoy of the President and the Secretary of State for Northern Ireland）を編成し、1993年のセント・パトリック・デーの式典を利用して、アイルランド首相レイノルズとの懇談の機会を持つなど、北アイルランド問題へ積極的に介入する姿勢をとるようになる[35]。

イギリス政府とアイルランド共和国は、1995年2月22日、北アイルランドとアイルランド共和国の関係、イギリス政府とアイルランド共和国の関係について、そのあり方をまとめた「合意のための新たな枠組み」（The Framework Documents: A New Framework for Agreement）を発表する。その付帯文書（A Framework for Accountable Government in Northern Ireland）の中で、イギリス政府は北アイルランドの諸政党に対して、これまで途絶えていた複数政党間協議の再開を呼びかけ、「複数政党による交渉のためのフォーラム」（北アイルランド・フォーラム）の設置とアイリッシュ・ディメンションを含む権力分有型の和平プランを提起したのである[36]。これに対して、イギリス政府の頭越しの対応を嫌うユニオニストは、そもそもこの文書は一方の側（＝ナショナリスト）に有利な内容でありバランスを欠いているとした上で、交渉に入る前提としてIRAの武装解除を要求し、アイリッシュ・ディメンションに踏みこもうとするイギリス政府を牽制した[37]。

こうしたユニオニストの動向を受ける形で、3月7日には、北アイルランド相メイヒューは、SF が複数政党間交渉に参加する条件として IRA の武装解除を求める提案（「ワシントン3原則」）を行う。しかし、UUP は「合意のための新たな枠組み」文書を拒否する声明を発表する[38]。その背景には、この文書が、ユニオニストの最大政党である UUP に対して打診もなく発表されたという問題があった。イギリス首相ジョン・メージャーは、ダウニング街声明の場合とは異なり、UUP 党首ジェームズ・モリノーに事前の了解を取ることをしなかったのである[39]。それゆえ、ユニオニストは、対ナショナリストとの関係で手足を縛る提案が頭越しに押しつけられたと理解することになった。そして、ワシントン3原則に対して、アメリカ国家安全保障アドバイザーのナンシー・ソダーバーグはメイヒューから非公式の打診があったことと、その直後に公式に発せられたものとの間には「完全な断絶」があると批判し、3月9日、アメリカ政府は SF 党首に対して初めて入国ビザの発行を許可する決定を行った。また、アイルランド外相デック・スプリングはこのワシントン3原則に反対する立場を表明する[40]。

同年6月には、メージャーと新たにアイルランド首相に就任したジョン・ブルートンが、「これは両政府の要請ではないまでも、SF が北アイルランドの他の諸政党とともに交渉に参加することは必要なステップの1つである」[41]というメッセージを発表する。反 IRA の立場にあるとされてきたブルートンがイギリス政府とともに、SF の複数政党間交渉への参加を必要なものとする認識を示したことは、モリノーの UUP 党内での立場をいっそう悪化させ、強硬派の台頭を引き起こすことになる。そして、UUP 党内では、対イギリス政府との関係での脆弱性が問題となり、モリノーの指導力が問われることになる。そして、同年8月、モリノーは党首を辞任し、9月8日にはデビッド・トリンブルが党首に就任する[42]。

モリノーの辞任当時、後継党首にはケン・マギニス、ジョン・テーラーが有力視されていたが[43]、最終的には第3回投票までもつれた党首選挙において、466 対 333 票でトリンブルが党首に選出されたのである。トリンブルは、穏健派のテレンス・オニールと対立関係にあったウィリアム・クレイグの流れをくみ、疑似武装集団の前衛的ユニオニスト進歩党（VUPP）の副党首を務めた経験

を持つ。また、かれは1985年のアングロ＝アイリッシュ合意、ダウニング街声明、そして「合意のための新たな枠組み」に反対の態度をとり、保守党に対しても、北アイルランドでの保守党の活動はユニオニストにとってマイナスであるという立場に立っていた。とくに、1995年8月の発生した「ドラムクリー危機」といわれるポータダウンでのオレンジ・オーダー団行進とナショナリストとの衝突事件では、DUPのイアン・ペイズリーと行動をともにしたことが強硬派ユニオニストの間では高く評価されていた。つまり、トリンブルの登場は、調整型のモリノー路線から、イギリス政府に対して一線を画し、ユニオニストの立場をより鮮明にするとともに、DUPなどのロイヤリスト政党との関係を強める方向に舵が切られたことを意味していたのである[44]。

他方、SFは、SFを含む北アイルランド・フォーラムの開催を評価する一方で、武装解除は合意成立後の課題とする立場をとっていた[45]。そこには、ジェリー・アダムズのワシントン訪問を経て、アメリカのクリントン政権とアイルランド政府、そしてイギリスのメージャー政権がSFを含む和平プロセスに積極的な姿勢にあることを背景に、ユニオニストをイギリス政府の指導のもとに置き、その単独行動を抑えようとするねらいがあった。ここに、孤立化を深めるUUPはユニオニストの結束を優先し強硬路線を継続するのか、それとも和平プロセスを受け入れる方向に舵を切るのかという選択に迫られることになったのである。

こうした情勢の中で、1995年11月28日、イギリス、アイルランド両政府は共同声明を発表し、武装解除のための独立委員会を設置することと、実質的な和平協議を行うための全政党間交渉を並行して行うとする「二重路線プロセス」（Twin-track Process）の採用を提起し、元アメリカ上院議長のジョージ・ミッチェルを議長に、元フィンランド首相のハリー・ホリケリと元カナダ陸軍参謀長で元駐米大使のジョン・ド・シャートランが補佐役を務める「武装解除のための独立国際委員会」（IICD、ミッチェル委員会）が設置されたのである。この動きは、SFの複数政党間交渉への参加とIRAの武装解除問題をリンクさせたメイヒュー提案を大幅に修正するものであり、武装解除問題と全政党間交渉をリンクさせず、それぞれを固有の課題として位置づけるという性格を持つものであった[46]。そして、11月30日には、アメリカ大統領クリントンが北アイル

ランドを訪問する。クリントンは、西ベルファストのマッキーズ金属工場で「皆さんは奇跡を起こしています。……2つの誇り高い伝統がともに平和のハーモニーを奏でています。二重路線イニシアティブはすべての視点が語られ、すべての声が聞き届けられるように、すべての政党に交渉する機会を与えることでしょう。また武装解除のための国際機関を設置しています。私はすべての政党がこの機会を摑んでくれることを期待します」[47]と演説し、「二重路線プロセス」を支持する姿勢を大衆に向かって明らかにしたのである。

SFはこれに反応して、1996年1月10日、ミッチェル委員会に対して、和平のための交渉が持たれ、全体として武装解除の問題が取り扱われるのであれば、独立機関のもとでIRAは武器、弾薬の破棄を行う用意があるとする声明を発する[48]。1月24日、全62項目からなるミッチェル委員会報告が公表され、「民主主義と非暴力の原則」(いわゆる「ミッチェル原則」)が提示された。それは、(1)民主主義的かつ徹底した平和的手段で、政治的諸問題を解決すること、(2)すべての準軍事組織は全面的に武力を放棄すること、(3)それは独立の機関による査察に耐え得るものであること、(4)全政党交渉の過程またはこれに影響を行使しようとして、離脱したり、他者の努力に反対するための武力行使や武力による威嚇を行わないこと、(5)全政党間交渉が到達した合意内容を遵守すること、また反対する場合でも、民主主義的かつ徹底した平和的手段でこれを行うこと、(6)「懲罰的」な殺人や暴力を行わないこと、そしてそうした行為を排除するために効果的な処置を講ずることの6つの原則から構成されている[49]。この時点で、UUPはこれまでの強行路線の変更を迫られることになる[50]。

1996年2月9日のIRAによる停戦破棄によって、対話はいったん後退したものの、UUPは全政党間交渉のための代表選出を容認する姿勢をとったこととあいまって、1996年4月に北アイルランド(交渉参加等)法(Northern Ireland (Entry to Negotiations, etc.) Act, 1996)が施行され、5月30日には北アイルランド・フォーラムに参加する110人の代表を決める選挙が実施された(表10-1)[51]。

かくて、かかるフォーラムは、1996年6月10日、ストーモントにおいて第1回会合が開かれることになる。SFはこの選挙で15.47%の得票を獲得していたが、IRAの武装闘争が継続されていることを理由に、全政党間交渉に参加することができなかった。なぜならば、この時点で、SFは「ミッチェル原則」に

表10-1 1996年北アイルランド・フォーラム選挙の結果

政党	得票数	得票率(%)	議席数 ①選挙区	議席数 ②トップアップ	総議席数 ①+②
アルスター・ユニオニスト党 (UUP)	181,829	24.17	28	2	30
社会民主労働党 (SDLP)	160,786	21.37	19	2	21
民主ユニオニスト党 (DUP)	141,413	18.80	22	2	24
シン・フェイン党 (SF)	116,377	15.47	15	2	17
連合党 (APNI)	49,176	6.54	5	2	7
連合王国ユニオニスト党 (UKUP)	27,774	3.69	1	2	3
急進的ユニオニスト党 (PUP)	26,082	3.47	0	2	2
アルスター民主党 (UDP)	16,715	2.22	0	2	2
北アイルランド女性連合 (NIWC)	7,731	1.03	0	2	2
労働連合 (LC)	6,425	0.85	0	2	2
緑の党 (GNI)	3,647	0.49	0	0	0
保守党 (Con)	3,595	0.48	0	0	0
労働者党 (WP)	3,530	0.47	0	0	0
アルスター独立党 (UIP)	2,125	0.28	0	0	0
諸派／無所属	5,183	0.69	0	0	0

※有権者数1,166,106、投票総数754,296（64.69%）、有効投票数752,388。
（出典） The Office of the Chief Electoral Officer for Northern Ireland, *Result and Statistics for the Northern Ireland Election 30 May 1996*, Belfast, 1996 のデータより作成。

同意していなかったからである。1997年5月、イギリス総選挙において労働党が勝利すると、トニー・ブレア首相は、北アイルランド問題の処理をめぐってアイルランド共和国首相と接触する意向を明らかにする[52]。アイルランド首相のブルートンも労働党政権を歓迎する姿勢を表明するとともに、5月5日には、北アイルランド情勢に関する私見を明らかにし、ブレアとの会談に向けて意欲を示したのである[53]。こうした動きに反応したUUP党首のトリンブルは、ブレアがアイルランド首相との会談を行う前に、事前に懇談の機会を持つよう申し入れ、5月7日にブレア＝トリンブル会談が持たれることになる。そして翌日、ブレア首相はアイルランド首相ブルートンと会見し、全政党間交渉にあたりIRAの停戦が不可欠であることを再確認する[54]。北アイルランド相に就任したモー・モーラムは、9日にデリー／ロンドンデリーを訪問し、「武装解除問題は全政党間交渉の障害物ではない。……まず我々が求めるものは、明確な『停戦』ということばであり、その実行である。……われわれはこのことばを得さえすれば、全政党間交渉においてシン・フェイン党に会えることを切望するであろう」[55]とするメッセージを発表する。そして、イギリス政府はこの一

連の取り組みを踏まえ、5月16日に行われたベルファストでのブレア首相の演説の中で、公式に北アイルランド政策の方針提起を行うことになる。それは、「二重路線プロセス」と武装解除に関する国際機関の構築を再確認するとともに、IRA の停戦を条件に、SF を含む全政党間交渉の早期実現を求めるというものであった[56]。このメッセージを受けて、SF は「ミッチェル原則」を受け入れ、1997年7月20日、IRA は再び停戦を宣言する。ここに、SF を含む交渉の道が切り開かれることになった。

　一方で、SF の参加に抗議して、DUP と連合王国ユニオニスト党 (UKUP) が交渉をボイコットする局面も存在したが、UUP は、こうした情勢の中で、頭越しの和平プランを呑まされる危険性を回避し、いかにユニオニストが主導権を握るのかという課題に直面することになる。UUP はかかる情勢を打開するために、DUP などの強硬派との関係を修正し、和平プロセスを積極的にリードする方向で再度舵を切ることになる[57]。

　かくて、1998年4月10日、8つの政党とイギリス政府およびアイルランド共和国政府はベルファスト合意[58]に達することになる。ここに締結されたベルファスト合意は、1996年6月に発足した北アイルランド・フォーラムにおける全政党間交渉の到達点を示すものであった。かかるベルファスト合意の前提には、1997年7月19日にIRA によって発表された「無期限の停戦」声明が大きなきっかけとなったことはいうまでもない。IRA は1998年5月10日に、ベルファスト合意について、これを承認する声明を発表する。そして、5月26日、ベルファスト合意の賛否をめぐるレファレンダムが北アイルランドとアイルランド共和国でそれぞれ実施され、北アイルランド6郡で71％、アイルランド共和国で94％の賛成票が投じられた（表10-2、表10-3）。

　以上のように、ベルファスト合意前夜、これまでのイギリス政府、アイルランド共和国、穏健派ユニオニストおよびナショナリストとの関係に、新たなアクターとしてアメリカ政府が参入してきたこと、UUP が路線転換に踏み切ったこと、SF が IRA の停戦をカードに交渉テーブルに着く機会を獲得したことなど、多極的な構造の中で交渉のための条件が構築されていった。それゆえ、かかるベルファスト合意は、強硬派である DUP と SF を巻きこんだ全政党間交渉の結果として成立したという点に大きな特徴がある。このことは、強硬派

表10-2 北アイルランドにおける「ベルファスト合意」の賛否を問うレファレンダムの結果

	投票数	得票率（%）
賛　成	676,966	71.12
反　対	274,879	28.88

※有権者数1,175,403、投票総数953,583（80.98%）、有効投票数951,845、無効票1,738
（出典）The Electoral Office for Northern Ireland (EONI), *Northern Ireland Referendum, 22 May 1998, Result and Statistic*, Belfast, 1998より作成.〈http://www.eoni.org.uk/ni_referendum_election_results_1998.pdf〉（最終閲覧日2011年8月29日）。

表10-3 アイルランド共和国における「ベルファスト合意」に伴う第19回憲法改正案（第2条、第3条および第29条の改正）の賛否を問うレファレンダムの結果

	投票数	得票率（%）
賛　成	1,442,583	94.39
反　対	85,748	5.61

※有権者数2,747,088、投票総数1,545,395（56.26%）、有効投票数1,528,331、無効票17,064
（出典）The Department of the Environment, Community and Local Government, *Referendum Result 1937-2009*, Dublin, 2009, pp. 56-57.〈http://www.environ.ie/en/LocalGovernment/Voting/Referenda/PublicationsDocuments/FileDownLoad,1894,en.pdf〉（最終閲覧日2011年8月29日）。

ユニオニストとリパブリカンを除く、穏健派のユニオニストとナショナリストとの間で取り結ばれたサニングデール合意とは決定的に異なる点である。

第3節　ベルファスト和平合意の制度的特徴と政治的意味

　だが、ベルファスト合意について、北アイルランド・フォーラムに参加したすべての政党が最終的な合意案に署名したわけではない。DUPとUKUPはこれに反対する姿勢を崩していなかったが、ベルファスト合意反対の立場から1998年6月25日に行われた北アイルランド自治議会選挙に候補者を擁立し、とりわけDUPは結果的にはユニオニスト第2党として閣僚を輩出することになる[59]。

　ベルファスト合意以降、北アイルランド自治政府は、4度の停止とイギリスによる直接統治の一時的導入を経て、2007年に再開されることになる。そのプロセスは、ベルファスト合意を出発点として、強硬派ユニオニストとリパブリカンとの一致点を模索するプロセスでもあり、イギリスとアイルランド両政府による2003年のヒルズバラ協議と共同宣言、2004年の包括的合意に向けた提案文書の提起および2005年イギリス＝アイルランド包括合意、そして2006年のセント・アンドリュース合意から2010年のヒルズバラ合意に至る一連の展開の中で、ベルファスト合意が示した統治の基本的枠組み――権力分有型自治

政府の編成とアイリッシュ・ディメンションの容認──は定着する方向に進んでいく[60]。

　ブレンダン・オリアリは、ベルファスト合意について、アレンド・レイプハルトの4つの指標（(1)コミュニティ横断的な権力分有の原則、(2)関係する政府および公共部門における比例原則、(3)コミュニティ・レベルの自治と文化領域における平等原則、(4)コミュニティ間の協働原則）に基づく合意であり、合意形成型民主主義の思想に依拠している点に特徴があると評価している[61]。オリアリがいう合意形成型民主主義の思想とはどのようなものであろうか。これについて、レイプハルトは、人民の中の多数派を対象にした政治（多数決型民主主義）に対して、できる限り多くの人民を対象にした政治であり、言語、エスニシティ、宗教、イデオロギーなど様々な社会的な分断（クリーヴィッジ）が存在する社会において、安定的に機能する民主主義を説明するための概念であるとし、対立的ないしは多元的な社会における統治形態、および紛争の制御のための手法であるという[62]。

　ここで、ベルファスト合意の基本的枠組みについて見てみよう。まず、かかる合意は3つの柱立て──(1)北アイルランドにおける対内的諸関係（第3章「合意」要素1）、(2)北アイルランドとアイルランド共和国との南北アイルランド間関係（第4章「合意」要素2）、(3)アイルランド政府とイギリス政府およびスコットランド、ウェールズ、北アイルランド等の権限移譲された自治政府との東西間関係（第5章「合意」要素3）──から構成されている。合意文書では、北アイルランドの帰属と統治に関わって、第1に、イギリス国家とアイルランド共和国が北アイルランドに対して領有権を主張しないこと、第2に、北アイルランド住民の過半数の合意なしに北アイルランドの現在の地位の変更は行わないこと、第3に、将来において、北アイルランドの帰属は自決の原則に基づいて、北アイルランド住民の意志に委ねられること、第4に、かかる帰属が確定するまで、北アイルランドをナショナリスト系、ユニオニスト系の各政治勢力による権力分有形態による自治政府のもとに置くことを確認している。この合意にそって、1920年アイルランド統治法の廃止と新設される北アイルランド自治政府に対する統治権限の移譲、アイルランド共和国における憲法第2条と第3条の改正が求められたのである[63]。

　ベルファスト合意が提起した制度的な主柱は、(1)18の選挙区から単記移譲

式比例代表制（PR-STV）に基づいて選出された108人の議員から構成される自治議会の設置、(2)自治議会の立法権の行使、(3)議会内の多数派による意思決定の独占を回避し、両コミュニティ横断の合意を形成することを目的とした特別議決方式の採用、(4)比例原則に基づいた自治政府の編成、そして、(5)「北アイルランド人権委員会」、(6)「平等委員会」（公正雇用、機会平等など）、(7)「イギリス＝アイルランド協議会」（BIC）、(8)「イギリス＝アイルランド政府間会議」（BIIGC）、(9)「南北アイルランド閣僚協議会」（NSMC）の各協議機関の設置から構成されている。

オリアリがいうように、ベルファスト合意が合意形成型民主主義の思想をベースに組み立てられているのであれば、その特徴を考える上で、かかる合意の根幹に関わる事項として、分断社会における紛争当事者間の合意の作り方がどのような方法によって保障されているのかがポイントとなろう。こうした観点から、ベルファスト合意の政治的特徴を見た場合、以下の6つの点に整理することができる。

① ベルファスト合意における政治的主体

ベルファスト合意はその履行の条件として、アイルランド共和国政府が北アイルランドの地位について、イギリスの一部であることを承認すること、そしてイギリス政府がアイルランド島の住民に自決権の行使を認めることとしている（ベルファスト合意文書、第1章、第2章）。それは、イギリスが北アイルランドのナショナリストを宗教的少数派としてではなく、異なるナショナルな帰属意識を持つ少数派として認め、将来的に、北アイルランド住民の多数の意思により、イギリスから分離し、アイルランド共和国と統一する権利を認めるものであった。つまり、両コミュニティのアイデンティティを相互に承認するということは、それぞれのコミュニティが多数派であろうと少数派であろうと、その帰属がイギリス国家であろうとアイルランド共和国であろうと、集団的かつ個人的諸権利が政府レベルおよびコミュニティ・レベルで対等に保障されるということを意味していた[64]。

② コミュニティを横断する合意の構築(1)――自治議会選挙

ナショナリストとユニオニストの対立関係が厳しくなる中、サニングデール合意のもとで実施された自治議会（当時）選挙以降、北アイルランドでは、イ

ギリス総選挙および欧州議会選挙を除く各種選挙において採用されてきた方法がある。それは PR-STV による選出方法である（同、第 3 章「合意」要素 1 の第 2 条）。

　レイプハルトが指摘しているように、分断社会において、イギリス型に代表される多数決型民主主義による支配は、多数派を代表する特定の政党による政権の独占を可能にするが、そのことは同時に、少数派からは権力に接近することを阻まれ、差別されているという意識を醸成することになり、体制への信頼を喪失させることになる。それゆえ、それは非民主主義的なものへと転化する危険性をあらかじめ内包したものであった[65]。ストーモント体制下にあった 1921 年から 1972 年までの北アイルランドでは、イギリス型の小選挙区相対多数代表制に依拠した多数決型民主主義による支配こそが、プロテスタント系住民人口の相対的多数を背景に、UUP がすべての選挙で勝利し政府を編成することを支え、ナショナリストを少数派として、権力の配分に与ることのできない状態に固定化する機能を果たしてきた。北アイルランドにおいて、小選挙区相対多数代表制の廃止と比例代表制の導入は、まさにユニオニストによる政治権力の独占を打破する意味を持っていたのである。

　ベルファスト合意の取り決めでは、新たに設置される自治議会は、108 議席で構成され、これを 18 の選挙区から選出すると定められている。その選出方法として、PR-STV が採用されている。各選挙区における当選基数は有効投票数の 14.3% であったが、このことは極小政党を排除することになるものの、そうした極小政党と他政党との選挙協力を促す可能性があった。PR-STV は票の共有を可能にするがゆえに、SDLP や SF の支持者がベルファスト合意を実現するという目的から、UUP に票が移譲されることに合理性を見出すことが可能になる。つまり、そこには、和平合意支持の立場という共通項を持つ政党間で、第 1 位順位票を獲得できないまでも、第 2 位順位票を得る可能性が存在した。UUP は同じ選挙区で競合する和平合意支持派政党の第 2 位順位票を得票する可能性を持つことになり、その場合、DUP や UKUP の和平合意反対派ユニオニストに対して、和平合意支持派の UUP の優位を維持することが可能になるのである。それは同時に、和平合意支持派の SDLP や SF についても UUP 票の移譲を受ける可能性が生じることを意味していた。

表10-4 1998年北アイルランド自治議会選挙の結果と議会内での所属カテゴリー

政党	獲得議席数	第1位順位得票数	第1位順位得票率	議席率(%)	ベルファスト合意に対する態度	カテゴリー
社会民主労働党（SDLP）	24	177,963	22.0	22.2	支持派	ナショナリスト
シン・フェイン党（SF）	18	142,858	17.6	16.7		
アルスター・ユニオニスト党（UUP）	28	172,225	21.3	25.9	支持派	ユニオニスト
進歩的ユニオニスト党（PUP）	2	20,634	2.5	1.9		
アルスター民主党（UDP）	0	8,651	1.1	—		
民主ユニオニスト党（DUP）	20	145,917	18.0	18.5	反対派	
連合王国ユニオニスト党（UKUP）	5	36,541	4.5	4.6		
ユニオニスト系無所属（Ind. U）	3	24,339	3.0	2.8		
連合党（APNI）	6	52,636	6.5	5.6	支持派	その他（ユニオニスト／ナショナリストの区分に属さない諸党）
北アイルランド女性連合（NIWC）	2	13,019	1.6	1.9		

（出典） The Office of the Chief Electoral Officer for Northern Ireland, *The New Northern Ireland Assembly Election 25, June 1998*, Belfast, 1998 より作成。
（備考） 有権者数：1,178,556、投票数：823,565、有効投票数：810,317、無効投票数：13,248、投票率：69.89%

　1998年の自治議会選挙の第1位順位票について見ると、和平支持派諸政党に有利な票の出方をしていることから、和平支持派政党の候補者は第2位順位票において、これらの票を共有する可能性は高くなる。UUPの第1位順位票の得票率は21.0%であったが、第2位順位票によって、25.9%の議席を獲得することができたのである（表10-4）。したがって、イギリス型の多数代表制の選挙制度ではなく、PR-STVが採用されたことの意味は、第1に、その制度的性格からして、北アイルランドにおける有権者の政治的意思が自治議会にほぼ正確に反映されていること、第2に、ベルファスト合意の賛否をめぐる選挙として、争点を反映した投票行動を促す作用が見られたこと、第3に、諸政党間で多数派構築のための交渉ないしは協力、ナショナリストとユニオニストとの協調の可能性が生まれたところにある。

　③　コミュニティを横断する合意の構築(2)――自治議会における意思決定

　ベルファスト合意とその細則を定めた1998年北アイルランド法（The Northern Ireland Act, 1998）では、自治議会を構成する議員に、それぞれ「ナショナリスト」、「ユニオニスト」、「その他」の3つのカテゴリーのいずれかに所属することを求めている。その上で、コミュニティ横断的な意思決定を行うために、議会内の多数派による意思決定の独占を回避することを目的とした議決方法が採用されている。これは、ベルファスト合意の重要な特徴の1つである。

議決にあたって、日常的な行政執行に関わる議案には多数決方式を採用するとしつつも、人事案件や両コミュニティの利害対立が予想されるような議案については、2つの特別議決方式が採用されている[66]。

第1の方法が、「並行合意方式」(Parallel consent procedure) である。この方式は、議決に際して、(1)自治議会全体の相対的多数と、(2)ユニオニストおよびナショナリスト双方の相対的多数の2要件が満たされていることを求めるものである。この場合、1998年段階の自治議会の構成をもとに見ると、議決には、ナショナリストとして登録している議員42人の過半数（22人）と、ユニオニストとして登録している議員58人の過半数（30人）の賛成が必要となる。

第2の方法は、「加重多数決方式」(Weighted majority) である。この方式は、議決にあたって、(1)出席した議会メンバーの60％の賛成を必要とし、(2)ナショナリストおよびユニオニスト双方において40％以上の賛成が必要となる。つまり、議会メンバー全員が採決に参加したとして、まず議会メンバーの60％にあたる65人の賛成が必要であり、この65人の中に、ナショナリスト17人、ユニオニスト24人の賛成を含んでいなければならないのである。たとえば、ナョシナリスト全員（42人）が賛成したとしても、ユニオニストから24人の賛成を得ることができなければ、議会全体で65人の賛成があったとしても否決されることになる[67]。

そして、少数派の拒否権こそは認められていないが、少数派条項として、相対多数決による議決がなされるような一般的な議案についても、30人の動議により、上記のいずれかの特別議決方式が採用されることになる。このように、2つの特別議決方式と少数派条項によって、少なくとも多数派の横暴を抑止する仕組みが担保されているということができよう。

④ コミュニティを横断する合意構築(3)——自治政府（執行府）の編成

まず、自治政府の首相および副首相は、ユニオニストとナショナリストによって構成されなければならないとされ、議会により首相と副首相はセットで指名され、信任投票にかけられることになる。この場合の議決方法は、上記の「並行合意方式」が採用されている[68]。そこで、首相と副首相の選出にあたって、ユニオニストおよびナショナリスト双方のカテゴリーにおいて、過半数の賛成票を獲得できる候補者を立てる必要が出てくる。つまり、ユニオニストは自ら

のカテゴリーからの 30 人の賛成票とともに、ナショナリストから 22 人の賛成票を獲得しなければならないのである。1998 年に成立した自治議会の場合では、UUP は 28 議席であり、他のユニオニスト政党との間で多数派工作を行う必要があった。それゆえ、ユニオニスト系小政党や「その他」のカテゴリーに登録している和平合意支持派政党が、意思決定にあたって、キャスティングボートを握る可能性が存在していたのである。

　次に、内閣の編成については、ベルファスト合意は議会を構成する諸政党に対して、その議席数に比例した閣僚ポストの配分を求めている。この場合、ドント式の比例配分が採用されている（表 10-5）。ここでも、比例原則を基本に、「与党」つまり首相および副首相が所属する政党ないしはその選出に支持を与えた政党に執行権限を付与するのではなく、議会構成政党間の協調と妥協に基づいた行政執行を求めているのである。その意味で、議会における「与党」と「野党」という対決構造を前提とする内閣ではなく、大連合型の内閣が求められているということができる（図 10-1）。ここに、レイプハルトのいう合意形成型民主主義の根幹にあるエリート間の協調と妥協が成立する可能性が包含されているということができよう。しかし、それは各カテゴリーにおいて過半数を超える議席を有する政党が存在しないことが前提となる。2003 年の自治議会選挙では、DUP がユニオニスト陣営において、過半数を超える勢力を保持したことにより、ユニオニスト陣営の意思を確認し同意を取りつける必要はなくなり、DUP の方針にそった決定をユニオニスト全体の意思として議会に反映させることが可能となったのである[69]。

　ベルファスト合意では、もう 1 つの重要な特徴として、執行府を構成する各大臣はその就任にあたって、「忠誠の誓い」ではなく、暴力の否定、公正、人権の遵守を内容とする「執務への誓約」が求められていることである。そして、これを逸脱した場合、自治議会は「誓約」違反として各大臣を個別に罷免することができるとされている。つまり、ベルファスト合意の枠組みの中では、ナショナリストの閣僚がイギリス王室や連合王国に対して「忠誠の誓い」を宣誓する必要がないことになる。代わりにこの規定は、(1)各閣僚はその職務に真摯に従事すること、(2)平和的かつ民主的な政治活動に努めること、(3)政府の政策形成とその執行のために協働すること、(4)閣僚会議および議会の決定を支持し

表 10-5　1998 年自治議会選挙結果に基づく自治政府の閣僚構成

政　党		UUP		DUP		PUP		UKUP		SDLP		SF		APNI		NIWC	
自治議会における議席数		28		20		2		5		24		18		6		2	
ドント式による閣僚ポストの比例配分	1	28	①	20	③	2	—	5	—	24	②	18	④	6	—	2	—
	2	14	⑤	10	⑦					12	⑥	9	⑨				
	3	9.3	⑧	6.6	—					8	⑩	6					
	4	7	—	5	—					6	—	4.5	—				
閣僚ポスト数		3		2		0		0		3		2		0		0	

(出典)　*The Agreement: Agreement reached in the multi-party negotiations* の第 3 章第 16 項および *Northern Ireland Act 1998* の第 3 部第 18 条に基づいて、表 5 のデータから作成した。

図 10-1　1998 年北アイルランド自治政府および自治議会の構成

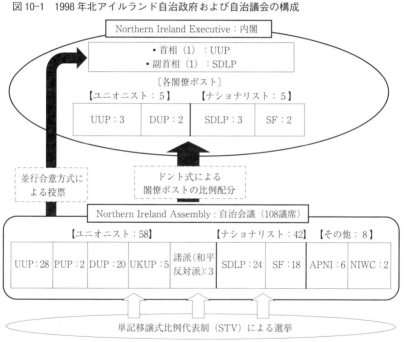

(出典)　表 10-4、表 10-5 より作成。

これを遵守することを求めているのである[70]。それゆえ、この「合意」要素1の付録Aの規定は、ベルファスト合意の実践に向けて、2つのナショナリズムをまとめ上げる接着剤としての役割を持っていると考えることができる。

⑤ 北アイルランドにおける多次元的な統治構造(1)

次に問題となるのは、アイリッシュ・ディメンションの容認にともなって、北アイルランドとアイルランド共和国間関係、イギリスとアイルランド共和国間関係、イギリスと北アイルランド間関係のあり方が大きく変化した点である。まず、南北アイルランド間関係について見ると、ベルファスト合意第4章の「合意」要素2において、南北アイルランドを横断する閣僚級の会議体を設置することが求められている。和平交渉の過程において、ナショナリストはイギリス議会とアイルランド議会の承認のもとに、南北アイルランドを横断する会議体が相対的に独立した形で、かつ法制度的に設置されることを望んでいた。他方、ユニオニストは北アイルランド自治議会とアイルランド議会のもとに設置されることを期待していた。「合意」要素2の第1条では、この両者の意見の相違について、南北アイルランドを横断する会議体をイギリスとアイルランドの法律によって成立させるという形で処理をしている。それは、アイルランド共和国憲法第2条と第3条の改正を前提とした南北アイルランド閣僚協議会（NSMC）として具体化された。「合意」要素2の第2条では、NSMCは北アイルランドから首相および副首相と関係する諸閣僚、アイルランド共和国から首相と関係する諸閣僚が代表として参加し、かかる会議体での決定事項はすべて両者の合意に基づくものでなければならないとしている。ここで重要なのは、「合意」要素2の第13条にある「NSMCが自治議会と相互補完的な関係にある」という点である。つまり、ユニオニストは自治議会が維持される限り、NSMCを破壊することはできないし、ナショナリストはこの機関を維持するためには、自治議会を破壊することはできないのである[71]。

次に、イギリス政府とアイルランド政府間の関係について見ると、ベルファスト合意では、イギリス政府とアイルランド政府との政府間会議（BIIGC）[72]のほかに、イギリス政府、アイルランド共和国政府とその他の6つの自治政府——スコットランド、ウェールズ、北アイルランド、チャンネル諸島（ジャージー地区、ガーンジー地区）、マン島——から構成されるイギリス＝アイルランド協

議会 (BIC) の設置が提起されている。これは、2つの主権国家と、イギリス国家の枠組みの中で権限移譲された諸地域の政府、隣接するイギリス領有地域が一堂に会し、討議し、共通の政策に合意していくという機能を持つ機関である。つまり、この機関はブリテン島およびアイルランド島全体を横断する政治的協議体であるということができる[73]。

　ユニオニストは、そもそもNSMCの設置に関して、BICのもとに置かれることを求めていたが、ベルファスト合意では、ユニオニストの要求は採用されず、NSMCとBICは対等なものとして位置づけられている。だが、自治政府との関係では、NSMCは相互依存的なものとされ、BICはむしろその外に置かれる会議体として位置づけられたのである。ユニオニストは、最終的には、このプランを連合王国の枠組みの維持を担保するものとして受け入れることになる。つまり、北アイルランドの地位がどうあれ、将来にわたって、イギリスとの関係を維持し得る機関として理解されたのである[74]。他方で、アイルランド政府は、BICに対して、数の力で圧倒されることを嫌い、積極的ではなかったといわれている。しかし、NSMC、BIC、BIIGCを介して、北アイルランド問題にアイルランド共和国政府が関与する権限を法的に明記されたことは、共和国にとって大きな成果であった。なぜならば、BICが権限移譲された諸自治政府に、イギリス政府との交渉機会を与えるものとして機能し、アイルランド政府と諸自治政府との連帯関係が構築されたとすれば、かかる会議体はユニオンの枠組みを揺るがしかねない契機を与えることになるからである[75]。

⑥　北アイルランドにおける多次元的な統治構造(2)

　ここで、ベルファスト合意のもとでの北アイルランド自治政府とアイルランド政府との関係、イギリス政府とアイルランド政府との関係、イギリス政府と北アイルランド自治政府との関係が持つ性格について整理をしてみよう。その場合、これらの政府間関係が、コンフェデレーション的な性格ないしはフェデレーション的な性格のいずれの方向性のもとにあるのかという観点から整理を試みたい。ここでは、ブレンダン・オリアリの問題提起を援用し、コンフェデレーション的な性格を「政治的支配権を有する諸機関がそれぞれその独立性を担保しつつ、すべての管轄権を横断する権力を行使し得るような上位機関に権力と機能を自発的に委託する場合」[76]とし、フェデレーション的な性格を「特

定の地域内において、中央政府と下位の集権的政府が垂直的に層をなして存在する場合」[77]と把握することにする。その上で、北アイルランドという1つの地域をめぐって取り結ばれる諸関係のもとで、イギリス政府に対して北アイルランドがどのような位置にあるのかという問題に接近したい。

第1に、北アイルランド自治政府とイギリス政府との関係について、NSMCと自治政府との関係を相互依存関係としたベルファスト合意の構造からして、北アイルランドの政治は、南北アイルランドの合意のもとに進められるものであり、イギリス政府がこの合意を遵守する義務を放棄しアイルランド人の自決権を否定しない限り、北アイルランドに対して、いかなる形にせよベルファスト合意と矛盾するような権力の行使を単独で行うことはできない。しかしながら、北アイルランドへの自治権の付与はイギリス政府による権限移譲に基づくものであり、そのため1998年の時点では、北アイルランドはユニオンの枠組みの中に位置づけられ、かかる自治権の発効と停止はイギリス政府のイニシアティブのものに置かれていたのである。それゆえ、イギリス政府と北アイルランド政府の関係は、ストーモント時代（1921年—1972年）のものと類似した性格を持つものといえ、特定の地域内において、中央政府と下位の政府が垂直的に層をなして存在するフェデレーション的なる方向性を内包せざるを得ないことになる。

第2に、北アイルランド自治政府とアイルランド政府との関係について、ナショナリストの側からこれを見れば、NSMCの存在により、北アイルランド政府とアイルランド共和国との関係はフェデレーション的な性格を内包するものとして理解されている。SFやフィアナ・フォイル党（FF）は、ベルファスト合意により、北アイルランドとアイルランド共和国の関係はコンフェデレーション的なものからフェデレーション的なものに、そして統一アイルランドの形成へと段階的に移行する過程に布置されたものと見ていたのである。たしかに、NSMCの設置によって、全アイルランド的な政治的関係性が構築され、北アイルランドに対するアイルランド政府の関与が公式に容認された。だが、1998年段階において、アイルランド政府は、ベルファスト合意の枠組みの中で、NSMCを介して、北アイルランド政治に対する間接的な関与を容認されているに過ぎず、フェデレーション的な性格を持つとまではいえない。

第3に、イギリス政府とアイルランド政府の関係について、NSMC、BIC、BIIGCの設置は、相互にチェックしあうチェック・アンド・バランスの関係を構築することで、ナショナリスト、ユニオニスト、イギリス政府、アイルランド政府のいずれかが一方的に北アイルランドの問題に関与することを排除し、各行為主体間の交渉と合意が必要とされる空間が設定されたことを意味している。このことは、北アイルランドという政治空間において、アイルランド政府、イギリス政府がそれぞれその独立性を担保しつつも、協働した意思の決定と行動を求められるという点で、イギリス政府とアイルランド政府との間にコンフェデレーション的な方向性を持たせることになる。少なくともいえることは、NSMC、BIC、BIIGCを介したアイリッシュ・ディメンションの容認は、北アイルランドという空間をめぐって、コンフェデレーション的な方向性とフェデレーション的な方向性が多次元的かつ複合的に存在せざるを得ない環境が構築されたということなのである。

　ここでひるがえって、レイプハルトの合意形成型民主主義モデルとの対比でベルファスト合意の主たる内容を見ると、表10-6のようになる。ここからいえることは、制度設計上はレイプハルトの合意形成型民主主義モデルの思想に概ね符合しているという点である。その限りで、オリアリが評価するように、ベルファスト合意がコンソシエーショナルな性格を持つと指摘することは可能であろう。しかし、かかる統治の仕組みが機能し得るかどうかは、この仕組みを動かす主体の問題が問われなければならない。それゆえ、ここで問題となるのは、ベルファスト合意において策定された諸制度が、ユニオニスト、ナショナリスト、イギリス政府、アイルランド政府にとって、どのような政治的意味を持ったのかという点である。

　ベルファスト合意は、単にユニオニストの統治やイギリス国家の統治あるいはアイルランド共和国による統治ではなく、ナショナリストを含む4者による共同統治の可能性を開くものであった。ナショナリストからすれば、ベルファスト合意は、共同統治者として、かれらの要求を政府機関において公的に主張し協議できる地位を保障し、アイリッシュ・ディメンションの承認とかれらの自決権の概念上の承認を与えるものであった。それゆえ、将来における統一アイルランドの展望を切り開くものであったということができる。

表10-6 合意形成型民主主義モデルと1998年ベルファスト和平合意

合意形成型民主主義モデルの主なポイント	ベルファスト和平合意の主な内容
執行府の比例的編成	・ドント式による閣僚ポストの比例配分の採用
比例代表制選挙	・単記移譲式比例代表制
行政府における権力分有＝大連合政府	・北アイルランドにカトリック系、プロテスタント系の各政治勢力の協働による自治政府の設置
バランスのとれた二院制	・一院制の採用：18の選挙区から単記移譲式比例代表制によって選出される108人の議員から構成される自治議会の設置
多党制と多次元的政党システム	・自治議会の各政党は、自己申告により、「ユニオニスト」、「ナショナリスト」、「中間派」のカテゴリーに分類
コミュニティ横断的な合意の手続	・特別議決方式の採用
領域的自治＝領域的権限移譲	・BIC、BIIGC、NSMCの設置
文化的自治＝機能的権限移譲	・地方自治体への権限移譲 ・各部門所轄大臣への権限移譲
少数代表の保護	・少数代表条項
少数者の拒否権	―

（出典） Arend Lijphart, *Democracies, Patterns of Majoritarian and Consensus Government in Twenty-One Countries*, London, 1984, pp. 23-30 および *The Agreement: Agreement Reached in the Multi-party Negotiations* より作成。

　また、イギリス政府の側から見れば、ベルファスト合意にともなうアイルランド共和国憲法の改正によって、北アイルランドの帰属問題を将来的な政治課題とし、権限移譲を通じた地方分権化の枠内で処理することができたことが重要である。権限移譲による地方分権化の推進を政策課題としてきたブレア政権にとっては、スコットランド、ウェールズと同様に、地方分権化政策の一環として北アイルランド問題を処理することができたことになり、連合王国としての国家組織上の枠組みは維持されたのである[78]。

　しかし、こうしたベルファスト合意をユニオニストが支持した理由はどこにあるのか。当時のブレアやクリントンの圧力か、ミッチェルの外交術か、それともSFを含む全政党間交渉の成果か、いずれも政治環境の変化を説明するに過ぎない。では、ユニオニストの意図はどこにあったのか。ベルファスト合意の制度設計の核心は、ナショナリストを巻きこんだ北アイルランドの統治システムの構築にあった。ナショナリストが最終的目標とする自決権の行使＝統一アイルランドの建設という課題は、概念上その可能性が開かれたとはいえ、北アイルランド住民の政治意識や人口構成の変化に委ねられており、長期的課題として棚上げにされている。そして、ユニオニスト、ナショナリスト、イギリ

ス政府、アイルランド政府の相互承認を前提とする意思決定プロセスが採用されたことにより、頭越しにイギリス政府とアイルランド政府が北アイルランドの処遇を決めるという可能性を回避し得る枠組みが構築された。つまり、ユニオニストからすると、ベルファスト合意は、イギリスとのユニオンを維持し安定させるとともに、アイルランド共和国との関係において、イギリス政府による単独行動を回避する可能性を担保するものであったのである[79]。

考慮すべき点は、この合意をナショナリスト／リパブリカン、ユニオニスト／ロイヤリストが大筋で受け入れる姿勢をとる背景として、それぞれの基本的な立場性と関わって、ベルファスト合意がコミュニティ横断的な統治を志向するものでありつつも、そこにはナショナリスト／リパブリカンとユニオニスト／ロイヤリスト、カトリックとプロテスタントというセクト主義的な対抗関係が、「ナショナリスト」、「ユニオニスト」、「その他」という3つのカテゴリーのもとに制度化されているということである。つまり、ナショナリスト／リパブリカン、ユニオニスト／ロイヤリストのセクト的立場性が維持され制度的に保障されているのである。それゆえ、ベルファスト合意は、その構造からして、基軸となる対抗関係を除去するものではなく、はじめから基軸となる矛盾を内包するものであったということができる。

第4節　サニングデールからベルファストへ

ここであらためて問わなければならない問題がある。それは、なぜサニングデール合意は崩壊し、ベルファスト合意は生き残ったのかという問題である。1973年のサニングデール合意をめぐって、リパブリカンとロイヤリストによる暴力行為が拡大し、ユニオニストおよびロイヤリストの反サニングデール闘争の激化による両コミュニティの分断状況が深化したことは、サニングデール合意の無力さの証明であり、権力分有型の統治方法の限界として把握する議論が存在する[80]。しかし、この議論はかかる疑問に答えるものではない。なぜならば、サニングデール合意とベルファスト合意は、枠組みとしては、北アイルランドを分断社会として捉え、その修復を追求するものとして、権力分有型統治の導入とアイリッシュ・ディメンションの容認・制度化を提起している点で

共通する性格を有するものと考えられるからである。

　サニングデール合意は、1973年12月、サニングデールにおいて、イギリス首相、アイルランド首相、UUP、SDLP、APNIの代表が出席して行われた北アイルランドの国家組織上の地位と統治システムに関する協議の到達点を示すものであった[81]。この協議の性格について、アイルランド首相ウィリアム・コスグレイヴは、「この協議の基本原則は、参加者が保護されるべきすべての人々にとって利益となるような合意を見出すよう努力することであった。そして、かかる協議の席上、すべての代表者は、それぞれの基本的な立場に関して妥協したり、他の代表に妥協を求めたりすることはなく、相互に同意できる可能な方策について一致点を見出した」[82]と述べている。ここでの同意可能な方策とは、第1に、北アイルランドの地位は住民の過半数の意思に基づくこと（サニングデール合意、第5章）、第2に、南北アイルランド閣僚協議会を含むアイルランド協議会を設置すること（同、第7章―第9章）、第3に、アイルランド協議会をベースに、政治的暴力の排除、基本的人権の保障に関わる問題を協力して取り扱うこと（同、第10章―第11章）、第4に、北アイルランドに権力分有型の自治政府を構築すること（同、第12章）、第5に、イギリス政府による直接統治を解除し、速やかに北アイルランド自治政府と自治議会に統治権限を移譲すること（同、第19章）であった。

　サニングデール合意とベルファスト合意の内容を比較して見ると、表10-7のようになる。この表からすると、北アイルランド住民の自決権、カトリック系住民およびプロテスタント系住民のアイデンティティに関する相互承認、アイルランド島とブリテン島間の協力という点では異なるものの、北アイルランドの地位は住民の過半数の意思に基づくとした点やアイリッシュ・ディメンションの容認、権力分有に基づく北アイルランド自治政府の設置、イギリスによる直接統治の解除と権限移譲、政治的暴力の排除と基本的人権の保障機関の設置など、概ねベルファスト合意と共通する内容が含まれている。しかし、サニングデール合意の場合は、合意内容を具体化し推進するまでもなくわずか5ヵ月で崩壊することになった。他方で、ベルファスト合意は具体化に向けて動き出すことになる。両者を分かつ契機はどこに存在するのであろうか。

　サニングデール合意をめぐる経緯は、次のようなものであった。1972年3月

24 日、労働党政権時代の北アイルランド政策を踏襲する姿勢をとっていたイギリス保守党政府は、1 月 30 日に発生した「血の日曜日事件」などの政治的暴力の拡大を受けて、直接統治に踏み切ることになる。同時に、保守党政府は、テレンス・オニールが主導するオフィシャル UUP に不満を持つ分子からなる前衛的ユニオニスト運動を指導するウィリアム・クレイグと DUP のイアン・ペイズリーという強硬派ロイヤリスト勢力の台頭によるユニオニスト勢力内の分裂と、イギリス軍を主たる対象とした IRA の武装闘争方針の強化によるナショナリスト勢力の過激化という問題に直面していた[83]。北アイルランド和平に向けて、政党間での対話が開始される契機は、1972 年 9 月 24 日の北アイルランド相ウィリアム・ホワイトロウが呼びかけたダーリントンでの「三日間会議」の招集であった。この呼びかけに応じたのは、北アイルランド議会を構成する 7 つの政党(UUP、ナショナリスト党〈NP〉、リパブリカン労働党〈RLP〉、NILP、APNI、SDLP、DUP)のうち、オフィシャル UUP(穏健派)、NILP、APNI の 3 政党だけであり、SDLP はこの会議をボイコットしていた。ホワイトロウは、この会合の成果として、1972 年 10 月に、グリーンペーパー(The Future of Northern Ireland: A Paper for Discussion)を発表した。この文書は、権力分有の容認という点で、権力分有型の統治制度の導入をアイルランド統一への一歩と位置づける SDLP の政策方針をも包摂し得るものではあったが[84]、この会合に出席したオフィシャル UUP、APNI、NILP の明確な同意に裏づけられたものではなかった[85]。

そして、イギリス政府は、1973 年 3 月 8 日、直接統治導入時に約束していた「ボーダー・ポール(Border Poll)」と呼ばれる北アイルランドの国家組織上の地位を問うレファレンダムの実施に踏み切る(表10-8)。その結果、イギリス政府は、イギリス国家への帰属を肯定する意思が 98.92%と圧倒的多数を占めたとして、北アイルランドのイギリス残留を確認する。しかし、このレファレンダムでは、ナショナリスト系コミュニティが投票をボイコットしており、投票率は 58.66%にとどまり、アイルランド統一を支持する票数はわずか 1.08%であった。また、共和国との統一に明確に反対の意思を表明した者は有権者比で 57.45%にとどまっていた[86]。

だが、この結果を受けて、イギリス政府は 1973 年 4 月 10 日、ホワイトペー

表10-7 「サニングデール合意」と「ベルファスト合意」の比較

		サニングデール合意 (1973年)	ベルファスト合意 (1998年)
調印者		イギリス政府、 アイルランド政府、 UUP、SDLP、APNI	イギリス政府、 アイルランド政府、UUP、 UDP、PUP、NIWC、労働 者連合、APNI、SF、SDLP
主要項目	権力分有型自治政府の設置と権限移譲	○	○
	コミュニティ横断的な合意	○	○
	比例原則に基づく自治議会の設置	○	○
	比例代表制選挙の採用	○	○
	警察機構の改革	○	○
	政治犯の釈放	○	○
	人権律の制定	○	○
	政治的暴力の放棄	○	○
	治安維持に関する南北協力	○	○
	アイリッシュ・ディメンション	○	○
	アイルランド島/ブリテン島間協力	×	○
	両コミュニティのアイデンティティと 自決権の相互承認	×	○

(出典) Tripartite agreement on the Council of Ireland: the communique issued following the Sunningdale Conference および The Agreement: Agreement reached in the multi-party negotiations より作成。

表10-8 1973年北アイルランド・レファレンダムの結果

選択項目	得票数	得票率(%)	対有権者比(%)
北アイルランドが連合王国の一部分としてとどまることを求めますか?	591,820	98.92	57.45
北アイルランドが連合王国から離れて、アイルランド共和国と統一することを求めますか?	6,463	1.08	0.63

(備考) 有権者数:1,030,084、投票者数:604,256、有効投票:598,283、投票率:58.66%、無効票:5,973
(出典) Referendum ('Border Poll') (NI), Thursday 8 March 1973 in CAIN Web Service. 〈http://cain.ulst.ac.uk/issues/politics/election/ref1973.htm〉(最終閲覧日:2012年1月7日)

パー (Northern Ireland Constitutional Proposals; Presented to Parliament by the Secretary of State for Northern Ireland) を発し、5月3日にはイギリス議会で北アイルランド自治政府 (Northern Ireland Assembly) の設置を決定してしまう[87]。新しく設置が予定される北アイルランド自治議会は、同年7月18日に制定された1973年北アイルランド国家組織法 (Northern Ireland Constitution Act, 1973) において、次のような性格を持つものと定められていた。第1に、イギリス議会で扱うべき国家的案件を除き、北アイルランド自治議会はイギリス政府の同意のもとに、法案の作成とその議決の権限を持ち、除外事項を除いて、すべて

の法制定の権限を持つとされていた。第2に、北アイルランドの閣僚は広範なコミュニティに受け入れられるよう自治議会の支持のもとで選出され、ここに編成される内閣は北アイルランド相の承認に基づくものとされていた。第3に、内閣を構成するメンバーは北アイルランド各省庁の大臣であり、首相は自治議会の政党間バランスを反映させて統括する責任を負うものとされていた[88]。

また、このホワイトペーパーにしたがって、イギリス政府は、5月3日に北アイルランド自治議会法（Northern Ireland Assembly Act, 1973）を成立させ、PR-STVによる選挙制度の復活、北アイルランド自治議会（議員定数78人）の設置と同議会選挙の実施を決定した[89]。そして、6月28日、自治議会選挙が実施され、8つの政党から78人の議員が選出されることになる。かかる自治議会選挙において、UUPは得票率25.3％で24人の当選者を出し第1党となり、第2党には22.1％の得票を獲得し19人の候補者を当選させたSDLPが位置づくこととなった。APNIは9.2％の得票率で8人の当選者を出し、北アイルランド自治政府の一翼を担うこととなる（表10-9）[90]。そして、7月18日、イギリス政府は北アイルランド国家組織法に基づいて、北アイルランドに対する直接統治を解除し、自治政府に対する権限移譲が行われた。11月21日、ホワイトペーパー支持派の上記3政党による翌年1月1日の自治政府成立に向けた自発的な連立工作の結果、UUPのブライアン・フォークナーを首班とする連立内閣が編成される。しかし、UUPでは、連立内閣の編成をめぐって党内が分裂し、フォークナーは132対105の僅差で反対派を振り切ることになる[91]。

1973年12月5日、UUPのイギリス下院議員7人のうち5人が、ホワイトペーパー反対運動の指導者であるハリー・ウェストと結合し、6日にはUUP（反フォークナー派）、前衛的ユニオニスト進歩党（VUPP）、DUPの各選挙区の支部、そしてオレンジ・オーダー団のメンバー約500人が、統一アルスター・ユニオニスト委員会（UUUC）を結成する。UUUCは、12月9日に調印されたサニングデール合意について、これは連合王国の一部としての北アイルランドの地位を十分に保障するものではなく、イギリスと北アイルランドの連合に終止符を打つシグナルであると位置づけていた。そして、1974年1月4日に、アイルランド協議会の設置に対しても、UUP指導部にあたるアルスター・ユニオニスト・カウンシル（UUC）は、これを427対374で否決した。フォークナーは北

第10章 1998年「ベルファスト和平合意」の構造 343

表10-9 1973年北アイルランド自治議会選挙の結果

ホワイトペーパー支持派	獲得議席数 52	ホワイトペーパー反対派	獲得議席数 26
アルスター・ユニオニスト党（UUP）（フォークナー派）	24	アルスター・ユニオニスト党（UUP）（ウェスト派）	7
社会民主労働党（SDLP）	19	前衛的ユニオニスト進歩党（VUPP）	7
連合党（APNI）	8	民主ユニオニスト党（DUP）	8
北アイルランド労働党（NILP）	1	西ベルファスト・ロイヤリスト連合（WBLC）	3
		無所属ユニオニスト（Ind. U）	1

（出典）Chief Electoral officer for Northern Ireland, First Elections to the Northern Ireland Assembly: Result and Transfer to Votes, 28, June 1973.〈http://www.eoni.org.uk/index/elections/election-results-archive.htm〉（最終閲覧日2012年1月7日）より作成。

アイルランド自治政府の首相でありつつも、自らの党の反対を受け、UUP党首の辞任を余儀なくされる。そして、1月22日、ウェストがフォークナーの後継党首として選出されることになる[92]。

ベルファスト合意との対比で見れば、第1に、1999年11月27日、UUPの最高意思決定機関であるUUCでは、デビット・トリンブルが57.9％とわずかながらも多数派を維持し、UUCの支持を取りつけることができていた。2000年3月25日の党首選においても、56.8％の票を獲得して対立候補のマーチン・スミスを退けるなど、僅差ながらも党として和平支持の立場を維持することができていた[93]。

第2に、強硬派のDUPは、SFの参加とIRAの武装解除をめぐって、1997年9月に北アイルランド・フォーラムでの協議をUKUPとともにボイコットするが、サニングデール合意の場合とは異なり、和平反対の方向でユニオニスト系、ロイヤリスト系諸勢力を積極的に組織するような動きを示さなかった。また、PUPは新たに成立した自治議会において2つの議席を有し、UDPも和平反対派から距離を取る姿勢を示していた。そして、自治議会内においてはユニオニスト系と考えられる中間政党のAPNIと北アイルランド女性連合（NIWC）がベルファスト合意支持にまわっていた。ユニオニスト・コミュニティの内部で、ベルファスト合意を支持するか否かをめぐって深刻な分裂状態にあったことから、和平反対派のDUPは、北アイルランド自治政府の発足を前にして、1974年と同様のスタンスをとるのか、建設的反対派としてのスタンスをとるのか、明確な方針を持てずにいた。それゆえ、和平反対派がユニオニス

ト内部で多数派を形成し、和平推進ユニオニストを封じ込めた1974年とは異なり、1997年から1998年の段階で、和平反対の姿勢をとるDUPはユニオニストおよびロイヤリストをベルファスト合意反対で組織することができなかったのである。そして、結論的には、DUPは、ベルファスト合意には反対の姿勢を維持し、SFの議会からの排除を求める一方で、閣僚にピーター・ロビンソン（地域開発相）とナイジェル・ドッツ（社会開発相）の2人のメンバーを送り出すという選択を行い、事実上、自治政府の枠内に包摂されることになった[94]。

第3に、サニングデール合意とベルファスト合意が結ばれる前提となる協議体について、両者は大きく異なった性格を持っていた。つまり、ベルファスト合意の前提となる北アイルランド・フォーラムは、この協議に参加する代表者を選出する選挙がトップアップ式の比例代表制に基づいて事前に実施され、この選挙によって選ばれた代表による協議という形式をとっていた。それゆえ、ベルファスト合意に支持の立場をとる政党も反対の立場をとる政党も、武装闘争に否定的な政党も肯定的な政党も含めて、北アイルランド住民の意思を反映する代表が協議体に出席することができたのである。

一方で、サニングデール合意が取りまとめられた協議は、和平推進派諸政党にイギリス首相エドワード・ヒースとアイルランド首相ウィリアム・コスグレイヴを加えた構成であった[95]。それゆえ、この協議は、イギリス主導のもとで、ホワイトペーパー支持政党に限定された会合であった。

第4に、サニングデール合意では、権力分有型の自治政府導入は既定路線の範疇にあり、その中心的課題はもっぱらアイリッシュ・ディメンションに置かれていたことである。つまり、権力分有型の自治政府導入を提起したホワイトペーパーに対する評価が割れている段階で、これを前提にしたアイリッシュ・ディメンションの容認とその制度化についての賛否が問われたのである。

第5に、1973年12月のサニングデール合意に至る過程を見ると、まずイギリス政府が、議論の方向性と枠組みを与えるものとして、1972年10月のグリーンペーパーと1973年4月のホワイトペーパーの2つの文書を提起している。そして、関係諸政党から明確な同意の意思が表示されない中で、レファレンダムと自治議会選挙の実施（1973年3月）、自治議会の設置（5月）とその開始（7月）[96]を先行させ、合意文書の成立を待たずに、自治政府の編成が進められたの

である。つまり、サニングデール合意に盛りこまれた内容を既成事実化する形で議論が進められたことになる。そのことにより、紛争当事者間での和平内容に関する協議と合意形成のプロセスを十分に踏まえることなく、イギリス政府が提示した和平プランを支持するか否かが問われることになったのである。

　ベルファスト合意に向けたプロセスは、まず、イギリス政府のイニシアティブのもとで、全政党間交渉が提起され、和平の内容を議論するための協議体の設置に関わる代表者選出選挙が実施された。そして、これを母体とした北アイルランド・フォーラムの開催という手順がとられ、このフォーラムでの議論の到達点としてベルファスト合意が位置づくという形になっている。その上で、ベルファスト合意を承認するか否かを問うレファレンダムが南北アイルランドで実施され、その承認を受けて、自治議会選挙の実施と自治政府の編成というプロセスを踏んだのである。つまり、サニングデール合意にせよ、ベルファスト合意にせよ、そこにはイギリス政府の強力な主導性が存在する。だが、合意形成のプロセスの進め方に相違が見られるのである。ベルファスト合意の場合は、北アイルランド住民の意思を反映した北アイルランド・フォーラムをベースにボトムアップ的な合意の形成が図られたが、サニングデールの場合には、イギリス政府による直接統治のもと、合意形成を担保するベースが脆弱なまま、北アイルランドへの権限移譲後の枠組みの既成事実化が先行する形で進められたのである。

　すなわち、リパブリカンの武装闘争の激化とともに、ホワイトペーパー反対派ユニオニストの結束が強まり、UUC内部をはじめとし、UWCによるゼネストなどに象徴されるような自治議会内外での徹底した反対闘争が展開された背景には、サニングデール合意をめぐって、イギリス政府が策定した和平プランが上からかぶせる形で議論が進められたという問題が存在したのである。結果として、サニングデール合意は5ヶ月間で崩壊し、ベルファスト合意は、紆余曲折はあれ、その基本原則は維持され、現在に至っている。かくて、両合意のコンセプトの実効性を問う以前の問題として、この両者の運命を分かつ背景の1つに、和平プランの提案のなされ方と議論の進め方という点で大きな相違が存在していたのである。すなわち、この2つの合意をめぐって明らかになった点は、何らかの取り決めを行う際、その内容がいかに適切かつ妥当なものであ

り合意可能なものであったとしても、課題提起の仕方やタイミング、その議論の進め方が当事者にとって受け入れがたい、あるいは正当性を欠くものであったならば、合意に到達することは難しいということである。つまり、合意形成には、どのような課題を、どのようなプロセスで議論し、どのような方法で合意を取りつけていくのかという問題が問われるのである。

小　括

　以上の分析から、ベルファスト合意は、権力分有、比例原則、コミュニティ横断の合意形成を柱としており、その点で合意形成型民主主義の考え方に沿った立ち位置から組み立てられているといえよう。しかし、コミュニティ横断的な統治を志向しつつも、政治的諸勢力のセクト主義的な立場性を前提とするものであり、北アイルランドにおける対抗関係は基本的に維持され制度化されることになった。それゆえ、ベルファスト合意は、北アイルランドにおける分断社会という状況と帰属をめぐる対立関係そのものを解決し、ナショナリストとユニオニストとの和解と融合を実現させるような性格を持つものはなかったのである。むしろ、それは武力闘争から政治闘争へ移行するための枠組み、対立関係にあるナショナリストとユニオニストが対等な関係のもとで交渉し妥協と合意を図るための場を提供するものであったといえよう。したがって、かかる合意が機能するかどうかは、北アイルランドの両コミュニティを背景にした諸政党がその合意内容の実現に主体的にコミットするか否かにかかっていたのである。

　最後に、北アイルランド和平をめぐって避けることのできない論点が存在する。それは、ユニオニストの同意をいかに獲得するのかという課題である。なぜならば、ベルファスト合意をはじめとして、これまで見られた和平に向けた方策はいずれもユニオニストの同意が可能であるという希望的な前提に立ったものであったからである。この課題は、北アイルランド問題の特殊な状況がどのように考慮されているかという情勢認識の問題と密接に結びついており、なぜサニングデール合意が崩壊し、ベルファスト合意が生き残ったのかという問題とも大きく関わるものである。

では、その特殊な状況とは何か。かかる紛争の根底には、ナショナルなものへの帰属意識をめぐる対立関係が存在した。つまり、北アイルランドにおいては、現行の連合王国としてのイギリスの国家的枠組みを維持するのか、統一アイルランドを建設するのかどうかという政治的対抗軸が、ナショナリストとユニオニストの両コミュニティの対立的な意識を醸成する媒体となっていたからである。それゆえ、両コミュニティが北アイルランドという枠組みの中で共存することができない場合も想定されなければならないのである。権力分有型の和平プランを積極的に主張してきたレイプハルトでさえ、北アイルランドにおいて権力分有型の統治が機能しなかった場合に、再分割は不可避なものとなるという見解を示している[97]。ここで、残された課題として、北アイルランドにおいて、なぜ再分割案が他の方策と同じように取り上げられてこなかったのかという疑問が生じてくる。この問題については、あらためて論考を起こすこととしたい。

1) Richard Rose, *Northern Ireland: A Time of Choice*, London, 1976, p.139.
2) 拙稿「北アイルランド紛争のおける政治的暴力の構造 1969－1993年」龍谷大学社会科学研究所『社会科学研究年報』第31号、2001年を参照。
3) バーナード・クリック『政治の弁証』岩波書店、1969年、10-11頁。
4) ジョン・スチュアート・ミル『自由論』岩波文庫、1971年、99-33頁。
5) Arend Lijphart, *Democracies, Patterns of Majoritarian and Consensus Government in Twenty-One Countries*, New Haven, 1984, pp.1-4.
6) Mike Morrissey and Marie Smyth, *Northern Ireland after the Good Friday Agreement: Victims, Grievance and Blame*, London, 2002; Colin Coulter and Michael Murray (eds.), *Northern Ireland after the Troubles: A Society in Transition*, Manchester, 2008.
7) Garret FitzGerald, *Toward a New Ireland*, London, 1972; Conor Cruise O'Brien, *States of Ireland*, London, 1972; Claire Palley, *The Evolution, Disintegration and Possible Reconstruction of the Northern Ireland Constitution*, London, 1972; Clare O'Halloran, *Partition and the Limits of Irish Nationalism: An Ideology under Stress*, Dublin, 1987; *New Ireland Forum, Report*, Dublin: Stationery Office, 1984 を参照。
8) Desmond Ryan (ed.), *Socialism and Nationalism: The Selection form the writing for James Connolly*, Dublin, 1984; Liam de Paor, *Divided Ulster*, Harmondsworth, 1970; Eamonn McCann, *War and an Irish Town*, Harmondsworth, 1974; Michael Farrell, *Northern Ireland: The Orange State*, 2nd edition, London, 1980; British and Irish Communist Organisation, *On the Democratic Validity of the Northern Ireland State, Policy Statement, No. 2*, Belfast, 1971 を参照。
9) 新アイルランド・フォーラムは、アイルランド共和国首相ギャレット・フィッジェラル

ドの呼びかけで、1983-84年に、北アイルランドから社会民主労働党、アイルランド共和国からフィアナ・フォイル党、フィン・ゲール、アイルランド労働党など、シン・フェイン党を除く317のナショナリスト系団体が参加して行われた。その最終報告書は1984年5月2日に発表され、ここに1985年のイギリス=アイルランド合意の前提となる北アイルランド問題に対するナショナリストの基本的な考え方を提起された。新アイルランド・フォーラムについては、拙稿「アイルランドにおけるナショナリスト諸政党の政治戦略――北アイルランド問題と『新アイルランド・フォーラム』をめぐって」『立命館国際研究』第16巻第2号、2003年を参照。

10) New Ireland Forum, *Report*, Dublin: Stationery Office, 1984, para. 7.1.
11) 第4章を参照。
12) Labour Party, *Towards a United Ireland-Reform and Harmonisation: A Dual Strategy for Irish Unification*, London, 1988, paras. 25-30, 34-35, 44, 51, 61-62, 70, 75.
13) *Ibid.*, para. 17.
14) Graham Walker, *The Politics of Frustration: Harry Midgley and the Failure of Labour in Northern Ireland*, Manchester, 1985, p. 217.
15) New Ireland Forum, *supra* note 10, para. 3.3.
16) *Ibid.*, para. 4.8.
17) Graham Walker, *supra* note 14, p. 217.
18) James Prior, *A Balance of Power*, London, 1986, p. 194.
19) Northern Ireland: A Framework for Devolution, Cmnd. 8541, London, 1982, para. 6.
20) Fergus McAteer, *Won't You Please Sit Down?*, Derry/Londonderry, 1972. ファーガス・マクアーターは、公民権運動の活動家で、アイルランド独立党の結成に関与したデリー／ロンドンデリーの大物ナショナリスト政治家エディ・マクアーターの息子である。
21) Dervla Murphy, *Changing the Problem: Post-Forum Reflections*, Lilliput Pamphlets No. 3, Mullingar, 1984, p. 17.
22) The New Ulster Political Research Group, *Beyond the Religious Divide*, Belfast, 1979, p. 3.
23) Hansard, HC, Deb, 2 July 1981, Vol. 7, cc. 1020-106.
24) Brendan O'Leary, Tom Lyne, Jim Marshall and Bob Rowthorn, *Northern Ireland: Shearing Authority*, Institute for Public Policy Research, London, 1993.
25) Northern Ireland Office, The Future of Northern Ireland: A Paper for Discussion, London, 1972, paras. 44, 51-64, 76-78.
26) Arend Lijphart, "Foreword: One Basic Problem, Many Theoretical Options-And a Practical Solution?", in John McGarry and Brendan O'Leary (eds.), *The Future of Northern Ireland*, Oxford, 1990, pp. vi-vii.
27) 英国バークシャーにあるサニングデール・パークのシビルサービス・カレッジ（Civil Service College、現在のNational School of Government）において行われた協議の到達点として、1973年12月9日に発表された"サニングデール・コミュニケ"を指して、一般的に、サニングデール合意と呼ばれている。かかる協議には、イギリス政府からはエドワード・ヒース（首相）、アレック・ダグラス=ホーム（外相）、ピーター・ローリンソン、フランシス・ピム、アイルランド共和国政府からはウィリアム・コスグレイヴ（アイルランド首相）、ギャレット・フィッツジェラルド（外相）、コナー・クライス・オブライエン、UUPからはブライアン・フォークナー、ロイ・ブラッドフォード、レスリー・モレル、バージル・マクアイヴァー、ハーバート・カーク、ジョン・バクスター、SDLPからはジェラルド・フィット、ジョン・ヒューム、パディ・デブリン、オースチン・カリー、エディ

ー・マクグラディ、イアン・クーパー、APNI からはオリバー・ネイピア、バージル・グラス、ボブ・クーパーが出席した。
28) Paul Bew and Gordon Gillespie, *Northern Ireland: A Chronology of the Troubles, 1968-1999*, Dublin, 1999, pp. 72-91.
29) *Ibid.*, pp. 189-193, 220-255.
30) *Irish Times*, 27 September 1993.
31) Hansard, HC, Deb, 22 October 1993, Vol. 230 cc. 530.
32) Joint Declaration on Peace: The Downing Street Declaration (15 December 1993), London: Northern Ireland Office, 1994.
33) PUP は、ベルファストのシャンキル街の独立ユニオニストグループを基盤に 1979 年に結成された政党であり、UVF と密接な関係にある。主にロイヤリスト系労働者階級を支持基盤としており、北アイルランドのユニオニスト勢力の左派に属する政党と見られている。UDP は、1981 年に UDA の政治部門としてアルスターロイヤリスト民主党として結成され、2001 年に解党している。なお、1930 年代にも同じ名称の政党が存在したが、ここでいう UDP との関連性はない。Lee A. Smithey, *Unionists, Loyalists, and Conflict Transformation in Northern Ireland*, Oxford, 2011 を参照のこと。
34) Paul Bew and Gordon Gillespie *supra* note 28, pp. 272-286, 288-295, 297-301. CLMC は、1994 年に、UVF、UDA/UFF、RHC の代表者から構成されたロイヤリスト系武装組織の連合体である。UVF の一部は、CLMC の停戦決定に反対して離脱し、LVF を結成し、武装闘争を継続することになる。
35) G. T. Dempsey, "The American Role in the Northern Ireland Peace Process", in *Irish Political Studies*, Vol. 14. 1999, pp. 114-115. ブルース・モリソンはこの使節団において、SF 党首ジェリー・アダムズとのパイプ役を担うことになる。また、のちに設置される国際的な武装解除に関する国際的な機関の議長となるジョージ・ミッチェルも 1995 年以降この使節団に関与するようになる。
36) British and Irish Governments, The Framework Documents: A New Framework For Agreement (22 February 1995), London: Prime Minister's Office, 1995. アイリッシュ・ポリティカル・スタディーズの資料によると、「合意のための新たな枠組み」について、カトリック系住民の 73％ が賛成に意思を示しており、逆にプロテスタント系住民からは 36％ の支持しかなかったとしている。注目すべきは、かかる文書が統一アイルランドを志向するものであるとする回答が、カトリック系住民で 49％、プロテスタント系住民では 58％ であった点である。*Irish Political Studies*, Vol. 11, 1996, pp. 257-258.
37) Feargal Cochrane, *Unionist Politics and the Politics of Unionism since the Anglo-Irish Agreement*, Cork, 1997, p. 334.
38) Ulster Unionist Party, *Response to frameworks for the Future* (*10 March 1995*), Belfast, 1995.
39) John Major, *John Major: The Autobiography*, London, 1999, p. 465.
40) Conor O'Clery, *The Greening of the White House*, Dublin, 1996, p. 191.
41) *Irish Times*, 24 June 1995.
42) Feargal Cochrane, *supra* note 37, pp. 331-336.
43) *Sunday Tribune*, 3 September 1995.
44) Feargal Cochrane, *supra* note 37, pp. 340-341.
45) Paul Dixon, *Northern Ireland: The Politics of War and Peace*, London, 2008, pp. 250-254.
46) British and Irish Governments, Joint Communiqué: Twin-track Process to Make Parallel Progress on Decommissioning and All-party Negotiations (28 November 1995), London:

Prime Minister's Office, 1995.
47) Bill Clinton, Address to the Employees of the Mackie Metal Plant (30 November 1995). 〈http://millercenter.org/president/speeches/detail/3442〉（最終検索日 2011 年 8 月 10 日）。
48) Sinn Fein, Building a Permanent Peace in Ireland, Dublin, 10 January 1996.〈http://www.sinnfein.ie/contents/15213〉（最終検索日 2011 年 8 月 12 日）。
49) George J. Mitchell, John de Chastelain and Harri Holkeri (International Body on Arms Decommissioning), Report of the International Body on Arms Decommissioning (22 January 1996), Belfast: Northern Ireland Office, 1996, para. 20. この文書は、1996 年 1 月 22 日付で出されたものであるが、2 日後の 24 日にベルファストで公開された。〈http://www.nio.gov.uk/iicd_report_22jan96.pdf〉（最終検索日 2011 年 9 月 4 日）。
50) UUP の路線変更を象徴する行動の 1 つとして、ミッチェル委員会報告が公開された 1 月 24 日に、UUP のケン・マジニスが SF のパトリック・マクゲオンとのラジオの討論会に同席している。パトリック・マクゲオンは 1981 年のメイズ刑務所 H・ブロックでの 10 人の死者を出したハンガー・ストライキにおいて、13 人目のハンガーストライカーとして参加し、生き残った人物であり、IRA のメンバーとされている。Paul Bew and Gordon Gillespie, *supra* note 28, p. 318.
51) George Evans and Brendan O'Leary, "Frameworked Future: Intransigence and Flexibility in the Northern Ireland Elections of May 30 1996", in *Irish Political Studies*, No. 12, 1997, p. 45. 北アイルランド・フォーラムに参加する代表を選ぶ選挙は、総定員 110 人のうち、(1)新たに設定された 18 の選挙区（各選挙区定員 5 人）からドループ式〈当選基数 Quota＝有効投票数 T÷（定員数 d＋1）＋1〉の拘束名簿式比例代表制によって 90 人が選出され、(2)すべての選挙区を通して総得票の多い上位 10 政党から 2 人ずつ 20 人を選出するトップアップ方式が採用されている。Northern Ireland (Entry to Negotiations, etc.) Act 1996, Chapter 11, Schedule 1, Part I (General) を参照。
52) *Irish Times*, 3 May 1997.
53) *Irish Times*, 5 May 1997.
54) *Irish Times*, 8 May 1997.
55) *Irish Times*, 10 May 1997.
56) Address by the Prime Minister Mr. Tony Blair at the Royal Agricultural Society, Belfast, 16 May 1997.〈http://cain.ulst.ac.uk/events/peace/docs/tb16597.htm〉（最終閲覧日 2011 年 9 月 8 日）。
57) Paul Bew and Gordon Gillespie, *supra* note 28, pp. 320-335, 340-352, 363.
58) 1998 年 4 月 10 日に成立した和平合意の呼称について、合意が成立した場所から、ベルファスト和平合意（The Belfast Agreement）、あるいはまさに署名された場所そのものを指すストーモント和平合意（The Stormont Agreement）という呼称が使われる場合と、合意が成立した日から、1998 年 4 月 10 日和平合意（The 10 April 1998 Agreement）、「聖金曜日」和平合意（The Good Friday Agreement）ないしはイースター合意（The Easter Agreement）という呼称が使用される場合が見られる。また、合意主体からアングロ＝アイリッシュ合意（The Anglo-Irish Agreement）とも呼ばれることがある。いずれの呼称も正確とはいえないものであり、場所といっても、この合意が成立する過程を見ると、ベルファスト、ロンドン、ダブリン、ワシントンほかでの公式、非公式の交渉の積み重ねの上に成り立つものであることが反映されない。また、合意主体から見た場合では、イギリスとアイルランド共和国以外のアクターが退いてしまうことになる。そして、合意が成立した日とした場合でも、「聖金曜日」和平合意やイースター合意という呼称はキリスト教的なメッセージ性はあるものと思われるが、いずれにしても 1998 年 4 月 10 日に成

立した合意について、そこに至るプロセスを含む全体像を表現するものではない。こうした問題が存在することを踏まえ、本書では、さしあたり、合意成立以降、公的な文書等で使用されることの多いベルファスト和平合意（ベルファスト合意）という呼称を使用することとしたい。

59) Paul Dixon, *supra* note 45, pp. 297-298.
60) Joint Statement by President George W Bush and Prime Ministers Tony Blair and Bertie Ahern on Northern Ireland, Hillsborough Castle (8 April 2003), Belfast: Northern Ireland Office, 2003; Proposals by The British and Irish Governments for A comprehensive Agreement (8 December 2004), Belfast: Northern Ireland Office, 2004, paras. 1-3; Agreement between the Government of the United Kingdom of Great Britain And Northern Ireland and the Government of Ireland on Co-operation on Criminal Justice Matters (26 July 2005), Cm. 6931, Belfast, 2005; Agreement at St. Andrews, Belfast: Northern Ireland Office, 2006, paras. 10-12. 北アイルランド自治議会は、1998年7月1日に第1回の招集が行われている。しかし、その後、2000年2月11日から5月30日、2001年8月10日（24時間）と9月22日（24時間）、2002年11月14日から2007年5月7日の4度にわたって一時停止の措置がとられている。
61) Brendan O'Leary, "The Nature of British-Irish Agreement", in *New Left Review*, No. 233, pp. 67-68. ジョン・マクギャリーとブレンダン・オリアリの北アイルランドにおける合意形成型民主主義モデルの適用について再評価する研究に、Rupert Taylor(ed.), *Consociational Theory: McGarry and O'Leary and the Northern Ireland Conflict*, New York, 2009がある。
62) Arend Lijphart, *supra* note 5, pp. 21-23. レイプハルトは、合意形成型民主主義の特徴として、(1)「エリート間の協調」、(2)権力分有、(3)比例原則、(4)少数派の拒否権を基本原則に、8つの指標（①執行府における権力分有＝大連合、②執行府―立法府の権力分立、③バランスの取れた二院制と少数代表の保障、④多党制、⑤多次元的政党システム、⑥比例代表制選挙、⑦領域的自治および非領域的自治、⑧成文法と少数派の拒否権）を提示している。レイプハルトが北アイルランド問題に最初に言及した研究として、Arend Lijphart, "Review Article: The Northern Ireland Problem; Cases, Theories, and Solutions", in *British Journal of Political Science*, Vol. 5, 1975, pp. 83-106がある。また、北アイルランドにおける合意形成型民主主義モデルの適用に関しては、Arend Lijphart, *supra* note 26; Stefan Wolff, "Conflict Management in Northern Ireland", in *International Journal on Multicultural Societies*, Vol. 4, No. 1, 2002; John Coakley, "Adapting Consociation to Northern Ireland", in *Institute for British-Irish Studies (IBIS) Discussion Paper*, No. 8, Dublin, 2010がある。
63) 元山健『イギリス憲法の原理――サッチャーとブレアの時代の中で』法律文化社、1999年、257-271頁。
64) Brendan O'Leary, *supra* note 61, pp. 86-87.
65) Arend Lijphart, *supra* note 5, pp. 22-23.
66) The Agreement: Agreement Reached in the Multi-party Negotiations, Belfast., 1998, Strand One, Democratic Institutions in Northern Ireland, Sec. 6.
67) *Ibid.*, Strand One 5-(d)-ii; Northern Ireland Act, 1998, London, 1998, Sec. 4 and 5.
68) Northern Ireland Act, 1998, Sec. 16-(1), (2), (3); Brendan O'Leary, "The 1998 British-Irish Agreement: Power-Sharing Plus", in *Scottish Affairs*, No. 26, 1999, pp. 29-35.
69) 拙稿「2003年北アイルランド地方議会選挙に関する一考察――岐路に立つ『ベルファスト和平合意』」『立命館国際研究』第16巻第3号、2004年、39-41頁。

70) *Supra* note 66, Strand one, Executive Authority, Sec. 23 and Annex A: Pledge of Office.
71) *Ibid.*, Strand Two, North/South Ministerial Council, Sec. 1, 2 and 13.
72) *Ibid.*, Strand Three, British-Irish Intergovernmental Conference, Sec. 1-9.
73) *Ibid.*, Strand Three, British-Irish Council, Sec. 1-12.
74) Graham Walker, "The British-Irish Council", in Rick Wilford (ed.), *Aspect of the Belfast Agreement*, Oxford, 2001, pp. 130-135.
75) *Ibid.*, pp. 138-139.
76) Brendan O'Leary, *supra* note 61, p. 79. なお、Confederation および Federation なる概念をどう定義するかは非常に論争的であることから、あらためて論考を起こす必要があろう。
77) *Ibid.*, p. 80.
78) 拙稿「アルスター・ユニオニストの政治イデオロギーとアイデンティティ」中谷猛他編『ナショナル・アイデンティティ論の現在』晃洋書房、2003 年所収、223 頁。
79) Thomas Hennessey, *The Northern Ireland Peace Process: Ending the Troubles?*, Dublin, 2000, pp. 179-180; Rick Wilford, "The Assembly and the Executive," in Rick Wilford (ed.), *supra* note 74, pp. 119-120.
80) Liam Kennedy, *Two Ulsters: A Case for Repartition*, Belfast, 1986, pp. 10-14.
81) Northern Ireland Office, *supra* note 25, paras. 44, 51-64, 76-78; Hansard, HC, Deb, 10 December 1973, Vol. 866 cc. 28-41.
82) Tripartite Agreement on the Council of Ireland: The Communique issued following the Sunningdale Conference (Sunningdale Agreement), London, 1973, para. 3.
83) Stefan Wolff, "Context and Content: Sunningdale and Belfast Compared", in Rick Wilford (ed.), *supra* note 74, pp. 14-15.
84) Northern Ireland Office, *supra* note 25, paras. 72-72.
85) *Ibid.*, Forward by William Whitelaw, Secretary of State for Northern Ireland.
86) Referendum ('Border Poll') (NI), Thursday 8 March 1973, in CAIN Web Service. 〈http://cain.ulst.ac.uk/issues/politics/election/ref1973.htm〉(最終閲覧日 2012 年 1 月 7 日)
87) Northern Ireland Constitutional Proposals; presented to Parliament by the Secretary of State for Northern Ireland, Cmnd, 5259, London, 1973.
88) Northern Ireland Constitution Act 1973, London, 1973.
89) Northern Ireland Assembly Act 1973, London, 1973; Hansard, HL, Deb, 03 May 1973, Vol. 342, cc. 189-218. 本法は 4 月 10 日にイギリス議会に法案が上程され、5 月 3 日に議決されている。
90) 1973 年北アイルランド自治議会選挙結果の詳細は、次の通りである。

第10章 1998年「ベルファスト和平合意」の構造　353

政　党	得票数	得票率（%）	議席数	議席占有率（%）
アルスター・ユニオニスト党（UUP）	182,696	25.3	24	30.8
社会民主労働党（SDLP）	159,773	22.1	19	24.4
民主ユニオニスト党（DUP）	78,228	10.8	8	10.3
アルスター・ユニオニスト（反自治議会派）	76,094	10.5	7	9
前衛的ユニオニスト進歩党（VUPP）	75,709	10.5	7	9
連合党（APNI）	66,541	9.2	8	10.3
北アイルランド労働党（NILP）	18,675	2.6	1	1.3
西ベルファスト・ロイヤリスト連合（WBLC）	16,869	2.3	3	3.8
無所属ユニオニスト	13,755	1.9	1	1.3
リパブリカン・クラブ	13,064	1.8	0	—
ナショナリスト党	6,270	0.9	0	—
無所属	4,091	0.6	0	—
ロイヤリスト党	2,752	0.4	0	—
無所属ホワイトペーパー支持派	2,008	0.3	0	—
無所属ナショナリスト	2,000	0.3	0	—
リパブリカン労働党（RLP）	1,750	0.2	0	—
自由党（ユニオニスト系）	811	0.1	0	—
国民戦線（ユニオニスト系）	591	0.1	0	—
アルスター憲政党（ユニオニスト系）	202	0.03	0	—
ロイヤリスト無所属	189	0.03	0	—
共産党	123	0.02	0	—

（備考）有効投票数：722,241、投票率：56.1%
（出典）Chief Electoral officer for Northern Ireland, *First Elections to the Northern Ireland Assembly: Result and Transfer to Votes*, 28 June 1973. 〈http://www.eoni.org.uk/index/elections/election-results-archive.htm〉（最終閲覧日2012年1月7日）より作成。

91) Gordon Gillespie, "The Sunningdale Agreement: Lost opportunity or an agreement too far?", in *Irish Political Studies*, Vol. 13, Issue 1, 1998, p. 103.
92) Paul Arthur, "Northern Ireland, 1972-84", in Jacqueline R. Hill (ed.), *A New History of Ireland VII: Ireland, 1921-84*, Oxford, 2003, p. 406.
93) Stefan Wolff, *supra* note 83, p. 17.
94) Paul Dixon, *supra* note 45, pp. 296-297. 自治政府発足時、2人の閣僚を輩出したDUPは、ベルファスト合意に反対する意思表示として、閣僚会議への出席を拒否していたが、それ以外の公務については、その職務を果たすという行動を取っていた。
95) 前掲註27を参照。
96) この時設置された北アイルランド自治議会は1973年7月31日に第1回会合が開かれている。
97) Arend Lijphart, *Democracy in Plural Societies: A Comparative Exploration*, New Haven, 1980 p. 141.

総括——まとめに代えて

　北アイルランド紛争は、1998年のベルファスト和平合意（以下、ベルファスト合意）によって、組織的な武力闘争に区切りがつけられることになった。しかし、このベルファスト合意が求めた権力の分有、紛争当事者による共同統治の具体化には、2006年10月のセント・アンドリュース合意（Agreement at St Andrews）とこれを法制化した2006年北アイルランド（セント・アンドリュース合意）法（Northern Ireland (St Andrews Agreement) Act, 2006）および2007年の同修正法（Northern Ireland (St Andrews Agreement) Act, 2007）の成立を待たなければならなかった。

　本書では、アイルランドとイギリス政府との権力関係を通して、アイルランドのナショナリズム運動を捉え、「共存のための術」という観点から北アイルランドにおける政治過程に接近した。ここで明らかになった点として、第1に、アイルランドとイギリス国家との関係は、12世紀以降のイギリス国家によるアイルランド支配とそれからの未完の解放運動という歴史的背景を有するものである。それゆえ、ナショナリストはアイルランドの歴史を12世紀のノルマン征服から語り、ユニオニストは17世紀のイギリス国家によるアルスターへの植民政策から歴史を捉えようとしていた。ここに、アイルランドに2つの歴史が存在するといわれる所以がある。それは同時に、ナショナリストとユニオニストという2つの政治的立場に正当性を与えてきたのである。

　第2に、ナショナリズムなるものについて、政治的正当性に関する近代的な原理であり、特定のネイションによる統治を実現する政治運動としてナショナリズムを把握した場合、アイルランドには、連合王国の枠内でイギリス国家の一員として生きることを求めるユニオニストと、アイルランド島をベースにアイルランド・ネイションの一員として生きることを求めるナショナリストとい

う2つの異なるベクトルを持つナショナリズムが存在していたことである。とくに、ここで注目すべき点は、ナショナリストにせよ、ユニオニストにせよ、両派それぞれの実践的評価にしたがって、18世紀以前の「古きもの」、つまり前近代アイルランドの歴史を再編成し、自己の運動に正当性を付与し大衆を組織しようとしてきたことである。すなわち、ナショナリストとユニオニストという2つのナショナリズムがアイルランドには存在し、これがネイションの御旗をめぐって争ってきたのである。

第3に、ナショナリストの運動の底流に、アイルランドの中間層を中心としたゲーリック・リーグに象徴される文化的ナショナリズムの運動が根強く存在していた。文化的ナショナリズム運動と政治的ナショナリズム運動を結びつける結節点に、オウン・マクニールとバルマー・ホブソンが存在し、アイルランド・ネイションなるものが定式化され政治イデオロギー化されていったのである。

第4に、アイルランド問題は、19世紀のイギリス政府による「科学主義的国家化」とイギリス化の動きの中で醸成されてきたものである。それは、18世紀末からのプロテスタント系住民とカトリック系住民というカテゴリーを越えた自治要求から出発するものであった。しかし、20世紀初頭のホームルール危機を契機に両コミュニティの武装化と分断が進む中で、イギリス国家からの分離・独立を求めるカトリック系＝ナショナリスト／リパブリカンとイギリス支配のもとでの自治を追求するプロテスタント系＝ユニオニスト／ロイヤリストとの対抗という関係が形づくられていたのである。

第5に、イースター蜂起を契機に、自治要求を中心とした穏健な議会主義的ナショナリストの運動が後退し、シン・フェイン党（SF）を中心とした武装闘争をも容認する急進的なリパブリカンの運動が主流派となった。しかし、1918年イギリス総選挙のアイルランドにおける結果は、必ずしも分離独立を目指すリパブリカンの勝利を意味するものではなく、むしろアイルランドにおける二重の多数派＝少数派関係を映し出すことになったのである。

第6に、アイルランド問題の処理をめぐって、イギリス政府は連合王国という国家組織の維持に収斂し、ユニオニストは連合王国の維持を求めつつも、ユニオニストの特権的な自治に収斂する行動をとってきた。そして、1921年に設

置された北アイルランド政府は、ユニオニストのための自治を実現するとともに、少数派となったナショナリストを排除する体制として機能してきたのである。だが、1960年代、ユニオニストの側からその改善に乗り出したとき、ユニオニストの中の労働者階級を中心としたロイヤリストと分離独立を求めるカトリック系のリパブリカンとの間で、「自衛のための闘い」と「アイルランド人としての民族的な解放の闘い」という2つの「正義」が衝突する武装闘争が開始され、労働者階級を中心とした闘争に展開していったのである。

第7に、かかる武装紛争の処理をめぐって、イギリス政府が「仲介者」として位置づく中で、コミュニティ横断型の意思決定を柱とする権力分有型の和平方式が追求され、1998年のベルファスト合意に結実し、連合王国の国家組織上の枠組みが維持されることになったのである。だが、この合意はナショナリスト／リパブリカンとユニオニスト／ロイヤリストの対抗関係を払拭するものではなく、むしろこれを制度化するものであった。

ベルファスト合意は、アイルランドおよび北アイルランドをめぐる政治闘争に一定の区切りをつけるものであったが、それは数世紀にわたる政治対立を解決するものではなく、歴史的に創り出されてきた政治的立場性を事実として容認した上で、安定した統治を希求するものにほかならなかった。ここに、アイルランドと北アイルランドをめぐる政治闘争の教訓がある。しかしながら、安定した統治のあり方を考える上で、組織、制度、手続といった仕組みの面から捉えるだけでは十分とはいえない。そうした組織や制度が効果的に機能するためには、その背景となる理念や趣旨――この仕組みは何のために作られたのかということ――にしたがった適切な運営が求められるのである。

(1) ベルファスト和平合意以後の北アイルランド

ベルファスト合意の締結後も、民主ユニオニスト党（DUP）などのベルファスト合意反対派ユニオニストは、アイルランド共和軍（IRA）の武装解除問題を争点に、IRAによる武装解除の実行が先行的に行われることがない限り、自治政府からの離脱も辞さないとする強硬な姿勢を示してきた。また、2001年9月以降、プロテスタント系ロイヤリストの武装組織がそれまでの停戦を破棄し武装闘争を再開するなど、政治的暴力が激化する状況が存在した。そのため、

表① 2003年北アイルランド地方議会選挙における主要政党の結果

政党名	獲得議席数	増減	第1位順位得票数	第1位順位得票率(%)	1998年自治議会選挙での第1位順位票得票率(%)
民主ユニオニスト党（DUP）	30	10	177,944	25.71	18.03
シン・フェイン党（SF）	24	6	162,758	23.52	17.65
アルスター・ユニオニスト党（UUP）	27	−1	156,931	22.68	21.28
社会民主労働党（SDLP）	18	−6	117,547	16.99	21.99
連合党（APNI）	6	±0	25,372	3.67	6.50

（出典） The Electoral Office for Northern Ireland, *Election results and statistics: Northern Ireland Assembly 2003* より作成。〈http://www.eoni.org.uk/Elections/Election-results-and-statistics/Election-results-and-statistics-2003-onwards/Elections-2003〉（最終閲覧日：2016年10月12日）

1998年に成立した北アイルランド自治政府および議会は、4度にわたって、イギリス政府による一時的停止措置がとられた。こうした状況の中で、2003年10月21日、イギリス政府は2002年10月14日から停止措置がとられていた自治政府の再開に向けて、2003年11月26日に第2回目となる自治議会選挙を実施した。この選挙では、ベルファスト合意反対派ユニオニストのDUPが自治議会第1党となり、ベルファスト合意支持派ではあるがIRAの武装解除問題の渦中にあったSFがナショナリスト勢力の第1党となった。この選挙により、穏健派のアルスター・ユニオニスト党（UUP）と社会民主労働党（SDLP）がともに後退し、ベルファスト合意の完全実施を求めるSFとこれに一貫して反対してきたDUPとの対立が、北アイルランドにおける政治闘争の主たる対立軸として表面化することになった。

　第2回自治議会選挙の結果は、2つの点で重要な問題を含んでいた。つまり、DUPの30議席とSFの24議席は自治政府の編成にあたって、重たい意味を持つことになる。それは、第1に、議決に関して、ベルファスト合意が示した権力分有型合意形成方式の特徴をなす「並行合意方式」（①議会全体の相対的多数、②ユニオニストおよびナショナリスト双方の相対的多数が必要）による採決が行われた場合、ユニオニスト陣営は30名の賛成が必要となる。そうすると、DUPは30議席を獲得しているがゆえに、他のユニオニスト政党との調整の必要がなく、党の方針にそった決定をユニオニスト全体の意思として、議会に反映させることができるようになったのである。第2に、首相および副首相の選出について、制度上、ナショナリストとユニオニストの組み合わせで、首相と副首相を選出

しなければならないことから、この選挙結果からすると、当然、ユニオニストを代表してDUP党首、ナショナリストを代表してSF党首が指名されることになる。しかし、「並行合意方式」による信任投票が行われた場合、DUPとSF双方が不信任票を投ずることが予想され、DUPとSFの組み合わせでは、首相と副首相の選出はできないという政治状況が生じたのである。つまり、それはベルファスト合意が意図したエリート間の協調と妥協に基づいた統治という枠組みが成り立たないということを意味していたのである[1]。

　かくて、2003年の選挙が示した結果は、ベルファスト合意が追求していたコミュニティ横断的な行政単位の構築という方向にではなく、自治議会の中にコミュニティ間対立を投影することになったのである。また同時に、地理的にも、アルスター地方中央部に位置するネイ湖を境に、ナショナリスト系またはユニオニスト系が多数派を占める地域が明確に分かれることになり、両派の対立構造がより明確なものになったのである。

　しかし、2005年のIRAの武装解除完了を受ける形で、自治議会の再開が図られ、2003年の自治議会選挙に基づいて議員の招集が行われた。2003年自治議会選挙の結果からして、首相をDUP、副首相をSFという組み合わせには、DUPのイアン・ペイズリーが強い反対の姿勢を示し再開の目処が立たない状況に至る[2]。だが、2006年11月のセント・アンドリュース合意を受けて制定された2006年北アイルランド（セント・アンドリュース合意）法のもとで、2000年北アイルランド法は廃止され、自治議会も解散されることになった。そして、新たに連合党（APNI）のエイリーン・ベルを議長に、フランシス・マロイ（SF）とジム・ウェルズ（DUP）を副議長とする暫定議会が同年12月に召集された。これはアルスター防衛協会（UDA）系の活動家による爆弾テロ予告のために一度は中断することになったが、2007年3月、自治議会選挙が開催され、DUPが36議席、SFが28議席と議席を拡大する一方で、穏健派のUUPは9議席減、SDLPは2議席減と後退した。しかし、セント・アンドリュース合意のもとでは、首相と副首相の選出方法が変更され、自治議会第1党から首相、同第2党から副首相を出すという方法が採用されたことと、3月26日、イギリス政府の仲介のもと、DUPとSFの代表団による会合が持たれ5月8日の自治政府復活に合意したことにより[3]、5月10日、イアン・ペイズリーとマーチ

表② 北アイルランドの主要政党の選挙結果 (2007年以降)

政党名	2007年自治議会選挙			2011年自治議会選挙			2011年地方選挙			2014年地方選挙		
	獲得議席数	第1位順位得票数	第1位順位得票率(%)	獲得議席数	第1位順位得票数	第1位順位得票率(%)	獲得議席数	第1位順位得票数	第1位順位得票率(%)	獲得議席数	第1位順位得票数	第1位順位得票率(%)
民主ユニオニスト党 (DUP)	36	207,721	30.09	38	198,436	30.57	175	179,436	27.16	130	144,928	23.09
シン・フェイン党 (SF)	28	180,573	26.16	29	178,224	27.45	138	163,712	24.78	105	151,137	24.07
社会民主労働党 (SDLP)	16	105,164	15.22	14	94,286	14.52	87	99,325	15.04	66	85,237	13.58
アルスター・ユニオニスト党 (UUP)	18	103,145	14.94	16	87,531	13.48	99	100,643	15.23	88	101,385	16.15
連合党 (APNI)	7	36,139	5.24	8	50,875	7.84	44	48,859	7.39	32	41,769	6.65
その他	3	57,571	8.33	3	52,384	7.91	39	68,647	10.39	41	103,321	7.62

政党名	2014年欧州議会選挙			2015年イギリス総選挙			2016年自治議会選挙		
	獲得議席数	第1位順位得票数	第1位順位得票率(%)	獲得議席数	得票数	得票率(%)	獲得議席数	第1位順位得票数	第1位順位得票率(%)
民主ユニオニスト党 (DUP)	1	131,163	20.95	8	184,260	25.66	38	202,567	29.17
シン・フェイン党 (SF)	1	159,813	25.52	4	176,232	24.54	28	166,785	24.02
社会民主労働党 (SDLP)	0	81,594	13.03	3	99,809	13.89	12	83,364	12.00
アルスター・ユニオニスト党 (UUP)	1	83,438	13.33	2	114,935	16.01	16	87,302	12.57
連合党 (APNI)	0	44,432	7.09	0	61,556	8.57	8	48,447	6.97
その他	0	125,685	20.07	1	81,311	11.32	6	105,845	15.24

(出典) The Electoral Office for Northern Ireland home, Election results and statistics 2003 onwards より作成。〈http://www.eoni.org.uk/Elections/Election-results-and-statistics/Election-results-and-statistics-2003-onwards〉(最終検索日：2016年10月25日)

ン・マグギネスを首相と副首相とする自治政府が発足する[4]。この間、北アイルランド政府は、2010年2月のヒルズバラ合意 (Hillsborough Castle Agreement) により警察権力と司法権に関わる権限委譲が行われるなど、統治機関としての自律性を強めてきているのである。

　2007年以降に北アイルランドで行われた主な選挙において、主要5政党の勢力は表②の通りである。

DUP は 2008 年にイアン・ペイズリーが政界を引退したが、その後もピーター・ロビンソンを経て 2016 年 1 月に就任したアーリーン・フォスター党首のもとで、ほぼ 30％の支持票を自治議会選挙で獲得し第 1 党の位置を安定的に維持している。そして、SF も 24％から 27％台の支持票を獲得してナショナリスト系政党第 1 党の位置を堅持しており、DUP と SF の組み合わせによる統治体制が継続している。他方で、SDLP と UUP が 10％政党と後退する中、コミュニティ横断型政党の連合党が堅実に勢力を拡大しているのである。ただし、2016 年 5 月 5 日に実施された第 5 回自治議会選挙においては、投票率が 54.6％と 1998 年の自治議会選挙から 15 ポイントの低下を示していた。また、この選挙では、表②にあげた主要 5 政党以外の小規模政党および無所属候補が獲得した票が 15.24％と過去最高となった。その中で、2007 年 12 月に、セント・アンドリュース合意に反対して、DUP から分離し結党されたジェームズ・アリスター率いる「伝統的ユニオニストの声」(TUV) が、この選挙に候補者を立てた政党としては 6 番目に多い 3.4％を得票し、北アントリム選挙区で議席を獲得している。この北アントリム選挙区は、ユニオニストの牙城とされ、2016 年自治議会選挙では、ユニオニスト系政党が 6 議席中 5 議席を占めていた。また、この選挙区は、70 年代までジェームズ・クレイグが、それ以後はイアン・ペイズリー父子が圧倒的な強さを示してきた選挙区でもあった。2014 年に実施された地方選挙においては、DUP は 2011 年地方選挙より約 3 万 5,000 票を減らす一方で、TUV は得票数を倍増させていた。TUV はこの選挙区で、DUP に次ぐ 18％の得票率を獲得しており、ユニオニスト勢力の中でも最も強硬派に位置する政党として、自治政府を担う DUP に対する強硬派の不満の受け皿となっている[5]。

　2016 年自治議会選挙において、SF は、カトリック系住民比率などから、ナショナリスト系政党に有利とされる選挙区で苦戦を強いられ、ファーマナーおよび南ティーロン選挙区では、DUP のアーリーン・フォスターとモーリス・マロウに後れを取り 1 議席を失い、また全体の得票率を前回比で 3 ポイント程度減少させることになった。ファーマナーおよび南ティーロン選挙区は、2000 年以降の 3 回のイギリス総選挙で SF が議席を守ってきた選挙区であったが、2015 年のイギリス総選挙では、ミシェル・ギルダーニューが UUP のトマス・

エリオットに敗れ議席を失っている。とくに、2016年自治議会選挙でSFの退潮を象徴するものとして、北アイルランドにおけるSFの拠点であるベルファスト西選挙区において、第1位順位票で「利潤より人を大切にする」会(PBPA)[6]のジェリー・キャロルが第1位で当選するなど、2011年自治議会選挙（5議席）より1議席後退し、第1位順位票の得票率も67.21％から54.46％に後退していたのである。こうしたSF退潮傾向の背景として、第1に、アイルランド共和国と国境を接するボーダーと呼ばれる地域においては、ベルファスト合意反対派リパブリカン勢力の拡大により、リパブリカンを代表する政党としての役割を果たしきれない状況が生まれてきているということである。そして、第2に、ベルファスト西選挙区のような都市部においては、極左傾向を持つPBPAの台頭に見られるように、SFがこれまでのようにカトリック系労働者階級を組織できなくなってきているということがある[7]。

2016年5月の段階では、DUPとSFを軸とする北アイルランド自治政府は選挙結果から見れば、安定性を維持しているということができる。しかし、ベルファスト合意反対派であったDUPがSFとともに政権を担うという状況の中で、これに不満を持つ強硬派が分離するなど、DUPのユニオニスト内での指導性が弛緩しつつある。また、SFについても、ベルファスト合意支持の方針のもとで、党勢を拡大しナショナリスト系政党第1党に成長したにもかかわらず、SFの基本路線である統一アイルランドの実現に向けた道筋と情勢を具体的に創出することができないというジレンマの中にある。こうした政治的閉塞状況の中で、北アイルランドはイギリス国家のEU離脱を問うレファレンダムを迎えることになったのである。

(2) EU離脱レファレンダムと北アイルランド

イギリス国家のEU離脱を問うレファレンダムは、2016年6月23日に実施され、ここで、EU離脱を支持する票が51.89％、残留を支持する票が48.11％と、イギリス国家のEU離脱を容認する結果が示された。しかし、スコットランドと同様に、北アイルランドでは、EU残留が55.77％、離脱が44.22％とEU残留を支持する票が多数派を占める結果となっていた[8]。この結果を受けて、SFのマクギネスは北アイルランドの帰属を問うレファレンダムの実施を求め

る発言を行う。この発言は、EU 残留の意思を示した北アイルランドのイギリス国家からの離脱と、北アイルランドのアイルランド共和国との再統一の可能性に踏みこもうとするものであった。そして、SF は北アイルランドの帰属を問うレファレンダムの実施を要求するキャンペーンをはる。だが、その場合、いくつかの乗り越えなければならない課題が存在する。1つに、北アイルランド自治政府の首相と副首相は、セント・アンドリュース合意のもとでは、同等の権限を持つとされているがゆえに、副首相のマクギネスの強い意向が存在したとしても、首相である DUP のフォスターの同意が必要とされ、その上で自治議会での承認を求めなければならない。2016 年の自治議会選挙の結果からすれば、DUP は 38 議席（ユニオニスト内：67.85％）、SF は 28 議席（ナショナリスト内：70.00％）であり、ユニオニスト系 56 議席、ナショナリスト系 40 議席、その他 12 議席であることから、ナショナリスト系政党が一致した行動をとったとしても、レファレンダム実施の決断はもっぱらユニオニストの意向によって左右されることになる。その上、かかるレファレンダムの実施には、イギリス政府の承認を必要としているのである。

表③のごとく、選挙区単位で見た場合、アントリムを中心とした北アイルランド北東部のプロテスタント・アルスターと呼ばれる地域で離脱派が多数派を占めていた。これは 1998 年以降に北アイルランドで行われた各種選挙でユニオニストが多数派を占めた地域と概ね符合するものであった。またこれは、現行の 11 の地方自治体のうち、SF が第 1 党となっている自治体やネイ湖以西のナショナリスト勢力が多数派ないしはユニオニストとの勢力バランスが拮抗しているような地域では、残留を求める票が多数を占めたことも事実である。

だが、今回のレファレンダムの結果が、即座に、ナショナリストの意思と符合するものかというと、必ずしもそうとはいえない。離脱票が多数派を占めた地域は、2015 年イギリス総選挙時の選挙区別に見てみると、北アントリム、東アントリム、南アントリム、アッパー・バン、ラガン・バレー、ストラングフォード、ベルファスト東であった。この地域は、DUP を中心にユニオニストが多数派を安定的に占めてきた地域であり、南アントリム以外の 6 選挙区は DUP が制していた。ベルファストについていえば、2014 年の地方選挙で SF が第 1 党となっていたが、ベルファスト東地区を構成しているオーミストン、タ

表③　2016年EU離脱を問う国民投票の結果（北アイルランド）

選挙区	離脱	%	残留	%
北アントリム	30,938	62.22	18,782	37.77
東アントリム	22,929	55.19	18,616	44.80
南アントリム	22,055	50.63	21,498	49.36
アッパー・バン	27,262	52.61	24,550	47.38
ラガン・バレー	25,704	53.09	22,710	46.90
ストレングフォード	23,383	55.52	18,727	44.47
北ダウン	21,046	47.64	23,131	52.35
ベルファスト東	21,918	51.39	20,728	48.60
ベルファスト南	13,596	30.51	30,960	69.48
ベルファスト西	8,092	25.94	23,099	74.05
ベルファスト北	19,844	49.64	20,128	50.35
南ダウン	15,625	32.75	32,076	67.24
ニューリーおよびアーマー	18,659	36.85	31,963	63.14
ミッド・アルスター	16,799	39.61	25,612	60.38
東ロンドンデリー	19,455	47.97	21,098	52.02
フォイル	8,905	21.73	32,064	78.26
西ティーロン	13,274	33.15	26,765	66.84
ファーマナーおよび南ティーロン	19,958	41.44	28,200	58.55
北アイルランド全土	349,442	44.22	440,707	55.77

（出典）　The Electoral Office for Northern Ireland home, Elections 2016 EU Referendum 23 June 2016 より作成.〈http://www.eoni.org.uk/Elections/Election-results-and-statistics/Election-results-and-statistics-2003-onwards/Elections-2016〉（最終検索日：2016年10月25日）

（備考）　■はEU離脱票が過半数となった選挙区。

イタニック、リスナシャラはショート・ストランド地区などの両コミュニティが隣接するインターフェース地域を含んでおり、DUPが多数派を占める地域であった。こうしたDUPが多数派を占めていた地域において、離脱支持の投票行動が見られたのである。このレファレンダムにあたって、残留支持の意思を示した政党は、SF、SDLP、UUP、APNI、緑の党、保守党、労働党と無所属ユニオニストのシルビア・ハーモンであった。これに対して、離脱支持の意思表示をしていた政党は、DUP、TUV、PBPA、労働者党（WP）とイギリス独立党（UKIP）であった。2015年のイギリス総選挙での結果から両勢力の力関係を見ると、残留支持派政党は66.37％、離脱支持派政党は31.84％となる。その場合、東アントリム、北アントリム、ラガン・バレー、ストレングフォード以外の14の選挙区で残留支持票が過半数を制することになる。つまり、2015年イギリス総選挙時において、DUPが議席を獲得した8選挙区のうちアッパー・

バン、ベルファスト東、ベルファスト北、東ロンドンデリーにおいても、残留支持票が多数派となるのである[9]。

　このレファレンダムでは、むしろ残留支持のキャンペーンを張った諸政党がこれまでに北アイルランドで行われた各種選挙で組織することができた得票を十分に残留支持票に結びつけることができず、逆にこれまでそうした諸政党に投票されてきた票が離脱支持に回ったといえるのである。その背景には、DUPとSFの退潮傾向が存在する。そして、DUPの離脱支持の背景には、連合王国なる国家組織の維持を求めつつも、イギリス政府によって頭越しに自分たちの処遇が決められることに強く反発するという、アルスター・ユニオニストの伝統的な行動パターンが見られる。また、DUPがプロテスタント系労働者階級を支持基盤としていることとの関係も考慮する必要があろう。この点では、SFの場合も、急進的なナショナリストやカトリック系労働者階級の支持をいかに組織するのかが、党勢の維持・拡大に大きく関わっていた。それゆえ、このレファレンダムの結果をテコとした北アイルランドの帰属を問うレファレンダム実施の要求は、統一アイルランド実現に向けた具体的な道筋を有権者に提供できず、退潮傾向にある党内事情を反映したものと見ることができよう。

　2014年以降の諸選挙における各政党の動向を見ると、DUPおよびSF離れとともに、北アイルランド自治政府への不満の受け皿としてTUVやPBPAなどの政党とシルビア・ハーモンのようなユニオニスト系無所属候補の台頭が見られるようになってきている。その背景として、1998年以降の北アイルランド内でのカトリック系住民の地位向上とあいまって、カトリック系中間層の拡大とそれまでの特権的な地位を失った労働者階級を中心とするプロテスタント系コミュニティの解体傾向が進んでいることがある。そうした中で、このレファレンダムを通じて示されたものは、従来のようなユニオニストとナショナリストとの対抗関係の中にあった北アイルランドの帰属問題ではなく、北アイルランド内における雇用や社会保障をはじめとする社会的諸矛盾に媒介された自治政府への不満の表出であったということができよう。それゆえ、かかるレファレンダムの結果が北アイルランドの帰属問題にダイレクトに反映するものとは考えにくいのである。むしろ2014年以降の北アイルランド政治についていえば、ユニオニストとナショナリスト、ロイヤリストとリパブリカン、DUPとSFと

いう双極的な対抗関係が弛緩し、北アイルランド内の社会的な不満の受け皿となった諸政党が台頭しつつあるという情勢からして、ここに北アイルランド政治におけるポピュリスト的な傾向の萌芽を見ることができよう。

　最後に、北アイルランドにおいて、ベルファスト合意とセント・アンドリュース合意を経て、ナショナリスト／リパブリカンとユニオニスト／ロイヤリストという対抗軸は、武装闘争から議会闘争に移行することとなり、議会政治を通じた両者の共存が追求されることになった。そこには、紛争当事者の現実的な対応と判断が存在したことはいうまでもない。ここで、政治を「共存のための術」として捉え、アイルランドと北アイルランドにおける政治過程を振り返って見ると、それは政治的目標への情熱が強ければ強いほど、それだけ政治に対するリアルな認識が必要とされるということであり、ある個人や集団にとって都合の悪い事実や意見があったとしても、これに向き合い、自己の心情を相対化し、合意を創り出していくリアリティが求められるということを、われわれに示してくれているように思われる。

1） 拙稿「2003年北アイルランド地方議会選挙に関する一考察──岐路に立つ『ベルファスト和平合意』」『立命館国際研究』第16巻第3号、2004年を参照。
2） Joanne McEvoy, *The Politics of Northern Ireland*, Edinburgh, 2008, pp. 165-166.
3） *An Phoblacht*, 30 March 2007.
4） Joanne McEvoy *supra* note 2, pp. 166-176.
5） Richard Cracknell, *Northern Ireland Assembly Elections: 2016*, House of Commons Library, Briefing Paper, No. CBP 7575, 18 May 2016, pp. 6-7, 12-14.
6） PBPAは、2005年10月に結党された社会主義者政党であり、この政党は1971年に社会主義労働者運動として始まった社会主義労働者党（Socialist Workers Party）によって組織されたものである。ダブリンに本部を置いているが、北アイルランドではベルファスト西地区を拠点に活動を展開している。そして、2007年以降、「南ダブリン・コミュニティ／労働者アクション・グループ運動」（Community & Workers Action Group of South Dublin）と連合したのを契機に、アイルランド共和国と北アイルランドにおいて実施された各種選挙に候補者を立てている。また、2010年11月から2013年頃まで、この政党は、アイルランド社会党（Socialist Party）と「労働者と失業者運動」（Workers and Unemployed Action Group）と連合して、統一左翼連合（United Left Alliance）の名称で活動していた。
7） Northern Ireland Assembly, *Election Report: Northern Ireland Assembly Election, 5 May 2016*, Research and Information Service Research Paper, NIAR141-16, 12 May

     2016, Belfast, pp. 13-25.
8) 弥久保宏「英国における国民投票のメカニズム——2016年EU国民投票を事例として」
    『月刊選挙』第69巻第9号、2016年、51-52頁。
9) Northern Ireland Assembly, *EU Referendum Update*, Research and Information Service Research Paper, NIAR311-16, 30 August 2016, Belfast, pp. 9-11.

主要参考文献一覧

〔一次資料〕
〈新聞、ジャーナル〉
An Phoblacht, Belfast Newsletter, Claidheamh Soluis, Fermanagh Herald and Monaghan News, Fortnight, Freeman's Journal, Irish Catholic, Irish Freedom, Irish Independent, Irish News, Irish Times, Mid-Ulster Mail, Nation, Northern Whig, Pilot, Sunday Tribune, The Times, Toronto Star, Ulster Day.

〈議事録〉
Hansard, House of Commons.
Hansard, House of Lords.
Northern Ireland Parliamentary Debates (House of Commons).
Dail Éireann Debates, Houses of the Oireachtas.
Census Ireland, 1841, 1881, 1911, 1926.
Northern Ireland Census, 1971, 1991.

〈公文書、手稿資料、声明等〉
Adams, Gerry, *Falls Memories*, Dingle: Brandon Books, 1982.
―――, *Presidential Address*, in Sinn Fein Ard Fheis, Dublin, 13 November, 1983.
―――, *The Politics of Irish Freedom*, Dingle: Brandon Books, 1986.
―――, *A Pathway to Peace*, Cork: Mercier, 1988.
―――, *Looking to the Future*, A speech made in Conway Mill, West Belfast, 2 October 2001.
Agreement at St Andrews: Joint Proposals, issued by the British and Irish Governments, Aimed at Restoring the Devolved Assembly at Stormont, Belfast: Northern Ireland Office, 13 October 2006.
Agreement between the Government of the United Kingdom of Great Britain and Northern Ireland and the Government of the Republic of Ireland Establishing the Independent International Commission on Decommissioning (26 August 1997), Cm. 3753, Belfast: TSO, 1997.
Agreement between the Government of the United Kingdom of Great Britain And Northern Ireland and the Government of Ireland on Co-operation on Criminal Justice Matters (26 July 2005), Cm. 6931, Belfast: TSO, 2009.
Anglo-Irish Agreement: Agreement between the Government of United Kingdom of Great Britain and Northern Ireland and the Government of the Republic of Ireland, Cmnd. 9657, London: HMSO, 1985.
Assessment on Paramilitary Groups in Northern Ireland, Belfast: Northern Ireland Office, 20 October 2015.
British and Irish Governments, Joint Communiqué, Twin-track Process to Make Parallel Progress on Decommissioning and All-party Negotiations (28 November 1995), London: Prime Minister's Office, 1995.
―――, Joint Declaration on Peace: The Downing Street Declaration (15 December 1993), London: Prime Minister's Office, 1993.

―, The Framework Documents: A New Framework for Agreement, by the British and Irish Governments (22 February 1995), London: Prime Minister's Office, 1995.

―, The Framework Documents: A New Framework For Agreement (22 February 1995), London: Prime Minister's Office 1995.

British and Northern Ireland Governments, Text of a Communiqué and Declaration issued after a Meeting held at 10 Downing Street (19 August 1969), Cmnd. 4154, HMSO, London, 1969.

British Government, The Framework Documents: A Framework for Accountable Government in Northern Ireland by the British Government (22 February 1995), London: Prime Minister's Office, 1995.

Cabinet Papers of the Stormont Administration, Local Government Bill: Registration of New Electoral Boundaries, etc., CAB/4/57, 18 October 1922.

Callaghan, James, *A House Divided: The Dilemma of Northern Ireland*, London: Collins, 1973.

Chief Electoral Officer for Northern Ireland, First Elections to the Northern Ireland Assembly: Result and Transfer to Votes, 28 June 1973.

Clinton, Bill, *Address to the Employees of the Mackie Metal Plant* (November 30, 1995) 〈http://millercenter.org/president/speeches/detail/3442〉(最終検索日 2011 年 8 月 10 日)

Compton Report (9th August 1971), Cmnd. 4823, London: HMSO, 1971.

Craig to Spender, September 1922, PM/9/4, 21 in Public Record Office of Northern Ireland.

Davis, Thomas, *Literary and Historical Essays*, (edited by Charles Gavan Duffy), Dublin: James Duffy & Co., 1845.

―, *An Address Read before the Historical Society*, Dublin: Webb and Chapman, 1840.

Decommissioning Scheme Based on Section 3(1)(c) and (d) of the Northern Ireland Arms Decommissioning Act 1997, Belfast: TSO, 1998.

Democratic Unionist Party, *DUP's Opposition to Irish Republic's Ilegal Claim on Ulster*, Belfast: Democratic Unionist Party, 26 May 1998.

Document No. W. S. 1216, in Bureau of Military History 1913−21, Military Archive, the Department of Defence, Ireland.〈http://www.bureauofmilitaryhistory.ie/〉(最終検索日 2016 年 8 月 5 日)

Dungannon and Gerrymandering, in The Public Record Office of Northern Ireland, HLG/4/115.

Eoin MacNeill Papers, in UCD Archives.

Faulkner, Brian, *Memories of a Stateman*, London: Weidenfeld and Nicolson, 1978.

FitzGerald, Garret, *Towards a New Ireland*, Dublin: Government Information Services, 1972.

Frank Gallagher Papers, Documents Relating to Publications on Partition by Gallagher and the All Party Anti-Partition Conference; Including Correspondence, Accounts, Copy of Agreement between Gallagher, Others and the Committee of the All Party Anti-Partition Conference; 1949−56, in National Library of Ireland.

Glasnevin Trust, 1916 Necrology 485, Dublin: Glasnevin Cemetery Museum, 2015.

Hobson, Bulmer, *A Short History of the Irish Volunteers*, Dublin: Candle Press, 1918.

―, *Ireland: Yesterday and Tomorrow*, Tralee: Anvil Books, 1968.

Independent International Commission on Decommissioning (IICD), Report of the Independent International Commission on Decommissioning (2 July 1999), Belfast: IICD, 1999.

―, Report of the Independent International Commission On Decommissioning (6 August 2001), Belfast: IICD, 2001.

―, Statement (23 October 2001), Belfast: IICD, 2001.

Independent Monitoring Commission, Twenty-Sixth and Final Report of the Independent Monitoring Commission, 2004−2011, HC 1149, 4 July 2011, London: TSO, 2011.

Irish Republican Army, Statement on Decommissioning, 20 September 2001.
―, Statement on Decommissioning, 23 October 2001.
―, Statement on its Meetings with the IICD, 9 August 2001.
―, Statement on the Withdrawal of its Plan on Decommissioning, 14 August 2001.
Joint Declaration on Peace: The Downing Street Declaration (15 December 1993), London: Northern Ireland Office, 1994.
Joint Statement by President George W Bush and Prime Ministers Tony Blair and Bertie Ahern on Northern Ireland, Hillsborough Castle (8 April 2003), Belfast: Northern Ireland Office, 2003.
Labour Party, Towards a United Ireland-Reform and Harmonisation: A Dual Strategy for Irish Unification, London: Labour Party, 1988.
Lord Cameron, Disturbances in Northern Ireland, Report of the Commission Appointed by the Governor of Northern Ireland (September 1969), Cmd. 532, Belfast: HMSO, 1969.
MacNeill, Eoin, *Irish in the National University of Ireland: A Plea for Irish Education*, Gaelic League Pamphlet, Dublin: M. H. Gill & Son, 1909.
―, *Phases of Irish History*, Dublin: Gill & Son, 1919.
―, (edition by Braian Hughes), *Memoir of a Revolutionary Scholar*, Dublin: Irish Manuscripts Commission, 2016.
―, "Irish Educational Policy", in *Irish Statesman*, No. 5, 1925.
―, "Why and How the Irish Language is to be Preserved," in *Irish Ecclesiastical Record*, Vol. 7, Dublin: Browne & Nolan, 1891.
―, "How the Volunteers Began", in Francis X. Martin (ed.), *The Irish Volunteers, 1913-1915: Recollections and Documents*, Dublin: Duffy, 1963.
Major, John, *John Major: The Autobiography*, London: Harper Collins, 1999.
Mitchell, George J., John de Chastelain, and Harri Holkeri (International Body on Arms Decommissioning), Report of the International Body on Arms Decommissioning (22 January 1996), Belfast: Northern Ireland Office, 1996.
National Library of Ireland, 1916 Rising: Personalities and Perspectives, 5.0 Roger Casement. 〈http://www.nli.ie/1916/exhibition/en/content/rogercasement/index.pdf〉（最終検索日 2016 年 8 月 10 日）
―, "Eoin MacNeill and the Irish Volunteers", The 1916 Rising: Personalities and *Perspectives*. 〈http://www.nli.ie/1916/exhibition/en/content/stagesetters/force/eoinmacneill/index.pdf〉（最終検索日 2008 年 9 月 5 日）
New Ireland Forum, Report of Proceedings, No. 1, Dublin: Stationery Office, 1984.
―, Report, Dublin: Stationery Office, 1984.
New Ulster Movement, *Two Ireland or One?*, Belfast: New Ulster Movement, 1972.
New Ulster Political Research Group, *Beyond the Religious Divide*, Belfast: New Ulster Political Research Group, 1979.
North-Eastern Boundary Bureau, The Handbook of the Ulster Question, Dublin: Stationery Office, 1923.
Northern Ireland: A Framework for Devolution, Cmnd. 8541, London: HMSO, 1982.
Northern Ireland Assembly, Election Report: Northern Ireland Assembly Election (5 May 2016), Belfast: Northern Ireland Assembly Research and Information Service, 2016.
―, EU Referendum Update, NIAR311-16, Belfast: Research and Information Service, 2016.
Northern Ireland Constitutional Proposals; Presented to Parliament by the Secretary of State for Northern Ireland, Cmnd. 5259, London: HMSO, 1973.

Northern Ireland Government, A Commentary by the Government of Northern Ireland to Accompany the Cameron Report, Incorporating an Account of Progress and a Programme of Action, September 1969, Cmd. 534, Belfast: HMSO, 1969.

――, Ulster Year Book: The Official Year Book of Northern Ireland, 1981, Belfast: HMSO, 1982.

Northern Ireland Office and Department of Foreign Affairs, Implementation of the Good Friday Agreement, 1 August 2001, Belfast: TSO, 2001.

――, The Future of Northern Ireland: A Paper for Discussion, London: HMSO, 1972.

O'Connell Papers in National Library of Ireland.

O'Rahilly, Michael Joseph, *The Secret History of Irish Volunteers*, Dublin: Irish Publicity League, 1915.

Paisley, Ian, Peter Robinson and John D. Taylor, *Ulster: the Facts*, Belfast: Ulster Unionist Party, 1982.

Peel to De Gray, 22 August 1843, Add. MS 40478 in British Museum.

Police Record for Ireland (October, 1913), CO904/14, Part 1, in the National Archives.

President of Queen's College, Galway, The Report of the President of Queen's College, 1858-59, Parliamentary Papers, XXIV, Dublin: HMSO, 1860.

Proposals by the British and Irish Governments for a Comprehensive Agreement (8 December 2004), Belfast: Northern Ireland Office, 2004.

Royal Commission on the Circumstances connected with the Landing of Arms at Howth on July 26th 1914: Report of Commission, Cd. 7631, London: HMSO, 1914.

Royal Commission on the Rebellion in Ireland: Report of Commission, Cd. 8279, London, HMSO, 1916.

Royal Ulster Constabulary, The Chief Constable's Annual Report 1995, Belfast: Royal Ulster Constabulary, 1996.

Secretary of State for Northern Ireland, Northern Ireland Constitutional Proposals (White Paper), Cmd. 5259, London: HMSO, 1973.

Selborne, William Waldegrave Palmer, Earl of, (edited by Boyce, D. George), *Crisis of British Unionism: Lord Selborne's Domestic Political Papers, 1885-1922*, London: Historians' Press, 1987.

Sinn Fein, *Building a Permanent Peace in Ireland*, Dublin, 10 January 1996.

Speaker's Conference on Electoral Reform. Cd. 8463, London: HMSO, 1917.

The Belfast Agreement: The Agreement: Agreement Reached in the Multi-party Negotiations, Cmnd. 3883, London: HMSO, 1998.

The Future of Northern Ireland: A Paper for Discussion, London: HMSO, 1972.

The Honourable Lord Cameron, D. S. C., Disturbances in Northern Ireland, Report of the Commission appointed by the Governor of Northern Ireland (Cameron Report), September 1969, Cmd. 532, London: HMSO, 1969.

The Independent Commission on Policing for Northern Ireland, A New Beginning: Policing on Northern Ireland: The Report of the Independent Commission on Policing for Northern Ireland (Patten Report), Belfast: HMSO, 1999.

The Secretary of State for the Home Department, Report of the Enquiry into Allegations against the Security Forces of Physical Brutality in Northern Ireland Arising out of Events on the 9th August, 1971, Cmnd. 4823, London: HMSO, 1971.

The Stormont Papers: Political Biography of Terence O'Neill (10 September, 1914-12 June, 1990) 〈http://stormontpapers.ahds.ac.uk/stormontpapers/context.html?memberId=4〉(最終閲覧日 2014

年1月6日)
The Sunningdale Agreement: Tripartite Agreement on the Council of Ireland: The Communique issued following the Sunningdale Conference, Belfast: Northern Ireland Information Service.
The War Office, Statistics of the Military Effort of the British Empire during the Great War 1914-1920, London: HMSO, 1922.
Tomás O'Dóláin (Ardee Irish Volunteers) to Eoin MacNeill (15 June 1914), in UCD Archives.
Ulster Unionist Party, Response to Frameworks for the Future (10, March 1995), Belfast: Ulster Unionist Party, 1995.
War Cabinet 397: Minutes of a Meeting of the War Cabinet held at 10 Douning Street, on Tuesday, 23 April 1918, in War Cabinet Conclusions, in The National Archives.
William Smith O'Brien Papers, in National Library of Ireland.
Wilson, Harold, *The Labour Government, 1964-70: a Personal Record*, Harmondsworth: Penguin Books, 1971.

〔二次資料〕
〈欧文書籍〉
Adam Smith, *An Inquiry into the Nature and Causes of the Wealth of Nations*, New York, edited by the Modern Library, 1937.
Akenson, Donald Marmon, *God's Peoples: Covenant and Land in South Africa, Israel and Ulster*, Ithaca: Cornell University Press, 1992.
──, *Between Two Revolution: Islandmagee, County Antrim 1798-1920*, Dublin: Academy Press, 1979.
Alcock, Anthony, *Understanding Ulster*, Lurgan: Ulster Society, 1994.
Alliance Commission on Northern Ireland, *What Future for Northern Ireland?: Report of Alliance Commission on Northern Ireland*, London: Alliance, 1985.
Amnesty International, *Political Killings in Northern Ireland*, London: Amnesty International British Section, 1994.
Anderson, Benedict, *Imagined Communities: Reflections on the Origin and Spread of Nationalism*, London: Verso, 1983.
Armstrong, John, *Nation before Nationalism*, Chapel Hill: North Carolina Press, 1982.
Arthur, Paul, *The People's Democracy 1968-73*, Belfast: Blackstaff Press, 1974.
Aughey, Arthur, *Under Siege: Unionism and Anglo-Irish Agreement*, London: Palgrave Macmillan, 1989.
Barrington, Donal, *Uniting Ireland*, Pamphlet, No. 1, Dublin: Tuairim, 1959.
Barritt, Dennis P. and Charles F. Carter, *The Northern Ireland Problem*, London: Oxford University Press, 1962.
Bartlet, Thomas and Keith Jeffrey (eds.), *A Military History of Ireland*, Cambridge: Cambridge University Press, 1997.
Beckett, James C., *The Anglo-Irish Tradition*, London: Faber and Faber, 1976.
──, *The Making of Modern Ireland 1603-1923*, London: Faber and Faber, 1981.
Bell, J. Bowyer, *The Secret Army: The IRA, 1916-1986*, 3rd edition, Dublin: Poolbeg, 1979.
Bew, Paul and Gordon Gillespie, *Northern Ireland: A Chronology of the Troubles, 1968-1999*, Dublin: Gill and Macmillan, 1999.
──, Peter Gibbon and Henry Patterson, *Northern Ireland 1921-1994: Political Forces and Social Classes*, London: Serif, 1995.

Boal, Frederic W. and J. Neville H. Douglas (eds.), *Integration and Division: Geographical Perspectives on the Northern Ireland Problem*, London: Academic Press, 1982.
Bosco, Andrea (ed.), *The Federal Idea, Vol. 1: The History of Federalism, From the Enlightenment to 1945*, London: Lothian Foundation Press, 1991.
Bottomore, Thomas B., *Elites nad Society*, Hormondsworth: Penguin, 1966.
Bourke, Marcus, *The O'Rahilly*, Tralee: Anvil Books, 1967.
Bourke, Wesley (ed.), *Ireland's Military Story in Focus: Easter 1916*, Maynooth: Reveille Publications, 2016.
Bowman, John, *De Valera and The Ulster Question 1917-1973*, Oxford: Oxford University Press, 1982.
Bowman, Timothy, *Irish Regiments in the Great War*, Manchester: Manchester University Press, 2003.
Boyce, D. George, *Englishmen and Irish Troubles: British Public Opinion and the Making of Irish Policy, 1918-1922*, London: Jonathan Cape, 1972.
―――, *Nationalism in Ireland*, 2nd edition, London: Routledge, 1991.
―――, and Alan O'Day (eds.), *The Making of Modern Irish History: Revisionism and the Revisionist Controversy*, London: Routledge, 1996.
Boyle, Kevin and Tom Hadden, *Northern Ireland: The Choice*, London: Penguin, 1994.
Boyle, Joseph, J. Jackson, B. Miller and S. Roche, *Attitudes in Ireland: Report*, No. 1, Belfast: Committee for the Administration of Ford Foundation Grant for Social Research in Ireland, 1976.
British and Irish Communist Organisation, *On the Democratic Validity of the Northern Ireland State, Policy Statement*, No. 2, Belfast: British and Irish Communist Organisation, 1971.
Brown, Malcolm, *The Politics of Irish Literature from Thomas Davis to W. B. Yeats*, London: Allen and Unwin, 1972.
Bruce, Steve, *God save Ulster!: The Religion and Politics of Paisleyism*, Oxford: Oxford University Press, 1986.
―――, *The Red Hand: Protestant Paramilitary in Northern Ireland*, Oxford: Oxford University Press, 1992.
Buckland, Patrick, *The Factory of Grievances: Devolved Government in Northern Ireland 1921-39*, Dublin: Gill & Macmillan, 1979.
―――, *A History of Northern Ireland*, Dublin: Gill and Macmillan, 1981.
Butler, David, *The Electoral System in Britain since 1918*, 2nd edition, Oxford: Clarendon Press, 1963.
Campaign for Social Justice in Northern Ireland, *Northern Ireland: The Plain Truth*, 2nd edition, Dungannon: Campaign For Social Justice In Northern Ireland, 1969.
Carr, Edward Hallett, *Nationalism and After*, London: Macmillan & Co., 1945.
Cash, John D., *Identity, Ideology and Conflict, the Structuration of Politics in Northern Ireland*, Cambridge: Cambridge University Press, 1996.
Choille, Breandan MacGiolla (ed.), *Intelligence Notes 1913-16: Preserved in the State Paper Office*, Dublin: Baile Atha Cliath, 1966.
Cochrane, Feargal, *Unionist Politics and the Politics of Unionism since the Anglo-Irish Agreement*, Cork: Cork University Press, 1997.
Cohen, Emmeline W., *The Growth of the British Civil Service 1780-1939*, London: Cass, 1941.
Collins, Tom, *The Centre Cannot Hold: Britain's Failure in Northern Ireland*, Dublin: Bookworks,

1983.
Coogan, Tim Pat, *The IRA*, London: Harper Collins, 1993.
Coulter, Colin and Michael Murray (eds.), *Northern Ireland after the Troubles: A Society in Transition*, Manchester: Manchester University Press, 2008.
Cracknell, Richard, *Northern Ireland Assembly Elections: 2016*, House of Commons Library, Briefing Paper, No. CBP7575, 18 May 2016.
Craig, Fred W. S., *British Parliamentary Election Results 1918-1949*, Glasgow: Political Reference Publications, 1969.
――, *British Parliamentary Election Statistics, 1918-1970*, 2nd edition, Chichester: Political Reference Publications, 1971.
――, *British Electoral Facts 1832-1987*, Aldershot: Dartmouth Publishing, 1989.
Cronin, Seán and Richard Roche (eds.), *Freedom the Wolfe Tone Way*, Tralee: Anvil Books, 1973.
Crossman, Virginia, *Local Government in Nineteenth Century Ireland*, Belfast: Institute of Irish Studies, 1994.
Curran, Joseph, *The Birth of the Irish Free State, 1921-1923*, Alabama: University of Alabama Press, 1980.
Curtis, Liz, *Ireland; the Propaganda War*, London: Pluto Press 1984.
Curtis, Edmund, *A History of Ireland*, London: Routledg, 1988.
――, and R. B. McDowell (eds.), *Irish Historical Documents 1172-1922*, London: Methuen & Co., 1943.
Darby, John, *Conflict in Northern Ireland: The Development of a Polarised Community*, Dublin: Gill and Macmillan, 1976.
――, and Arthur Williamson, *Violence and Social Services in Northern Ireland*, London: Heinemann Educational, 1978.
―― (ed.), *Northern Ireland: the Background to the Conflict*, Belfast: Appletree Press, 1983.
de Blaghd, Earnan (Ernest Blythe), *Briseadh Na Teorann* (The Smashing of the Border), Dublin: Sáirséal Agus Dill, 1955.
de Paor, Liam, *Divided Ulster*, Harmondsworth: Penguin, 1970.
Delany, Vincent T. H., *The Administration of Justice in Ireland*, Dublin: Institute of Public Administration, 1975.
Denman, Terence, *Ireland's Unknown Soldiers: the 16th (Irish) Division in the Great War, 1914-1918*, Dublin: Academic Press, 1992.
Dixon, Paul, *Northern Ireland: The Politics of War and Peace*, London: Palgrave Macmillan, 2008.
Dunleavy, Janet Egleson and Gareth W. Dunleavy, *Douglas Hyde: A Maker of Modern Ireland*, Berkeley: University of California Press, 1991.
Durcan, Thomas Joseph, *History of Irish Education from 1800*, Bala: Dragon Books, 1972.
Edwards, Owen Dudley, *The Sins of Our Fathers: The Roots of Conflict in Northern Ireland*, Dublin: Gill and Macmillan, 1970.
Elliott, Sydney, *Northern Ireland Parliamentary Election Results, 1921-1972*, Chichester: Political Reference Publications, 1973.
――, and William D. Flackes, *Northern Ireland: A Political Directory 1989-1999*, Belfast: Blackstaff Press, 1999.
Emerson, Peter J., *Beyond the Tyranny of the Majority: Voting Methodologies in Decision-making and Electoral System*, Belfast: De Borda Institute, 1998.
Farrell, Michael, *Northern Ireland: The Orange State*, 2nd edition, London: Pluto Press, 1980.

Fay, Marie Therese, Mike Morrissey and Marie Smyth, *The Cost of the Trouble Study: Mapping Trouble-related Deaths in Northern Ireland 1969-1994*, Derry: University of Ulster, Initiative on Conflict Resolution and Ethnicity (INCORE), 1997.
Fennell, Desmond, *The State of the Nation: Ireland since the Sixties*, Swords: Ward River, 1983.
―, *Beyond Nationalism: The Struggle against Provinciality in the Modern World*, Swords: Ward River, 1985.
―, *The revision of Irish Nationalism*, Dublin: Open Air, 1989.
Finnegan, Richard B. and Edward T. McCarron, *Ireland: Historical Echoes, Contemporary Politics*, Oxford: Westview Press, 2000.
Forum for Peace and Reconciliation, *Policy Papers Submitted to the Forum for Peace and Reconciliation: Paths to a Political Settlement in Ireland*, Belfast: Blackstaff Press, 1995.
Foster, Robert F., *Modern Ireland 1600-1972*, London: Penguin 1988.
Fox, Colm, *The Making of a Minority: Political Developments in Derry and the North 1912-25*, Londonderry: Guildhall Press, 1997.
Fox, Richard M., *The History of the Irish Citizen Army*, Dublin: J. Duffy & Co., 1944.
Gailey, Andrew, *Ireland and the Death of Kindness: The Experience of Constructive Unionism, 1890-1905*, Coke: Cork University Press, 1987.
Gallagher, Frank, *The Indivisible Island: the History of Partition of Ireland*, London: Victoe Gollancz Ltd, 1957.
Gallagher, Tom and James O'Connell (eds.), *Contemporary Irish Studies*, Manchester: Manchester University Press, 1983.
Garret FitzGerald, *Towards a New Ireland*, London: Gill & Macmillan, 1972.
Gellner, Ernest, *Thought and Change*, London: Weidenfeld & Nicolson, 1964.
―, *Nations and Nationalism*, Oxford: Blackwell, 1983.
Githens-Mazar, Jonathan, *Myths and Memories of the Ester Rising*, Dublin: Irish Academic Press, 2006.
Gormley-Heenan, Cathy, *Political Leadership and the Northern Ireland Peace Process: Role, Capacity and Effect*, New York: Palgrave Macmillan, 2007.
Gregory, Adrian and Senia Pašeta (eds.), *Ireland and the Great War: A War to Unite Us All?*, Manchester: Manchester University Press, 2002.
Grob-Fitzgibbon, Benjamin, *Turning Points of the Irish Revolution: The British Government, Intelligence and the Cost of Indifference, 1912-1921*, New York: Palgrave Macmillan, 2007.
Guibernau, Monserrat and John Hutchinson (eds.), *History and National Destiny: Ethnosymbolism and its Critics*, Oxford: Blackwell, 2004.
Gwynn, Denis, *The Life of John Redmond*, London: G. G. Harrap, 1932.
―, *The History of Partition 1912-1925*, Dublin: Browne and Nolan, 1950.
Gwynn, Stephen, *The Case for Home Rule*, Dublin: Maunsel & Company, 1911.
―, *John Redmond's Last years*, New York: Longmans, Green & Co., 1919.
Harkness, David W., *Northern Ireland since 1920*, Dublin: Helicon, 1983.
Harrison, Henry, *Ulster and the British Empire: Help or Hindrance*, London: Robert Hale Ltd., 1939.
Hart, Peter, *The I. R. A. at War 1916-1923*, Oxford: Oxford University Press, 2003.
Hastings, Adrian, *The Construction of Nationhood: Ethnicity, Religion and Nationalism*, Cambridge: Cambridge University Press, 1997.
Haverty, Anne M., *Constance Markievicz: Irish Revolutionary*, London: Pandora, 1988.

Hennessey, Thomas, *The Northern Ireland Peace Process: Ending the Troubles?*, Dublin: Gill & Macmillan, 2000.
―, *Northern Ireland: The Origins of the Troubles*, Dublin: Gill & Macmillan, 2005.
Hepburn, A. C., *Ireland 1905-25: Volume 2 Documents & Analysis*, Newtownards: Colourpoint Books, 1998.
Hezlet, Arthur Richard, *The 'B' Specials: A History of the Ulster Special Constabulary*, London: Tom Stacey Ltd., 1972.
Hickey, D. J. and J. E. Doherty (eds.), *A New Dictionary of Irish History from 1800*, London: Gill & Macmillan, 2003.
Hobsbawm Eric J., *Nations and Nationalism Since 1780: Programme, Myth, Reality*, Cambridge: Cambridge University Press, 1991.
Holland, Jack and Henry McDonald, *INLA: Deadly Divisions*, Dublin: Torc Books, 1994.
Horgan, John J., *Parnell to Pearse: Some Recollections and Reflections*, Dublin: Browne and Nolan, 1948.
Hutchinson, John, *The Dynamics of Cultural Nationalism: The Gaelic Revival and the Creation of the Irish Nation State*, London: Allen & Unwin, 1987.
―, *Nations as Zones of Conflict*, London: SAGE, 2005.
Ichijo, Atsuko and Gordana Uzelac (eds.), *When is the Nation?: Towards an Understanding of Theories of Nationalism*, London: Routledge, 2005.
Irish Information Partnership, *Information Service on Northern Ireland Conflict and Anglo-Irish Affairs*, London: Irish Information on Northern Ireland, 1989.
―, *Irish Information Agenda: Update, 1987-9*, London: Irish Information on Northern Ireland, 1990.
Irish Political Studies, *Date Section*, Vol. 16, 2001.
Irish Times (ed.), *Sinn Fein Rebellion handbook: Easter, 1916*, Dublin: Irish Times, 1917.
Jackson, Harold, *The Two Ireland: The Problem of the Double Minority, A Dual Study of Intergroup Tensions*, London: Minority Rights Group, 1979.
Kee, Robert, *The Green Flag: a History of Irish Nationalism*, London: Penguin, 2000.
Kenna, G. B. (Fr. John Hassan), *Facts & Figures: The Belfast Pogroms 1920-22*, Dublin: O'Connell Publishing Company, 1922.
Kennedy, Dennis, *The Widening Gulf: Northern Attitudes to the Independent Irish State, 1919-49*, Belfast: Blackstaff Press, 1988.
Kennedy, Liam, *Two Ulsters: A Case for Repartition*, Belfast: Queen's University, 1986.
Kissane, Bill, *The Politics of the Irish Civil War*, Oxford: Oxford University Press, 2005.
Kohn, Hans, *The Idea of Nationalism: A Study in its Origin and Background*, New York: Macmillan Co., 1944.
Laffan, Michael, *The Partition of Ireland 1911-1925*, Dundalk: Dundalgan, 1993.
Lawrence, Reginald J., *The Government of Northern Ireland*, Oxford: Clarendon Press, 1965.
Lijphart, Arend, *Democracy in Plural Societies: A Comparative Exploration*, New Haven: Yale University Press, 1980.
―, *Democracies, Patterns of Majoritarian and Consensus Government in Twenty-One Countries*, New Haven: Yale University Press, 1984.
Lipset, Seymour M., *Political man: The Social Bases of Politics*, New York: Doubleday, 1960.
Lynch, Diarmuid, *The IRB and the 1916 Rising*, Cork: Mercier, 1957.
Lynch, Robert John, *The Northern Ireland and the Early Years of Partition 1920-22*, Newbridge:

Irish Academic Press, 2006.
Lyons, Francis S. L., *Ireland since the Famine*, London: Weidenfeld and Nicolson, 1971.
―, and R. A. J. Hawkins (eds.), *Ireland under the Union: Varieties of Tention*, Oxford: Oxford University Press, 1980.
MacDonagh, Oliver, *Ireland: The Union and its Aftermath*, London: G. Allen & Unwin, 1977.
MacDonald, Ian, *Immigration Law and Practice in the United Kingdom*, London: Butterworths, 1983.
Marreco, Anne, *The Rebel Countess: The Life and Times of Constance Markievicz*, London: Weidenfeld & Nicolson, 1967.
Martin, Francis X. (ed.), *The Irish Volunteers, 1913-1915: Recollections and Documents*, Dublin: James Duffy & Co., 1963.
―, and Francis J. Byrne (eds.), *The Scholar Revolutionary: Eoin MacNeill, 1867-1945, and the Making of the New Ireland*, Shannon: Irish University Press, 1973.
McAuley, James W. and Graham Spencer (eds.), *Ulster Loyalism after the Good Friday Agreement: History, Identity and Change*, New York: Palgrave Macmillan, 2011.
McAllister, Ian, *The Northern Ireland Social Democrats Labour Party: Political Opposition in a Divided Society*, London: Macmillan, 1977.
McAteer, Fergus, *Won't You Please Sit Down?*, Derry: Derry Journal Ltd., 1972.
McCann, Eamonn, *War and an Irish Town*, Harmondsworth: Penguin, 1974.
McDermott, Jim, *Northern Divisions: The Old IRA and the Belfast Pogroms 1920-22*, Belfast: Beyond the Pale Publications, 2001.
McDowell, Robert, *The Irish Administration, 1800-1914*, London: Routledge & Kegan Paul, 1964.
McElligott, Thomas J., *Secondary Education Ireland 1870-1921*, Dublin: Irish Academic Press, 1981.
McEvoy, Joanne, *The Politics of Northern Ireland*, Edinburgh: Edinburgh University Press, 2008.
McGarry, John and Brendan O'Leary (eds.), *The Future of Northern Ireland*, Oxford: Clarendon Press, 1990.
―, and Brendan O'Leary, *Explaining Northern Ireland*, Oxford: Blackwell, 1995.
―, and Brendan O'Leary, *The Northern Ireland Conflict: Consociational Engagements*, Oxford: Oxford University Press, 2004.
McGrattan, Cillian, *Northern Ireland 1968-2008: The Politics of Entrenchment*, Basingstoke: Palgrave Macmillan, 2010.
McKeown, Michael, *The Greening of a Nationalist*, Lucan: Murlough Press, 1986.
―, *Post-Mortem: An Examination of the Patterns of Politically Associated Violence in Northern Ireland during the years 1969-2001*, CAIN, 2001. 〈http://cain.ulst.ac.uk/victims/mckeown/index.html〉（最終閲覧日 2014 年 12 月 10 日）
McKittrick, David, Seamus Kelters, Brian Feeney, Chris Thornton and David McVea (eds.), *Lost Lives: The Stories of the Men, Women and Children Who Died as a Result of the Northern Ireland Troubles: The Stories of the Men, Women and Children who Died Through the Northern Ireland Troubles*, Edinburgh: Mainstream Publishing, 1999.
McNamara, Kevin, Jim Marshall, Marjorie Mowlam and Labour Party, *Towards a United Ireland-Reform and Harmonisation: A Dual Strategy for Irish Unification*, London: Labour Party, 1988.
Mill, John Stuart, *Utilitarianism, Liberty and Representative Government*, London: Dent, 1910.
Mitchell, Arthir and Padraig O Snodaigh (eds.), *Irish Political Documents 1869-1916*, Dublin: Irish Academic Press, 1989.

Mitchell, Paul and Rick Wilford (eds.), *Politics in Northern Ireland*, Oxford: Westview Press, 1999.
Moley, Raymond, *Daniel O'Connell: Nationalism without Violence*, New York: Fordham University Press, 1974.
Montville, Joseph V. (ed.), *Conflict and Peacemaking in Multiethnic Societies*, Lexington: Lexington Books, 1989.
Moody, Theodore W. and James C. Beckett, *Queen's Belfast 1845-1949: the History of a University*, London: Faber & Faber, 1959.
――, *The Ulster Question, 1603-1973*, Dublin: Mercier Press, 1974.
Morrissey, Mike and Marie Smyth, *Northern Ireland after the Good Friday Agreement: Victims, Grievance and Blame*, London: Pluto Press, 2002.
Murphy, Dervla, *A Place Apart*, London: Murray, 1978.
――, *Changing the Problem: Post-Forum Reflections*, Lilliput Pamphlets No. 3, Mullingar: Lilliput Press, 1984.
Northern Friends Peace Board, *Orange and Green*, Sedbergh: Northern Friends Peace Board, 1969.
Nowlan, Kevin B., *The Politics of Repeal: A Study in the Relations between Great Britain and Ireland, 1841-50*, London: Routledge & K. Paul, 1965.
O'Brien, Brendan, *The Long War: The IRA & Sinn Fein from Armed Struggle to Peace Talk*, Dublin: O'Brien Press, 1995.
O'Brien, Conor Cruise, *States of Ireland*, London: Hutchinson, 1972.
O'Brien, John, *Discrimination in Northern Ireland, 1920-1939: Myth or Reality?*, Newcastle upon Tyne: Cambridge Scholars Publishing, 2010.
O'Brien, R. Barry, *Dublin Castle and the Irish People*, Dublin: M. H. Gill, 1909.
O'Broin, Leon, *Dublin Castle and the 1916 Easter Rising*, Dublin: Helicon, 1966.
――, *Revolutionary Underground: The Story of the Irish Revolutionary Brotherhood, 1858-1924*, Dublin: Gill and Macmillan, 1976.
O'Clery, Conor, *The Greening of the White House*, Dublin: Gill & Macmillan, 1996.
O'Conor, Charles, *Dissertations on the History of Ireland: To which is Subjoined, a Dissertation on the Irish Colonies Established in Britain*, Dublin: G. Faulner, 1766.
O'Day, Alan, *Irish Home Rule 1867-1921*, Manchester: Manchester University Press, 1998.
――, (ed.), *Political Violence in Northern Ireland: Conflict and Conflict Resolution*, London: Praeger, 1997.
O'Dowd, Liam and Bill Rolston (eds.), *Northern Ireland: Between Civil Rights and Civil War*, London: CSE Books, 1980.
O'Halloran, Clare, *Partition and the Limits of Irish Nationalism: An Ideology under Stress*, Dublin: Gill and Macmillan, 1987.
O'Hegarty, Patrick S., *History of Ireland under the Union, 1802 to 1922*, London: Methuen, 1952.
O'Leary, Brendan, Tom Lyne, Jim Marshall, Bob Rowthorn, *Northern Ireland: Sharing Authority*, London: Institute for Public Policy Research, 1993.
――, and John McGarry, *The Politics of Antagonism: Understanding Northern Ireland*, 2nd edition, London: Athlone Press, 1997.
O'Malley, Padraig, *The Uncivil Wars: Ireland Today*, Belfast: Blackstaff Press, 1983.
Palley, Claire, *The Evolution, Disintegration and Possible Reconstruction of the Northern Ireland Constitution*, London: Barry Rose, in association with the Institute of Irish Studies, 1972.
Paulin, Tom, *Ireland and the English Crisis*, Newcastle upon Tyne: Bloodaxe, 1984.
Pender, Šamus (ed.), *Feilscribhinn Torna: Essay and Studies Presented to Professor Tadhg Ua*

Donnchadha, Cork: Cork University Press, 1947.
Prince, Simon, *Northern Ireland's '68: Civil Rights, Global Revolt and the Origins of the Troubles*, Dublin: Irish Academic Press, 2007.
——, and Geoffrey Warner, *Belfast and Derry in Revolt: A New History of the Start of the Troubles*, Dublin: Irish Academic Press, 2012.
Prior, James, *A Balance of Power*, London: H. Hamilton, 1986.
Purdie, Bob, *Politics in the Streets: The Origins of the Civil Rights Movement in Northern Ireland*, Belfast: Blackstaff Press, 1990.
Rallings, Colin and Michael Thrasher (eds.), *British Electoral Facts: 1832-2006*, Aldershot: Ashgate, 2007.
Rea, Desmond (ed.), *Political Co-operation in Divided Societies: A Series of Papers Relevant to the Conflict in Northern Ireland*, Dublin: Gill and Macmillan, 1982.
Revolutionary Marxist Group, *British Strategy in Northern Ireland: From the White Paper to the Fall of Sunningdale*, Belfast: Plough Book Service, 1975.
Reynolds, Susan, *Kingdoms and Communities in Western Europe 900-1300*, Oxford: Clarendon Press, 1997.
Roberts, Hugh, *Northern Ireland and the Algerian Analogy: A Suitable Case for Gaullism?*, Belfast: Athol Books, 1986.
Rose, Richard, *Northern Ireland: A Time of Choice*, London: Macmillan Press, 1976.
——, *Governing without Consensus: An Irish Perspective*, Boston: Beacon Press, 1971.
Ryan, Desmond (ed.), *Collected Works of Padraic H. Pearse: Political Writings and Speeches*, Dublin: Maunsel & Roberts, 1922.
—— (ed.), *Socialism and Nationalism: The Selection from the Writing for James Connolly*, Dublin: Sign of the Three Candles, 1948.
Schutz, Barry and Douglas Scott, *Natives and Settlers: A Comparative Analysis of the Politics of Opposition and Mobilisation in Northern Ireland and Rhodesia*, Denver: University of Denver, 1974.
Seton-Watson, Hugh, *Neither War nor Peace*, London: Methuen, 1960.
Shearman, Hugh, *Not an Inch: A Study of Northern Ireland and Lord Craigavon*, London: Faber and Faber, 1942.
Sheehy, Michael, *Divided We Stand: A Study in Partition*, London: Faber and Faber, 1955.
Sinnott, Richard, *Irish Voters Decide: Voting Behaviour in Elections and Referendums since 1918*, Manchester: Manchester University Press, 1995.
Smith, Anthony D., *Nationalism in the Twentieth Century*, New York: New York University Press, 1979.
——, *Theories of Nationalism*, 2nd edition, New York: Holmes & Meier, 1983.
——, *The Ethnic Origins of Nations*, Oxford: Basil Blackwell, 1986.
——, *Ethno-symbolism and Nationalism: A Cultural Approach*, London: Routledge, 2009.
Smith, Jeremy, *The Tories and Ireland 1910-1914: Conservative Party Politics and the Home Rule Crisis*, Dublin: Irish Academic Press, 2000.
Smithey, Lee A., *Unionists, Loyalists, and Conflict Transformation in Northern Ireland*, Oxford: Oxford University Press, 2011.
Stewart, A. T. Q., *The Ulster Crisis: Resistance to Home Rule 1912-1914*, London: Faber and Faber, 1967.
Street, Cecil John Charles, *Ireland in 1921*, London: P. Allan & Co, 1922.

Sutton, Malcolm, *An Index of Deaths from the Conflict in Ireland 1969-1993*, Belfast: Beyond the Pale Publications, 1994.
Taylor, Charles L. and David A. Jodice, *The World Handbook of Political and Social Indicators, Vol. 3: 1949-1977*, Berlin: International Institute for Comparative Social Research, 1983.
Taylor, Peter, *Provos: The IRA and Sinn Fein*, London: Bloomsbury, 1998.
———, *Loyalists*, London: Bloomsbury, 1999.
Taylor, Rupert (ed.), *Consociational Theory: McGarry and O'Leary and the Northern Ireland Conflict*, New York: Routledge, 2009.
Tierney, Michael, *Eoin MacNeill: Scholar and Man of Action 1867-1945*, Oxford: Oxford University Press, 1980.
Townsend, Charles, *Easter 1916: The Easter Rising*, London: Penguin, 2006.
Tuathaigh, Gearoid O., *Ireland before the Famine 1798-1848*, Dublin: Gill and Macmillan, 1972.
Utley, Peter, *Lessons of Ulster*, London: Dent, 1975.
Vaughan, William E. (ed.), *A New History of Ireland V: Ireland under the Union I・1801-1870*, Oxford: Clarendon Press, 1989.
——— (ed.), *A New History of Ireland VI: Ireland Under the Union II, 1870-1921*, Oxford: Clarendon Press, 1996.
———, and André J. Fitzpatrick (eds.), *Irish Historical Statistics: Population 1821-1971*, Dublin: Royal Irish Academy, 1978.
Walker, Brian M., *Ulster Politics: The Formative Years, 1868-86*, Belfast: Ulster Historical Foundation, 1989.
——— (ed.), *Parliamentary Election Results in Ireland 1801-1922*, Dublin: Royal Irish Academy, 1978.
——— (ed.), *Parliamentary Election Results in Ireland 1818-1992*, Dublin: Royal Irish Academy, 1992.
Walker, Graham, *The Politics of Frustration: Harry Midgley and the Failure of Labour in Northern Ireland*, Manchester: Manchester University Press, 1985.
Wallace, Martin, *Drums and Guns: Revolution in Ulster*, London: G. Chapman, 1970.
Weizer, Ronald, *Transforming Setter States: Communal Conflict and Internal Security in Northern Ireland and Zimbabwe*, Berkeley: University of California Press, 1990.
Wesley Bourke (ed.), *Ireland's Military Story in Focus: Easter 1916*, Maynooth: Reveille Publications, 2016.
Whyte, John, *Interpreting Northern Ireland*, Oxford: Oxford University Press, 1990.
Wilford, Rick (ed.), *Aspects of the Belfast Agreement*, Oxford: Oxford University Press, 2001.
Wilson, Alexander G., *PR Urban Elections in Ulster in 1920*, London: Electoral Reform Society of Great Britain & Ireland, 1972.
Wilson, Tom, *Ulster: Conflict and Consent*, Oxford: Blackwell, 1989.
Worker's Association, *One Island, Two Nations: Toward a Democuratic Settlement of the National Conflict in Ireland*, Belfast: Worker's Association, 1980.

〈欧文論文〉

Arthur, Paul, "Devolution as Administrative Convenience: a Case Study of Northern Ireland", in *Parliamentary Affairs*, Vol. 30, Issue 1, 1977.
———, "Northern Ireland, 1972-84", in Jacqueline R. Hill (ed.), *A New History of Ireland VII: Ireland, 1921-84*, Oxford: Clarendon Press, 2003.

Barry, Brian, "Nationalism", in D. Miller, J. Coleman, W. Connoly and A. Ryan (eds.), *Encyclopaedia of Political Thought*, Oxford: Basil Blackwell, 1987.

Boyce, D. George, "Federalism and the Irish Question", in Andrea Bosco (ed.), *The Federal Idea: Vol. 1, The History of Federalism, From the Enlightenment to 1945*, London: Lothian Foundation Press, 1991.

——, "1916, Interpreting the Rising", in D. George Boyce and Alan O'Day, *The Making of Modern Irish History: Revisionism and the Revisionist Controversy*, London: Routledge, 1996.

Boyle, Kevin and Tom Hadden, "How to Read the New Ireland Forum Report", in *Political Quarterly*, Vol. 55, Issue 4, 1984.

British and Irish Communist Organisation, "On the Democratic Validity of the Northern Ireland State", in *Policy Statement*, No. 2, Belfast: British and Irish Communist Organisation, 1971.

Cahill, Gilbert A., "Irish Catholicism and English Toryism", in *Reviews of Politics*, Vol. 19, No. 1, 1957.

Cairns, E. and R. Wilson, "Coping with Political Violence in Northern Ireland", in *Social and Science & Medicine*, Vol. 28, No. 6, 1989.

Coakley, John, "Adapting Consociation to Northern Ireland", in *Institute for British-Irish Studies: Discussion Paper*, No. 8, Dublin: University College Dublin, 2010.

Cochrane, Feargal, "The 2001 Westminster Election in Northern Ireland", in *Irish Political Studies*, Vol. 16, Issue 1, 2001.

Cox, W. Harvey, "Politics of Unification in the Irish Republic", in *Parliamentary Affairs*, Vol. 38, No. 4, 1985.

——, "Who wants a United Ireland?", in *Government and Opposition*, Vol. 1, No. 20, 1985.

Cunningham, Niall, "The Doctrine of Vicarious Punishment: Space, Religion and the Belfast Troubles of 1920-22", in *Journal of Historical Geography*, Vol. 40, 2013.

Dell'Olio, Fiorella, "The Redefinition of the Concept of Nationality in the UK: Between Historical Responsibility and Normative Challenges", in *Politics*, Vol. 22, No. 11, 2002.

Dempsey, G. T., "The American Role in the Northern Ireland Peace Process", in *Irish Political Studies*, Vol. 14, 1999.

Denman, Terence, "The Catholic Irish Soldier in the First World War: The 'Racial Environment'", in *Irish Historical Studies*, Vol. 27, No. 108, 1991.

——, "The Red Livery of Shame: the Campaign against Army Recruitment in Ireland, 1899-1914", in *Irish Historical Studies*, Vol. 29, No. 114, 1994.

Donnelly Jr., James S., "Excess Mortality and Emigration", William E. Vaughan (ed.), *A New History of Ireland V: Ireland under the Union I·1801-1870*, Oxford: Clarendon Press, 1989.

Edwards, J. Ll. J., "Special powers in Northern Ireland", in *Criminal Law Review*, 1956.

Edwards, R. Dudley, "The Contribution of Young Ireland to the Development of the Irish National Idea", in Samus Pender (ed.), *Feilscribhinn Torna: Essay and Studies Presented to Professor Tadhg Ua Donnchadha*, Cork: Cork University Press, 1947.

Elliott, Sydney, "The Referendum and Assembly Elections in Northern Ireland", in *Irish Politics Studies*, Vol. 14, Issue 1, 1999.

Evans, George and Brendan O'Leary, "Frameworked Future: Intransigence and Flexibility in the Northern Ireland Elections of May 30 1996", in *Irish Political Studies*, Vol. 12, 1997.

Farrell, Brian, "MacNeill in Politics", in Francis X. Martin and Francis J. Byrne, *The Scholar Revolutionary: Eoin MacNeill, 1867-1945, and the Making of the New Ireland*, Shannon: Irish University Press, 1973.

Farrell, Michael, "Lessons of the Great Belfast Strike of 1919", in Workers' Liberty, 14 April 2008. 〈http://www.workersliberty.org/story/2008/04/14/lessons-belfast-strike-1919〉（最終検索日：2016年8月20日）

Fitzpatrick, David, "Militarism in Ireland 1900-1922", in Thomas Bartlet, Keith Jeffrey (eds.), *A Military History of Ireland*, Cambridge: Cambridge University Press, 1997.

―――, "The Irish in Britain, 1871-1921", in William E. Vaughan (ed.), *A New History of Ireland VI: Ireland under the Union, 1870-1921 II*, Oxford: Clarendon Press, 1996.

Fraster, R. M., "The Cost of Commotion: An Analysis of the Psychiatric Sequelae of the 1969 Belfast Riots", in *British Journal of Psychiatry*, Vol. 118, Issue 544, 1971.

Gailey, Andrew, "Unionist Rhetoric and Irish Local Government Reform, 1895-9". in *Irish Historic Studies*, Vol. 24, Issue 93, 1984.

Gillespie, Gordon, "The Sunningdale Agreement: Lost opportunity or an Agreement too Far?", in *Irish Political Studies*, Vol. 13, Issue 1, 1998.

Hally, P. J., "The Easter 1916 Rising in Dublin: the Military Aspects", in Wesley Bourke (ed.), *Ireland's Military Story in Focus: Easter 1916*, Maynooth: Reveille Publications, 2016.

Hechter, Michael, "Explaining Nationalist Violence", in *Nations and Nationalism*, Vol. 1, No. 1, 1995.

Hill, Jacquline R., "The Intelligentsia and Irish Nationalism in the 1840", in *Studia Hibernica*, Vol. 20, 1980.

―――, "Nationalism and the Church in the 1840s: Views of Dublin Repeaters", in *Irish Historical Studies*, Vol. 19, No. 76, 1975.

―――, "The Protestant Response to Repeal: the Case of the Dublin Working Class", in Francis L. Lyons and R. A. J. Hawkins (eds.), *Ireland under the Union: Varieties of Tention*, Oxford: Oxford University Press, 1980.

Hutchinson, John, "Cultural Nationalism, Elite Mobility and National-building: Communitarian Politics in Modern Ireland", in *The British Journal of Sociology*, Vol. 38, No. 4, 1987.

Irish Press (ed.), "History and Proceedings of the '82 Club", in *Haliday Pamphlets 1845*, Dublin: W. Lowe, 1845.

Jupp, Peter, "Irish M. P. s at Westminster in the Early Nineteenth Century", in J. C. Beckett (ed.), *Historical Studies*, Vol. 7, 1969.

Kendle, John, "Federalism and the Irish Problem in 1918", in *History*, Vol. 56, Issue 187, 1971.

Kenna, Shane, "Underground Revolutionaries: the Irish Republican Brotherhood", in Wesley Bourke (ed.), *Ireland's Military Story in Focus: Easter 1916*, Maynooth: Reveille Publications, 2016.

Lijphart, Arend, "Review Article: The Northern Ireland Problem: Cases, Theories, and Solutions", in *British Journal of Political Science*, Vol. 5, 1975.

―――, "Foreword: One Basic Problem, Many Theoretical Options and a Practical Solution?", in John McGarry and Brendan O'Leary (eds.), *The Future of Northern Ireland*, Oxford: Clarendon Press, 1990.

Loughlin, James, "Shell-shock, Psychiatry, and the Irish Soldier during the First World War", in Adrian Gregory and Senia Paseta (eds.), *Ireland and the Great War: A War to Unite Us All?*, Manchester: Manchester University Press, 2002.

Lyne, Thomas, "Ireland, Northern Ireland and 1922: The Barriers to Technocratic Ant-Partitionism", in *Public Administration*, Vol. 68, Issue 4, 1990.

Lyons, Francis S. L., "The Revolution in Train, 1914-16", William E. Vaughan (ed.), *A New History of Ireland VI: Ireland under the Union II, 1870-1921*, Oxford: Clarendon Press, 1996.

―――, "The Aftermath of Parnell, 1891-1903", in William E. Vaughan (ed.), *A New History of Ireland*

VI: Ireland Under the Union II, 1870-1921, Oxford: Clarendon Press, 1996.

Maginnis, Ken, "Implication and Repercussions: Recent Ireland Court Cases", in *Ulster Unionist Information*, Summer, 1990.

Marshall, Peter, "The Balfour Formula and the Evolution of the Commonwealth", in *The Commonwealth Journal of International Affairs*, Vol. 90, Issue 361, 2001.

Martin, Francis X., "MacNeill and the Foundation of the Irish Volunteers," in Francis X. Martin and Francis J. Byrne (eds.), *The Scholar Revolutionary: Eoin MacNeill, 1867-1945, and the Making of the New Ireland*, Shannon: Irish University Press, 1973.

———, "Eoin MacNeill on the 1916 Rising", in *Irish Historical Studies*, Vol. 12, No. 47, 1961.

McAllister, Ian, "Political opposition in Northern Ireland: The National Democracy Party 1965-1970", in *Economic and Social Review*, Vol. 6, No. 3, 1975.

———, "Political Parties and Social Change in Ulster: The Case of The SDLP", in *Social Studies*, Vol. 5, No. 1, 1976.

McKeown, Michael, "Internment: the Record of Three Years", in *Fortnightly Review*, 9 August 1974.

———, "Considerations on the Statistics of Violence," in *Fortnight*, No. 151, 1977.

Murray, Raymond, "Political Violence in Northern Ireland 1969-1977", in F. W. Boal and J. N. H. Douglas (eds.), *Integration and Division: Geographical Perspectives on the Northern Ireland Problem*, London: Academic Press, 1982.

Norris, Paul, "The 1998 Northern Ireland Assembly Election," in *Politics*, Vol. 20, No. 1, 2000.

Ó Cuív, Brian, "MacNeill and the Irish Language", in Francis X. Martin and Francis J. Byrne, *the Scholar Revolutionary: Eoin MacNeill, 1867-1945, and the Making of the New Ireland*, Shannon: Irish University Press, 1973.

———, "Irish language and literature, 1845-1921", in William E. Vaughan (ed.), *A New History of Ireland VI: Ireland under the Union II, 1870-1921*, Oxford: Clarendon Press, 1996.

Ó Lúing, Seán, "Douglas Hyde and the Gaelic League", in *Studies: An Irish Quarterly Review*, Vol. 62, No. 246, 1973.

O'Duffy, Brendan, "Violence in Northern Ireland 1969-1994: Sectarian or Ethnonational?", in *Ethnic and Racial Studies*, Vol. 18, No. 4, 1995.

———, and Brendan O'Leary, "The Violence in Northern Ireland 1969-June 1989," in John McGarry and Brendan O'Leary (eds.), *The Future of Northern Ireland*, Oxford: Clarendon Press, 1990.

O'Leary, Brendan, "Explaining Northern Ireland: A Brief Study Guide", in *Politics*, Vol. 5, No. 1, 1985.

———, "The 1998 British-Irish Agreement: Power-Sharing Plus," in *Scottish Affairs*, No. 26, 1999.

———, "The Nature of British-Irish Agreement", in *New Left Review*, No. 233, 1999.

———, "Party Support in Northern Ireland, 1969-1989", in John McGarry and Brendan O'Leary, *The Future of Northern Ireland*, Oxford: Clarendon Press, 1990.

O'Mullany, Seán, "Athlone Started the Volunteer Movement", in *The Athlone Annual*, 1963.

Osborne, Robert D., "The Northern Ireland Parliamentary Electoral System: The 1929 Reapportionment", in *Irish Geography*, No. 12, 1979.

Parkes, Susan M., "Higher Education, 1793-1908", in William E. Vaughan (ed.), *A New History of Ireland VI: Ireland under the Union II, 1870-1921*, Oxford: Clarendon Press, 1996.

Pierce, David, "Cultural Nationalism and the Irish Literary Revival", in *International Journal of English Studies*, Vol. 2, No. 2, 2002.

Poole, Michael, "The Demography of Violence," in John Darby (ed.), *Northern Ireland: the Back-*

ground to the Conflict, Belfast: Appletree Press and Syracuse University Press, 1983.
Power, Paul, "Revisionist 'Consent', Hillsborough, and the Decline of Constitutional Republicanism", in *Eire-Ireland*, No. 25, 1990.
Queen's University Belfast, "Irish History Live: Ireland and the First World War, the Historical Context", 〈https://www.qub.ac.uk/sites/irishhistorylive/IrishHistoryResources/Articlesandlecturesbyourteachingstaff/IrelandandtheFirstWorldWar/〉（最終検索日：2016 年 8 月 19 日）
Rose, Richard, "Northern Ireland: The Irreducible Conflict", in Joseph V. Montville (ed.), *Conflict and Peacemaking in Multiethnic Societies*, Lexington: Lexington Books, 1989.
Schellenberg, James A., "Area Variations of Violence in Northern Ireland," in *Sociological Focus*, Vol. 10, No. 1, 1977.
Shils, Edward, "Nation, Nationality, Nationalism and Civil Society", in *Nations and Nationalism*, Vol. 1, No. 1, 1995.
Sinnott, Richard, "The North: Party Image and Party Approaches in the Republic", in *Irish Political Studies*, Vol. 1, 1986.
Smith, Anthony D., "Gastronomy or Geology?: the Role of Nationalism in the Reconstruction of Nations", in *Nation and Nationalism*, Vol. 1, No. 1, 1995.
――, "The Genealogy of Nations: An Ethno-symbolic Approach", in Atsuko Ichijo and Gordana Uzelac (eds.), *When is the Nation?: Towards an Understanding of Theories of Nationalism*, London: Routledge, 2005.
Todd, Jennifer, "Two Traditions in Unionist Political Culture", in *Irish Political Studies*, Vol. 2, 1987.
Tonge, Jonathan and Jocelyn A. J. Evans, "Faultlines in Unionism: Division and Dissent within the Ulster Unionist Council", in *Irish Politics Studies*, Vol. 16, 2001.
Walker, Graham, "The British-Irish Council", in Rick Wilford (ed.), *Aspects of the Belfast Agreement*, Oxford: Oxford University Press, 2001.
White, Barry, "One Man, One Vote: Who Would Gain?", in *Belfast Telegraph*, 30 January 1969.
Whyte, John, "How much Discrimination was There under the Unionist Regime, 1921-1968?", in Tom Gallagher and James O'Connell (eds.), *Contemporary Irish Studies*, Manchester: Manchester University Press, 1983.
Wilford, Rick, "The Assembly and the Executive", in Rick Wilford (ed.), *Aspects of the Belfast Agreement*, Oxford: Oxford University Press, 2001.
Wolff, Stefan, "Conflict Management in Northern Ireland", in *International Journal on Multicultural Societies*, Vol. 4, No. 1, 2002.
――, "Context and Content: Sunningdale and Belfast Compared", in Rick Wilford (ed.), *Aspects of the Belfast Agreement*, Oxford: Oxford University Press, 2001.
Wright, Frank, "Protestant Ideology and Politics in Ulster", in *European Journal of Sociology*, Vol. 14, Issue 2, 1973.

〈邦文書籍〉
アーサー、ポール、キース・ジェフェリー（門倉俊夫訳）『北アイルランド現代史：紛争から和平へ』東京：彩流社、2004 年。
ベケット、ジェームズ C.（藤森一明・高橋裕之訳）『アイルランド史』東京：八潮出版社、1976 年。
ペティ、ウィリアム（松川七郎訳）『アイルランドの政治的解剖』東京：岩波書店、1967 年。
ボイド、アーネスト（向山泰子訳）『アイルランドの文芸復興』東京：新樹社、1973 年。
長 壽吉『アイルランド自由國』東京：弘文堂書房、1940 年。
中央大学人文科学研究所（編）『ケルト復興』東京：中央大学出版会、2001 年。

コリー、リンダ（川北稔監訳）『イギリス国民の誕生』名古屋：名古屋大学出版会、2000 年。
コノリー、ジェイムズ（堀越智・岡安寿子訳）『アイルランド・ナショナリズムと社会主義：ジェイムズ・コノリー著作集』東京：未来社、1986 年。
クリック、バーナード（前田康博訳）『政治の弁証』東京：岩波書店、1969 年。
ド・トクヴィル、アレクシス（小山勉訳）『旧体制と大革命』東京：ちくま学芸文庫、1998 年。
イーグルトン、テリー（大橋洋一・梶原克教訳）『学者と反逆者：19 世紀アイルランド』東京：松柏社、2008 年。
──（鈴木聡訳）『表象のアイルランド』東京：紀伊國屋書店、1997 年。
エリス、P. ベアレスフォード（堀越智・岩見寿子訳）『アイルランド史：民族と階級』（上・下）東京：論創社、1991 年。
福井英雄『現代国家の構造と機能』東京：青木書店、1987 年。
福井令恵『紛争の記憶と生きる：北アイルランドの壁画とコミュニティの変容』東京：青弓社、2015 年。
波多野裕造『物語アイルランドの歴史：欧州連合に賭ける"妖精の国"』東京：中央公論新社、1999 年。
林 道義『ウェーバー社会学の方法と構想』東京：岩波書店、1970 年。
ホブズボーム、エリック J.（浜林正夫・嶋田耕也・庄司信訳）『ナショナリズムの歴史と現在』東京：大月書店、2001 年。
──、テレンス・レンジャー（編）（前川啓治・梶原景昭他訳）『創られた伝統』東京：紀伊國屋書店、1992 年。
堀越 智『アイルランド民族運動の歴史』東京：三省堂、1979 年。
──（編著）『アイルランドナショナリズムの歴史的研究』東京：論創社、1981 年。
──『アイルランドイースター蜂起 1916』東京：論創社、1985 年。
──『アイルランド独立戦争 1919-21』東京：論創社、1985 年。
──『北アイルランド紛争の歴史』東京：論創社、1996 年。
法政大学比較経済研究所／後藤浩子（編）『アイルランドの経験：植民・ナショナリズム・国際統合』東京：法政大学出版局、2009 年。
岩間一雄『ナショナリズムとは何か』岡山：西日本法規出版、1987 年。
勝田俊輔・高神信一（編）『アイルランド大飢饉：ジャガイモ・「ジェノサイド」・ジョンブル』東京：刀水書房、2016 年。
菊井禮次『現代国際政治構造論』京都：法律文化社、1989 年。
近藤和彦（編）『長い一八世紀のイギリス――その政治社会――』東京：山川出版社、2002 年。
マコール、シェイマス（小野修編、大淵敦子・山奥景子訳）『アイルランド史入門』東京：明石書店、1996 年。
丸山眞男（編）『日本のナショナリズム』東京：河出書房、1953 年。
──『現代政治の思想と行動』（増補版）東京：未来社、1971 年。
──『忠誠と反逆』東京：筑摩書房、1998 年。
マルクス、カール『マルクス＝エンゲルス全集』第 23 巻 b（「資本論」第 1 巻）、東京：大月書店、1965 年。
松田幹夫『国際法上のコモンウェルス：ドミニオンの中立権を中心として』東京：北樹出版、1995 年。
松井 清『北アイルランドのプロテスタント：歴史・紛争・アイデンティティ』東京：彩流社、2008 年。
──『アルスター長老教会の歴史：スコットランドからアイルランドへ』東京：慶應義塾大学出版会、2015 年。
松尾太郎『アイルランド問題の史的構造』東京：論創社、1980 年。

――『アイルランド問題の史的構造』東京：論創社、1999年。
――『アイルランド民族のロマンと反逆』東京：論創社、1994年。
――『アイルランド農村の変容』東京：論創社、1998年。
ミル、ジョン・スチュアート（塩尻公明・木村健康訳）『自由論』東京：岩波書店、1971年。
ムーディ、T. W.、F. X. マーチン（編）（堀越智監訳）『アイルランドの風土と歴史』東京：論創社、1982年。
守本順一郎『東洋政治思想史研究』東京：未来社、1967年。
森 ありさ『アイルランド独立運動史：シン・フェイン、IRA、農地紛争』東京：論創社、1999年。
元山 健『イギリス憲法の原理：サッチャーとブレアの時代の中で』京都：法律文化社、1999年。
オコナー、ユーリック（波多野裕造訳）『恐ろしい美が生まれている：アイルランド独立運動と殉教者たち』東京：青土社、1997年。
オフェイロン（橋本槙矩訳）『アイルランド：歴史と風土』東京：岩波書店、1997年。
小関 隆『一八四八年：チャーティズムとアイルランド・ナショナリズム』東京：未来社、1993年。
ライス、パトリック（畠瀬稔・東口千津子訳）『鋼鉄のシャッター：北アイルランド紛争とエンカウンター・グループ』東京：コスモス・ライブラリー、2003年。
酒井朋子『紛争という日常：北アイルランドにおける記憶と語りの民族誌』京都：人文書院、2015年。
サルトーリ、ジョバンニ（岡沢憲芙監訳、工藤裕子訳）『比較政治学』東京：早稲田大学出版部、2000年。
スミス、アントニー D.（高柳先男訳）『ナショナリズムの生命力』東京：晶文社、1998年。
――（巣山靖司・高城和義・岡田新・岡野内正・河野弥生・南野泰義訳）『ネイションとエスニシティ：歴史社会学的考察著』名古屋：名古屋大学出版会、1999年。
巣山靖司『世界平和と「勢力均衡論」』東京：新日本出版社、1995年。
鈴木敏正『地域づくり教育の誕生：北アイルランドの実践分析』札幌：北海道大学図書刊行会、1998年。
鈴木良平『IRA：アイルランドのナショナリズム』東京：彩流社、1988年。
――『アイルランド問題とは何か：イギリスとの闘争、そして和平へ』東京：丸善、2000年。
――『アイルランド建国の英雄たち：1916年復活祭蜂起を中心に』東京：彩流社、2003年。
高神信一『大英帝国のなかの「反乱」：アイルランドのフィーニアンたち』東京：同文舘出版、2005年。
高橋純一『アイルランド土地政策史』東京：社会評論社、1997年。
竹本 洋『アイルランドの「反乱」と思想家たち：アイルランド問題から環アイルランド海＝環大西洋問題へ』東京：一橋大学社会科学古典資料センター、1985年。
田中克彦『言語から見た民族と国家』東京：岩波書店、1978年。
梅川正美『イギリス政治の構造：伝統と変容』東京：成文堂、1998年。
ウェーバー、マックス（恒藤恭校閲、氏永祐治・立野保男訳）『社会科学方法論』東京：岩波書店、1969年。
――（木本幸造訳）『社会学・経済学の「価値自由」の意味』東京：日本評論社、1972年。
――（脇圭平訳）『職業としての政治』東京：岩波書店、1980年。
山本 正『「王国」と「植民地」：近世イギリス帝国のなかのアイルランド』京都：思文閣出版、2002年。
矢内原忠雄『帝国主義下の印度』大阪：大同書院、1937年。
安川悦子『アイルランド問題と社会主義：イギリスにおける「社会主義の復活」とその時代の思想史的研究』東京：御茶の水書房、1993年。
尹 慧瑛『暴力と和解のあいだ：北アイルランド紛争を生きる人びと』東京：法政大学出版局、2007年。

湯浅赳夫『民族問題の史的構造』東京：現代評論社、1973 年。

〈邦文論文〉
堀越 智「北アイルランド和平プロセスの二重路線」峯陽一・畑中幸子編著『憎悪から和解へ』京都：京都大学学術出版会、2000 年。
勝田俊輔「カトリック解放運動と民衆― 1820 年代のアイルランドに見る民衆政治の一様相―」『史学雑誌』104 編、第 8 号、1995 年。
――「『共同体の記憶』と『修正主義の歴史学』―新しいアイルランド史像の構築に向けて―」『史学雑誌』107 編、第 9 号、1998 年。
松塚俊三「リテラシィから学校化社会へ」岩波講座『世界歴史 22』東京：岩波書店、1998 年。
松井清「聖金曜日の和平合意とユニオニストの選択」『明治学院論叢』第 639 号、1999 年。
南野泰義「1998 年北アイルランド地方議会選挙の構造」『立命館法学』274 号、2001 年。
――「北アイルランドにおける政治的暴力の構造 1969 年― 1993 年」龍谷大学社会科学研究所『社会科学研究年報』第 31 号、2001 年。
――「アイルランドにおけるナショナリスト諸政党の政治戦略：北アイルランド問題と『新アイルランド・フォーラム』をめぐって」『立命館国際研究』第 16 巻第 2 号、2003 年。
――「アルスター・ユニオニストの政治イデオロギーとアイデンティティ」中谷猛他編『ナショナル・アイデンティティ論の現在』京都：晃洋書房、2003 年。
――「2003 年北アイルランド地方議会選挙に関する一考察：岐路に立つ『ベルファスト和平合意』」『立命館国際研究』第 16 巻第 3 号、2004 年。
元山 健「アイルランドにおける憲法裁判の展開」『東邦大学教養紀要』第 25 号、1993 年。
小田順子「ゲーリック・リーグの拡大：19 世紀末アイルランド社会の一考察」中央大学人文科学研究所編『人文研紀要』第 33 号、1998 年。
――「アイルランドにおけるゲーリック・リヴァイヴァルの諸相」中央大学人文科学研究所『中央大学人文科学研究所研究叢書 No. 25 ケルト復興』東京：中央大学出版部、2001 年。
佐藤成基「ナショナリズムの理論史」大澤真幸・姜尚中編『ナショナリズム論・入門』東京：有斐閣、2009 年。
巣山靖司「イギリスのネイション・国民国家・主権国家の形成とその特徴」『立命館法学』1996 年第 6 号（第 250 号）、1996 年。
――「グローバリゼーションとネイション・ナショナリズム」『唯物論と現代』第 25 号、2000 年。
樽本英樹「英国におけるエスニック・デュアリズムと市民権」『北海道大學文學部紀要 The annual reports on cultural Science』第 45 巻第 3 号、1997 年。
ウェーバー、マックス（中村貞二訳）「種族的共同体社会関係」『みすず』第 221 号、1977 年。
弥久保 宏「英国における国民投票のメカニズム：2016 年 EU 国民投票を事例として」『月刊選挙』第 69 巻第 9 号、2016 年。
湯浅赳男「『民族』の概念について」新潟大学『経済論集』第 12 号、1972 年。

あとがき

　ナショナリズム研究に着手した1990年代初頭、たまたまベルファストにあるツインブロックやポールグラスなどのカトリック系コミュニティにおいて、リパブリカン、ロイヤリスト、イギリス治安勢力の三竦みで展開される政治的暴力の中で日常生活を営む人々の実態に触れることになった。そこには、カトリックとプロテスタントの宗派対立という北アイルランド紛争の一般的なイメージとは異なる、アイルランドとイギリスとの関係に歴史的に埋め込まれた政治的背景やナショナリスト＝ユニオニスト関係の階級的性格が存在した。ここに、小生の北アイルランド政治研究の原点がある。

　本書は、19世紀以来のアイルランドにおけるナショナリスト運動の歴史と1920年以降の北アイルランドの政治過程を再考したものである。今日、ヨーロッパにおけるナショナリズムの再興やポピュリズム型政治の台頭の中で、あらためてデモクラシーのあり方が問われようとしている。本書は、北アイルランドの事例を通して、そうした課題への接近を多少なりとも果たしたものと考える。

　本書は、下記の諸論稿をもとに、全面的に加筆・修正し、新たに書き下ろした部分を含め再編成したものである。

「北アイルランド紛争における政治的暴力の構造1969〜1994年」（龍谷大学『社会科学年報』第31号、2001年）

「北アイルランド地方議会選挙の構造」（『立命館法学』第274号2000年）

「1840年代におけるアイルランド・ナショナリズムと知識人」（大阪外国語大学論集『国際社会へのアプローチⅠ』2001年）

「北アイルランドにおける『政治的暴力』とテロリズム——武装解除問題をめぐって」（中谷義和（他）編『グローバル化と現代国家』御茶の水書房、2002年）

「アルスター・ユニオニストの政治イデオロギーとアイデンティティ」（中谷猛（他）編『ナショナル・アイデンティティ論の現在』晃洋書房、2003 年）

「アイルランドにおけるナショナリスト諸政党の政治戦略――北アイルランド問題と「新アイルランド・フォーラム」をめぐって」（『立命館国際研究』第 16 巻第 2 号、2003 年）

「1918 年英国総選挙とアイルランド問題」（『立命館国際研究』第 17 巻第 2 号、2004 年）

「19 世紀アイルランドにおけるナショナリズム運動と知識人（1）」『立命館国際研究』第 17 巻第 3 号、2004 年）

「19 世紀アイルランドにおけるナショナリズム運動と知識人（2・完）」（『立命館国際研究』第 21 巻第 2 号、2008 年）

「『アイルランド義勇軍』結成に関する一考察」（『立命館国際研究』第 21 巻第 3 号、2008 年）

「1998 年『ベルファスト和平合意』の構造（1）」（『立命館国際研究』第 24 巻第 2 号、2011 年）

「1998 年『ベルファスト和平合意』の構造（2・完）」（『立命館国際研究』第 24 巻第 3 号、2011 年）

「北アイルランド紛争 "Troubles" の政治的起源――1920 年代における選挙制度改革をめぐって」（『立命館国際研究』第 25 巻第 3 号、2012 年）

「北アイルランド紛争 "Troubles" の政治的起源――オニール改革とストーモント体制の崩壊」（『立命館国際研究』第 27 巻第 4 号、2014 年）

　本研究を進めるにあたり、ナショナリズム研究および北アイルランド研究の方法や視点について先学の諸業績から多大な教えを受けていることはいうまでもない。

　大学院時代より政治学の方法と視点について厳しくも温かいご指導をいただいてきた立命館大学法学部の菊井禮次名誉教授、故福井英雄教授、ナショナリズム研究の分野にのみならず、学生時代より、修士論文の作成過程を経て、今日に至るまで広く政治分析の方法についてご指導いただいている巣山靖司大阪外国語大学名誉教授の人類史的視点からの問題提起と鋭い方法論は、筆者の学

問的営為の源泉となってきた。そして、立命館大学国際関係学部において、教育・研究に臨む大学人としての基本をご教示いただき、未熟な小生を励まし導いてくださった故安藤次男名誉教授に、本書をお読みいただけないのが何より悔やまれてならない。小生の研究を導き支え育ててくださったこの4人の先生に心からの感謝を捧げる次第である。

　また、小生の北アイルランド研究は、イギリス留学時に、ナショナリズム研究の方向性について指導してくださった故アンソニー・D・スミス名誉教授（ロンドン・スクール・エコノミックス、LSE）、ナショナリズム研究および北アイルランド研究を進める上で丁寧な教示をいただいたジョン・ハッチンソン教授（LSE）のご助力のおかげで遂行することができた。法政大学社会学部の岡野内正教授の清新な問題提起に新たな意欲をかきたてられ、重要な示唆をいただいた。そして、高校生時代に、社会科学への関心を呼び起こしてくださった松尾光喜先生、学生時代に立命館大学で西洋史学のご指導をいただいた長田豊臣名誉教授にこの場を借りてお礼を申し上げる次第である。

　本書は、小生が所属する立命館大学の自由な学問的雰囲気の賜であり、2016年度「立命館大学学術図書出版推進プログラム」の助成による出版物である。

　最後になったが、本研究の出版を快くお引き受けくださった有信堂高文社の髙橋明義氏のひとかたならぬご尽力により、本書を出版することができた。心より感謝の意を表したい。

著者

索　引

ア　行

アイリッシュ・アライアンス　69
アイリッシュ・コンフェデレーション（IC）　66
アイリッシュ・ディメンション　317
アイリッシュ・リーグ　69
アイルランド議会党（IPP）　16, 111, 135, 168
アイルランド義勇軍（ONH）　118, 135, 141
アイルランド義勇軍（ONH-RIRA）　304
アイルランド共和軍（IRA）　17, 253, 273, 296, 303, 304
アイルランド共和軍継続派（CIRA）　255, 303, 304
アイルランド共和軍正統派（OIRA）　254, 260
アイルランド共和主義社会党（IRSP）　253
アイルランド共和主義者同盟（IRB）　15, 141
アイルランド国民議会　190
アイルランド市民軍（ICA）　116, 144
アイルランド自治法案　153, 170, 171, 173
アイルランド女性連盟（Cumann na mBan）　144
アイルランド統治法（1920年）　153, 198, 199
アイルランド独立戦争　154
アイルランド比例代表協会　284
アイルランド民族解放軍（INLA）　253, 260, 303, 304
アイルランド・ユニオニスト同盟（IUA）　15, 180
アイルランド・ロイヤル愛国者同盟（ILPU）　15, 170
アダムズ、ジェリー　273, 318
アルスター危機　111
アルスター義勇軍（UVF）　112, 135, 173, 251, 301, 304
アルスター自由戦士（UFF）　250, 301
アルスター政治調査グループ（UPRG）　303
アルスター特別警察（USC）　257
アルスターにおける神聖同盟と誓約　112
アルスター防衛協会（UDA）　250, 301
UDA 南東アントリム部隊（SEA-UDA）　303
アルスター防衛連隊（UDR）　256
アルスター民主党（UDP）　250, 286
アルスター・ユニオニスト党（UUP）　15, 200, 286
アルスター・ユニオニスト評議会（UUC）　15, 172
アルスター・ユニオニスト労働者協会（UULA）　155, 180
アルスター労働者評議会（UWC）　317
アングロ＝アイリッシュ合意（1985年）　30, 275
アングロ＝アイリッシュ協定（1921年）　158
イースター蜂起　144, 147
イギリス＝アイルランド協議会（BIC）　327, 333
イギリス＝アイルランド政府間会議（BIIGC）　327, 333
エスノシンボリズム　7
エリート間の協調　331
オコンネル、ダニエル　64, 80
オニール、テレンス　219, 225
オレンジ・オーダー団　37, 200, 232

カ　行

カーソン、エドワード　112, 149
カウンティ・オプション　127, 173, 175
科学主義的国家　9, 71
北アイルランド警察（PSNI）　247
北アイルランド公民権協会（NICRA）　224, 228
北アイルランド女性連合（NIWC）　286, 343
北アイルランド・フォーラム　319, 322
議席再配分法（1918年）　182
クマンナ・ナ・ゲール党（CG）　19
グリフィス、アーサー　100, 112, 171
クリントン政権　319
クレイグ、ジェームズ　153, 204
ゲーリック・リーグ（GL）　92, 101
ゲリマンダリング　201, 202, 205
権力分有　315
合意形成型民主主義　326, 331, 337
国土防衛法（DORA）　136

国民義勇軍（NV）	136	バット、アイザック	18
国民代表法（1918年）	179	ハンガー・ストライキ	272
コスグレイヴ、ウィリアム	19, 20	ピアース、パトリック	114, 121, 143
		Bスペシャルズ	158, 257

サ 行

サニングデール合意	271, 310, 317, 338
社会民主労働党（SDLP）	230, 286, 358
新アイルランド・フォーラム	25, 26, 310
新アルスター政治研究グループ（NUPRG）	314
真のIRA（RIRA）	255, 303, 304
シン・フェイン党（SF）	17, 180, 252, 286, 362
進歩的ユニオニスト党（PUP）	251, 286
スーパーグラス政策	257, 273
ストーモント危機	219
ストーモント体制	217, 228
スミス、アンソニー・D	8, 57, 71
政治的ナショナリズム	9, 10
青年アイルランド党	17, 66
前衛的アルスター急進党（VUPP）	320
1918年イギリス総選挙	180
セント・アンドリュース合意	310, 359

タ 行

第3次選挙法改正	169
ダウニング街声明	318
単記移譲式比例代表制（PR-STV）	200, 283
チェンバレン、オースチン	148
血の日曜日事件	235
チャーチル、ウィンストン	127, 173
伝統的ユニオニストの声（TUV）	361
土地同盟	169
ドラムクリー危機	321
トリンブル、デビッド	299, 320

ナ 行

ナショナリスト	18, 21
ナショナリスト党（NP）	203
南北アイルランド閣僚協議会（NSMC）	327, 333
二重路線プロセス	321

ハ 行

パーネル、チャールズ・スチュアート	18, 98
ハイド、ダグラス	93
82クラブ	69
ハッチンソン、ジョン	9, 59

ピープルズ・デモクラシー	222
非常拘禁制度	269
ヒューム、ジョン	318
フィアナ・フォイル党（FF）	17, 221
フィン・ゲール党（FG）	17
フォークナー、ブライアン	227, 317
武装解除のための独立国際委員会（IICD）	296, 301, 321
ブラック・アンド・タン	155
ブレア、トニー	323
文化的ナショナリズム	9, 10
ペイズリー、イアン	227, 235
ベルファスト合意	310, 324, 346
ベルファスト・ポグロム	156, 157
ホーム・ルール・リーグ（HRL）	169
ホブソン、バルマー	115, 119, 141

マ 行

マクニール、オウン	93, 101, 120
マルキエヴィッチ伯爵夫人	115, 144
ミッチェル、ジョージ	321
ミッチェル原則	322, 324
民主ユニオニスト党（DUP）	36, 235, 286, 362
メージャー、ジョン	318
モーラム、モー	323

ヤ 行

薬物に反対する共和主義者行動（RAAD）	304
ユナイテッド・アイリッシュメン	16, 18, 58
ユニオニスト	15, 32, 36, 48
ユニオニズム	39

ラ 行

ラーキン、ジェームズ	116
「利潤より人を大切にする」会（PBPA）	362
リパブリカン	18, 19, 252
リピール協会（LNRA）	64
レイノルズ、アルバート	318
レイプハルト、アレンド	316, 326
レッドハンド・コマンドー（RHC）	251
レドモンド、ジョン	135, 172

連合王国ユニオニスト党（UKUP）	286	ロイヤリスト義勇軍（LVF）	301
連合党（APNI）	286	ロイヤル・アルスター警察（RUC）	256
ロイド＝ジョージ	152	ロング、ウォルター・H	153
ロイヤリスト	38, 250		

著者紹介

南野　泰義（みなみの　やすよし）
1964 年　大阪市生まれ
立命館大学文学部卒業、同大学院法学研究科満期退学
立命館大学国際関係学部専任講師、助教授を経て、
2006 年より同学部教授
主な業績：アントニー・D・スミス『ネイションとエスニシティ──歴史社会学的考察』
　　　　　（共訳）名古屋大学出版会、1990 年

北アイルランド政治論──政治的暴力とナショナリズム

2017 年 3 月 15 日　　初　版　第 1 刷発行　　　　　　　　〔検印省略〕

著者ⓒ南野 泰義／発行者　髙橋 明義　　　　創栄図書印刷／ブロケード
東京都文京区本郷1-8-1　振替 00160-8-141750　　　　　　発　行　所
　　　　〒113-0033　TEL(03)3813-4511　　　　　株式会社 有信堂高文社
　　　　　　　　　　FAX(03)3813-4514　　　　　　　　Printed in Japan
　　　　　　　　http://www.yushindo.co.jp
　　　　　　　　ISBN978-4-8420-5575-6

国際関係学——地球社会を理解するために	滝田賢治 編	三二〇〇円
国際政治と規範——国際社会の発展と兵器使用をめぐる規範の変容	大芝 亮 編	三〇〇〇円
レジーム間相互作用とグローバル・ガヴァナンス——通常兵器ガヴァナンスの発展と変容	都留康子 著	三〇〇〇円
移行期正義と和解——規範の多系的伝播・受容過程	足立研幾 著	二六〇〇円
東アジアの国際関係	クロス京子 著	四八〇〇円
民族自決の果てに——マイノリティをめぐる国際安全保障	大矢根聡 編	三九〇〇円
ナショナリズム論——社会構成主義的再考	吉川 元 著	三〇〇〇円
来たるべきデモクラシー——暴力と排除に抗して	原 百年 著	二九〇〇円
国際協力のレジーム分析——制度の生成とその過程	山崎望 著	六〇〇〇円
日本の通商政策転換の政治経済学——FTA／TPPと国内政治	稲田十一 著	二七〇〇円
制度改革の政治経済学——なぜ情報通信セクターと金融セクターは異なる道をたどったか?	金ゼンマ 著	四八〇〇円
日本とドイツの気候エネルギー政策転換——パラダイム転換のメカニズム	和田洋典 著	七三〇〇円
	渡邉理絵 著	六六〇〇円

★表示価格は本体価格(税別)

有信堂刊

移動という経験——日本における「移民」研究の課題	伊豫谷登士翁編	三八〇〇円
移動から場所を問う——現代移民研究の課題	伊豫谷登士翁編	三八〇〇円
移動を生きる——フィリピン移住女性と複数のモビリティ	小ヶ谷千穂著	五〇〇〇円
現代アフリカ社会と国際関係	小倉充夫編	三五〇〇円
ディアスポラのパレスチナ人——国際社会学の地平	錦田愛子著	五六〇〇円
女が先に移り住むとき——在米インド人看護師のトランスナショナルな生活世界	S・M・ジョージ著 伊藤るり監訳	三〇〇〇円
エスニシティと都市〔新版〕	広田康生著	四六〇〇円
移民/難民のシティズンシップ	錦田愛子編	四八〇〇円
「沖縄県民」の起源——戦後沖縄型ナショナル・アイデンティティの生成過程1945-1956	坂下雅一著	七五〇〇円
アメリカとグアム——植民地主義、レイシズム、先住民	長島怜央著	六〇〇〇円
ペロニズム・権威主義と従属——ラテンアメリカの政治外交研究	松下洋著	四五〇〇円
人の移動と近代化——「日本社会」を読み換える	中村牧子著	三三〇〇円

★表示価格は本体価格（税別）

有信堂刊